## Zu diesem Buch

Die eigene Lebensgeschichte entdecken: das ist nichts für privilegierte Narzißten oder Umsteiger auf den jeweils neuesten Psychotrend. Wer dagegen Wilhelm Diltheys Satz «Was der Mensch ist, sagt ihm nur seine Geschichte» ernst nimmt, die eigene Person und ihre Geschichte aufspüren will, der findet in diesem Buch Anleitungen zur biographischen Selbstaufklärung. Methodenvorschläge und Übungen zielen auf die Entdeckung prägender Erfahrungen und kritischer Phasen der Lebensgeschichte.

Dieses Arbeitsbuch richtet sich an alle, die sich auf Psychotherapien oder Aufgaben in pädagogischen und sozialen Bereichen vorbereiten, ebenso wie an alle, die in diesen Feldern beruflich Anregungen suchen.

Herbert Gudjons, geb. 1940, Studium der Pädagogik, Soziologie und Psychologie, Lehrer, Promotion, Ausbildung in Gruppendynamik und Gestaltberatung, Professor für Allgemeine Erziehungswissenschaft an der Universität Hamburg.

Marianne Pieper, geb. 1949, Außenhandelskauffrau; Studium an der Hochschule für Wirtschaft und Politik in Hamburg; Studium der Soziologie, Erziehungswissenschaft und Psychologie an der Universität Hamburg.

Birgit Wagener, geb. 1958, studierte Sonderpädagogik und Soziologie in Hamburg; wissenschaftliche Mitarbeiterin am Fachbereich Erziehungswissenschaft der Universität Hamburg.

Herbert Gudjons, Marianne Pieper,
Birgit Wagener

# Auf meinen Spuren

## Das Entdecken der eigenen Lebensgeschichte

Vorschläge und Übungen für pädagogische
Arbeit und Selbsterfahrung

Rowohlt

Redaktion Wolfgang Müller
Umschlagentwurf Werner Rebhuhn

Originalausgabe
Veröffentlicht im Rowohlt Taschenbuch Verlag GmbH,
Reinbek bei Hamburg, November 1986
Copyright © 1986 by Rowohlt Taschenbuch Verlag GmbH,
Reinbek bei Hamburg
Alle Rechte vorbehalten
Satz Sabon (Linotron 202)
Gesamtherstellung Clausen & Bosse, Leck
Printed in Germany
1680-ISBN 3 499 18304 8

# Inhalt

# II. Teil
# Praxis

# III. Teil
## Organisatorische Hilfen

«Hier wird leicht übersehen, daß jeder Mensch in jedem Augenblick seiner Existenz seine Lebensgeschichte in Wort, Tat und Symptom darlebt: ein dreijähriges Kind nicht anders als ein Achtzigjähriger hat eine Vergangenheit, die es in seiner Gegenwart erzählt. Es ist dies der entscheidende Erwerb in der Lebensgeschichte dieses Menschen ... Aus der Summe all seiner Verwandlungen bildet sich der kohärente Lebenszusammenhang eines Menschen – ergibt sich die Art und Weise, wie sich Mann und Frau und Kind in der Welt ‹darleben›.»

(J. Mitchell: Feminismus und Psychoanalyse, Frankfurt/M. 1976, S. 34)

# Einleitung

## Wie ist dieses Buch entstanden?

Ist die Aufarbeitung der persönlichen Vergangenheit nur etwas für privilegierte Narzißten? Ein Hobby für Nabel-Schauer? Eine neue Variante des Psycho-Booms zum Erschließen neuer Marktanteile? Oder aber begrenzt auf die Menschen, die sich unter dem Druck eigenen Leidens einer Therapie unterziehen (müssen)? Luxus für die, die sich die bewußte Entfaltung ihrer Persönlichkeit leisten können?

Schauen wir genauer auf das, was die Menschen zu allen Zeiten getan haben, vom Spruch des Delphischen Orakel «Erkenne dich selbst!» bis hin zum Austauschen von Schulerinnerungen beim Klassentreffen oder bis zum Anlegen von Fotoalben: Sie beschäftigen sich mit ihrer Lebensgeschichte. Der berühmte Satz des Philosophen Dilthey: «Was der Mensch ist, sagt ihm nur seine Geschichte», gilt auch für die Frage nach der *eigenen* Person und *ihrer* Geschichte. Mancher stellt sich dieser Frage, indem er eine Autobiographie oder seine Memoiren schreibt. Anderen gelingt eine Aufarbeitung belastender lebensgeschichtlicher Programmierungen im Rahmen einer Therapie.

Die meisten Menschen aber sind bei diesem für das Menschsein so zentralen Bereich angewiesen auf die Zufälligkeiten der Alltagskommunikation: Wenn man für sich oder andere erklären will, wie man heute ist und wie man lebt, warum dies und jenes so ist, dann fallen Sätze wie: «Ja, das ist so gekommen», «Mein Vater war eben zu uns sehr hart», «Damals waren schlechte Zeiten», «Irgendwie haben alle Männer, mit denen ich bisher zusammen war ...», «Na ja, ich hatte eben eine glückliche Kindheit» (vgl. Fuchs 1984, S. 18). Bereits Jugendliche geben auf die Frage an, wie sie über ihr eigenes Leben nachdenken und reden, daß sie dies sehr oft (39 % der Befragten) oder oft (44 %) mit Freunden und Freundinnen tun (Jugendwerk der Deutschen Shell 1981, I, S. 436).

Wir haben (nach persönlichen Vorerfahrungen von mehr als zehn Jahren) in einem dreijährigen Projekt an der Universität Hamburg daran gearbeitet, diesen alltagskommunikativen Umgang mit der Lebensgeschichte zu methodisieren und darüber hinaus ein theoretisch begründetes Konzept zur biographischen Selbstreflexion zu entwickeln. Gemeinsam mit den Teilnehmern/innen an Seminaren im Fachbereich Erziehungswissenschaft sind Methoden, Übungen, Techniken, Spiele entstanden, die gezielt und strukturiert zentrale Themen und Berichte der Lebensgeschichte angehen. Parallel dazu haben wir uns in unserer Lehr- und Forschungsarbeit vor allem mit der Biographieforschung, der Psychoanalyse und mit Sozialisationstheorien auseinandergesetzt. Wer einmal begriffen hat, welche Möglichkeiten und Kräfte in der eigenen Lebenserfahrung stecken, wer zudem die Fruchtbarkeit selbstreflexiver Verfahren als Zugang zur wissenschaftlichen Ausbildung für Studierende erlebt hat, der «wird nicht anders können als diese Intention zu ‹veröffentlichen› ..., er wird alsbald Menschen dazu anregen bzw. auf Menschen stoßen, denen es um dasselbe oder um Ähnliches ... geht» (Schiek 1982, S. 18).

Unser persönlicher Hintergrund wird aber nicht nur durch die Tätigkeit als Hochschullehrer oder wissenschaftliche Mitarbeiterinnen bestimmt. Praktische Erfahrungen mit der eigenen Psychoanalyse, Weiterbildung in Gruppendynamik und gestalttherapeutischen Verfahren und Selbsterfahrung in anderen Richtungen der Humanistischen Psychologie sind ebenso in die Arbeit am Konzept biographischer Selbstreflexion eingeflossen wie die Tätigkeit in Schule und Erwachsenenbildung. Dies ist wichtig zu betonen – nicht weil wir «so kompetent» erscheinen möchten, sondern weil der Charakter der in diesem Buch enthaltenen Übungen davon geprägt und deshalb notwendig in gewisser Weise «einseitig» ist.

Dies zeigt vor allem auch die Kategorisierung der Übungen im Materialteil. Selbstverständlich ist nicht alles Denkbare erfaßt, mancher würde wohl auch anders gliedern. Wichtiger aber schien uns, daß alle vorgelegten Übungen erprobt und zum Teil mehrfach überarbeitet wurden. Die am Ende des Buches enthaltene Übersichtstabelle mit Angaben zu Charakter, Zeitdauer, Tiefgang und Eignung für Gruppenarbeit oder Selbststudium spiegelt diese Erfahrungen wider. Gleichwohl: trotz mehrjähriger Begleitung von Teilnehmern/innen, zahlreicher Gespräche über ihren Entwicklungsprozeß und abschließender Gruppendiskussionen mit katamnestischem (nachgehend erinnerndem) Charakter wird man Verfahren zur empirischen Kontrolle oder zur Meßbarkeit der Ergebnisse biographischer Arbeit vergeblich suchen. Was wirklich bei Teilnehmern/innen geschehen ist, spiegeln die abgedruckten Gedichte eindringlicher als Skalen und Tabellen.

Auswahl und Gewichtung der Aspekte lebensgeschichtlicher Erfahrungen bleiben auch trotz Ergänzung und Korrektur in unserer mehrjährigen Teamarbeit subjektiv und wollen die «persönliche Note» offenlegen. «Du wirst schon sehen, was du davon hast!» so lautet ein elterlicher Spruch, der vielen noch in den Ohren klingt. Zugleich geben wir ihn aber weiter als Aufforderung, mit dem vorgelegten Material Erfahrungen zu machen. Und wenn jemand uns (an die Universität 2000 Hamburg 13, Von-Melle-Park 8) schreibt, was er/sie «davon gehabt hat», sei es negativ oder positiv, so freuen wir uns allemal.

## An wen wendet sich dieses Buch?

Grundsätzlich läßt sich sagen, daß Aufarbeitung der eigenen Lebensgeschichte – wir sprechen von «Biographischer Selbstreflexion» – für *jeden* Menschen sinnvoll ist. Sie stellt einen Weg zur Selbsterkenntnis, zum Verstehen der eigenen Gewordenheit dar. (Warum bin ich heute so wie ich bin, warum fühle/verhalte ich mich so und nicht anders?) Für den «normalbelasteten Menschen» (Schwäbisch / Siems 1976, S. 18) bedeutet die Auseinandersetzung mit der eigenen Biographie das Verstehen gegenwärtiger Handlungen vor dem Hintergrund der Lebensgeschichte, das Erinnern und Neu-Interpretieren vergangener Erfahrungen, das Erkennen ihres Gesamtzusammenhangs, das Verdeutlichen sich wiederholender Verhaltens- und Beziehungsmuster. Biographische Selbstreflexion stellt hier eine Möglichkeit zur Identitätsfindung dar. Durch das Verstehen kann ein Annehmen / ein Versöhnen mit der eigenen Geschichte oder mit bestimmten Anteilen der Persönlichkeit gelingen. Darin liegt das Potential zur Weiterentwicklung, zum persönlichen Wachstum, zur Entfaltung der Persönlichkeit. Das Akzeptieren und das Begreifen der eigenen lebensgeschichtlichen Gewordenheit läßt eine empathische (einfühlsam-verstehende) Haltung zu sich selbst entstehen und setzt Kräfte frei, um für sich neue Fähigkeiten zu entdecken und konkrete Möglichkeiten und Handlungsperspektiven zu entwickeln.

Über das Erkennen der individuellen Geschichte hinaus ermöglicht die biographische Selbstreflexion ein Begreifen gesellschaftlicher Bedingungen entlang der eigenen Erfahrung in eindringlicherer Form als dies über gesellschaftstheoretische Einsichten vermittelbar wäre. Das Verstehen sozialer Zusammenhänge im Kontext der eigenen Lebenssituation und damit verbunden das Bewußtwerden des Leidens an gesellschaftlichen Bedingungen (Erfahrung unmittelbarer Betroffenheit) können eine Motivation zur Veränderung der politischen Einstellung und zum Eingreifen in gesellschaftliche/politische Praxisfelder mit sich bringen.

In diesem Zusammenhang eignet sich biographische Selbstreflexion sowohl für Selbsthilfegruppen, Frauen- und Männergruppen als auch für (außerschulische) Bildungsarbeit im Rahmen von

— Erwachsenenbildung
— Jugendarbeit
— Selbsterfahrungsgruppen
— therapeutischer Arbeit
— Arbeit an Beziehungen in Paarkonstellationen / Partnerschaften
— Einzelarbeit
— Arbeit mit alten Menschen.

Aber auch im Bereich der Schule läßt sich biographische Selbstreflexion durchführen, vorwiegend mit Schüler/inne/n der Sekundarstufe (Grösch / Willigmann 1983, S. 609 ff.).

Von besonderer Bedeutung ist biographische Selbstreflexion für Menschen, die in pädagogischen Praxisfeldern (zum Beispiel als Lehrer/innen, Gruppenleiter/innen, Erzieher/innen und Sozialpädagog/inn/en) oder in der Familie «als Erzogene erziehen» oder auch an einer Fach- oder Hochschule mit Fragen der Erziehung wissenschaftlich beschäftigt sind.

Die Notwendigkeit zur reflexiven Auseinandersetzung mit der eigenen Lebensgeschichte kann sich phasenspezifisch verdichten, wenn zum Beispiel konflikthafte Erlebnisse, Wendepunkte in der Lebensgeschichte (zum Beispiel Geburt eines Kindes, Schwierigkeiten im Beruf, in Beziehungen, mit sich selbst) ein Neu-Überdenken der eigenen Biographie und der bisherigen Erfahrungen erforderlich machen. Wenn beim Übergang von einem Lebensabschnitt zu einem neuen (Ausbildung / Beruf oder Berufstätigkeit / Rentenalter usw.) eine Neuorientierung wichtig wird, ist biographische Selbstreflexion ebenso angezeigt wie in Situationen, in denen wir «nicht mehr klarkommen», in denen ein hoher Leidensdruck vorhanden ist und nach Ursachen / Erklärungen für das bisherige Verhalten und nach Entwürfen für zukünftiges Verhalten gesucht werden muß. Bedingungen, die als belastend erlebt und nicht verstanden werden, lassen sich hinterfragen, ohne Probleme vorschnell wegzuerklären. Durch genaues Hinsehen lassen sich Dinge «zurechtrücken». Man lernt, eigene problematische Anteile wahrzunehmen, ohne sich dafür verurteilen zu müssen, und man lernt, nach Alternativen für bisheriges Handeln zu suchen.

Das Tempo des Wandels in unserer Zeit zwingt uns heute immer wieder zu dieser Neuorientierung. Ältere können sich nicht mehr auf ihre früheren Erfahrungen verlassen, Jüngere sind unsicher, ob die bisher gelernten Fähigkeiten ein Überleben in der Zukunft gewährleisten. Wir sind zu einer ständigen Abklärung von biographisch Erworbenem genötigt: «Stimmt das noch? – Brauche ich es noch? – Will ich es noch? – Wie kann ich Neues integrieren?»

Allerdings bietet auch eine methodisch angeleitete Beschäftigung mit der eigenen Lebensgeschichte in solchen (Krisen-)Situationen keine Patentrezepte. Um die Reichweite und Chancen biographischer Selbstreflexion generell angemessen einschätzen zu können, ist dem Übungsteil dieses Buches ein Theorieteil vorangestellt. Der folgende Übungsteil ist nicht als ein systematisch aufgebauter Kurs oder «Lehrgang» gedacht, sondern will für die unterschiedlichen Fragerichtungen von lebensgeschichtlich Interessierten Anregungen zum Einstieg in Reflexions- und Arbeitsprozesse bieten. Ohne Kenntnisse von Begründungszusammenhang, (sozial)wissenschaftlichem Hintergrund, Konzeptelementen und methodischem Zugang, vor allem aber auch ohne Kenntnis der Hinweise auf den praktischen Umgang mit den Übungen bleibt biographische Selbstreflexion – anders als wir sie verstehen – ein plan- und konzeptloses Experimentieren mit zweifelhaftem Erfolg.

# I. Teil
# Theorie – Konzept – Anwendung

# 1. Theorie:
# Biographische Selbstreflexion

## 1.1 Biographie: Aufschichtung von Erfahrungen

Unsere Auffassung von Biographie fließt in die Formulierung und Auswahl der Übungen ebenso wie in die Interpretationen unserer eigenen Lebensabläufe und die anderer Teilnehmer/innen als theoretische Vorannahme inplizit mit ein. Wir verstehen die Biographie als eine in einem lebenslangen Prozeß erworbene Aufschichtung von Erfahrungen, die bewußt oder unbewußt geronnen in unser Handeln eingehen.[1]

Erfahrung wird dabei nicht nur als eine kognitive Dimension angesehen, sondern vielmehr als ein ganzheitlicher, den Körper und das ganze Spektrum sinnlicher, vorbewußter, unbewußter und rationaler Potentiale einschließender Vorgang.[2]

In unserer Arbeit wird – in Anlehnung an die Erkenntnisse psychoanalytischer Theoriebildung – den Erfahrungssedimenten der frühen Kindheit, der Familienkonstellation, den Beziehungsmustern dieser Phase eine erhebliche Bedeutung zugemessen.

Außerdem erhalten die über den familialen Kontext hinausreichenden Erfahrungen in der Schule, der Peer-group (Gleichaltrigen-Gruppe), der Wohnumwelt und des Berufslebens eine angemessene Gewichtung.

Biographie ist keine ahistorische/ungesellschaftliche «Privatsache», vielmehr werden Erfahrungen in konkreten geschichtlichen und gesellschaftlichen Bezügen erworben. In der Lebensgeschichte des einzelnen Menschen spiegeln sich die historischen / gesellschaftlichen / kulturellen und familialen Bedingungen, vor deren Hintergrund sich die biographischen Erfahrungen aufgeschichtet haben.

«Wenn es gelänge, einen einzigen menschlichen Lebenslauf in seinem ‹so und nicht anders› vollständig durchsichtig zu machen, wüßten wir zugleich alles Wissenswerte über alle nur erdenklichen Lebensläufe.» (Bittner 1979, S. 126)

## 1.2 Sozialwissenschaftliche Biographie-forschung und Psychoanalyse

Das von uns entwickelte Konzept der biographischen Selbstreflexion wurde durch zwei Theorierichtungen entscheidend beeinflußt: zum einen durch die sozialwissenschaftliche Biographieforschung (soweit sich bei der Vielzahl der theoretischen und methodischen Zugriffe überhaupt von einem einheitlichen Ansatz sprechen läßt) und zum anderen durch die Psychoanalyse und den aus ihr hervorgegangenen bzw. durch sie beeinflußten Therapieformen wie zum Beispiel Transaktions-analyse, Gestalttherapie, Bioenergetik etc.

Die biographische Forschung hat in den letzten Jahren in der Bundesrepublik eine bemerkenswerte Renaissance erlebt.[3] Sowohl in der Flut zeitgenössischer biographischer Literatur als auch in den verschiedenen sozialwissenschaftlichen Disziplinen – wie zum Beispiel Soziologie, Ethnologie, Geschichtswissenschaft, Volkskunde und der Erziehungswissenschaft – zeigt sich ein Trend zur Rückbesinnung auf den «subjektiven Faktor».

Im Alltagsleben dürfte sich durch die «sozio-kulturelle Freisetzung» von Lebensentwürfen (Ziehe 1983, S. 134) der Wunsch nach Deutung beim einzelnen Menschen verstärkt haben. Die Befreiung von der traditionellen Präformierung der Lebensentwürfe hinterläßt beim einzelnen Menschen eine Ambivalenz. Zwar brachte die Auflösung traditioneller normativer Bindungen eine Erweiterung des Freiheitsspielraumes, aber zugleich auch die Erfahrung neuer «Formen der Ohnmacht» (Ziehe 1981, S. 141).

*Zum einen* sieht sich der einzelne Mensch der Unbeeinflußbarkeit gesellschaftlicher Verhältnisse gegenüber, die sich ihm etwa in der zunehmenden atomaren Bedrohung präsentieren. Angesichts der Resistenz solcher Bedingungen bleibt der Rückzug auf die eigene Geschichte als Weg nach innen «nur» auf die Veränderung der eigenen Person gerichtet. Das muß aber nicht den vielbeklagten unpolitischen «Rückzug ins Private» bedeuten. Hier liegt vielmehr auch die Chance, über die Auseinandersetzung mit der eigenen Geschichte handlungsfähiger zu werden. Das Durchschauen von Herrschaftsstrukturen im Mikrobereich der Beziehungsmuster innerhalb der eigenen Lebensgeschichte gibt den Blick frei für das Erkennen von Herrschaftsstrukturen im politischen (Makro-)Bereich und setzt Potentiale frei, um politisch eingreifen zu können (was sich zum Beispiel in dem «massenhaften Bedürfnis» nach einer «subjektnäheren» Politik dokumentiert. Vgl. Ziehe 1981, S. 141).

*Zum anderen* besteht eine zunehmende Orientierungslosigkeit. In einer Zeit brüchig gewordener Vorbilder entsteht ein «Hunger nach Identitätsangeboten» (Ziehe 1981, S. 138), ein Bedarf an biographischem Sinn, an eigenen Sinngebungsleistungen und somit ein Bedarf an Auseinandersetzung mit der eigenen Lebensgeschichte und Zukunftsentwürfen.

In den Sozialwissenschaften kann die Tendenz zur «Betonung der Handlungsebene» (Kohli 1981, S. 290) und zur Betrachtung der lebensgeschichtlichen Vergangenheit des Individuums als «Rebellion gegen die ‹Lebensferne› gängiger Wissenschaften» (Kohli 1981, S. 290) verstanden werden. Eine Forschungs- und Theoriebildungspraxis, in der Menschen entweder nur noch als berechenbare und vermeßbare Objekte erscheinen oder aus der Perspektive «großer» Theorien als Spielball übermächtiger gesellschaftlicher / ökonomischer Bedingungen betrachtet werden (bzw. als passive Empfänger gesellschaftlicher Rollenzuweisungen in Erscheinung treten), läßt die individuelle Verarbeitung gesellschaftlicher Bedingungen im dunkeln.

Hier setzt nun in der qualitativen Forschung (und damit in der Biographieforschung als einem Teilbereich qualitativer Forschung) ein neues Verständnis von gesellschaftlicher Wirklichkeit an: Diese gilt nicht mehr nur als objektiv gegebene, die die Menschen bei ihrer Geburt vorfinden, die ihnen den prägenden Stempel aufdrückt und in die sie sich passiv einpassen lassen. Vielmehr wird davon ausgegangen, daß Gesellschaft eine «doppelgründige Wirklichkeit» (Berger / Luckmann 1977, S. VI) habe. Menschen finden Gesellschaft vor als Produkt des Handelns und der Interpretationsleistungen ihrer Vorfahren (als objektive Gegebenheiten in Gestalt von Sprache, Symbolsystemen, sozialen Rollen, Machtverhältnissen, Normen, Werten, Traditionen, Interaktionsformen usw.). Diese Wirklichkeit wird vom einzelnen Menschen in Besitz genommen, durch Interaktionen im Alltag verfestigt, abgesichert, kontrolliert, weitergegeben und zum Teil auch modifiziert – kurz: <u>angeeignet</u>. Das heißt, gesellschaftliche Wirklichkeit wird als durch das Alltagshandeln der einzelnen Menschen und deren Deutungen *hergestellte* begriffen. (Vgl. Hoffmann-Riem 1980, S. 342)

Diese Forschungs-(und Theorie-)Richtung unternimmt den Versuch zu rekonstruieren, wie einzelne sich diese Bedingungen aneignen, sich mit ihnen auseinandersetzen, sie deuten vor dem Hintergrund ihrer lebensgeschichtlichen Erfahrungen und durch alltägliches Handeln Gesellschaft herstellen.

Biographische Forschung beabsichtigt, der Vielschichtigkeit und

Widersprüchlichkeit konkreter Lebenserfahrung im Alltag aus der Sicht der Betroffenen nachzugehen.[4]

Dies geschieht auf dem Hintergrund eines Konzeptes, das die Entwicklung eines Menschen als einen lebenslangen Erfahrungsprozeß begreift, ohne den Schwerpunkt auf einzelne Entwicklungsstadien (frühe Kindheit) oder einzelne Lebensbereiche (zum Beispiel Berufswelt) zu legen. (Vgl. Baacke 1985, S. 7)

In den geschilderten Ansätzen handelt es sich jeweils um Vorgehensweisen, in denen «Fachleute» wie Sozialforscher, Pädagogen etc. in interpretativer Form mit Biographien umgehen, die schriftlich zum Beispiel als Autobiographien vorliegen oder durch Interviews (narrative – erzählende – Interviews) erhoben worden sind. Dies geschieht unter dem Primat, die Deutungen von Welt, die das Handeln der Individuen leiten, herauszuarbeiten und auf dieser Grundlage bestimmte gesellschaftliche Verarbeitungsmuster herauszukristallisieren, die dann anhand der Textstruktur (s. Schütze u. a.) oder argumentativ auf Gültigkeit überprüft (validiert) werden (= Fremdverstehen).

Die Erkenntnisse der psychoanalytischen Theorie dürften die (zuvor kurz erwähnten) Ansätze sozialwissenschaftlicher Biographieforschung *zumindest* insofern beeinflußt haben, als durch sie die Bedeutung des Verstehens individuellen Verhaltens, Handelns, subjektiver Einstellungen im Zusammenhang der Lebensgeschichte hervorgehoben und in den Mittelpunkt der Erkenntnissuche gestellt wurde. «Die psychoanalytische Vorgehensweise ... ist ein biographisches Verfahren, sie hat die Erhellung des Lebenslaufes des Analysanden als Gegenstand und Ziel.» (Schraml 1965, S. 258)

Anders als die meisten sozialwissenschaftlichen Konzepte biographischer Forschung legen psychoanalytisch orientierte Theorieansätze ein Schwergewicht auf die Bedeutung der frühkindlichen Erfahrungen, vor deren Hintergrund die Persönlichkeitsstruktur und das heutige Verhalten eines Menschen verstanden wird. Ebenso wie sozialwissenschaftliche Biographieforschung aber hat auch die Psychoanalyse einen hermeneutisch deutenden Zugriff. Im Gegensatz zu dieser beschäftigt sie sich aber (abgesehen von ihrem Interesse für alle Formen menschlicher Beziehungen) im wesentlichen mit den Ablagerungen von Erfahrungen, Konflikten, Beziehungsmustern, die für das Individuum so problematisch waren, daß es sie nicht mehr wahrhaben will, sie verdrängt hat, so daß sie sich im aktuellen Verhalten und Erleben nur noch in verzerrter Form widerspiegeln. Das Ziel der Arbeit mit der Psychoanalyse besteht in der Auflösung und Abarbeitung solcher verzerrter Interaktions- und Deutungsmuster, in der Aufhebung von Verdrängung und Fixierung.

Im Rahmen biographischer Selbstreflexion können unbewußte Konflikte berührt und verdeutlicht, also ins Bewußtsein gehoben werden. Das Ziel der biographischen Selbstreflexion – im Gegensatz zu einer therapeutischen Arbeit – besteht jedoch nicht in der Abarbeitung und Bewältigung dieser Konflikte, sondern nur im Aufzeigen, in einer Sensibilisierung für das Vorhandensein konflikthafter Persönlichkeitsstrukturen und unverarbeiteter Problemlagen.

Wir haben uns im Zusammenhang unserer Arbeit auf verschiedene psychoanalytische Theoriekonzepte bezogen, die hier nicht im einzelnen beschrieben werden sollen. Beispielhaft werden jedoch einige genannt, die explizit als theoretischer Hintergrund in die Arbeit bzw. implizit in die Formulierung von Übungen eingegangen sind.

So nehmen wir Bezug auf das topische Modell Freuds (vgl. Freud 1915, GW X, S. 285) mit seiner Einteilung in Bewußtsein, Vorbewußtes und Unbewußtes als Kennzeichnung der Ebenen, auf denen lebensgeschichtliche Erfahrungen als Erinnerungen oder Erinnerungsspuren abgelagert sind. Ferner beziehen wir uns auf das von Anna Freud (1936) ausgearbeitete Konzept der Abwehrmechanismen, um diejenigen psychischen Prozesse zu charakterisieren, die uns den Zugang zu bestimmten Erinnerungen erschweren bzw. verwehren.

Schließlich haben wir theoretische Überlegungen Alfred Lorenzers übernommen (vgl. u. a. Lorenzer 1981, 1983). Das soll am Beispiel unserer Konzeption von «Phantasie-Übungen» kurz erläutert werden. Lorenzer geht davon aus, daß solche Erfahrungen dem Bewußtsein zugänglich seien, die mit einer dazugehörigen Begrifflichkeit, mit Sprache gekoppelt sind (vgl. Lorenzer 1981, S. 96 ff.). Werden Erfahrungen für einen Menschen so konflikthaft, daß er sie nicht mehr ertragen kann, kommt es zur Abtrennung der erinnerten Szene von ihrer sprachlichen Bedeutung. Diese wird verdrängt, die Sprache zerstört oder desymbolisiert. Die Szene bleibt als unbegriffene Erinnerungsspur bestehen, ohne daß sie benennbar, be-greifbar wäre. Im Rahmen von Phantasie-Übungen kann nun versucht werden, diese Erinnerung, von der nur ein diffuses, unbenennbares Gefühl, ein unbegriffenes Beziehungsmuster geblieben ist, zu aktualisieren, sie zu verdeutlichen und sie (tastend und mit Hilfe der Gruppe) mit Sprache, mit Begriffen zu fassen und damit wieder be-greifbar zu machen in ihrer ursprünglichen Bedeutung.

# 1.3  Zugänge: Bewußtes, Vorbewußtes, Unbewußtes und Körper

Wenn wir biographische Selbstreflexion als die Suche nach den Spuren der eigenen Geschichte, als Archäologie der Erinnerungsspuren[5] begreifen, dann gilt es zu klären, welche Vorstellung von Erinnerung/ Gedächtnis wir zugrunde legen und welche Zugänge wir zu diesen Erinnerungen wählen.

Wir begreifen – wie schon gesagt – unsere Lebensgeschichte als die Aufschichtung all unserer vorausgegangenen Erfahrungen. Diese Erfahrungen finden ihren Niederschlag als Erinnerungen / Erinnerungsspuren auf verschiedenen Ebenen des «Gedächtnisses». Sie sind an verschiedenen «Orten» in uns dauerhaft eingeschrieben. In Anlehnung an Freud unterscheiden wir zunächst die Ebenen 1. des Bewußtseins (in Form von Wahrnehmungsstrukturen und Denkweisen), 2. des Vorbewußten (die das «Gedächtnis» im alltagssprachlichen / landläufigen Sinne bezeichnet) und 3. des Unbewußten. Auf dieser letzten Ebene sind Erfahrungen sedimentiert, die für das Individuum so konflikthaft und bedrohlich geworden sind, daß es sie dem Bewußtsein entzogen und verdrängt hat.

Eine Erfahrung ist zumeist in verschiedenen Systemen abgelagert (zum Beispiel kann ein Ereignis dem Bewußtsein über die Erinnerung zugänglich sein, jedoch fehlen diesem die dazugehörigen abgewehrten und somit unbewußt gewordenen Gefühlsregungen). Erfahrungen stehen nicht unvermittelt nebeneinander, sondern sind miteinander verwoben. Sie bilden Schichten, die sich beeinflussen: ich kann meine heutigen Erfahrungen nur auf dem Hintergrund früherer Erfahrungen machen. Diese strukturieren meine Wahrnehmung, leiten meine Aufmerksamkeit, bilden den Interpretationsrahmen, innerhalb dessen ich neue Erfahrungen bewerte.

Frühe Erfahrungen stellen (als abgelagerte Szenen) die Matrix (Ordnungsschema) dar (vgl. Lorenzer 1983, S. 99 ff.) aus bewußten und vielfach unbewußt gewordenen Erinnerungsspuren, die zum Beispiel meine Handlungsentwürfe oder Konfliktlösungsmuster steuern und so mein heutiges Handeln bestimmen. Ich bin in meine Erfahrungen und Handlungen immer mit meiner ganzen Lebensgeschichte involviert.

Welche Zugänge wählen wir zu diesen Ebenen der Erfahrung? Durch ein Sich-Erinnern und Über-die-eigene-Geschichte-Nachdenken werden vorbewußte Erfahrungsbestände aus der Vergessenheit hervorgeholt und die dazugehörigen Gefühle aktualisiert. Das Hinterfragen des

Selbstverständlichen, Alltäglichen und Unhinterfragten ermöglicht uns, alte Erfahrungen neu zu interpretieren und zu bewerten und damit neue, veränderte Sichtweisen zu gewinnen.

Durch die Arbeit mit Medien, die nicht so stark der rationalen Kontrolle unterworfen sind (zum Beispiel das Malen von Bildern) gelingt ein – allerdings immer nur begrenztes – Freilegen verschütteter Erinnerungen und Gefühle. Darüber hinaus kann hier das Feedback in der Gruppe auf Leerstellen aufmerksam machen, Nicht(mehr)-Gewußtes bewußt machen durch das Spiegeln von Stimmungen und Gefühlen, die ein Bild bei anderen Teilnehmern/innen auslöst. Das Visualieren der eigenen Geschichte zum Beispiel durch Kinderbilder, Familienfotos usw. eröffnet einen Zugang zu «vergessenen» Erinnerungen und Gefühlen. Diesen wird auch mit dem phantasierenden Rückerinnern konkreter Situationen und dem Phantasieren von Wünschen, Befürchtungen und alternativen Handlungsmöglichkeiten nachgespürt.

Neben diesen psychischen «Orten» des Gedächtnisses, deren Zugänge wir zuvor beschrieben haben, gehen wir auch von der Existenz eines «Körpergedächtnisses» aus. Es gibt keine Erinnerung, die nur auf einer Ebene abgelagert ist. Alle Erfahrungen gehen als Gefühle durch unseren Körper hindurch und hinterlassen auch in ihm ihre Spuren. Allerdings haben Erfahrungen, die in den Körper eingelagert sind, gleichwohl ihren Niederschlag auf der psychischen Ebene. Es ist daher vielfach mehr eine Frage des Zugangs, auf welcher Ebene Erinnerungen aktualisiert werden. Die Praxis hat gezeigt, daß vorsprachliche (nicht-sprachliche) Erfahrungen sich eher über den Körper mobilisieren lassen, aber auch, daß auf diese Weise den Abwehrstrategien der rationalen Zensur eher zu entkommen ist. Gerade die frühen Erfahrungen existieren nur als «sensomotorische Engramme» (Lorenzer 1983, S. 100), sind mehr körperlich eingelagert als in den psychischen Apparat eingeschrieben. Die wortlosen, begriffslosen Erfahrungen unserer Kindheit, die Erfahrungen, deren Begriffe durch Verdrängung verlorengingen, hat (auch) unser Körper wahrgenommen, gespürt. Sie sind in ihn eingravierte Muster, oft unserem bewußten Denken entzogen, da ihnen die Sprache fehlt, um sie begreifbar / bewußt zu machen.

Die psychosomatische Medizin (vgl. zum Beispiel Beck 1981, Uexküll 1981) und verschiedene Richtungen der Körpertherapie (vgl. zum Beispiel Lowen 1983, Kurtz / Prestera 1981, Feldenkrais 1978, Rolf 1977, Petzold 1977, Keleman 1980) gehen davon aus, daß sich die lebensgeschichtlichen Erfahrungen eines Menschen auch auf der physischen Ebene des Körpers spiegeln. Krankheiten stellen insofern einen Zugang zu lebensgeschichtlichen Erfahrungen dar, als sie Versuche des

Körpers bilden, «seelische Verletzungen auszugleichen, einen inneren Verlust zu reparieren oder einen unbewußten Konflikt zu lösen». (Beck 1981, S. 11) Sie werden gesehen als Reaktion auf «lebensverändernde Ereignisse» (Uexküll 1981, S. 163), denen ein Mensch im Laufe seiner Geschichte ausgesetzt ist.

Der Körper gibt Auskunft über die emotionale Lebensgeschichte eines Menschen. Im Laufe des Lebens verfestigen sich bestimmte körperliche Muster zu Haltungs- und Bewegungsstrukturen und beeinflussen das Wachstum und den Körperbau. Diese Muster entstehen als Reaktion des Kindes auf frühe Erfahrungen in der Familie und mit der Umwelt. Die Art der Gefühle, die zum Beispiel einem Menschen in der Kindheit von den Eltern entgegengebracht werden, rufen in ihm bestimmte Reaktionsmuster hervor (etwa: Ablehnung: «Wir wollen dich nicht» – Reaktion: «Ich brauche keinen Menschen», «Ich ziehe mich zusammen»). Das Einengen des eigenen Selbst, das heißt zum Beispiel das Zusammenziehen durch Muskelverhärtungen, vermindert die Empfindung – also auch den Schmerz, der durch Kränkungen zugefügt wurde, das Spüren von Impulsen und Wünschen (vgl. Kurtz / Prestera 1981, S. 13, Lowen 1983, S. 44). Diese Muskelspannungen dienen dem Menschen dazu, sich vor gefährlichen Impulsen von innen und Angriffen von außen zu schützen (vgl. Lowen 1983, S. 44). Die lebensgeschichtlichen Erfahrungen sind in den Körper eingelagert u. a. als Haltungen, Muskelbeschaffenheiten, Fettablagerungen, Spannungen, Schlaffheiten, als fühllose Bereiche, als Krankheiten, sie stehen uns «ins Gesicht geschrieben» und werden in unseren Haltungen und Bewegungen ausgedrückt. Diese körperlichen Strukturen stellen das «Gedächtnis» des Körpers dar, alle psychischen Erfahrungen wurden durch ihn gespürt, haben ihre Spuren in ihm hinterlassen.

Daher gilt es, das Körpergedächtnis auf andere Weise als nur über Nachdenken und Sprechen be-greifbar / erinnerbar zu machen. Wir haben uns dem Körpergedächtnis auf verschiedenen Ebenen genähert:
– durch Betrachtung und Deutung äußerer körperlicher Strukturen (vgl. Kurtz / Prestera 1981) zum Beispiel Wahrnehmung der Proportionen, Haltung, Fragen nach der metaphorischen Bedeutung (zum Beispiel bei nach vorn geneigter Haltung: «eine schwere Bürde tragen»),
– durch das Hineinfühlen / Erspüren von Verhärtungen, Muskelverspannungen, Impulsen, Energien und das Wahrnehmen von Bildern, die beim Spüren des Körpers vor dem inneren Auge entstehen,
– durch Darstellung, das Einnehmen charakteristischer Haltungen aus der Lebensgeschichte und das Spüren von Gefühlen und Erin-

nerungen, die mit diesen Haltungen verbunden sind (regressive Übungen),

— durch Bewegung Erfahrungen entäußern und mit den dazugehörigen Gefühlen in Kontakt kommen,
— durch die Spiegelung der eigenen Haltung durch Gruppenmitglieder einen Zugang zu «blinden Flecken» der Erfahrung finden, verschüttete Erinnerungen bewußt zu machen versuchen.

Wie lassen sich solche «Körpererinnerungen» erkennen? Man muß versuchen, Tendenzen wahrzunehmen, am Körper abulesen. Es geht dabei um eine subtile Form von Erspüren, die nicht nur mit den Augen und dem Verstand wahrnimmt, sondern auf der intuitiven Ebene erfühlt. Dabei gilt es, mit Ängsten und Energien in Fühlung zu kommen, sie zuzulassen und sich bewußt zu machen. Auch hier – wie auf der sprachlichen Ebene von Erinnerung – stellen Widerstände und Abwehr Grenzen dar, die allerdings manchmal leichter unterlaufen werden als beim Erinnern als rein kognitivem Vorgang.

## 1.4 Zum Begriff «biographische Selbstreflexion»

Unter «biographischer Selbstreflexion» verstehen wir eine (Wieder-)Aneignung der eigenen Biographie, den Versuch, die Erfahrungen, die unsere Identität geprägt haben und in unser heutiges Handeln eingehen, transparent zu machen. Durch rückschauendes Betrachten, durch das Aktualisieren der zu den vergangenen Erfahrungen gehörigen Gefühle, durch Vergegenwärtigung der damaligen Lebenssituation sollen die Erfahrungen, die unsere Persönlichkeit geformt haben, ins Bewußtsein gerufen und wiederbelebt werden. Die so gewonnenen Erinnerungen werden einer Reflexion unterzogen, die über die unhinterfragten Strukturen alltäglichen Denkens hinausgeht und theoriegeleitet ist.

*Zum einen* sollen psychoanalytische Denkmuster («Was fehlt? Wird vollständig wahrgenommen? Welcher Beziehungskonflikt wird deutlich?» usw.) einen Anstoß geben, nach unbewußten Strukturen / Konflikten zu fragen, lebensweltliche Besonderheiten in der Erfahrung zu entdecken. Dabei geht es nicht nur um das Erkennen der negativen (Leidens-)Aspekte unserer Erfahrung – wie zum Beispiel um die Wiederholungen eines traumatischen (= durch psychische Verletzung entstandenen) Kindheitsmusters. Es sollen vielmehr auch gerade die aktiven Anteile aufgespürt und der Frage nachgegangen werden: «Wo habe ich mich nicht nur als ohnmächtiges Opfer von Bedingungen empfunden, sondern mein Leben aktiv gestaltend verändert?»

*Zum anderen* wird die gesellschaftliche Perspektive (kulturelle / schichtspezifische / historische usw.) in den Blick genommen und nach dem Einfluß gesellschaftlicher Bedingungen und Widersprüche gefragt und die subjektive Verarbeitung dieser Einflüsse betrachtet. Biographische Selbstreflexion enthält immer auch das Mitdenken der Kontextverwobenheit, die Einbettung in soziale und historische Bezüge, sie geht in ihrer Deutung von Lebensgeschichten auf das gesellschaftlich Typische (zum Beispiel einer Schicht / Klasse / der Geschlechtszugehörigkeit etc.) ein.

Gesättigt durch persönliche Erfahrungen erhält die Erkenntnis gesellschaftlicher Bedingungen und Widersprüche eine neue Qualität / Be-greifbarkeit. (Erkenntnis wird nicht über abstrakte Theorie vermittelt, sondern über eigene Erfahrungen). Biographische Selbstreflexion stellt damit das Überschreiten von Grenzen dar: Man verläßt die Ebene unreflektierten Alltagsdenkens, geht (theoriegeleitet) einen Schritt von sich weg, blickt aus diesem selbstreflexiven Abstand auf sich und kommt sich damit zugleich auch wieder einen Schritt näher, indem man die eigene Geschichte besser versteht, begreift, sich aneignet.

Biographische Selbstreflexion ist damit der Versuch, den Ansatz der sozialwissenschaftlichen Biographieforschung auf das *eigene* Leben anzuwenden und für die *eigene* Identitätsentwicklung fruchtbar zu machen. Sie geht aus von dem durch Habermas entwickelten Verständnis der Bedeutung von Selbstreflexivität für die Emanzipation des Menschen: «Ein Akt der Selbstreflexion, der ‹ein Leben ändert›, ist eine Bewegung der Emanzipation.» (Habermas 1968, S. 261)

Von zentraler Bedeutung für unsere Verwendung des Begriffes sind vor allem Beiträge von Ziehe (1975) zur «Selbstreflexion als emanzipatorischer Aneignung von Subjektivität», von Gamm (1979) zum «Umgang mit sich selbst» und von Schiek (1982) zum «selbstreflektierten Ansatz in der Ausbildung von Sozialwissenschaftlern» gewesen. Neben speziellen Arbeiten zur Bedeutung der Lebensgeschichte für Pädagogen (u. a. Brück 1978, Combe 1983) orientieren wir uns begrifflich vor allem am Konzept von Behrendt / Grösch (o. J.) zur biographischen Selbstreflexion mit (Arbeiter-)Jugendlichen nach Homfeldts u. a. (1983) Arbeit mit (Lehrer-)Studenten/innen. – Auch wenn wir verschiedentlich andere Bezeichnungen verwenden («biographisches Arbeiten», «lebensgeschichtliches Lernen», «Aufarbeitung der Lebensgeschichte» u. a. m.) ist die biographische Selbstreflexion im oben angeführten Verständnis gemeint.

# 2. Konzept und Methode

## 2.1 Merkmale

*Selbstaufklärung statt Fremdaushorchung – die Orientierung*

*an der Handlungsforschung*

Biographische Selbstreflexion zielt nicht auf die Entwicklung oder Vervollkommnung einer Forschungsmethode innerhalb der wissenschaftlichen Methodendiskussion. Biographische Selbstreflexion ist vorwiegend eine auf praktisches Lernen – wir könnten auch sagen: auf «Selbst-Bildung» des Menschen – gerichtete *Konsequenz* der beschriebenen Renaissance biographischer Forschung.

Insbesondere sind es zwei Stränge dieser Diskussion, die für den theoretischen Bezugsrahmen der Praxis biographischer Selbstreflexion Bedeutung haben:

*Zum einen* das bereits genannte «Lebensweltkonzept» (im Sinne von A. Schütz). Weil meine Lebenswelt auch für die Vorwegnahme von Zukunft prinzipiell offen ist, bildet sie begrifflich die für die biographische Selbstreflexion zentrale Vermittlung der Dimension «bis heute», «jetzt» und «was sein könnte bzw. sein sollte».

*Zum anderen* orientiert sich das Konzept der biographischen Selbstreflexion an einem zentralen Postulat der Handlungsforschung und versucht, die «klassische» Unterscheidung von Subjekt (der wissenschaftliche Forscher) und Objekt (die Untersuchten, Befragten, Interviewten), bei der die Betroffenen nicht mehr über die Ergebnisse verfügen, zu überwinden. Bei der Arbeit mit der biographischen Selbstreflexion (beispielsweise mit einer Gruppe) gibt es keine Aufspaltung in Subjekte (die andere Menschen erforschen und sich selber aus Gründen der «Objektivität» als vermeintliche Störfaktoren heraushalten) und ihnen gegenüberstehende Objekte (die mehr oder weniger in der Rolle von Datenlieferanten bleiben). Wesentliches Kennzeichen biographischer Selbstreflexion ist es, daß die Betroffenen ihren «Forschungs-» (das heißt Selbstaufklärungs-)Prozeß als Subjekte selbst in die Hand nehmen. Nötig dazu ist eine methodische Strukturierung (s. u.), wenn auch ohne die strengeren Maßstäbe beispielsweise der «kommunikativen Validierung» (s. u.). Darum würden wir auch nicht so weit gehen, für den Ansatz einer «kollektiven Erinnerungsarbeit» den Anspruch auf eine «sozial*wissenschaftliche* Methode» (Haug u. a. 1983, S. 9) zu reklamieren.

Dieses Merkmal der Selbstaufklärung ist nicht zuletzt auch eine Folge der heftig kritisierten «Kolonialisierung» sozialwissenschaftlicher Forschung, bei der es um die Frage geht, «über wen Wissen produziert werden soll und wer dieses Wissen verwenden kann.» (Fuchs 1984b, S. 38) Damit wird der Versuch ernstgenommen, die «Scheinwerfer-Mentalität» der traditionellen Sozialforschung zu überwinden: Der Forscher als der, der «Licht in den nur halb erleuchteten Raum der Gesellschaft wirft, die dunklen Ecken untersucht, hinter die Kommode und unter das Sofa schaut ...» (Fuchs 1984b, S. 37).

Unsere Vorgehensweise ist dagegen von einem anderen Erkenntnisinteresse geleitet. Hier geht es darum, daß der einzelne Mensch sich *selbst* als durch seine Lebensgeschichte in besonderer Form geworden erfährt. Er lernt zu verstehen, weshalb er so und nicht anders handelt, welche Einflüsse dabei gesellschaftliche Bedingungen haben, *wie* mit diesen Einflüssen umgegangen wurde, wie sie sich zu dieser spezifischen Biographie und Identität aufgeschichtet haben. Auf der Basis einer prinzipiellen Einheit von Subjekt und Objekt in diesem (Selbster-)«Forschungsprozeß», bei dem es also um kritische Selbst-Aufklärung, Selbst-Entfaltung und Gewinnen von Handlungsmotivation geht, wird die eigene Lebensgeschichte nicht lediglich als mehr oder weniger modisches Material für Untersuchungen *über* das Bewußtsein, die Deutungsmuster oder die geheimen Handlungsdispositionen benutzt. Die Arbeit an der eigenen Lebensgeschichte ist vielmehr ein «Beitrag zur alltäglichen Selbstverständigung der Menschen in biographischer Dimension» (Fuchs 1984b, S. 170).

Damit liegt die Intention einer solchen Arbeit vielmehr in der Neubestimmung eines Bildungskonzeptes. Ein solches Bildungskonzept richtet sich auf «Selbstbestimmung über die je eigenen, persönlichen Lebensbeziehungen und Sinndeutungen zwischenmenschlicher, beruflicher, ethischer, religiöser Art», aber auch auf die «Fähigkeit zur Mitbestimmung ... bei der Gestaltung unserer gemeinsamen gesellschaftlichen und politischen Verhältnisse» und «Solidaritätsfähigkeit» mit jenen Menschen, «denen eben solche Selbst- und Mitbestimmungsmöglichkeiten auf Grund gesellschaftlicher Verhältnisse, Unterprivilegierung, politischer Einschätzung oder Unterdrückungen vorenthalten oder begrenzt werden» (Klafki 1985, S. 17 – Hervorhebungen von uns, d. V.)

Dieses Anliegen hat eine wichtige konzeptionelle Konsequenz. Soll sich biographische Selbstreflexion nicht in individualistischer Nabelschau verlieren, sondern über Selbstbestimmungsfähigkeit hinaus auch die Fähigkeit zur Mitbestimmung und Solidarität einschließen, dann muß sie die objektive Bestimmtheit subjektiver Strukturen mit im Blick haben. Damit wird die Verbindung von «Subjektivem» und «Objektivem» in der lebensgeschichtlichen Reflexion ein zentrales Merkmal des hier vorgestellten Ansatzes.

Biographische Kommunikation, also die Thematisierung lebensgeschichtlicher Erfahrungen, ist zunächst selbstverständlicher Bestandteil alltäglichen Handelns, vom Stammtischgespräch über die Vermittlung von Lebenserfahrungen in der Erzählung des Großvaters bis zu Vorstellungsgesprächen, Nachrufen und Selbsterfahrungsgruppen (Fuchs 1984, S. 15 ff.). Biographische Selbstreflexion als Methode setzt zwar auch an diesem alltäglichen Bewußtsein an, organisiert und strukturiert aber in der Form von Übungen und Übungssequenzen[7] den Rückgriff auf die eigenen Erfahrungen so, daß die in ihnen steckenden, sie beeinflussenden gesellschaftlichen, historischen, sozialen und kulturellen Bedingungen in den Erkenntnisprozeß einbezogen werden. (Behrendt / Grösch, S. 108)

In dem einzigartigen Leben eines Menschen kann man Erfahrungen ausmachen, die sowohl *persönliche* Bedeutung haben als auch *verallgemeinerbar* sind, dies im doppelten Sinn: verallgemeinerbar hinsichtlich der in ihnen steckenden Wirkungen objektiver sozialer Bedingungen und verallgemeinerbar im Hinblick auf die «typische» Weise der Aneignung gesellschaftlicher Verhältnisse. Da es nur eine begrenzte Anzahl möglicher Aneignungsweisen unter bestimmten gesellschaftlichen Bedingungen gibt, bedeutet dies, daß eben jene ‹persönliche› Weise eine Weise der allgemein möglichen Aneignung ist» (Haug u. a. 1983, S. 16).

Mit diesem zentralen konzeptionellen Element der Verbindung von Subjektivem und Objektivem zielt biographische Selbstreflexion auf die Erkenntnis der «Erscheinungsweise allgemeiner und übergreifender gesellschaftlicher Prozesse in der individuellen Biographie» (Heinze 1984, S. 20). Insofern ist Individualität zugleich eine soziale Tatsache. Allerdings muß – und dies zeigen die Formulierungen der meisten Übungen ganz praktisch – lebensgeschichtliche Erfahrung zunächst «individualisiert» werden, als «meine» einmalige und unaustauschbare erlebt werden, um vorschnelle Typisierungen und Generalisierungen zu vermeiden.

Die Verbindung / Vermittlung von Subjektivem und Objektivem darf also nicht abstrakt geschehen. Sie ist vielmehr in den jeweils individuell erfahrenen, real-historischen «Verknotungen» en détail aufzuspüren, und «jeder dieser Knotenpunkte muß von beiden Perspektiven her lesbar sein» (Lorenzer 1979, S. 132).

Darum werden in unseren Übungen auch sehr oft konkrete Ereignisse zum Thema: Ereignisse markieren genau diesen Schnittpunkt zwischen persönlicher Erfahrung, der individuellen Lebensgeschichte, und äußeren Einflußfaktoren, zum Beispiel formellen wie informellen Sozialisationsinstanzen der Gesellschaft (Schulze 1979, S. 90).

So sehr unser Konzept dem von Berendt, Grösch u. a. in der Bildungsarbeit mit Arbeiterjugendlichen entwickelten psychosozialen Ansatz verbunden ist, so deutlich sind Adressatenkreis und demzufolge das Verständnis von «Politisierung» anders akzentuiert.

Wie bereits angedeutet, liegt das Schwergewicht der Übungen (abgesehen von denen, die soziale Kontextbedingungen ausdrücklich thematisieren, zum Beispiel «Krieg» oder «Erwerbslosigkeit») auf der Analyse der *subjektiven* Struktur. Besonders am Beispiel der Bearbeitung der Eltern-Kind-Beziehung in der Herkunftsfamilie läßt sich nämlich zeigen, daß diese Reflexion sich nicht nur auf die Ebene von Beziehungen, Gefühlen etc. beschränkt, sondern ebenso die konkrete soziokulturelle Einlagerung der Familie, zum Beispiel Schicht, kulturelle Umwelt, ökonomische Verhältnisse in den Blick nimmt. (Vgl. zum Beispiel die Übungen: «Arm, aber sauber», «Belesene Leute», «Familienstammbaum») Gerade *in* der subjektiven Struktur meiner lebensgeschichtlichen Erfahrungen entdecke ich durch die methodische Anleitung immer wieder auch Begründungszusammenhänge von Geschehnissen, Erklärungsmöglichkeiten durch die objektive Seite der Lebensbedingungen.

Deshalb liegt die Veränderungsperspektive für Teilnehmer auch nicht in erster Linie – wie bei den Arbeiterjugendlichen im Konzept von Behrendt / Grösch u. a. – in der Motivation zum kollektiv-solidarischen (politischen) Handeln, sondern in der Entfaltung der Potentiale der eigenen Person in der Persönlichkeitsreifung. Für uns hat es zum Beispiel eine eminent *politische* Bedeutung, wenn mehr und mehr Menschen liebesfähig werden, indem sie die lebensgeschichtlich bedingten Hemmungen, Blockaden, Einschränkungen erkennen, abbauen und überwinden. Eine solche Änderung «alltäglicher, selbst mitgebauter Gefängnisse» (Haug u. a. 1983, S. 14) zeigt nicht nur, wie die einzelnen sich jeweils «einbauen» in vorhandene Strukturen, dabei geformt werden und sich selber formen, sondern impliziert auch die Chance, selber verändernd – auch im Hinblick auf äußere Verhältnisse – einzugreifen.

Erfahrungen sind aber nicht nur «horizontal» mit dem Kontext der Lebensverhältnisse verzahnt, sondern haben auch ihren Stellenwert – «vertikal» – im Verlauf einer Biographie.

## Einzelnes und Ganzes verbinden

Über das Heute hinaus werden Zukunft und Vergangenheit einbezogen; biographische Selbstreflexion stellt einen Prozeß dar, der immer die *ganze* Biographie in den Blick nimmt. Selbst wenn nur bestimmte lebensgeschichtliche Phasen (wie zum Beispiel Jugend) oder spezifische Themen (zum Beispiel Trennung) oder besondere Lebensbereiche (Beruf) als Ausschnitte der Biographie betrachtet werden, so gehen doch die gesamten lebensgeschichtlichen Erfahrungen in die Reflexion ein, weil sie den Hintergrund bilden, vor dem die vergangenen Erlebnisse aus der heutigen Perspektive bewertet werden: «Da jede Situation und jede Erfahrung einen Vergangenheitshorizont hat, ist jede aktuelle Situation und Erfahrung (und dazu zählt auch ein Sich-Erinnern an Vergangenes in der aktuellen Situation, d. V.) von der Einzigartigkeit der Erfahrungsabfolge der Autobiographie notwendig mitbestimmt.» (Schütz / Luckmann 1979, S. 87)

Wir wissen aus der Psychoanalyse – nach einer treffenden Formulierung von Juliet Mitchell –, «daß jeder Mensch in jedem Augenblick seiner Existenz seine Lebensgeschichte in Wort, Tat und Symbol darlebt: ein dreijähriges Kind nicht anders als ein Achtzigjähriger hat eine Vergangenheit, die es in seiner Gegenwart erzählt.» (Mitchell 1985, S. 34)

Allerdings wäre es ein völliger Kurzschluß, daraus eine deterministische Sicht gegenwärtigen Verhaltens abzuleiten («aufgrund meiner Kindheit *muß* ich ja so handeln und kann gar nicht anders»). Denn erstens bedeutet lebensgeschichtliches Lernen ein ständiges Umdeuten und Neuverstehen von Erfahrungen – also Wandlung der Selbst-Deutung. Zweitens bilden frühkindliche Erfahrungen lediglich die *Folie*, den Horizont, vor dem gegenwärtige Erfahrungen zum Beispiel in der Arbeitswelt, in der Schule oder Ausbildung integriert werden.

Empirische Untersuchungen (Kohli 1980, S. 311) haben gezeigt, daß Mangelerscheinungen (Deprivationen) zwar in der Kindheit tiefgreifender wirken als wenn man in der Jugendzeit ähnlichem ausgesetzt war, daß Entwicklungsnachteile aber in erstaunlichem Maß später aufgeholt werden. Neuere Theorien (Löwe 1970) zu Stabilität und Veränderung der Person haben darüber hinaus wieder die Aufmerksamkeit dafür geschärft, daß auch Erwachsene durchaus lernfähig sind, daß also gegenwärtige Erfahrungsfelder eine nicht zu unterschätzende Wirkung auf Verhaltensentwürfe von Menschen haben.

Die in einer Übung angesprochene Bedeutung eines einzelnen individuellen Erlebnisses ist deshalb erst im *Gesamtzusammenhang* der Biographie bestimmbar. Aber umgekehrt wird auch der lebensgeschichtliche Gesamtsinn erst sichtbar, indem die *einzelnen* Erlebnisinhalte ihr Profil gewinnen. Eben diese Dialektik von Einzelnem und Ganzem bestimmt auch das Konzept einer umfassenden biographischen Selbstreflexion, die über das «Aufstöbern» von lebensgeschichtlichen Einzelszenen (zum Beispiel durch «Abhaken» einzelner Übungen) hinaus auf einen umfassenden Zusammenhang gerichtet ist. «Nur indem sich einem das Ganze der Lebenssituation allmählich erschließt, bekommen die Einzelphänomene ihre zutreffende Bedeutung. Nur indem die Einzelphänomene ihr Bedeutungsprofil zeigen, entfaltet sich das Ganze als ein Sinnzusammenhang menschlicher Praxis.» (Lorenzer 1977, S. 111) Die *Lebensgeschichte* eines Menschen ist also die Geschichte der Bildung solcher szenischen Erlebnisinhalte (im Spiel der zwischenmenschlichen Beziehungen), die *Persönlichkeit* ist dann das Gefüge dieser Erlebnisinhalte, und die *Individualität* eines Menschen ist die unauswechselbare Besonderheit dieses Gefüges in einer gegebenen sozialen Situation. (Lorenzer 1979, S. 133)

Wenn wir also in der biographischen Selbstreflexion Einzelnes immer vom Ganzen her zu verstehen suchen und das Ganze nur vom Einzelnen her erschließen können, stellt sich das nicht auflösbare Problem des sog. «hermeneutischen Zirkels»: «Wir müssen immer schon eine Protention (= Vorgriff, d. V.) aufs Ganze machen – ob wir es haben und verstehen oder nicht –, um ein Detail verstehen zu können. Freilich gewinnen wir nur dann ein Bild von ‹Ganzen›, wenn wir uns statt auf einsinnige Deutungen auf die widerständige Struktur des Details einlassen.» (Baacke 1984, S. 209 f.) Die Konsequenz daraus ist dann, eigene Vorannahmen und Vermutungen immer wieder zu überprüfen und zurückzunehmen. Trotzdem gilt für den Prozeß des biographischen Lernens: «Aus dem hermeneutischen Zirkel kommen wir nicht heraus.» (Baacke, ebd.)

## Deutungsmuster zwischen Konsistenzbedürfnis und Geschichtsklitterung

«Stimmt meine Erinnerung heute eigentlich mit dem tatsächlichen Ablauf des Ereignisses damals überein?» so lautet eine häufige Frage von Teilnehmer/inne/n unserer Seminare. Dahinter steckt die Vermutung bzw. die Erfahrung, daß keine/r «objektiv» über sich berichtet und berichten kann. Erinnertes ist immer subjektiv gefärbt, jede/r dreht und wendet, deutet und verfälscht, vergißt und verdrängt, was ihr/ihm widerfuhr (Haug u. a. 1983, S. 13). Um sich in einer komplexen Realität orientieren und verorten zu können, um sich in widersprüchlichen Anforderungen und Erfahrungen nicht zu verlieren, entwickeln Menschen Deutungsmuster, die ihnen oft selbst nicht voll bewußt sind und als «Alltagstheorien» sowohl «Richtiges» wie «Falsches» enthalten. Nach Neuendorff / Sabel kann man Deutungsmuster verstehen als «ein konsistentes (= zusammenhängendes, d. V.) Gefüge von Interpretationsregeln, die ihrer eigenen Logik gemäß die Erfahrungen der Subjekte zu einer für die Subjekte sinnvollen, ihre Relevanzbereiche bestimmenden Wirklichkeit ordnen» (zit. nach Baacke 1984, S. 222).

Diese Definition besagt zunächst einmal, daß Deutungsmuster dabei «helfen», eigene Lebensgeschichte zu ordnen, ihr einen Sinn zu geben und eine Konsistenz im Bewußtsein herzustellen. Dabei ist die Tendenz zu beobachten, Widersprüche und Irritationen auf ein – erträgliches – Mindestmaß zu reduzieren und damit handlungsfähig zu bleiben (vgl. Moebius 1986).

Gleichzeitig sind solche Deutungsmuster aber nicht nur individuelle Verschrobenheiten, sondern durchaus auch *kollektive* Sinninterpretationen, indem sie Reaktionen auf objektive Inkonsistenzen der Gesellschaft darstellen. Dabei werden diese außen liegenden *In*konsistenzen mitunter aufgelöst, indem ein subjektiv *kon*sistenter Interpretationszusammenhang geschaffen wird: Jemand, der sein Leben als Aufstieg, Karriere mit Prestige- und Machtgewinn deutet, wird sehr schnell die Krisen und Widersprüche des kapitalistischen Wirtschaftssystems «einebnen» und kaum ein kritisches Bewußtsein durchhalten gegenüber einem Bildungssystem, das ihm als Arbeiterkind nicht die Chance zum Studium gab.

Ein weiteres Merkmal solcher Deutungen liegt darin, daß sie sich nicht nur auf einzelne Situationen beziehen, sondern ein übergreifendes Muster bilden, nach dem immer wieder konkrete Erfahrungen eingeordnet werden: Wer die Lebensüberzeugung hat, daß dem Tüchtigen die Welt gehört, wird sein Versagen in einer Prüfung eher als persönliche Schuld empfinden denn als einen ungerechtfertigten Akt willkürlicher Prüfer. Deutungsmuster offenbaren damit ein Konsistenzbedürfnis des Bewußtseins.

Wird damit eine solche «geschönte» Erinnerung der persönlichen Lebensgeschichte als Material nicht unbrauchbar? Keineswegs. Im Gegenteil: biographische Selbstreflexion zielt ja nicht primär auf die Rekonstruktion dessen, «was faktisch war», sondern gerade auf die Formen und Weisen der subjektiven Aneignung und Verarbeitung dieser Wirklichkeit. Im Prozeß der Reflexion zeigt sich nicht nur, daß die Rekonstruktion der Lebensgeschichte den jetzigen Deutungsmustern der

Teilnehmer/innen unterliegt, sondern auch, daß Situationsdefinitionen und Selbstdeutungen sich verändern; frühere Deutungen werden im gemeinsamen Reflexionsprozeß erneut bearbeitet, in der Konfrontation mit ihnen bestimmt sich das Subjekt neu (Auernheimer 1983, S. 397).

Dies ist auch der wesentliche Gewinn eines Autors aus seiner Autobiographie. So beschreibt Peter Weiß in «Abschied von den Eltern» eine Szene, in der er an einen Ort seiner Kindheit zurückgekehrt war: «Ich ging auf der Allee zurück, im weißen Staub des Fahrdammes, die Kindheit lag Jahrzehnte hinter mir, ich kann sie jetzt mit durchdachten Worten schildern, ich kann sie zergliedern und vor mir ausbreiten, doch als ich sie erlebte, da gab es kein Durchdenken und kein Zergliedern, da gab es keine überblickende Vernunft.» (Weiß 1961, S. 28 f.) Die Gefühle der Kindheitserfahrungen sind keineswegs verschwunden, sie werden aber im Prozeß des nachgehenden Durchdenkens in neuen Zusammenhängen gesehen – wieder angeeignet.

Wenn sich das Subjekt am biographischen Material neu bestimmt, dann enthält dies immer auch Entwürfe von Zukunft. Insofern trägt biographische Rekonstruktion durchaus konstruktive Züge. Auch wenn die Erinnerung bisweilen den Charakter von «Geschichtsklitterung» hat, so entfernt sie sich doch nie ganz von der Realität. Allerdings dokumentieren die zum Beispiel durch Aufschreiben, Phantasieren oder Malen erinnerten Kindheitsszenen weniger die Realität der Außenwelt als vielmehr die der Innenwelt des Teilnehmers / der Teilnehmerin. Die «Wahrheit» zum Beispiel in Beziehungen zu den Eltern ist immer das Erleben der Beteiligten. Wir arbeiten deshalb methodisch besonders intensiv mit diesen Zugängen, weil durch sie – anders als beim rationalen Zergliedern – eher der gefühlsmäßige Fluß der Erinnerung in Gang kommt, Erinnerungen aus der Tiefe des Nicht-mehr-Gewußten aufsteigen. Hier hat jede Verzerrung («Lüge») ihren individuellen Sinn, sie ist als meine innere Realität im Moment «wahr», hat für meine Geschichte Be-deutung. (Auf das in diesem Zusammenhang wichtige Problem der sog. «Deckerinnerung» gehen wir im Abschnitt über das methodische Vorgehen näher ein.) Diese Einfärbung ist somit Voraussetzung dafür, um an die Prozesse heranzukommen, durch die sich die Persönlichkeiten formen und mit deren Hilfe sie ihre Identität entwickeln.

## 2.2  Ziele und Grenzen

«Gewußtes habe ich verstanden», so hat einmal ein Gruppenteilnehmer am Ende eines Seminars seine wichtigste Lernerfahrung formuliert. Damit ist die erste zentrale Zielebene angesprochen: Verstehen. Bisweilen mag der Eindruck entstehen, daß die meisten Begebenheiten und Tatsachen der eigenen Biographie doch längst bekannt sind. Bei genauerem Hinsehen zeigt sich dann aber oft, daß die einzelnen gewußten «Fakten» eher den Charakter einer Ansammlung von Daten eines äußerlich-eindimensionalen «Lebens*laufes*» haben, während sie erst im Prozeß der Reflexion zur «Lebens*geschichte*» werden. (Schulze 1985, S. 36 ff.) Wie diese einzelnen Fakten zusammenhängen, wie sie sich gegenseitig beeinflussen, warum sie überhaupt in dieser einen Lebensgeschichte vorkommen, welche Bedeutung sie haben, wie sie sich zu einer Folge von Erwartungen und Erfahrungen aufordnen, die in eine bestimmte Richtung weisen, die einen roten Faden erkennen lassen, – all dies kristallisiert sich erst heraus, wenn wir uns des eigenen Lebenszusammenhanges zu vergewissern suchen: Woher komme ich? Was bin ich? Wohin gehe ich? Auf diese Fragen zielt die (Wieder-)Aneignung der eigenen Biographie.

Auch für Paare ist nach unserer Erfahrung das Verstehen und Verarbeiten der jeweils individuellen Partnergeschichte hilfreich, um Beziehungsprobleme zu bewältigen. Viele kennen jenes «verworrene Knäuel von Gefühlsvermischung zwischen Gegenwart und Vergangenheit» (Cöllen 1984, S. 110), das nur zu entwirren ist durch das Hervorheben und Anschauen jener lebensgeschichtlichen Hindernisse, Blockierungen und Einschränkungen, die für jeden der Partner die Entfaltung seiner/ihrer Persönlichkeit und damit auch die Entfaltung der Liebesfähigkeit verhindern. (Vgl. die Übung «Liebesfähigkeit»)

Verstehen meint also mehr als eine nur rationale gedankliche Rekonstruktion, Verstehen schließt das Er-innern (= wieder in das Innere Hineinholen) abgespaltener Emotionen ein. Dabei bewegt sich biographische Selbstreflexion manchmal deutlich in Richtung Therapie (obwohl sie grundsätzlich im vortherapeutischen Raum bleibt): Diese Reise in die Vergangenheit ist «oft aber auch gefährlich, weil dieses Vertiefen und Hinabtauchen in das verschüttete Seelen- und Körperleben manchmal chaotische Zustände aufzeigt, die lange Jahre sorgsam verschlossen» waren (Cöllen 1984, S. 111).

Nun muß man allerdings auch sehen, daß es durchaus «gelungene» Deutungsmuster gibt, die ein Leben als sinnvoll, befriedigend oder gelungen erscheinen lassen. Menschen, die gelernt haben, die Hierarchie ihrer Werte selbständig zu verantworten, können lebensfeindliche wie lebensfördernde Elemente in einem in sich stimmig zusammenhängenden (kohärenten) Weltbild integrieren.

War bisher immer die Rede vom Verstehen der *eigenen* Geschichte und Person, so muß erweiternd betont werden, daß ein wichtiges Ziel auch das Verstehen *anderer* Menschen ist. Die intensive Beschäftigung mit der eigenen Lebensgeschichte hilft «Standpunkte» zu relativieren, meine eigenen Erfahrungen (vor allem bei Gruppenarbeit), zu denen anderer in Beziehung zu setzen, Toleranz zu üben – aber auch Personen meiner Lebensgeschichte (zum Beispiel die Eltern) verstehen zu lernen. Das bedeutet nicht ein unkritisches Harmonisieren, sondern eher das Vermeiden vorschneller Zuordnungen zu den gängigen pädagogischen, psychologischen und soziologischen Deutungsmustern. Verhindert werden soll der voreilige Griff ins vorhandene Deutungsreservoir, das uns in Gestalt vorschneller Klassifizierungen / Typisierungen als «Schubladendenken» den Blick auf die Realität verstellt. Indem wir (theoretisch fundierten!) Vor-Urteilen aufzusitzen drohen, die uns nur einen Teilaspekt des Seins eines Menschen vermitteln, kommen wir aber mit diesem Menschen in seiner ganzen Widersprüchlichkeit und Vielfalt seiner Persönlichkeit (das heißt seiner Subjektivität, seiner Sichtweise von Wirklichkeit) nicht in Berührung.

Wir haben es mehrfach erfahren, daß anfangs als «nervig» abgelehnte Teilnehmer im Prozeß des Austausches der lebensgeschichtlichen Erfahrungen «verstanden» und damit zunehmend akzeptiert wurden.

Geht man mit Baacke (1985) davon aus, daß sich das Verstehen biographischer Materialien auf verschiedenen Ebenen bewegt, so eröffnet sich der zweite wesentliche Zielbereich biographischer Selbstreflexion: das Entwickeln von Veränderungsmöglichkeiten und Handlungsperspektiven. Baacke unterscheidet drei Ebenen des Verstehens:

1. *Nachvollziehendes Verstehen* als Erschließung von Erfahrungen, die unmittelbar dem Bewußtsein / der Erinnerung zugänglich sind.
2. *Analytisches Verstehen* als Erschließung der «Tiefenstruktur» einer Erinnerung. Diese Ebene schließt eine selbstreflexive Anwendung theoriegeleiteter Deutungen ein.
3. *Entwerfendes Verstehen* als Betrachtung alternativer Handlungsmöglichkeiten /-entwürfe mit der Perspektive, «Lernchancen für das Individuum» zu eröffnen.

Für unseren Ansatz bedeutet diese dritte Ebene, aus Erfahrungen zu lernen und die eigene Lebensgeschichte durch Zukunftsentwürfe neu / aktiv zu gestalten. Freilich dürfen diese drei Ebenen nicht so verstanden werden, als seien die ersten beiden rückschauend und nur die dritte zukunftsorientiert gemeint.

«Bevor man nämlich in seinem Leben etwas verändern kann, ist es oft notwendig, ... sich noch einmal Klarheit darüber zu verschaffen, was bisher im eigenen Leben passiert ist, welches die Ursachen hierfür waren, um sich dann fragen zu können, was und auf welche Weise ich etwas in meinem Leben verändern kann.» (Behrendt / Grösch, S. 59) Wenn auf diese Weise in der biographischen Reflexion die eigenen Erfahrungen im Kontext der «gegebenen Verhältnisse» mit vergangenen, aber nicht toten Wünschen und Erwartungen konfrontiert werden, wird der allmähliche Prozeß der «Enteignung» von Wünschen, Hoffnungen und Ansprüchen durch die lebensgeschichtlich sich durchsetzende Realität deutlich (Behrendt / Grösch, S. 105). Die Enttäuschung über nicht gelebte Lebensentwürfe und über den Mangel an Selbstverwirklichungsmöglichkeiten geht zurück auf frühere «Utopien», vielleicht Illusionen, zumindest aber Hoffnungen, die – durch kollektive Bezüge (zum Beispiel durch Zugehörigkeit zur Arbeiterklasse) vermittelt – individuell dennoch ein latentes Widerspruchspotential und damit eine kritische Komponente bilden gegen jede Art von Verhältnissen, «die nun einmal so sind, wie sie sind».

Aus einem lange eingeschliffenen Vermeidungsverhalten kann durch das (Wieder-)Entdecken solcher ungelebten Lebensentwürfe im Prozeß der biographischen Selbstreflexion  Mut zum alternativen Denken  und Motivation zu  veränderndem Ein-Greifen und Handeln  werden. Haug u. a. (1983, S. 21) gebrauchen den Begriff «historisch leben» und meinen damit eben diesen Zusammenhang, «daß wir uns selber nicht als Natur und unhinterfragbare Gegegenheiten akzeptieren, sondern als geworden und also veränderbar». Und weil jede/r auch solche Geschichten kennt, «die uns von klein auf im Widerstand zeigen», ist es konsequent, «daß wir die Bedingungen, die einschnüren, zu verändern versuchen» (ebd.).

Allerdings liegen hier auch klare  Grenzen  der Methode biographischer Selbstreflexion. Sie kann motivierende Impulse zur individuellen wie zur politisch-kollektiven Veränderung geben. Die praktische Realisierung liegt indes außerhalb ihrer Reichweite.

Eine von uns immer wieder erlebte, gleichsam immanente Grenze liegt auch da, wo Erfahrungen in unserer Lebensgeschichte so schmerzhaft waren, daß sie unserer Erinnerung nicht mehr zugänglich (verdrängt) sind, bzw. lebensgeschichtlich erworbene Konflikte zwar deutlich werden, sich durch die Reflexion aber nicht auflösen lassen. Statt Konflikte durchzuarbeiten und «abzutrauern», kann vielmehr nur das Vorhandensein von Konflikten überhaupt sichtbar gemacht und (unter

Umständen) auf die Notwendigkeit der Bearbeitung durch eine Therapie hingewiesen werden. Insofern liegt in dieser Grenze gerade eine Möglichkeit, sich auf eine intensivere Therapie vorzubereiten und sich an eine gründlichere Aufarbeitung der Konflikte in der eigenen Geschichte heranzutasten, indem Ängste und Befürchtungen abgebaut werden.

Allerdings: Selbst wenn Teilnehmer/innen nicht den Weg in eine Therapie gehen, enthalten die in diesem Buch vorgelegten Übungen nicht nur die Möglichkeit, sondern die Aufforderung und Chance, sich in einem über ein Seminar hinausgehenden ständigen Prozeß weitere «Stücke» ihrer Lebensgeschichte anzueignen und das Mosaik des Gewordenseins kontinuierlich zu ent-decken.

Biographische Selbstreflexion ist nie «abschließbar», so wenig wie die Frage nach dem Lebenssinn abschließend beantwortbar ist. (Maurer 1981, S. 109) Das Subjekt vergewissert sich seines Ich, um eine treffende Formulierung Bittners (1977, S. 8) aufzugreifen, «in immer neuen Formulierungen, verwirft oder verfeinert dabei die vorangegangenen, sägt also im Fortschreiten seines Sich-Selbst-Denkens immer wieder den Ast ab, auf dem es sitzt».

## 2.3 Methodisches Vorgehen

Die Übersetzung des lateinischen «curriculum vitae» mit «Lebenslauf» mag nahelegen, die Chronologie des (zeitlichen) Ablaufes eines Lebens als Leitfaden für biographische Reflexionen zu wählen. Die Systematik eines Curriculums (Lehrplans) zur Aneignung der eigenen Lebensgeschichte ergäbe sich dann aus dem Prinzip «vom Gestern zum Heute», also im wesentlichen aus dem Typus der Autobiographie. Bei so einem, vermeintlich an der objektiven Realität orientierten Vorgehen wird aber leicht übersehen, daß wir immer *von heute aus* deuten, daß Abläufe als Kontinuitäten erst *nachträglich* im Kopf hergestellt werden. Selbst das Zusammenstellen von Angaben für einen einfachen Lebenslauf (zum Beispiel für eine Bewerbung) zeigt diese nachträgliche Auswahl und Anordnung, die vom Heute (hier: dem Bewerbungs- oder Karriere-Zweck) bestimmt wird. Die Gefahr eines solchen «curricularen» Vorgehens liegt darin, daß gesamte bisherige Leben zu stark und zu schnell unter *einen* Bestimmungsgesichtspunkt zu ordnen. So wird zum Beispiel die Selbstsicht, nicht sehr leistungsfähig zu sein, alle Personen und Ereignisse in einem bestimmten Licht erscheinen lassen:

«Ich wurde ja immer schon ...» – Allzuleicht werden Kindheit und Jugend in diesem Sinn als kausaler Weg zum heutigen Menschen gesehen (Haug u. a. 1983, S. 18).

Unser methodisches Vorgehen zielt deshalb darauf, auch Möglichkeiten eines ungewohnten Zugangs, des distanzierten Blickes und der möglichst «nicht wertenden Besichtigung» (Haug u. a. 1983, S. 19) vorzubereiten. Statt auf das gesamte Leben konzentrieren wir uns – ähnlich wie Haug und Behrendt / Grösch – überwiegend auf bestimmte konkrete Situationen und Themen. Wir stoßen dabei auf eine Vielfalt biographischer Szenen, auf einzelne Situationen und Personen, manchmal auf Bruchstücke, die im Nebel zu liegen scheinen. Aber das Hineingehen in eine solche Situation, das (Wieder-)Entdekken zum Beispiel der Gesichter, der Töne und Gerüche zieht uns für kurze Zeit ein Stück weit weg vom «Eingeordnet-Haben» durch die Sicht aus dem Heute. Im Ausleuchten einer solchen Szene, im Nachspüren nach dem, was wir «eigentlich» hätten tun wollen oder uns gewünscht haben, im Phantasieren des gegenteiligen Ausgangs einer Szene, in der Auseinandersetzung mit beteiligten Personen, entdecken wir die Facetten einer solchen Szene, Verknüpfungen, verlorengegangene – aber weiter wirksam gebliebene – Erwartungen und Sehnsüchte. Darum enthalten die Übungen auch konkrete Aufforderungen in dieser Richtung, zum Beispiel immer wieder die Frage nach begleitenden Gefühlen, nach verdrängten Impulsen, nach Polaritäten (was *fehlte?*).

Obwohl die Übungen die einzelnen Schritte der biographischen Selbstreflexion damit deutlich strukturieren und auf bestimmte Probleme fokussieren (in den Brennpunkt rücken) – gelenkter als zum Beispiel das freie Assoziieren in der Psychoanalyse –, setzen sie bei jedem einzelnen längerfristig sehr unterschiedliche Fragerichtungen und Suchbewegungen in Gang. Überhaupt ist die Durchführung einer Übung oft gar nicht der Mittelpunkt der Arbeit, sondern eher Auslöser für einen Reflexionsprozeß. Auch wenn alle Teilnehmer/innen einer Gruppe die gleichen Übungen durchführen, vereinheitlichen sie die Ergebnisse keineswegs. Es ist ein Irrtum zu glauben, daß man schon alles aus der Lebensgeschichte weiß. Selbst wenn Teilnehmer/innen an derselben Übung mehrfach arbeiten oder dieselbe Szene wiederholt erleben, entdecken sie – nach einiger Erfahrung – immer wieder Neues.

Diese Spurensuche, die Offenheit gegenüber dem Wissen über sich selbst, wird vor allem durch die Vielfalt unterschiedlicher methodischer und inhaltlicher Zugänge, die den Charakter der Übungen in einem Kurs bestimmen, gefördert. Übungen helfen konkreter als unstrukturiert laufende «freie» Gespräche, dieses nicht einfach abrufbare Wissen über sich selbst hervorzuholen, darzustellen, zu entfalten und zu bearbeiten.

Wir halten es deshalb für notwendig, <u>Übungen mit sehr unterschiedlichem Charakter</u> durchzuführen. Dies bezieht sich nicht nur auf die «Intensität» (zum Beispiel einführend, weiterführend, vertiefend, vgl. Übersichtstabelle S. 349 ff), sondern auf die Unterschiedlichkeit der Zugänge: Manche Teilnehmer/innen können sich eher auf handelnde Elemente einlassen (zum Beispiel malen, eine Graphik zeichnen, Personen im Raum gruppieren, etwas spielen, etwas sortieren, sich körperlich bewegen oder agieren), anderen liegen meditative, phantasiebetonte und imaginative Zugänge näher, wieder andere kommen am ehesten weiter mit Nachdenken / Reflektieren.

Wichtiges Charakteristikum unseres methodischen Vorgehens ist weiterhin, daß wir jedem/r Teilnehmer/in einer Gruppe möglichst viele dieser unterschiedlichen Zugänge anbieten, um die Breite der möglichen Erkenntnisse zu vergrößern. So wie Norbert Elias (1965) in seiner «Konfigurationalen Analyse» versucht, bei der Untersuchung konkreter Interaktionen von Menschen sehr unterschiedliche und möglichst umfassend gewonnene Daten auf verschiedenen Ebenen der Analyse «gegeneinanderzubewegen» und in einer Zusammenschau (Synopse) die verschiedenen Ebenen (ökologische, psychologische, soziologische, ökonomische etc.) zusammenzubringen, so wird durch das Erleben gerade sehr unterschiedlicher methodischer Zugänge mit entsprechend variierenden Ebenen des Erkennens und Erlebens die Chance dieses «Gegeneinanderbewegens» genutzt. Dies führt nach unserer Erfahrung oft zu neuen Fragen an tabuisierte oder bisher ängstlich gemiedene Bereiche.

Bisher wurde in der Biographieforschung und – wenn wir recht sehen – auch in Ansätzen zur biographischen Selbstreflexion häufig mit der Produktion von Texten gearbeitet. – Das <u>Schreiben von Texten</u> ist deshalb auch ein wichtiges methodisches Element unseres Konzeptes; allerdings ist «Schreibbildung» keine Voraussetzung. Schreiben (von Szenen, Märchen, Persondarstellungen, Lerngeschichten, Tagebüchern etc.) ist für Menschen eine hervorragende Möglichkeit, «mit sich selbst in Kontakt zu kommen und mit ihrer eigenen Geschichte und ihren eher unbewußten Zuständen und Regungen zu korrespondieren» (Fröchling 1986). Schreiben ist also aktive sprachliche Auseinandersetzung mit der Wirklichkeit, indem «ich schreibend mit der Wirklichkeit spiele» (ebd.).

Aber auch bei Übungen ohne Schreiben werden im Zuge der Selbstdarstellung der Teilnehmer/innen sprachliche Äußerungen produziert, die auszuwerten lohnend ist. Dies gilt auch dann, wenn die Äußerungen über das in einer Übung Erlebte eher spärlich oder gar dürftig sind: bereits die simple Feedback-Äußerung eines/r anderen Teilnehmer/in kann eine höchst effiziente Anregung zur kritischen Selbstüberprüfung sein («Mich hat es sehr überrascht, daß dein Vater überhaupt nicht vorkam.»).

Über das Schreiben hinaus reicht die Palette der Produktion biographischer Daten von der Arbeit mit Fotos und Poesiealben über die Sprüchesammlung bis hin zur Phantasiereise und zur Körperarbeit. Weil jede/r Teilnehmer/in sich im Lauf der Arbeit seine/ihre eigenen Differenzierungen, Vorlieben und Abneigungen, eine eigene Weise des Zugangs zur Lebensgeschichte schafft, ist nichts so langweilig wie ein einfallsloser Methodenmonismus.

Inhaltlich berühren die Übungen sicher nicht alle Bereiche und Themen, die für die Reflexion einer Lebensgeschichte möglich sind. Abgesehen davon, daß wir im Materialteil aus Platzgründen eine Anzahl von Übungen zu weiteren lebensgeschichtlich relevanten Teilaspekten weggelassen haben, ist es angesichts der «Fülle des Lebens» ohnehin nicht möglich, ein streng geplantes – oder auch offenes – Curriculum zur biographischen Selbstreflexion vorzulegen. Es kann auch nicht um einen systematisch aufgebauten Lehrgang (womöglich mit abgesicherten Überprüfungsinstrumenten) gehen, sondern allenfalls um ein offenes Konzept, das für den Entwicklungsgang eines/r Teilnehmers/in und für den Prozeß der Gruppe entsprechende Angebote entwickelt.

Die Übungen thematisieren dabei nicht nur die üblichen Stationen der «Normalbiographie» (Fuchs 1984, S. 46) – Geburt, Kindsein, Einschulung, Ausbildung, Prüfungen, Partnerschaft, Berufskarriere etc. –, sondern zielen auch auf jene «kritischen Ereignisse» (Schulze 1979, S. 60 ff.; S. H. Filipp 1981), in denen oft ein Detail, eine wichtige Wendung, ein Schock, eine Ent-Täuschung von vorher nicht bezweifelten Vorstellungen oder vertrauten Beziehungen – negativ wie positiv! – eine Rolle spielen.

Der starke Bezug zum Alltäglichen, vom kindlichen «Ich will noch nicht ins Bett» bis zum «ersten Kuß» oder zur «Examensangst» kennzeichnen dabei den Versuch, in den Übungen das «wirkliche Leben» widerzuspiegeln. Wer sich als Kind einmal verlaufen hat, weiß, wie tief ein solches Erlebnis sitzen kann und welche bleibenden Ängste sich damit verbinden. Sozialisationstheoretische oder entwicklungspsychologische Untersuchungen zum «Verlaufen» sind uns indes nicht bekannt … Es ist sehr die Frage, ob das von der wissenschaftlichen Forschung verallgemeinernd Untersuchte wirklich das erfaßt, was das Erleben der Alltagsbanalitäten für die kindliche Erlebniswelt tatsächlich bedeutete. Der Lehrer in der Schule hat unter Umständen differenzierte

Kenntnisse der schichtspezifischen Sozialisation, aber hat er eine Ahnung davon, wie einem Kind zumute ist, das sich morgens aus dem Bett gequält hat und dann noch zu spät zum Unterricht kommt?

Neben konkreten Interaktionserfahrungen zwischen Menschen gehören zum bedeutungsvollen Alltäglichen aber auch das Erleben einer Landschaft, einer Wohnung mit ihrer Weite oder Enge, Erfahrungen mit der dinglichen Umwelt, von der «Badezimmerkultur», dem Fernseher, dem Garten bis zur Straße, mit dem kühlen Hörsaal ebenso wie mit der Monotonie einer Maschine: den ökologischen Merkmalen des Lernmilieus (Bronfenbrenner 1981). Diese Nähe zum Alltäglichen läßt auch die Liebe zum Detail zu, sie definiert nicht von vornherein, was «wesentlich» und was «unwichtig» ist.

Prinzipiell ist es natürlich möglich und sinnvoll, Übungen auch allein und für sich selbst durchzuführen. Eine solche Selbst-Erforschung wird aber nach einiger Zeit das Bedürfnis entwickeln, sich mit anderen auszutauschen, über Unverstandenes zu sprechen, sich Fragen stellen zu lassen, Unsicherheiten der eigenen Deutungen ins Gespräch einzubringen, Anregungen zur weiteren «Spurensuche» zu erhalten. Im Gruppenzusammenhang sind die Teilnehmer/innen, Erzähler/innen, Datenproduzenten/innen und Interpretierende zugleich. Wenn es dabei passiert, daß einem/r Zuhörer/in angesichts der Erzählung einer Szene durch eine/n andere/n eine Einzelheit aus seiner/ihrer Kindheit einfällt und er/sie selbst ergänzend zu erzählen beginnt, so wird damit ein wesentliches Element gewonnen: das des Vergleichs, der Kontrastierung. Erfahrung kann gegen Erfahrung stehen; eigenes kann bestätigt oder konfrontiert werden mit der Notwendigkeit, Erklärungen und Verständnismöglichkeiten für das eigene Handeln zu suchen, weiter und genauer nachzuforschen und zu korrigieren.

Dabei ist die Heterogenität einer Gruppe durchaus förderlich, vor allem wenn sie verschiedene Generationen umfaßt. Gerade das Anteilnehmen an der spezifischen Prägung oder «Lagerung» (K. Mannheim 1967 [1927], S. 33) einer anderen Generation als der eigenen, mit deren eigener «Tendenz auf bestimmte Verhaltens-, Gefühls- und Denkweisen» (ebd., S. 35) erweitert das Verständnis für die andere Generation, ebenso aber auch die Fähigkeit, der eigenen Generationstypik auf die Spur zu kommen. Gleiches gilt für unterschiedliche Schichten, Geschlechter, Berufsgruppen u. a. m., deren verschiedene Denk- und Deutungsmuster vergleichend aufeinander bezogen werden, um die «kulturelle Fraktionierung» (Haug u. a. 1983, S. 27) unter Menschen ein Stück weit zu durchbrechen und um verblendete Rechtfertigungsstrategien in den Deutungsmustern im Prozeß der Kommunikation zu hinterfragen oder auch zu korrigieren.

Dies gilt auch für das Aufspüren von sogenannten «Deckerinnerungen». Freud hatte bereits 1899 festgestellt, daß sich früheste Erinnerungen erwachsener Personen einerseits oft auf dramatische, oft aber andererseits auch auf unwichtige Kleinigkeiten beziehen. Auf die Frage, warum diese belanglose Erinnerung im Gedächtnis aufbewahrt wird, antwortet Freud, daß es sich um eine «Deckerinnerung» handele, die «ihren Gedächtniswert nicht dem eigenen Inhalt, sondern dessen Beziehung zu einem anderen unterdrückten Inhalt verdankt» (Freud 1899, S. 551). Erinnert wird also gleichsam nicht das «Eigentliche» (vielleicht eine davor liegende Szene oder eine gleichzeitig affektiv stark besetzte Erfahrung, zum Beispiel eine Kränkung oder Verletzung), sondern belanglose Bruchstücke, die mit dem – unterdrückten – Gefühlsinhalt dieser «überdeckten» Szene in Verbindung stehen. Obwohl dann eine Erzählung durchaus «wahr» ist, stimmt der Satz: «Ich kann mich im Erzählen von Geschichten über mich verfehlen» (Bittner 1979, S. 124).

Natürlich kann das «Grund-ich» (Bittner) als Konstrukteur solcher biographischen Verbergungsprozesse differenziert wohl nur in einer längerfristigen Psychoanalyse identifiziert werden, aber eine wichtige Funktion der Gruppe kann doch darin liegen, «Verschwiegenes» aufzudecken und – gleichsam quer / abweichend vom bloßen chronologischen Ablauf der Biographie – innere Beziehungen zwischen identisch erlebten «Themen» herauszuarbeiten, mit anderen Worten: möglicherweise Deckerinnerungen auf die Spur zu kommen.

Heinze / Thiemann (1982, S. 636) haben als fundamentales Ergebnis der Handlungsforschungsdiskussion der letzten Jahre festgestellt, daß kommunikative Validierungsverfahren (also die Sicherung der Gültigkeit von Aussagen) unumgänglich sind, sofern Selbstdarstellungen eine gemeinsame Praxis der Befragten als zuverlässigen, wechselseitigen Aufklärungsprozeß strukturieren sollen. Insbesondere im Auswertungsgespräch der Übungen innerhalb unseres Verfahrens wird der Ansatz der «Praxisforschung» (Heinze / Loser / Thiemann 1981) aufgenommen, indem selbstreflexive Lernprozesse aller Beteiligten gezielt angeregt werden zum Beispiel durch Feedback auf Dargestelltes, durch Nachfragen – und auch durch Einbeziehen theoretischer Erklärungsversuche.

Es ist bekannt, daß Alltagsbewußtsein durch sozialwissenschaftliches Theoretisieren partiell aufgebrochen werden kann. Aber auch bei geringer Theoriekompetenz ergibt sich in der Gruppendiskussion gerade im Ringen um eine Deutung oft eine «intuitive Evidenz», eine Tendenz zu einer gespürten Stimmigkeit. Insofern ist – vielleicht im Unterschied zur «kommunikativen Validierung» bei wissenschaftlicher Arbeit – das «kommunikative Verstehen» (Heinze / Räder-scheidt / Rode 1983, S. 191) ein unverzichtbares Element der biographischen Reflexion.

Eine Konsequenz daraus ist die Erfahrung, daß sich Aussagen einzelner Teilnehmer/innen kaum als «Forschungsmaterial» aus dem Gesprächszusammenhang *dieser* Gruppe lösen lassen, weil sie oft nur aus der Gesamt-«Atmosphäre» verstehbar sind, die auch die nonverbale und emotionale Seite der Kommunikation sowie deren Beziehungsqualität einschließt.

Gleichwohl darf die Bedeutung von Bezugstheorien für die Interpretationen im Rahmen biographischen Lernens nicht unterschätzt werden. Wir haben bereits darauf hingewiesen, daß besonders in die Formulierung der Auswertungsimpulse theoretische Vorannahmen einfließen, die sich zum Beispiel mit der Frage nach Ambivalenzen in Gefühlskonflikten aus der Psychoanalyse, mit dem Verweis auf Geschlechtsrollenunterschiede aus der Sozialisationstheorie oder mit der Aufforderung zu «Neuentscheidungen» (Änderungen) aus kognitiven Lerntheorien herleiten. Auch in der Auswahl der Themenschwerpunkte sowie in der Strukturierung der einzelnen Übungen stecken theoretische Orientierungen, die zum Beispiel das Verhältnis von Individuum und Gesellschaft auf eine kritische Gesellschaftstheorie oder die grundlegende Annahme einer Tendenz zur Selbstverwirklichung des Menschen und zur Entfaltung seiner Person auf anthropologische Annahmen beziehen.

Schließlich kann auch die theoretische Kompetenz der Gruppenleitung in die Erläuterung von Zusammenhängen, in anregende Hypothesen oder in die Aufdeckung von unreflektierten Vor-Urteilen einfließen. Allerdings sollte dies ein anfänglich durchaus «naives» Rekonstruieren biographischer Details nicht verhindern. Interpretationen des Leiters oder der Leiterin dürfen nicht den Eindruck erwecken, als würden die Teilnehmer/innen mit einem vorgefertigten Theoriekonzept erschlagen. Vorannahmen des/der interpretierenden Leiters/in und Suchbewegungen der Teilnehmer/innen sind wie zwei Brennpunkte einer Ellipse, zwischen denen im Prozeß des kommunikativen Verstehens beide wechselnd die Position tauschen.

Aus dem angebotenen Materialteil dieses Buches lassen sich sehr unterschiedlich akzentuierte Sequenzen von Übungen zusammenstellen. Wenn wir einen Sequenzvorschlag erarbeiten, stellen wir Erfahrungen mit der Herkunftsfamilie, vor allem Szenen zum Thema Beziehungsstrukturen, Interaktionsmuster, Normen und Werte an den Anfang (neben der einen oder anderen Kennenlern-Übung, die mit Hilfe unterschiedlichster Aspekte die Variationsbreite möglicher lebensgeschichtlicher Erfahrungen auffaltet. Es folgen einzelne Fragestellungen zur Kindheit oder Jugendzeit, etwa zum Spielen, zur Familienkultur und -geschichte, zur Schule oder zu existentiellen Erfahrungen (Ängste, kritische Ereignisse, Freundschaften, Tod, Krankheit usw.), wobei ihre soziale Bestimmtheit und Einlagerung jeweils mit zur Sprache gebracht wird. Probleme wie Selbstbild, Selbstwertgefühl, Lebensentwürfe können sich anschließen. Erst zu einem späteren Zeitpunkt thematisieren wir explizit den zeitgeschichtlichen Kontext (zum Beispiel politische Ereignisse) und Fragen der Geschlechtlichkeit, des Körpers und seines Gedächtnisses (wobei zum letzteren die Übungen zum Teil stark regressiven Charakter haben).

Je nach Eigenart der Gruppenzusammensetzung und Verlauf des Prozesses werden Erfahrungen in Ausbildung und Beruf, mit Religiosität, Ideologien etc. ergänzend angesprochen. Äußerst aufschlußreich ist es, wenn Übungen zum «biographischen Prozeß» (also zum Leben als Gesamtverlauf) sowohl am Anfang als auch gegen Ende durchgeführt werden, weil sie nicht selten überraschende Veränderungen in Wertungen und Prioritäten für die Bedeutsamkeit einzelner Ereignisse zeigen.

In längerdauernden Gruppen (zum Beispiel lief eine unserer Gruppen über eineinhalb Jahre) bieten wir über das Gesamte hinaus auch die gründlichere Beschäftigung mit *einem* Bereich der Biographie an, zum Beispiel der sexuellen Sozialisation. Dies setzt allerdings ein gewachsenes Vertrauen in der Gruppe voraus, das durch die bisweilen hohe Intimität persönlicher Lebensgeschichte in der Regel entsteht. Unsere Erfahrung zeigt in sämtlichen Gruppen, daß der Austausch von lebensgeschichtlichen Erfahrungen einen angstabbauenden intensiven Datenfluß in Gang setzt, der zusätzliche gruppendynamische Übungen zur Förderung des Gruppenklimas, der Offenheit und des Vertrauens überflüssig macht.

Dies bedeutet nicht, daß es keine Abwehrproblematik in der Gruppe oder bei der individuellen Arbeit gibt. Vor allem wenn gewohnte Deutungsmuster bröckeln, wenn das Gleichgewicht bedroht ist oder eine angstauslösende (scheinbare) Handlungs- und Veränderungs*un*fähigkeit auftritt und Teilnehmer/innen an ihre existentiellen Grenzen stoßen, setzt der Versuch ein, aufkommende Angst abzuwehren und Widerstand gegen die notwendige Bewußtseinserweiterung zu mobilisieren. Wir unterscheiden dabei *zwei Ebenen.*

*Zunächst*die Ebene des eigenen gesellschaft-geschichtlichen Bewußtseins. Dieses wird bekanntlich durch die herrschenden Ideen legitimatorisch untermauert. Die Folge: «Autobiographische Selbstaufklärungsprozesse stoßen somit auf ‹Widerstände›, die das autonom sich dünkende bürgerliche Subjekt gegen seine eigene Bewußtseinserweiterung aufgerichtet hat.» (Gstettner 1980, S. 385) Die subjektive Aneignung der gesellschaftlichen Realität sträubt sich also gegen deren Verallgemeinerung in einem Begriff von objektiven gesellschaftlichen Prozessen; jenes «Typisch Mittelschicht» oder «Klar-aus-der-ökono-mischen-Lage-ableitbar» enthält immer auch ein Element der Kränkung (des vermeintlich autonomen Subjektes).

Die *zweite* Ebene der Abwehr läßt sich psychoanalytisch beschreiben. Abwehr (die begrifflich vom Widerstand noch genauer zu unterscheiden wäre) ist eine unbewußte Tendenz des Ich, seine Grenzen zu wahren und angstauslösenden (Trieb-)Impulse zu begegnen (A. Freud 1936). Holzkamp-Osterkamp (1976, S. 291) hat beide Ebenen konkretisierend aufeinander bezogen: Abwehrformen «dienen nicht lediglich der Triebabwehr, sondern sind Abwehr objektiver gesellschaft-personaler Realitätsaspekte zur Abwendung der mit jeder Veränderung bestehender Umweltbeziehungen einhergehenden Gefährdung der Handlungsfähigkeit als Kontrolle über die eigenen Lebensbedingungen». Demzufolge ist die Palette der Abwehrformen sehr breit (vgl. Behrendt/Grösch, S. 44 ff.), sie reicht von der Isolierung verschiedener Seiten eines Widerspruchs («Zusammenhangsblindheit») oder der Personalisierung gesellschaftlicher Verhältnisse über das Rationalisieren oder Verdrängen von Angst und Schmerzen bis zum «Sich-fühllos-Stellen», «Mauern» und «Nicht-wahrhaben-Wollen».

Dieses (in der Regel unbewußte) Abwehrverhalten kann die biographische Selbstreflexion erheblich blockieren, muß aber als Ausdruck der Angst vor Konflikten ernst genommen werden. Und doch stimmt der Satz von Fritz Perls: «Du mußt durch den Alptraum hindurchgehen, um den Traum zu erleben.»

## 2.4 Biographische Selbstreflexion im Kontext verwandter Verfahren

Wie wir bereits betont haben, kann biographische Selbstreflexion keine Therapie leisten, obwohl manche Übung auch innerhalb eines therapeutischen Prozesses Verwendung finden wird und obwohl biographische Selbstreflexion methodisch (zum Beispiel in der Re-Integration abgespaltener Gefühle) therapeutischen Verfahren gleicht. Grundsätzlich geht es aber nicht um «Behandlung» von tiefsitzenden psychischen Störungen, Defiziten und Leiden.

Demgegenüber ist die Nähe unseres Konzeptes zum Anliegen der menschlichen Selbstverwirklichung in der Humanistischen Psychologie (Völker 1980) unverkennbar. Betont werden in der Humanistischen Psychologie vor allem die persönliche Entfaltung, Wachstum («personal growth»), Kreativität, Sinnfindung, Übernahme von Verantwortung, Selbst-Werdung (Selbstverwirklichung). Ebenso ist es die ganzheitliche Sichtweise des Menschen, die Denken, Bewußtsein, Gefühl, Körper, Handeln etc. gleichermaßen wichtig nimmt, welche auch dem Konzept der biographischen Selbstreflexion zugrunde liegt. – Kennzeichnend für die meisten Verfahren aus dem kaum noch überschaubaren Umfeld der Humanistischen Psychologie, seien es gruppendynamische Selbsterfahrung, themenzentrierte Interaktion, Gestalttherapie, Gesprächstherapie, Encounter-Gruppen, Sensitivity-Training oder auch die neueren Bewegungen unter dem Sammelbegriff «New Age» (Kumar / Hentschel 1984), ist es jedoch, daß sie die unmittelbare Erfahrung im Hier-und-Jetzt, die Gegenwart und ihr Potential stark betonen, das Lernen im affektiven Bereich stark akzentuieren und theoretischen Anstrengungen in der Regel eher kritisch (manchmal sogar ablehnend) gegenüberstehen.

Biographisches Arbeiten unterscheidet sich hiervon in wichtigen Punkten: *Erstens* dient hinsichtlich der Zeitdimension die Lernebene des Hier-und-Jetzt nur zum *Ausgangspunkt* für die lebensgeschichtliche Reflexion; eine zu starke Konzentration auf die Gegenwart und die sich hier abspielenden (emotionalen) Prozesse halten wir für eine verkürzende – und damit künstliche – Trennung des Individuums und seiner Identität von den lebensgeschichtlichen und gesellschaftlichen Determinanten (Leffers 1980, S. 294).

*Zweitens* wird der historisch-soziale Lebenszusammenhang (also über das Hier-und-Jetzt hinaus das «Dort-und-Damals») mit seinen vielfältigen bedingenden Faktoren ausdrücklich in das biographische Lernen einbezogen. Damit wird eine notwendige Konsequenz aus der Diskussion um die gesellschaftlich-politische Folgenlosigkeit selbsterfahrungsorientierten Lernens (zum Beispiel der Gruppendynamik) gezogen.

*Drittens:* Wenn der Gestalttherapeut Fritz Perls gesagt hat: «Verlier deinen Kopf und komm zu den Sinnen» (Perls 1974), so ist damit ganz sicher eine notwendige Kritik an der dominierenden kognitivistischen Verengung und rationalen Vereinseitigung im Umgang mit der seelischen Wirklichkeit des Menschen formuliert. Nur bedeutet es eine Verkürzung in Richtung auf den Gegenpol, wenn eine an sich sinnvolle Sensitivierung nicht mit einer entsprechenden Kognitivierung verbunden wird. Darum wird mit dem Begriff «Reflexion» in unserem Konzept ganz bewußt die Integration von Denken / Theorie, Erfahrung und Gefühl signalisiert. Dies vermittelt dem/der Einzelnen über das Nach-Denken und die sprachliche Rekonstruktion sowohl eine begriffliche Verarbeitung von Erleben und Erfahrung als auch eine theoriegeleitete Analyse der Hintergründe von Phänomenen auf der Erscheinungsebene.

Unsere Arbeitsweise – zum Beispiel ablesbar an zahlreichen Übungen – lehnt sich dennoch an grundlegende Prinzipien der Gestalt-Arbeit an (zum Beispiel Erlebnis, Wahrnehmung / Bewußtheit, Selbstunterstützung / Verantwortung). Dies scheint zur psychoanalytischen Orientierung mit ihrer Betonung von Unbewußtem, Vergangenheit, Wiederholung(szwang) usw. zunächst ein Widerspruch. Aber abgesehen davon, daß die Gestalttherapie sich u. a. aus der Psychoanalyse entwickelt hat und Gestalttherapeuten lebensgeschichtliche Perspektiven keineswegs «als ‹Archäologie› abtun» (Polster 1975, S. 11), ist dieses Verhältnis gegenwärtig weder theoretisch noch interventionsmethodisch (zum Beispiel hinsichtlich der [Übertragungs-]Beziehung zwischen Klient/in und Therapeut/in) hinreichend geklärt. Dies kann auch hier nicht geschehen.

Trotzdem ergeben sich mögliche Verbindungen. Sicherlich: «Gestalttherapie untersucht das aktuelle Verhalten und seine Blockaden» (Revenstorf 1983, S. 111), in ihr «werden Verhaltensmuster zwar behandelt, deren Ursprung in der Vergangenheit liegt, im Vordergrund steht jedoch nicht die Erkenntnis des Zusammenhangs mit früheren Erlebnissen, sondern die Erfahrung neuerer Reaktionsmuster.» (Ebd.) Bei der Bearbeitung von Angst zeigt sich dann zum Beispiel, daß sie einem «der Person fremden Anspruch entspringt, der von andern übernommen wurde ... Dazu müssen häufig die elterlichen Erziehungseinflüsse wachgerufen werden» (ebd., S. 114). Methodisch läßt der Therapeut den Klienten «sich in der Phantasie mit seinem Vater unterhalten, um deutlich zu machen, woher diese Einstellung kommt» (ebd., S. 118).

In der Phantasie wird also eine Situation gleichsam zu Ende gebracht; dies war im «Leben» bisher nicht möglich. Die Gestalttherapie hat hier den Begriff der «unerledigten Geschäfte» (Polster 1975, S. 46) geprägt, mit denen der Klient abschließen muß, «indem er entweder zu ihnen zurückkehrt» oder sie mit «parallelen Umständen in der Gegenwart in Verbindung bringt» (ebd., S. 47). Einen Abschluß findet eine lebensgeschichtlich bedeutsame Situation wie zum Beispiel die Enttäuschung durch die nicht erfolgte Zuwendung des Vaters erst, wenn das unerfüllt Gebliebene hervorgeholt wird, unter Umständen dadurch, daß der/die Klient/in «diese Handlung in der Phantasie wiederholt» (ebd.).

Die Parallele zu dem, was wir die nicht toten Wünsche, die liegenge-
bliebenen, unerfüllten Sehnsüchte und die nicht gelebten Lebensentwürfe genannt haben, liegt auf der Hand, insbesondere, wo die Gestalttherapie explizit vom «Wiedergewinnen alter Erfahrungen» (Polster
1975, S. 206) spricht. Allerdings befragen wir diese Erfahrung stärker
als die Gestalt-Richtung auch auf die hierin steckenden sozialen und
politischen Verhinderungsmechanismen.

Ebenso deutlich ist die Verwandtschaft unserer Grundannahmen
zum Konzept der Transaktionsanalyse (TA) – Eric Bernes bekanntem
Versuch, Grundelemente der Theorie Freuds zu übernehmen und in ein
einfacheres System zu transportieren und weiterzuführen (Berne
1975). Einige unserer Übungen nehmen in der TA entwickelte Methoden zur Analyse von Einstellungen, die das Welt- und Selbstbild eines
Menschen ausmachen (das «Skript»), auf, zumal dort, wo die wichtigsten Rollenanweisungen aus der Kindheit stammen (vgl. die Übungen
«Antreiber», «Regieanweisungen in meinem Leben»). Wo es um den
Zusammenhang einer «aktuellen Symptomatik mit prägenden Erlebnissen aus der Kindheit» und damit um ein «*Wiedererleben* der damaligen Schlüsselszene geht, in der bestimmte Gefühle zuerst aufgetreten
sind» (Schachtner 1983, S. 90), liegt ein wichtiger Berührungspunkt
mit lebensgeschichtlichem Lernen, welches für eben diesen Zusammenhang das Bewußtsein weckt.

Allerdings machen wir lediglich methodische «Anleihen» bei der TA,
ohne deren gesamtes System zu übernehmen. Unsere Kritik an der TA
richtet sich vor allem darauf, das komplexe aktuelle Verhalten in ein
relativ einfaches und damit starres System von Transaktionen einfan-
gen zu wollen. Praktische Übungen (wie zum Beispiel bei James / Jongeward 1981; Babcock / Keepers 1980; Rautenberg / Rogoll 1980
usw.) erschöpfen sich dann – bei aller Nützlichkeit im einzelnen – doch
weitgehend in der «Anwendung» dieses vorgegebenen Systems (um
nicht zu sagen: Schemas). Zudem hat Thea Bauriedl (1980, S. 15 ff.)
kritisiert, daß die TA den dialektischen Aspekt des Ich (als ständiger
Synthese zwischen Es und Über-Ich) zugunsten eines scheinbar autonomen realitätsbezogenen Erwachsen-Ich aufgegeben habe. Mit der eben
angedeuteten «Einordnung» in ein rationales Theoriesystem des Pa-
tienten durch den Therapeuten sei zudem der manipulative Charakter
der TA offensichtlich (ebd., S. 16). Unvereinbar mit dem Gesamtkon-
zept des biographischen Arbeitens ist vor allem die Verengung auf
«eine dualistische (entweder du oder ich) Beziehungslehre» (ebd.,
S. 17), die die gesellschaftliche Dimension personaler Transaktionen
aus dem Blick verliert.

Schließlich muß noch – neben den hier nicht ausgeführten Berührungspunkten mit  weiteren Verfahren  wie *Psychodrama* (Moreno, Petzold), *Rationalemotive Therapie* (Ellis), *Neuentscheidungstherapie* (Goulding) oder *Themenzentrierter Interaktion* (R. Cohn), *Kommunikationstherapie* (Mandel) etc. – auf die inhaltlichen Grundlagen unserer Auffassung des lebenslangen Lernens hingewiesen werden. Insbesondere  Arbeiten zu den menschlichen «Lebensstufen»  (Brocher 1977; Bühler 1969; Erikson 1973; Gould 1979; Levinson 1979; Thomae / Lehr 1965; Rosenmayr 1978 u. a.) enthalten eine Fülle von Materialien zum Verständnis des «Lebenslaufes», seiner Phasen, Entwicklungsstufen, Wendepunkte, Krisen, die hier allen individuellen Variationen doch gewisse Regelmäßigkeiten bis hin zu Mustern einer Biographie in der post-industriellen Gesellschaft aufweisen.

*Zusammengefaßt*: Biographische Selbstreflexion, so wie sie in diesem Buch vorgestellt wird, liegt im Schnittpunkt zwischen «neuer Geschichtsbewegung» (lokale Spurensuche, alltagsbezogene Lebensweltanalyse; vgl. Kinter / Kock / Thiele 1985), Biographieforschung (Fuchs 1984) und Humanistischer Psychologie (Völker 1980).

## 2.5  Bedeutung biographischer Selbstreflexion für Wissenschaft und Praxis

Die (Wieder-)Aneignung der eigenen Lebensgeschichte zielt – so hatten wir vorher gesagt – vor allem auf Subjekt-Werdung, auf Selbstentfaltung des Menschen, auf seine Persönlichkeits-«Bildung». Dies bedeutet nun aber keineswegs, daß der Ansatz der biographischen Selbstreflexion für die  Wissenschaft  (insbesondere von der Erziehung, Pädagogik hier also zunächst verstanden als Erziehungswissenschaft) bedeutungslos wäre. Wir wollen dies an folgenden vier Konsequenzen aufzeigen:

1. ein verändertes Wissenschaftsverständnis,
2. Wissenschaftler/innen als Subjekte in Forschungsprozessen,
3. neue methodische Zugänge zum Lernen über «Erziehung»,
4. ein (hochschuldidaktisch) veränderter Zugang zur Wissenschaft.

*Zunächst zum ersten*: Ein verändertes Wissenschaftsverständnis.

Gudrun Schiek hat in ihrem Versuch einer «Rückeroberung der Subjektivität» die Umrisse einer «selbsterfahrungsbezogenen, selbstreflexiven Wissenschaft vom Menschen» (Schiek 1982, S. 117) markiert, indem sie in scharfer Abgrenzung zum naturwissenschaftlichen (und wie sie gleichsetzt: empirischen) Erklärungsmodell (Paradigma) die Konsequenzen einer Einbeziehung der eigenen Erfahrungen und der persönlichen Lebensgeschichte für ein neues Wissenschaftsverständnis entwickelte. Im Anschluß an die Arbeiten von Habermas über die Bedeutung der Selbstreflexion für den Emanzipationsprozeß des Individuums hat sie u. a. aufgezeigt, daß selbstreflexive Wissenschaft geeignet ist, «dem Subjekt Zuwachs an Identität zu ermöglichen, das in ihm liegende Potential in Auseinandersetzung mit seiner Umwelt zu entwickeln; mit anderen Worten: das Subjekt soll Subjekt seiner Lebens- und Lerngeschichte werden» (Schiek 1982, S. 117).

Die vielfach – nicht nur von Studenten – beklagte Entfremdung der Wissenschaft von ihrem Praxisfeld ist vor allem darauf zurückzuführen, daß bei den Bemühungen um Objektivität, Meßbares, Verallgemeinerbares etc. der ganze Reichtum konkreter Subjekte nicht erfaßt wurde. Statt dessen wurden ausgewählte Ausschnitte bearbeitet und künstlich aufbereitet, bisweilen zu Theorien verdichtet, in denen sich der handelnde Mensch in der Fülle seiner Lebenswirklichkeit nicht mehr wiederfand. Je stärker die Naturwissenschaft Vorbild für «Wissenschaftlichkeit» überhaupt wurde, desto höher wurde der zu zahlende Preis: Wissenschaft als «abgeblendetes», partikulares Denken, das die Wirklichkeit in «genialer Einseitigkeit» erfaßt – dafür aber die Fülle des Wirklichen verliert (A. M. K. Müller 1972, S. 30). Wissenschaft droht damit gleichsam «unrealistisch» zu werden. Devereux (1967, S. 21 f.) sieht die Wiedergewinnung einer «authentischen Verhaltenswissenschaft» daran gebunden, «daß eine realistische Wissenschaft vom Menschen nur von Menschen geschaffen werden kann, die sich ihres *eigenen* (Hervorhebung von uns, d. V.) Menschseins vollkommen bewußt sind, was vor allem bedeutet, daß dieses Bewußtsein in ihre wissenschaftliche Arbeit eingeht». Ein solches Wissenschaftsverständnis impliziert die Anwendung der vielgepriesenen Wiederentdeckung des «subjektiven Faktors» auf den/die Wissenschaftler/in selbst.

*Zum zweiten*: Wissenschaftler/innen als Subjekte.

Damit wird die Person des/der Wissenschaftlers/in pointiert – gegen alle Warnungen aus der Tradition eines positivistischen Wissenschaftsverständnisses – in den Prozeß wissenschaftlicher Forschung einbezogen. «Die Beschäftigung mit der biographischen Methode setzt voraus eine Beschäftigung des Forschers mit sich selbst» (Baacke 1985, S. 11). Biographische Selbstreflexion ist gerade für Forscher/innen, die sich in der sozialwissenschaftlichen Forschungspraxis mit den Lebensgeschichten *anderer* Menschen befassen und diese interpretieren, von eminenter Wichtigkeit. Eine größere «Selbstreflexivität des Forschers» bzw. der Forscherin (als ein Wissen um die eigene Geschichte und um eigene Konflikte) ist *zum einen* hilfreich in der Interaktionssituation mit Menschen, die «erforscht» werden sollen, um deren Sichtweise besser verstehen zu können. Die eigene Person kann besser «eingeklammert» und die Wirkung auf das Gegenüber in dieser Situation eher reflexiv bearbeitet werden (vgl. Baacke 1985, S. 18). Im Interpretationsprozeß hat sie *zum anderen* den Vorteil zu verhindern, daß der/die Forscher/in eigene Anteile und unverarbeitete Konflikte unreflektiert auf die Forschungssubjekte projiziert.

Bei Devereux geschieht dies zugespitzt dadurch, daß aus der «Not» einer immer auch vorhandenen Gegenübertragung des/der Forschers/in auf das, was (wen) er/sie untersucht, die «Tugend» einer bewußten Analyse dieser Gegenübertragung als einer höchst aufschlußreichen Erkenntnisquelle im Forschungsprozeß gemacht wird.

Die Konsequenz für einen produktiven Umgang mit der eigenen Lebensgeschichte speziell des/der Erziehungswissenschaftlers/in für das eigene Arbeiten liegt auf der Hand. Immer wenn das Erzogen-Werden anderer befragt / untersucht / erforscht und auch gelehrt wird, spielt unausweichlich das eigene «Erzogen-Sein» mit, sei es in Form bestimmter Vorlieben, «Steckenpferde», oder impliziter Werturteile und Normen, sei es durch selektive Wahrnehmung, blinde Flecken, Ängste, Vermeidungen oder schlicht in der Auswahl von Fragestellungen. Das Interesse an der eigenen Lebensgeschichte – und damit das wissenschaftliche Interesse am Konzept biographischer Selbstreflexion – ist für mich (H. G.) jedenfalls nicht zufällig verbunden mit den besonderen Krisen meiner eigenen biographischen Situation der «Lebensmitte», die mein eigenes «Erzogen-Sein» (z. B. als Angehöriger der Generation der «Kriegskinder») (Preuss-Lausitz u. a. 1983) in bisweilen schmerzlicher Weise aktualisieren. Den Rätseln meiner Kindheit auf die Spur zu kommen, den Defiziten und Brüchen nachzugehen, vergessen geglaubte Symptome der Kindheit, Widersprüche, Ungereimtheiten neu zu verstehen und das Zerbrechen von «bewährten» Abwehrformen (Mitscherlich 1983, S. 39) zu ent-decken, scheint mir unausweichlich notwendig, um meine eigenen Auffassungen und Theorien von Erziehung in meiner biographischen Situation und in der mich umgebenden Gesellschaft zu durchleuchten und ihre Entwicklung reflektiert voranzubringen. Damit wird wissenschaftliches Denken keineswegs «subjektiv» verfärbt; im Gegenteil: erst durch die Analyse dieses Zusammenhanges wird es «aufgeklärt», kritisch, distanziert – und damit erst «objektiv».

Aufschlußreiche Beispiele für diese selbstkritische Rekonstruktion biographischer Aspekte zur Durchleuchtung eigenen pädagogischen

Denkens haben in jüngster Zeit zum Beispiel Jürgen Henningsen («Vielleicht bin ich immer noch ein Nazi», 1982), Wolfgang Klafki («Zwischen Führungsglauben und Distanzierung», 1983, 1985) und Hartmut von Hentig («Aufgeräumte Erfahrungen», 1985) und Renate Luca («Zur Lehrerin erzogen», 1985) vorgelegt: Wissenschaftliche Forscher/innen begreifen sich als Subjekte, als Sozialisierte und damit Sozialisationsforschung als gesellschaftliches Handeln.

*Zum dritten*: Neue methodische Zugänge zum Lernen über Erziehung.

Wer sich um pädagogische Reformen auch in einer Zeit zurückgehender Reformwilligkeit müht, muß sehen, «daß eine umfassende gesellschaftskritische Programmatik fehlgeht, wenn sie nicht Anschluß im Subjekt sucht» (Baacke / Schulze 1979, S. 7). Alltagswende, narrative Pädagogik und biographisches Forschungsinteresse haben hier ihre Wurzeln, weil sie eben jene methodischen Zugänge zum Lernen über Erziehung eröffnen, die zu generalisierenden empirischen Untersuchungen gleichsam den «Counterpart des Details» bieten. Beides aber ist sinnvoll.

In diesem Zusammenhang macht Baacke (1979, S. 19 ff.) auf die folgenden Vorzüge biographischer Arbeit aufmerksam. Allgemeine und weit gefaßte Begriffe wie «Mittelschicht» oder «Erziehungsstil» können mit konkretem Inhalt gefaßt werden, wenn wir uns durch die Beschäftigung mit dem Erleben von Szenen beim einzelnen für Feinheiten und Nuancen sensibilisieren lassen. Gerade erzählte Lebensgeschichte enthält oft eine Vielzahl von zusammenwirkenden Faktoren, die bei der Isolierung von «Variablen» gar nicht in den Blick kommen. – Auch die Beschränktheit auf die eigene Zeit tritt ebenso hervor wie die Notwendigkeit der (zum Beispiel historischen) Erweiterung des eigenen Gesichtskreises. – Die Praxis des Lebens mit seiner Fülle von Ereignissen und Handlungsnotwendigkeiten drängt den/die Erziehungswissenschaftler/in auch immer wieder, die Qualität und Nützlichkeit seiner/ihrer Theorien (selbst-)kritisch zu überprüfen. Umgekehrt kann am konkreten «Fall» das theoretisch erworbene Wissen von Studierenden aktualisiert und erprobt werden. – Schließlich kann natürlich über den Einzelfall hinaus auch das Typische interessant werden, jene «Regeln», nach denen Menschen Alltag und Lernen organisieren.

Dabei ist gerade das *selbst*reflexive Moment in der biographischen Arbeit von eminenter pädagogischer Bedeutung: «Weil wir Kinder nur in Analogie zu uns selbst verstehen können, liegt es nahe, zunächst über uns, über Erwachsene nachzudenken» (Mollenhauer 1983, S. 160).

*Zum vierten*: Hochschuldidaktisch veränderter Zugang zur Wissenschaft.

Studieren heißt immer noch weithin, sich die *Resultate* der sozialwissenschaftlichen Forschung und Theoriebildung anzueignen, um eine reflektierte Handlungskompetenz für spätere berufliche Tätigkeiten zu erwerben. Selten wird der Entstehungsprozeß von Ergebnissen nachverfolgt, «genetisches Lernen» (Wagenschein) findet kaum statt. Demgegenüber bietet sich aber der Ansatz bei den eigenen Erfahrungen, beim eigenen Gewordensein zumindest als *Einstieg* in wissenschaftliches Studieren an. Zum Beispiel hat jede/r Lehrerstudent/in Erfahrungen mit der Schule, hat Ideale und Träume, wie Schule sein könnte. Diesen Bestand kritisch zu analysieren, auf Entstehungsbedingungen und Hintergründe zu befragen, kann die Motivation schaffen, sich dann mit einschlägigen wissenschaftlichen Theorien und Inhalten zu beschäftigen, statt sich immer schon Antworten einzuverleiben auf Fragen, die nie gestellt wurden.

Auch wenn diese Verflechtung von Selbstreflexion und inhaltlich weiterführenden wissenschaftlichen Arbeiten didaktisch noch weitgehend unentwickelt ist, so hat sich die Reflexion der lebensgeschichtlich prägenden Beziehungen und Einflüsse für eine erfahrungsorientierte Vermittlung psychologischer und sozialisationstheoretischer Erkenntnisse (z. B. bei Student/inn/en und Fachschüler/innen/n) vom Ansatz her als sehr sinnvoll erwiesen: Theorien werden erfahrbar, anschaulich, überprüfbar und nicht zuletzt «brauchbar», wie Bettelheim es formuliert: «Ich mußte lernen, daß nur solche Theorien von Nutzen sind, die durch jahrelange Praxis in immer wieder anderen Situationen … zum Bestandteil des eigenen Lebens geworden sind.» (Bettelheim 1977, S. 15) Ausgehend von der eigenen Geschichte und von der anderer können Theorien dazu beitragen, sich auf mehreren Ebenen über diese Erfahrungen hinauszubewegen, um auf anderer Stufe in neuer Qualität zu ihnen zurückzukehren.

Die erfahrungsorientierte Vermittlung wissenschaftlicher Erkenntnisse ist aber alles andere als ein didaktischer Trick, um Studierende zum Lernen zu motivieren. Das Ernstnehmen der Selbstreflexion zielt vielmehr grundlegend auf ein Verständnis von Erziehungswissenschaft als einer Handlungswissenschaft: «Erst der ständige selbstreflexive Rückbezug auf die tendenzielle Einheit von Erkennen und Handeln läßt pädagogisches Wissen zu einem praktischen Wissen werden, das geeignet ist, das Selbstverständnis der Pädagogik als Handlungswissenschaft einzulösen.» (Homfeld / Schulz / Barkholz 1983, S. 13)

Schließlich führen selbstreflexive Ansätze auch zu einem profiliert emanzipatorischen Verständnis des Erziehungsbegriffes. Der zu erziehende Mensch soll durch Arbeit an sich selbst zunehmend mit sich selbst identisch werden. Schiek spricht in diesem Zusammenhang vom

«Aufbau eines authentischen Ich» (1982, S. 49). Dieses ist Voraussetzung und Bedingung dafür, daß der Mensch sich selbst und andere befreit «aus Bedingungen, die seine Rationalität und das mit ihr verbundene Handeln beschränken» (Mollenhauer 1968). Die Verfügung über sich selbst und die Abwehr irrationaler Herrschaft – Emanzipation – werden erst möglich durch «die Analyse ihrer Genese, durch Kritik und Selbstreflexion» (Lempert 1972, S. 483).

Für die Praxis des pädagogischen Handelns ist Selbstreflexion schlechthin unverzichtbar. Es gibt keinen gefährlicheren Irrtum, als zu glauben, daß primär mit Hilfe von Techniken, Methoden oder Theorien erzieherische, beraterische oder soziale Arbeit geleistet werden kann. Was Schmidbauer generell feststellt: «In allen sozialen Berufen ist die eigene Persönlichkeit das wichtigste Instrument», gilt zuerst für den Pädagogen: «Medium seines erziehenden, beratenden, betreuenden oder helfenden Umgangs mit andern Menschen ist seine eigene Person» (Schiek 1982, S. 50).

Biographische Selbstreflexion als ein stetiger Prozeß der Aufarbeitung der eigenen Lebensgeschichte ist darum unumgängliche Notwendigkeit, um nicht blindes Opfer seines eigenen Erzogenseins im Umgang mit Kindern und Jugendlichen zu werden. Siegfried Bernfeld, psychoanalytischer Pädagoge der zwanziger Jahre, hat die klassische Formulierung gebraucht: «So steht der Erzieher vor zwei Kindern: dem zu erziehenden vor ihm und dem verdrängten in ihm. Er kann gar nicht anders, als jenes zu behandeln, wie er dieses erlebte» (Bernfeld 1970, S. 141). Eben um diese «verbliebene Kindlichkeit» im Pädagogen und um ihre Aufarbeitung geht es in der Auseinandersetzung mit der eigenen Biographie.

Insbesondere H. Brück (1978) und A. Combe (1983) haben dazu in letzter Zeit richtungsweisende Arbeiten vorgelegt. Die nicht bearbeiteten eigenen Kindheitserfahrungen, die sich als Vernarbungen, als das Unerwachsene, Unerzogene, Affektive, Chaotische, aber auch als das Kreative, Ungehemmte, Undisziplinierte, das Liebende und Hassende gleichsam querstellen zur geforderten «Erwachsenheit» des Lehrers, sind Quellen unbewußter Ängste. Diese Ängste aber führen zu unangemessenen Reaktionen gegenüber Schülern/innen. Ein versteckter Teufelskreis permanenter Zufügung von Zugefügtem bestimmt den Umgang des Lehrers (und des «Kindes in ihm») mit den Kindern vor ihm. C. G. Jung hat es darum zugespitzt ausgedrückt: «Deshalb sollte der Pädagog gut acht haben auf seinen eigenen seelischen Zustand, damit er sehen kann, woher es kommt, wenn mit den ihm anvertrauten Kindern irgend etwas schief geht.» (Jung 1946, S. 10)

So könnte manche Wirkung des institutionellen Einander-Ausgeliefertseins transparenter werden: die ritualisierte Pedanterie als unbewußte Befriedigung unterdrückter aggressiver Impulse des/r Lehrers/in, das strenge Tabuisieren erotischer Kontakte bei Schülern/innen als Folge einer Bedrohung eigener Trieb- und Verhaltenskontrolle, aber auch ein «antiautoritäres» Großzügigsein als geheimer Wunsch, geliebt werden zu wollen oder sich zu schützen vor abgrenzenden Trennungserlebnissen, die Reaktivierung eigener Autoritätsauseinandersetzungen im Verhältnis zu Vorgesetzten usw.

Es geht also in der biographischen Selbstreflexion um die (Selbst-) Erziehung der Erzieher, provokativ bereits von Ch. G. Salzmann 1806 in seinem «Ameisenbüchlein» formuliert: «Von allen Untugenden seiner Schüler muß der Erzieher den Grund in sich selber suchen.»

Allerdings darf darüber nicht vergessen werden, daß unbewußte und bewußte Handlungsstrategien des/r Lehrers/in immer auch psychischer Niederschlag der *äußeren* Bedingungen des Berufsfeldes und der *Rolle* als Lehrer/in sind. Selbstreflexion hat darum den Kontext des Erziehungssystems in den Blick zu nehmen und Veränderungen – vom Subjekt ausgehend – auch auf dieses zu beziehen!

Arno Combe (1983) hat mit sensibel interpretierten Fallstudien jüngerer Lehrer/innen (geboren zwischen 1940 und 1952) jene «verletzbaren Rebellen» portraitiert, die heute zu einem großen Teil die Schule tragen und zugleich an den frustrierenden Berufsbedingungen leiden. Sein überraschendes Ergebnis ist, daß gerade diese Pädagogen/innen (deren Ausbildung und politische Prägung doch überwiegend von der soziologisch-gesellschaftskritischen Analyse und Interpretation sozialer Lebensbedingungen gekennzeichnet ist) in narrativen Interviews zu ihrer Lebensgeschichte «ihr Gesellschafts- und Rollenverständnis … bis in Grundsituationen der ‹primären Welt› des Familiensystems und des sozialen Milieus, in dem sie aufwuchsen, zurückzuverfolgen suchen. Sie tragen jene vergangene Lebensperiode, die ihr eigenen Erfahrungsmuster und Erlebnisqualitäten immer wieder in die Konstellationen der Gegenwart hinein.» (Combe 1983, S. 105).

Intensive biographische Reflexion im Rahmen einer berufsbezogenen Selbsterfahrung zum Beispiel in Fallbesprechungs- oder Supervisionsgruppen (Gudjons 1983, S. 258 ff.) von Lehrer/innen kann entscheidend helfen, diesen fatalen Zirkel zu durchbrechen. Hier kann eine Sensibilisierung gelingen, die aufmerksamer macht für Wiederholungen der Kindheitsmuster, für die Trennung eigener Gefühle und Erfahrungen von den Gefühlen, Erfahrungen und Verhaltensweisen der Menschen, mit denen wir umgehen.

Darum sind die Materialien dieses Buches als Anregung zum biographischen Lernen durchaus auch *in* der Schule verwendbar, im Unterschied zu Lorenzers (1979, S. 140) Begrenzung lebensgeschichtlicher Arbeit in der Schule auf literarische oder nichtliterarische Biographien. Praktikable Übungen helfen, ausgehend von den eigenen Erfahrungen der Schüler/innen (zum Beispiel zum Spielen, Strafen, Essen, Alleinsein, zur Familiengeschichte u. a. m.) sowohl einen Einstieg in ein unterrichtliches Thema zu finden, aber mehr noch den Blick und das Verstehen für die Erfahrungen anderer zu erweitern.

# 3. Praktische Anwendung

Nachdem der theoretische Hintergrund und unsere Methode dargestellt wurden, folgen in diesem Teil Regeln, Hinweise und Tips für den
praktischen Umgang (in einer Gruppe oder in individueller Arbeit) mit
den Übungen, die auf den Erfahrungen beruhen, die wir gemacht haben.

## 3.1. Praxis der Gruppenarbeit

### 3.1.1 Allgemeines

Es hat sich gezeigt, daß biographische Arbeit aufgrund ihres prozeß-
haften Charakters am besten in einer Gruppe durchgeführt werden
kann, die über längere Zeit zusammen arbeitet. Die Intensität und
Tiefe der Erfahrungen, die zugelassen werden können, nimmt mit dem
Vertrauen und dem empfundenen Rückhalt in der Gruppe zu. Jede/r
Teilnehmer/in braucht sein/ihr individuelles Maß an Zeit und Vertrauen, um sich auch auf schmerzliche und unangenehme Erinnerungen einlassen zu können. Erfahrungsgemäß können durch diejenigen,
die sich leicht öffnen, die «verbotene» oder peinliche, traurige oder
bedrückende Gefühle aussprechen und fühlbar werden lassen, die anderen Teilnehmer/innen ermutigt und zum Teil mitgezogen werden.
Für eine intensive Arbeit ist eine Gruppengröße von maximal 15 Mitgliedern Voraussetzung. Bei geschickter Organisation sind auch höhere
Zahlen möglich.

Ebenso ist es sinnvoll, für diese Arbeit eine zeitliche Kompaktform zu
wählen. Wir bevorzugen Wochenendseminare, da – anders als bei
einem zweistündigen Treffen pro Woche – zum einen ausreichend Zeit
vorhanden ist, sich einander zu nähern, andererseits aber das Ende der
(zum Teil sehr anstrengenden) Gemeinsamkeit absehbar ist. Ein weiterer Vorteil der Wochenenden besteht darin, daß neben der Arbeit der
Kontakt zu den anderen Teilnehmern/innen auch auf anderen Ebenen
(Gespräche, Spazierengehen, Kochen) möglich ist.
  Ein wichtiger Punkt ist die Ankündigung der Veranstaltung. Zum

Mich einlassen
auf was, weiß ich nicht
will ich nicht wissen

mich öffnen – warum?
eine/r muß doch anfangen
ich muß etwas beitragen
also trage ich meine Kindheit
Vater, Mutter und mich
in die Gruppe
nur für Stunden, höchstens Tage

die Last wiegt schwer
schwerer als ich anfangs dachte
doch sie läßt sich tragen

das nächste Mal
will ich
möglichst wenig Kraft verbrauchen

Aber es geht so weiter
ich nehme es mit mir auf.

einen muß der zeitliche und inhaltliche Rahmen deutlich werden, zum anderen werden an potentielle Interessenten auch bestimmte Erwartungen gestellt: die Bereitschaft, sich durch Übungen – unter Umständen intensiv – auf die eigene Person und die eigene Geschichte einzulassen, Offenheit und Interesse für die Geschichte anderer, und die Verpflichtung, alle vereinbarten Termine wahrzunehmen.

Es gibt ausreichend Literatur über die allgemeinen Aufgaben und Kompetenzen der Leiterin/des Leiters einer Gruppe, die mit Selbsterfahrung arbeitet (vgl. Gudjons 1983; Vopel 1976). Wir gehen hier vor allem auf die Aspekte ein, die für unsere Arbeit wichtig sind. Biographische Selbstreflexion stellt an die Kompetenzen des Leiters/der Leiterin bestimmte Anforderungen. Neben Grundhaltungen wie Akzeptieren, Einfühlsamkeit und Echtheit wird hier im besonderen Maße die Fähigkeit wichtig zu erspüren, wo sich einzelne Teilnehmer/innen im Moment gefühlsmäßig befinden. Viele Gedanken und Empfindungen gerade aus unserer Geschichte sind in uns «verboten», mit Strafe bedroht oder positiv überdeckt. Die Arbeit entlang dieser widerständigen inneren Grenzen löst Angst aus – es gibt Situationen, in denen ein Mitglied nicht bedrängt werden sollte, wenn es nicht weitergehen möchte. Genauso gibt es Momente der Erleichterung, wenn nach einigen Ermutigungen etwas Verbotenes endlich ausgesprochen ist (zum Beispiel «Ich kann meine Mutter nicht ausstehen»). Der/die Leiterin muß sich bemühen, die «Sprache» der Teilnehmer/innen zu verstehen – Nebensätze, Bemerkungen, Betonungen, Körpersprache –, um entsprechend reagieren zu können.

Wir grenzen uns – wie bereits ausgeführt – deutlich davon ab, Therapien durchzuführen. Falls jedoch kein/e Leiter/in mit Kompetenzen für Beratungs- bzw. therapeutische Einzelfallarbeit vorhanden ist, sollte mit «vertiefenden» Übungen (vgl. Tabelle S. 349) vorsichtig umgegangen werden. Erfahrungsgemäß geht aber jede/r Teilnehmerin/er nur so weit, wie es für sie/ihn noch aushaltbar ist. In der Regel besteht also keine Gefahr von «Durchbrüchen», «Ausbrüchen», oder «Zusammenbrüchen», die innerpsychische Abwehr arbeitet zuverlässig.

Ebenso sollte die Leiterin / der Leiter in der Lage sein, die Situation, die gefühlsmäßige Stimmung in der Gruppe richtig einzuschätzen, um ihre/seine weitere Vorgehensweise daran auszurichten. Sie/er sollte möglichst über Erfahrungen sowohl als Teilnehmer/in als auch als Leiter/in von ähnlichen Gruppen verfügen. Wünschenswert wäre, daß sie/er die vorgeschlagenen Übungen aus eigener Erfahrung kennt; das ist sicherlich nicht immer möglich.

Gemeinsame biographische Arbeit, die eine intensive persönliche Annäherung beinhaltet, kann nicht durchgeführt werden, wenn die Leiter/innen gänzlich abstinent bleiben. Dieses «Sich-Einbringen» verhindert u. a. eine zu starke Profilierung ihrer Rolle innerhalb der Gruppe*. Insgesamt nimmt die Leiterin / der Leiter eine schwierige Zwischenposition ein: einerseits strukturiert er/sie die Arbeit, bereitet vor, moderiert, führt das Gespräch, andererseits ist er/sie persönlich mit der eigenen Geschichte einbezogen.

---

* Wir arbeiten zumeist im Team. Die Vorteile bestehen für uns in der Aufteilung der Verantwortung für die Arbeit (Gesprächsführung, Moderation der Übungen, Vorbereitung) und in der gegenseitigen Ergänzung unserer Kompetenzen und persönlichen Eigen-arten. Die Teilnehmer/innen empfanden es als angenehm, unterschiedliche Personen verschiedenen Geschlechts als Ansprechpartner/in zu haben.

## 3.1.2 Gesprächsführung

Zunächst etwas Grundsätzliches: Jede/r erhält die Möglichkeit, über seine/ihre Erfahrungen zu sprechen oder seine/ihre Arbeiten vorzustellen, aber niemand wird dazu gezwungen. Ebenso hat jede/r das Recht – solange er/sie sich in Übereinstimmung mit den Wünschen der anderen befindet – sich mit seinen/ihren Problemen, Gefühlen etc. an die Gruppe zu wenden. Es gibt nichts «Verbotenes», nichts «Falsches» oder «Richtiges»; alles kann ausgesprochen werden und wird wichtig genommen.

Ich
und viele

das Dickicht des einsamen
Versteckens

Ast für Ast
brechen

Durchblicke
Einblicke
eröffnen

und nicht weg-ziehen

leiten
mich nicht in Unberührbarkeit
verleiten

lassen

zu dritt
einverständig
arbeiten

andere sehen
sie mögen
weil sie sichtbar werden

Bewegung
er-spüren
gehen
und sich lassen können

Wie oben schon hervorgehoben, ist das Wichtigste bei biographischer Arbeit Behutsamkeit, Einfühlsamkeit und gerade in Gesprächen die Fähigkeit zuzuhören. Während jemand von sich erzählt, richten wir – und nach einiger Übung auch die übrige Gruppe – unsere Aufmerksamkeit gleichzeitig in verschiedene Richtungen:

– *Was nehme ich an dir wahr, während du sprichst?* Körperhaltung (zum Beispiel eine geballte Faust oder plötzlich hochgezogene Schulter); Sprache: Wortwahl, Tonfall, Schnelligkeit, Lautstärke. Was löst es in mir aus, wie «verstehe» ich dich?

– *Wie geht es mir mit dem, was du erzählst*; was löst es in mir aus? (Zunächst unabhängig davon, ob es sich dabei um Spiegelung oder Projektion handelt)

– *Wo sind in deiner Erzählung Brüche, Widersprüche, «fehlt» etwas* (zum Beispiel deine Wut oder deine Trauer)? Gerade dieses Aufspüren sollte so weit wie möglich gefühlsmäßig geschehen: Ich lasse mich mit meinem Erleben auf deine Geschichte ein, fühle, was du sagst – und erwarte nach meinen Erfahrungen eine bestimmte Reaktion (zum Beispiel Wut), die aber nicht erfolgte. An dieser Stelle befindet sich ein Bruch – ob bei mir oder bei dir, muß im Gespräch geklärt werden.

– *Was* aus deiner Geschichte, von dem, was du bereits erzählt hast oder wie ich dich kennengelernt habe, *fällt mir dazu ein?*

Das Grundprinzip lautet also: Jede/r bleibt bei sich selbst. Im Gespräch muß deutlich unterschieden werden zwischen dem eigenen Erleben des/der anderen und Zuschreibungen («Wie er/sie ist»). Es ist wichtig, die Teilnehmer/innen immer wieder darauf hinzuweisen, daß das eigene Erleben zunächst nur etwas über sie selbst aussagt (Projektionen, Übertragungen) und erst in zweiter Linie über die anderen. Wir versuchen während der Gespräche, auf dieser Ebene des subjektiven Erlebens zu bleiben und allgemeine Diskussionen «über» etwas oder darüber, wie es denn nun «wirklich» war, abzubrechen. Sich auf diese Form fehlender «Objektivität» zugunsten subjektiver Wahrheit einzulassen, ist für viele ungewohnt und bedrohlich. Es ist hier – wie in der ganzen Arbeit – wichtig (und schwierig), den richtigen Weg zwischen behutsamer Ermutigung und Akzeptieren zu finden.

Ein weiteres wichtiges Instrument in der Gesprächsführung ist die *Frage nach dem «Gegenteil»*. Die Psychoanalyse geht davon aus, daß jedes Gefühl immer in unterschiedlicher Stärke auch sein Gegenteil enthält. Es gibt also keine «reinen» eindeutigen Empfindungen, sondern nur mehr oder weniger starke Ambivalenzen. Wenn ein/e Teilnehmer/in bei sich selbst oder in seiner/ihrer Geschichte eine Seite überbetont (zum Beispiel *nur* positiv von den eigenen Eltern spricht oder *nur* negativ von sich selbst), ist es wichtig, nach der anderen Seite zu fragen (Was mag der / die Teilnehmer / in an den eigenen Eltern nicht oder welche positiven Seiten kann er / sie an sich sehen?).

Vergleichbares gilt für die Tendenz, Eigenschaften oder Wünsche, die man an sich nicht mag oder sich nicht eingestehen möchte, nach außen zu verlagern (zum Beispiel wenn jemand sich von anderen immer angegriffen fühlt). Um diese Projektionen deutlich zu machen, fragen wir nach diesen «verbotenen» Anteilen (zum Beispiel: Wie geht der / die Teilnehmer / in mit seinen / ihren eigenen Aggressionen um?). Wir ermutigen Teilnehmer / innen, sich die Folgen von ungewohnten Handlungen (zum Beispiel Aggression) in der Phantasie vorzustellen, genau zu beschreiben, was ihrer Ansicht nach dann geschieht, um anschließend zu überprüfen, ob die Angst davor, zum Beispiel wütend zu sein, realitätsnah ist.

Die Richtung unserer Gespräche ist immer biographisch-lebensgeschichtlich, am eigenen Erleben entlang: Woher kenne ich dieses Gefühl? Was fällt mir dazu ein? (Zum Beispiel: Woher kenne ich die Angst davor, wütend zu sein? Wie war es früher, wenn ich wütend war?). Wir versuchen bei jedem Thema und jedem Gefühl, den Blick von dort auf die ganze Person und ihre Geschichte zu erweitern, um durch das Verstehen dessen, wie eine Person aus ihrer Vergangenheit er-wachsen ist, gemeinsam mit ihr Bewegungsmöglichkeiten für die Zukunft zu entwerfen.

## 3.2 Praxis der individuellen Arbeit

Die Übungen selbst und auch die Moderationen sind zwar auf die Arbeit in Gruppen zugeschnitten, lassen sich jedoch auch gut alleine oder mit einem Partner / einer Partnerin durchführen. Wir haben diese Übungen in der Tabelle S. 349 ff markiert. Selbst wenn in einer Übung die Zusammenarbeit mit Gruppenteilnehmern ausdrücklich vorgesehen ist, kann sie doch sinnvoll alleine erarbeitet werden, wenn man sich nach der individuellen Beschäftigung mit der Thematik dann gleich den Auswertungsfragen widmet und sich mit diesen gründlich auseinandersetzt.

Wenn jemand mit einer Übung alleine für sich arbeiten möchte, sollte er / sie sich dafür Zeit nehmen und sich an einen ruhigen Ort zurückziehen. Auch in der individuellen Arbeit ist die gründliche Auswertung des Erlebten und Gedachten und die Auseinandersetzung mit den Auswertungsfragen unerläßlich (am besten schriftlich).

Es ist möglich, auch Phantasien alleine durchzuführen, indem im Wechsel jeweils ein Abschnitt des Textes gelesen und dann mit geschlossenen Augen phantasiert wird oder indem die Moderation auf Band gesprochen wird. Die beste Form der Auswertung besteht darin, anschließend das Erlebte in der Ich-Form möglichst ausführlich aufzuschreiben und/oder, wenn vorgeschlagen, auch ein Bild zu malen.

Ein ausgezeichneter Zugang zur biographischen Selbstreflexion ist das Schreiben eines Tagebuches. Alles was aus der Lebensgeschichte auftaucht, Szenen, Bilder, Gefühle usw., aber auch was in der Gegenwart aktuell erlebt wird, ist es wert, aufgeschrieben zu werden. Ein Tagebuch kann sehr unterschiedliche Aussageformen enthalten, von der protokollartigen Kurznotiz bis zum Gedicht oder auch zu freien Texten, von Liebeserklärungen bis zu Haßausbrüchen und Publikumsbeschimpfungen. Neben der Bedeutung des Sich-frei-Schreibens ist es eine wichtige Hilfe zum bewußteren Leben. Ein Tagebuch bildet selbst ein Stück Lebensgeschichte; und das Lesen des vor einiger Zeit Aufgeschriebenen fördert das Wahrnehmen eigener Entwicklungsprozesse.

Die Intensität biographischer Arbeit steigt natürlich beträchtlich durch das Gespräch mit anderen und deren Feedback. Deshalb ist es immer wünschenswert und hilfreich, mit jemandem über die eigenen Erfahrungen zu sprechen oder von vornherein zum Beispiel mit der Partnerin / dem Partner Übungen gemeinsam zu bearbeiten.

Gerade Paare sollten sich dafür Zeit-Räume außerhalb des Alltags suchen (Urlaub, Wochenende oder regelmäßige Termine). In solchen Beziehungen besteht leicht die Gefahr, in alte (oder bestehende) Kommunikationsmuster zu geraten, die die Arbeit behindern. Die Partner/innen sollten sich bemühen, einander wirklich zuzuhören, vorsichtig mit Kommentaren und Stellungnahmen sein, und sich (vielleicht vorher) darüber verständigen, daß jede/r nur das *eigene* (Er-)Leben interpretiert und keine/r der/die Therapeut/in der anderen ist.

Wenn an regelmäßigen Terminen oder über längere Zeit zusammen gearbeitet wird, ist es – ebenso wie für Gruppen – sinnvoll, sich eine Sequenz von Übungen zusammenzustellen (vgl. S. 340 ff). In der Einzel- wie der Paararbeit können fast alle Übungen verwendet werden; vertiefende (vgl. S. 349 ff) müssen allerdings sehr sorgfältig ausgewählt werden, weil sie einen Grad von Intensität (und damit auch Intimität) haben können, der nicht in jeder Paarbeziehung verkraftet wird. – Vertiefende Übungen sollten möglichst nicht in der Alleinarbeit verwendet werden.

# 3.3 Hinweise zum Umgang mit den Übungen

Thema dieses Abschnittes ist das «handling», also der praktische Umgang mit den Übungen im nachfolgenden Teil des Buches. Die Lektüre dieser Hinweise *vor* jeder praktischen Arbeit mit dem Material ist unerläßlich.

## 3.3.1 Der Aufbau einer Sequenz von Übungen

Für jede Form der biographischen Arbeit ist eine genaue Planung, das wohlüberlegte Zusammenstellen einer Sequenz von Übungen notwendig. Ausgangspunkt hierfür ist – soweit möglich – eine differenzierte Einschätzung der Gruppe (Alter, Größe, Bildungshintergrund, Grad und Art der Vorerfahrungen), der Ziele der gemeinsamen Arbeit und deren äußeren Bedingungen (Dauer, Räumlichkeiten, Zeitbedarf etc.). Der/die Moderator/in findet am Ende jedes Textes einer Übung Hinweise über benötigte Materialien oder räumliche Voraussetzungen, so daß sich schnell entscheiden läßt, welche Übungen jeweils geeignet sind oder nicht (vgl. auch die Tabelle auf S. 349 ff).

Der Einstieg in biographische Arbeit, ob das Leben insgesamt oder bestimmte Zeitabschnitte bzw. Problemfelder thematisiert werden, sollte nach unseren Erfahrungen eher spielerisch und Gefühle ansprechend gewählt werden. Gerade bei Anfänger/innen besteht sonst leicht die Gefahr, daß die eigene Geschichte «vom Kopf her» angegangen wird.

Im Materialteil sind unter einem thematischen Schwerpunkt die Übungen so angeordnet, daß sie – soweit möglich – von einführenden, einfacheren zu intensiveren voranschreiten. Außerdem sind unter Punkt 10: «Lebensgeschichte im Überblick» Übungen enthalten, die als Einstieg gut geeignet sind, da sie das bisherige Leben als Ganzes unter bestimmten Aspekten thematisieren. Es lohnt sich auch, einen Blick in den letzten Abschnitt 11.) zu werfen: «Allgemein verwendbare Übungen»; hier finden sich Anleitungen, die ohne Schwierigkeiten auf unterschiedliche Themen zugeschnitten werden können.

Der Aufbau einer Sequenz ist wegen der vielen Unwägbarkeiten nicht einfach, gelingt aber nach einiger Erfahrung. Deshalb an dieser Stelle einige Hinweise, ohne daß damit eine ausführliche didaktische Begründung gegeben wird.

Die Entscheidung, welche Übung auf die vorhergehende folgen kann, sollte vor allem von der Frage bestimmt sein: Wo befinden die Teilnehmer/innen sich gefühlsmäßig und gedanklich dann voraussichtlich? Wie kann es «sinnvoll», das heißt inhaltlich-thematisch oder auf der Gefühlsebene weitergehen? Ein weiterer Orientierungspunkt ist der immer wieder notwendige «Methodenwechsel». Jede Zugangsweise hat gewisse Vor- und Nachteile, und wenn sie auch noch so spannend ist: Irgendwann wird jede Methode ermüdend.

Der/die Moderator/in sollte beim Zusammenstellen der Sequenz eine ungefähre Zeitplanung erstellen und dabei ausreichende Pausen einkalkulieren. Die von uns angegebenen Zeiten für die einzelnen Übungen beruhen auf Erfahrungswerten, können jedoch – bis auf die Moderation der Phantasien – nur eine ungefähre Orientierung bieten. Gerade die *Dauer eines Auswertungsgesprächs* variiert *unvorhersehbar* je nach Gruppe! Nach unseren Erfahrungen werden diese Phasen um so länger und intensiver, je besser die Gruppe sich kennt und je länger sie bereits zusammen arbeitet. Der/die Moderator/in sollte notfalls aber keine Scheu haben, die Gespräche zugunsten der Realisierung der Gesamtsequenz zu beenden und auf die ungefähre Einhaltung des Zeitplanes zu achten.

Sowohl bei Auswertungen in der Großgruppe als auch in Kleingruppen empfiehlt es sich, eine bestimmte Zeit pro Person (und bei Aufteilung in Kleingruppen einen Zeitpunkt, wann die Großgruppe sich wieder zusammenfindet) zu vereinbaren. Es ergibt sich sonst leicht die Situation, daß ein Teil der Gruppe noch arbeitet, während die anderen nicht weitergehen können.

Trotz all dieser – zunächst vielleicht sehr rigide anmutenden – Vorkehrungen geschieht es regelmäßig, daß die Arbeit so spannend wird, daß die *Zeitplanung verändert* werden muß. Deshalb ist es sinnvoll, beim Aufbau der Sequenz an bestimmten Stellen mögliche Alternativen einzuplanen. Da vorher kaum abzusehen ist, in welche Richtung und welche Tiefe die Arbeit sich entwickelt, kann es auch sein, daß die anschließend vorgesehene Übung inhaltlich oder emotional nicht der Situation in der Gruppe entspricht oder daß die Gruppe Bedürfnisse in eine nicht geplante thematische Richtung äußert. Der/die Moderator/in sollte hier sensibel sein und Alternativen anbieten können – auch wenn es manchmal schwer ist, die eigene Planung «loszulassen».

Die gefühlsintensivsten Übungen müssen so plaziert werden, daß anschließend ausreichend Zeit bleibt, das Erfahrene gründlich auszuwerten und zu verarbeiten. Am Ende einer Sequenz sollten Übungen stehen, die vor allem ausklingenden Charakter haben und Perspektiven für mögliche Veränderungen beinhalten.

Wir haben gute Erfahrungen damit gemacht, die gemeinsame Arbeit mit einer Gesprächsrunde zu beenden, bei der jede/r sich – soweit er/sie mag – zu den folgenden Fragen äußert:

- Wie geht es mir jetzt?
- Was war wichtig für mich, was habe ich erfahren / gelernt?
  und
- Wie und an welchem Thema etc. möchte ich weiterarbeiten?

Ähnlich verfahren wir, wenn die Gruppe sich nach einigen Wochen oder Monaten wiedertrifft. Wir beginnen die Arbeit mit einer kurzen Runde:
- Wie ist es mir nach dem letzten gemeinsamen Treffen gegangen?
- Was ist in der Zwischenzeit geschehen, was war wichtig für mich?
- Wie geht es mir jetzt?

Unserer Ansicht nach ist es auch wichtig, zum Beispiel an einem gemeinsamen Wochenende, für ausreichend Bewegung und Entspannung zu sorgen.

## 3.3.2 Die Moderation

Eine scheinbare Selbstverständlichkeit für die Durchführung von Übungen wird leicht vergessen: der/die Moderator/in muß das *benötigte Material besorgen*, sich eventuell um passende Räumlichkeiten kümmern und – wenn erforderlich – vervielfältigte Fragenkataloge o. ä. vorbereiten. Er/sie macht sich mit der Übung gründlich vertraut, indem er/sie diese für sich selbst gefühlsmäßig durchgeht und versucht, sich mögliche Wirkungen zu vergegenwärtigen. Die Übung wird in Umfang und Niveau den Erfordernissen der Gruppe angepaßt. Zu *Beginn einer Übung* gibt der/die Moderator/in kurz Thema und Zielrichtung an, ohne jedoch den Inhalt vorwegzunehmen, zum Beispiel: «Es geht in der folgenden Übung um das Thema ‹Strafe›. Wir wollen versuchen, uns dem Thema gefühlsmäßig zu nähern. Deshalb bitte ich euch jetzt, die Augen zu schließen usw.»

Die *Anleitungen* selber sollen klar und präzise formuliert und nach Möglichkeit frei gesprochen werden. Wir haben für viele Übungen – vor allem für alle Phantasien – Moderationstexte formuliert, die möglichst unverändert übernommen werden sollten.

Die Moderation selber wird am besten schrittweise vorgenommen, indem immer nur der nächstfolgende Teil der Übung erläutert wird.

### 3.3.3 Einzelne Methoden

Die wichtigste Methode, die wir sehr häufig verwenden, ist die ge-
lenkte Phantasie. Ihr besonderer Vorteil besteht darin, daß sie einen
gefühlsintensiven unmittelbaren Zugang zu früheren Erfahrungen
eröffnet und so verhindert, daß «über» die eigene Geschichte (hin-
weg-)geredet wird.

Der entscheidende Punkt ist jedoch, daß wir – mit der Psychoanalyse – davon ausgehen, daß Phantasien immer ein Stück «innerer Realität» abbilden. Es ist wichtig, die Teilnehmer/innen darauf hinzuweisen, daß Phantasien nicht das zeigen, was damals «wirklich» passiert
ist, daß sie aber immer «Sinn» haben; sie spiegeln eine andere Ebene
von Realität, von zum Teil unbewußter Erinnerung, und sind – ähnlich wie Träume – teilweise verschlüsselt.

Hier – wie in anderen Bereichen – sind auch innerpsychisch Ab-
wehrvorgänge wirksam, die bestimmte Gefühle verfälschen oder nicht
in den Bereich der Wahrnehmung vordringen lassen wollen. Eine
wichtige Aufgabe der Gruppe besteht darin, dem eigenen Erleben, den
eigenen Reaktionen folgend, solche Stellen aufzuspüren, an denen
Gefühle «fehlen» oder erwartungsgemäße Reaktionen *nicht* erfolgen.

Im Umgang mit Phantasien gibt es niemals «richtig» oder «falsch»,
«gelungen» oder «nicht gelungen» – *jedes* Tun oder Lassen hat individuellen «Sinn». Gerade Anfänger/innen haben häufiger das Problem,
daß ihnen «nichts einfällt» oder sie ihr Denken nicht abschalten
konnten. Hier ist es hilfreich, gemeinsam darüber zu sprechen, ob –
beim genauen Hinsehen – nicht doch Wortfetzen oder Bilder aufgetaucht sind, die schnell beiseitegeschoben wurden, weil sie «nicht
richtig», «nicht gut genug» waren oder «nichts mit dem Thema zu tun
hatten».

Es geschieht zum Beispiel auch öfter, daß Teilnehmer/innen nach
der Entspannungsphase einschlafen oder daß sie an irgendeiner Stelle
der Phantasie «aussteigen». Um dem Widerstand auf die Spur zu
kommen, ist es sinnvoll zu fragen: «Was an dieser Phantasie war mir
besonders unangenehm? An welcher Stelle genau spürte ich, daß es
nicht mehr weiterging?»

Der/die Moderator/in sollte am Anfang der Arbeit mit Phantasien
die Teilnehmer/innen ermutigen, sich von Bewertungen und Ansprüchen zu befreien und zu versuchen, einfach die Bilder in sich aufsteigen zu lassen, die von selbst kommen; vielleicht sogar ein wenig ge-
spannt sein auf diese neuen Erfahrungen mit sich selbst. Wichtig ist
auch der Hinweis, daß die wenigsten sich sofort und problemlos ihren

Einfällen überlassen können, daß auch das Loslassen der eigenen Phantasien geübt werden muß.

Die Phantasien sollten in entspannter Haltung, möglichst im Liegen, in einem ruhigen, warmen und genügend großen Raum durchgeführt werden, wobei jede/r Teilnehmer/in eine angenehme Unterlage und ausreichend Platz hat. Moderationen für Entspannungen finden sich im 1. Abschnitt des Materialteils. Jede Phantasie erfordert eine intensive Auswertung.

Der Moderationstext wird langsam – lieber langsamer als schneller! – vorgelesen, wobei es wichtig ist, die angegebenen Zeiten einzuhalten und ausreichend Pausen (…) zu lassen.

Gerade zur Auswertung von Phantasien verwenden wir oft das Malen, weil es zum einen eine der besten Methoden ist, Er-fühltes auszudrücken. Zum anderen eröffnet auch das Malen, wenn es spontan und ohne viel Überlegung geschieht, Wege zum Unbewußten. Gerade in Gruppen mit «verkopften» Teilnehmern/innen löst die Aufforderung zum Malen häufig Widerstände aus («Ich kann nicht malen»). Der/die Moderator/in sollte dann darauf hinweisen, daß jede/r malen kann, was und wie er/sie will, ob gegenständlich oder nicht. Es gibt auch hier weder «richtig» noch «falsch» – jedes Bild wird ohne Bewertung als Ausdruck der Gefühle der Malerin/des Malers angesehen und verstanden. Ideal ist es, nicht malen zu *wollen*, sondern die Hände malen zu *lassen*, was immer sie tun.

Wir verwenden das Aufschreiben in verschiedenen Zusammenhängen – in denen es teilweise auch darum geht, Durchdachtes zu notieren. Wo irgend möglich, sollte jedoch auch das Schreiben eher assoziativ, stichwortartig und ohne innere Bewertung stattfinden. Gerade bei der Auswertung einer Phantasie oder beim Pendeln zwischen Erinnerung und Notieren drückt das Schreiben vor allem Erlebtes aus: es soll so wenig wie möglich «über» etwas geschrieben werden.

Ein sehr wichtiger und der einzige in sich geschlossene Bereich ist die Körperarbeit, das heißt, diese Übungen lassen sich nur sehr bedingt mit anderen kombinieren. Wer sich entschließt, mit dem Körper zu arbeiten, kann dies zumeist nur in einer ganzen Sequenz tun. Gerade auf dieser Ebene muß das Herangehen behutsam und langsam aufgebaut werden. Am Anfang stehen zunächst Übungen zur Entspannung und zur (erneuten) Sensibilisierung der Körper-Wahrnehmung. Erst dann können Übungen zum Körpergedächtnis durchgeführt werden. Diese Form der biographischen Arbeit ist sehr intensiv und kann dann außerordentlich tief gehen. Hier ist sorgfältig darauf zu achten, daß sich der/die Leiter/in nicht zum Körpertherapeuten/in aufspielt und durch unprofessionelle (vielleicht einmal auf einem Workshop zur Körperarbeit kennengelernte) Techniken und ich-schwächende körperliche Eingriffe Schäden verursacht. Grundsatz unserer Arbeit ist, daß jede/r bei dem *eigenen* Körper bleibt, ihn spürt und eigenen Erfahrungen nachgeht / sie ausdrückt. (Vgl. Petzold 1977, S. 478 ff.)

### 3.3.4 Die Auswertung

Ebenso wichtig wie die Übung selbst ist eine gründliche Auswertung. Die von uns jeder Übung beigefügten *Auswertungsfragen* haben zentrale Bedeutung – häufig ist es sogar so, daß die Übung selbst sozusagen die Hinführung zu ihnen darstellt. Der/die Moderator/in kann die Fragen auswählen, die für die Gruppe oder das gemeinsame Thema relevant sind, und sie der Gruppe angemessen umformulieren.

Die beste Arbeitsmöglichkeit ergibt sich, wenn die Fragen jedem/r Teilnehmer/in vervielfältigt vorliegen, so daß er/sie sich gedanklich in Ruhe mit ihnen beschäftigen kann. Auch eine Wandzeitung, auf der die Fragen notiert sind, ist eine gute Möglichkeit. Wir haben jedoch die Erfahrung gemacht, daß das Gespräch leicht die Fragen «aus dem Blick» verliert. Weniger effektiv ist es, die Fragen einfach nur vorzulesen. Dies ist immer dann sinnvoll, wenn mit einigen wenigen Fragen zum Beispiel in der Kleingruppe gearbeitet werden soll.

Ein immer erneut auftretendes Problem ist die Entscheidung, ob Auswertungen in der *Großgruppe oder in Kleingruppen* stattfinden sollen. Hier spielt vor allem die Zeit eine große Rolle; eine Auswertung kann bis maximal 15 Teilnehmer/innen auch in der Großgruppe sehr intensiv sein – sie dauert dann aber entsprechend lange.

In der Tabelle (s. S. 349 ff) finden sich Zeitangaben für die Auswertungen, die häufig pro Person angegeben sind, so daß sich eine grobe Orientierung ergibt. Diese Zeitangaben bedeuten ein «Kann» – nie ein «Muß»! Eine gute Mischung von beiden Gruppierungsformen garantiert auf der einen Seite, daß im Rahmen der Kleingruppe über intimere Erfahrungen gesprochen werden kann, und hebt andererseits die so entstehenden Wissensdefizite über andere Teilnehmer/innen wieder auf. Hilfreich ist auch, wenn in den Kleingruppen immer wieder andere Gruppenmitglieder zusammenkommen.

An eine Phase der Kleingruppenarbeit schließt sich bei uns in der Regel ein kurzer *Austausch in der Großgruppe* an: Wer mag, erzählt uns, was für ihn/sie wichtig war, auf welche Probleme oder Fragen die Gruppe gestoßen ist, oder es findet ein allgemeineres Gespräch zu einem Aspekt des Themas statt.

Eines der Hauptprobleme bei biographischer Arbeit ist nach unserer Erfahrung – grob gesprochen –, daß die *Zeit nie reicht*. Deshalb an dieser Stelle nochmals der Hinweis, daß es unbedingt notwendig ist, vorher feste Zeiten zu vereinbaren. Es gibt trotzdem immer wieder Situationen, in denen die Gruppe entscheiden muß, ob sie der Neigung, gerne von allen Mitgliedern etwas zu erfahren, nachgibt oder in Kleingruppen arbeitet und dafür eine weitere Übung durchführen kann.

## Anmerkungen

1 Alfred Schütz begreift Biographie als «einzigartige Abfolge und Sedimentierung meiner Erfahrungen in der inneren Dauer». (Schütz / Luckmann 1979, S. 87)

2 In diesem Zusammenhang mit einem ganzheitlichen Verständnis von Lernen / biographischem Lernen spricht Christine Holzkamp davon, daß «unsere Biographie ... auch in unseren Körpern und in unseren Bewegungen geronnen» sei. (Holzkamp 1982, S. 128)

3 Die historische Linie biographischer Forschung kann zurückverfolgt werden bis zur frühen Chicagoer Schule in den USA zu Beginn der zwanziger Jahre. Als wegbereitend gilt hier die Studie von Thomas und Znaniecki über die polnischen Bauern in Europa und Amerika von 1919/21 (vgl. Szczepanski 1974). Diese Forschung, die an den individuellen Lebensbedingungen Betroffener ansetzte, wurde durch die Ausarbeitung und Perfektionierung quantitativer Methoden in den Hintergrund gedrängt.

4 Von zentraler Bedeutung waren in diesem Zusammenhang die Arbeiten der Forschungsgruppe um Joachim Matthes (AG Bielefelder Soziologen 1973), die auf der Grundlage phänomenologischer Traditionen (Husserl, Alfred Schütz) eine Aufarbeitung und Ausdifferenzierung der Grundlagen interpretativer Forschung vornahmen und auf eine verstärkte Beachtung biographischer Forschung orientierten.

5 Freud verwendet für den Niederschlag von Erfahrungen auch den Begriff «Erinnerungsspur». Über die Zeit seiner Theoriebildung hinweg hat er den Begriff inhaltlich unterschiedlich gefaßt. Während er in seinen frühen Schriften davon ausging, daß die Erinnerungsspur mehr als ein verschlüsselter Ausdruck des Erlebten verstanden wird, spricht er in seinen späten Schriften von Erinnerungsspuren /Erinnerungsbildern eher i. S. von Sachreproduktion. (vgl. Laplanche / Pontalis 1982, I., S. 140)

6 Ein bezeichnender Titel in diesem Zusammenhang ist der von Thomas von Freyberg: ausspioniert und angeschmiert. Das Bewußtsein der Arbeiterjugend als Objekt von Forschung und Erziehung. Gießen 1978

7 Wir sprechen von «Übungen» und nicht von «Spielen», um den Charakter ernsthafter Lernarbeit (bei allem auch damit bisweilen verbundenem Spaß) zu betonen.

*«Eine Büchersammlung...*

... ist der Gegenwert eines großen Kapitals, das geräuschlos unberechenbar Zinsen spendet.»

Dieses Goethe-Wort könnte beinahe auch für Pfandbriefe gelten, allein: dafür bedarf es keines *großen* Kapitals, und die Zinsen sind berechenbar.

# II. Teil
# Praxis

Mein feste Burg war mein Schweigen
in der Festung meiner Eltern
ich flüchtete nach vorn
und baute meine Mauern weiter.

Im Mai öffnete ich ein Auge
und ahnte durch das Weinen anderer
was ich vor mir versteckte.

Im Herbst riß ich beide Augen auf
und erschrak vor meinem Zorn.

Im Winter konnten wir unsere Schritte
im Schnee sehen,
und ich begann die Wärme
in unserm Gruppenhaus zu spüren.

Im April sah ich
mein Spiegelbild durch euch und
verlor weiter Angst.

Keine Bekannte
vielleicht Freunde
jedenfalls Vertraute –

Das Leben geht weiter.

# Inhalt

## 5. Ausbildung / Beruf

## 6. Zeitgeschichtlicher Kontext

### 6.1 Räumlich-dingliche Umgebung

### 6.2 Religion und politische Ideologien

### 6.3 Politisch-historische Ereignisse

## 7. Selbstbild

### 7.1 Als Kind

### 7.2 Als Erwachsene/r

#### 7.2.1 Wie ich mich heute sehe

## 8. Körper

## 9. Frausein – Mannsein

### 9.1 Meine Geschlechtsrolle

### 9.2 Sexualität

## 10. Lebensgeschichte im Überblick

## 11. Allgemein verwendbare Übungen

# 1. Einführung, Kennenlernen, Anwärmen, Entspannung, Abschied

## Mein Name

### Ziel:

Dem Zusammenhang von Namen, Selbstwertgefühl, Identität auf die
Spur kommen; Kennenlernen in der Gruppe.

### Durchführung:

Dieses Spiel ist eine Variante der bekannten Übungen zum «Namenler-
nen». Jede/r Teilnehmer/in sagt laut seinen/ihren Namen; er/sie erzählt, wie es ihm/ihr mit diesem Namen geht, ob er/sie den Namen
mag oder ihn unangenehm findet. Wie ist es (soweit bekannt) zu *diesem*
Namen gekommen? Sollte ich eigentlich anders heißen? Gab es Spitz-
namen oder einen zweiten Namen? Gab es Erlebnisse oder Erfahrungen mit diesem Namen?

    Am Ende sagt jede/r, wie er/sie in dieser Gruppe genannt werden
möchte.

    (Zeit: pro Person 3 Min.)

### Auswertung:

Siehe oben.

### Material:

–

## Persönlichkeits-Collage

### Ziel:

Teilnehmer/innen kennenlernen durch Selbstdarstellung in einer Collage.

### Durchführung:

Der Gruppe wird ein Stapel alter Zeitschriften (Illustrierte) vorgelegt. Jede/r erhält einen Pappbogen (Mindestgröße DIN A3). Mittels Schere, Klebe und Karton soll sich jede/r Teilnehmer/in aus Überschriften, Titelzeilen, Fotos, Inseraten usw. ein Bild anfertigen, das ihn/sie in der gegenwärtigen Verfassung darstellt.

Mögliche Gesichtspunkte:
— Verschiedene Seiten von mir.
— Meine momentanen Sorgen, meine momentanen Probleme.
— Was strebe ich konkret an?
— Meine Hoffnungen und Träume.

Anschließend gehen die Teilnehmer/innen mit vorgehängtem Karton durch den Raum. Jede/r erläutert seine/ihre Collage und beantwortet Fragen.

(Zeit: 20 Min.)

### Auswertung:

Siehe oben

### Material:

Ein Stoß alter Zeitschriften, Karton, Scheren, Klebe, Filzstifte.

### Hinweis:

Vgl.: H. Gudjons: Spielbuch Interaktionserziehung, Bad Heilbrunn [2]1983, S. 50

## Lebenserfahrung in der Tüte

### Ziel:

Kreative Gestaltung biographischer Erfahrungen unter dem Gesichtspunkt: Verschweigen/Mitteilen in der Gruppe; Kennenlernen.

Jede/r Teilnehmer/in erhält Materialien (s. u.) und eine möglichst große Tüte, die jede/r vor sich aufstellt. Der/die Moderator/in gibt folgenden Hinweis:

«Stellt euch vor, auf der Außenseite der Tüte sind alle bisherigen Lebenserfahrungen abgebildet, die ihr anderen mitteilen mögt. Die Innenseite verbirgt die uns peinlichen oder unangenehmen Erfahrungen, die wir niemandem gerne mitteilen. Gestaltet nun mit Bildern, Überschriften, Buchstaben, Symbolen usw. beide Seiten. Zunächst beklebt, bemalt, dekoriert die Außenseite. Dann klebt, malt in die Innenseite symbolisch die Dinge, die zu den Bereichen/Ereignissen gehören, die ihr für euch behalten wollt. – Am Schluß verschließt die Tüte soweit, wie ihr meint, daß es für euch angemessen ist. Beginnt jetzt bitte, möglichst ohne dabei zu sprechen.»

Anschließend werden die Tüten mit Namensschild aufgestellt, und im Rundgang betrachten die Gruppenmitglieder jede.
(Zeit: 40 Min.)

*Auswertung:*

Danach äußern sich die Teilnehmer/innen zu den einzelnen Tüten:
– Was blieb bei mir hängen?
– Was überraschte mich?
– In welche hätte ich gerne hineingesehen?
– Welche ist meiner ähnlich?
– Was möchte ich nachfragen, genauer wissen?
– Welche Vermutungen, Phantasien hatte ich?

Schließlich kann jede/r Teilnehmer/in die eigene Tüte kommentieren, erläutern usw. Dabei soll sich jede/r genau prüfen, welche Dinge aus der Innenseite er/sie jetzt (schon) eröffnen will und worüber er/sie nicht sprechen mag. Dies sind oft mit Unsicherheiten und Ängsten verbundene Probleme, weshalb keine/r zur Preisgabe gezwungen werden darf.

Auch folgende Fragen können einbezogen werden:
– Womit bin ich in meinem Leben «ausgesöhnt»?
– Warum mag ich über bestimmte Dinge nicht reden?
– Was bedeuten solche Erfahrungen für mein gegenwärtiges Leben?
– An welchen Problemen will ich arbeiten?
– Hat sich mein Bild von dir verändert?
– Verstehe ich dich jetzt besser?

*Material:*

Große Papiertüten (unbedruckt), reichlich bunte Zeitschriften, Illustrierte, Filzstifte, Klebe und Scheren.

*Hinweis:*

Vgl. H. Gudjons: Spielbuch Interaktionserziehung, Bad Heilbrunn ²1983, S. 92

*«Was war gelogen?»*

*Ziel:*

Ins Gespräch kommen, sich kennenlernen.

*Durchführung:*

Die Teilnehmer/innen nehmen Stift und Papier und beantworten schriftlich drei Fragen, die der/die Moderator/in stellt. Die Fragen können dem untenstehenden Katalog entnommen oder selbst ausgedacht werden.

Die Teilnehmer/innen werden aufgefordert, eine der Fragen absichtlich nicht wahrheitsgemäß zu beantworten. Anschließend teilt die Gruppe sich in Kleingruppen zu 3–4 Personen. Eine/r liest seine/ihre Antworten vor. Die anderen sagen reihum, welche der Antworten ihrer Ansicht nach gelogen ist, und begründen ihre Vermutung.

*Fragen:*
— Welches war mein liebstes Spiel *vor* der Schulzeit?
— Als Kind hatte ich immer Angst, wenn ...
— Im allgemeinen war ich ein/e ... Schüler/in in der Grundschule.
— Eins meiner Lieblingsspielzeuge als Kind war ...
— Ein einschneidendes Ereignis in meiner Kindheit war ...
— Ich erinnere mich sehr gerne an ...
— Im allgemeinen hatte ich zu meiner Mutter eine ... Beziehung
— Im allgemeinen hatte ich zu meinem Vater eine ... Beziehung.
— Über ... konnte ich mit meinen Eltern nicht gut reden.
  (Zeit: 30 Min. in Vierergruppen)

*Auswertung:*

In der Großgruppe. Wer hat bei welcher Frage gelogen? Wie geht es mir mit dem Lügen, früher und heute?

*Material:*

Papier und Stifte

## Kindheitserfahrungen im Interviewspiel

### Ziel:

Kennenlernen der Teilnehmer/innen. Erste Annäherung an Kindheitserfahrungen. Themenfindung für die weitere Arbeit.

### Durchführung:

Karteikarten mit den unten abgedruckten Fragen werden gemischt und
verdeckt im Stapel hingelegt. Jede/r Teilnehmer/in nimmt reihum eine
Karte und beantwortet die Frage. Falls jemand eine Frage nicht beantworten möchte, kann er/sie eine neue Karte nehmen.

Es ist wünschenswert, wenn sich ein Gespräch entwickelt, in dem
auch andere Teilnehmer/innen zu einer Frage Stellung nehmen. Das
Reihum-Schema dient als Einstieg und kann wieder aufgenommen
werden, wenn das Gespräch unbefriedigend wird.

*Variante:*

Jede/r Teilnehmer/in erhält eine Liste mit den Fragen. Eine/r beginnt
mit einer Frage an eine/n andere/n. Der/die Befragte stellt die nächste
Frage usf. Der Vorteil dieser Variante besteht darin, daß auch andere,
selbst ausgedachte Fragen gestellt werden können.

### Auswertung:

Im nachfolgenden Gruppengespräch sind folgende Fragestellungen
hilfreich:
- Wie habe ich mich gefühlt?
- Gab es Fragen, die mir besonders unangenehm waren?
- Haben sich für mich Themen ergeben, denen ich intensiver nachge-
  hen möchte?
- Über welches Thema haben wir als Gruppe besonders intensiv ge-
  sprochen?
- Welche Themen wollen wir in der künftigen Gruppenarbeit weiter
  verfolgen, vertiefen?

### Material:

Karten, auf denen je eine der folgenden Fragen steht:

- Was hat dich als Kind am meisten wütend gemacht? Ist das heute noch so?
- Erzähle uns eine Situation, in der du als Kind gelogen hast.
- Kannst du dich erinnern, was du als Kind später einmal werden wolltest?
- Welche Bedeutung hatte Musik in deiner Familie und für dich?
- Was mochtest du früher am wenigsten an dir? Wie ist das heute?
- Was mochtest du früher besonders gern an dir? Wie ist das heute?
- Welche Bedeutung hatte Weinen in deiner Kindheit und wie bist du damit umgegangen?
- Was hast du früher für Kleidung getragen (tragen müssen) und was trägst du heute gerne?
- Wo, denkst du, hättest du als Kind Hilfe benötigt?
- Was für ein Kind hättest du nach der Vorstellung deiner Eltern sein sollen? Inwieweit warst du es?
- Welche Bedeutung hatten Bücher, Zeitungen, Lesen für dich früher?
- Erzähle etwas darüber, wie du im Moment wohnst. Sag auch kurz etwas zu der Wohnung, in der du die meiste Zeit deiner Kindheit verbracht hast.
- Erzähle etwas über dein Verhältnis zur Schule.
- Erzähle uns etwas über deine Freunde und Freundinnen in der Kindheit.
- Wie wurde in deiner Familie mit Liebe, Zuneigung, Anerkennung umgegangen?
- Wie wurde in deiner Familie mit Aggression umgegangen?
- Erzähle uns etwas über deine Krankheiten als Kind, und wie es war, wenn du krank warst.
- Stell dir vor, deine Herkunftsfamilie sei ein Haus. Wie sieht es aus?
- Kannst du dich an ein zeitgeschichtliches Ereignis (historisch, politisch) erinnern, das in die Jahre deiner Kindheit fällt?
  (Weitere Fragen selbst ausdenken.)

*Hinweise*

Es empfiehlt sich, die Karten vorher nach ihrem «Tiefgang» zu sortieren.

Die Anregung entnahmen wir: L. Schwäbisch/M. Siems: Anleitung zum sozialen Lernen für Paare, Gruppen und Erzieher, Reinbek 1974, S. 260 f.

# Geschwister suchen

### Ziel:

Kennenlern-Übung, die nur mit Teilnehmern/innen durchgeführt werden kann, die noch keine Informationen übereinander besitzen. Einstieg in biographisches Arbeiten durch das Sprechen über die lebensgeschichtliche Bedeutung der Stellung in der Geschwisterreihe.

### Durchführung:

Die Teilnehmer/innen stellen ein Namensschild vor sich auf. Jede/r nimmt Papier und Stift und teilt das Blatt senkrecht in vier Spalten, die mit «Einzelkind», «Älteste/r», «Jüngste/r», «mittleres Geschwister» überschrieben werden. Jede/r Teilnehmer/in ordnet nach Intuition (es kommt nicht auf «richtig» oder «falsch» an) die übrigen Gruppenmitglieder nach dem ersten Eindruck diesen Spalten zu.

(Zeit: pro Zuordnung 1 Min.)

### Auswertung:

In der Gesamtgruppe werden nun jeweils für eine Person die Zuordnungen der übrigen Teilnehmer/innen bekanntgegeben. Dabei kann sich die Person notieren (Strichliste), wie oft er/sie jede Zuordnung erhielt. Wenn jede/r seine/ihre Zuordnungen erhalten hat, sprechen die Teilnehmer/innen über ihre tatsächliche Stellung in der Geschwisterreihe, welche Erfahrungen sie damit gemacht haben, welche Geschwister sie sich vielleicht gewünscht/phantasiert haben. Welche Bedeutung hatte die Position in der Geschwisterreihe für die weitere Lebensgeschichte?

### Material:

Papier und Stift

### Hinweise:

Oft wollen die Teilnehmer/innen wissen, wie die Zuordnungen zustande kamen, welche Eindrücke dazu Anlaß gaben. Ein Gespräch darüber muß klarmachen, daß es nicht um «richtig» und «falsch» geht, sondern um die Bedeutung unbewußter Phantasien beim Ersteindruck. Hilfreich ist dabei die Frage: «Bin ich in meiner Phantasie dir gegenüber jünger, älter oder gleich alt?»

Siehe auch «Meine Schwester, mein Bruder».

# Familienmitglieder wählen

### Ziel:

Gruppenmitglieder nach dem ersten Eindruck den Personen der Herkunftsfamilie zuordnen; Kennenlernen.

### Durchführung:

Ein/e Teilnehmer/in wählt sich aus der Gruppe eine Familie, die er/sie um einen großen Tisch gruppiert. Dabei können Personen als Mutter, Vater, Bruder (älterer oder jüngerer), Schwester (ältere oder jüngere), Adoptivkind, Pflegekind, möglicherweise auch Onkel, Tante, Großmutter und Großvater gewählt werden. Die Wahl ist nicht an die Geschlechtszugehörigkeit des/der Gewählten gebunden. Wenn die «Großfamilie» am Tisch sitzt, erklärt der/die Teilnehmer/in, warum er/sie jede/n für die Rolle gewählt hat und was dies mit seiner/ihrer Beziehung zu den Teilnehmern/innen (auch mit deren Beziehung untereinander) zu tun hat. – Weitere Teilnehmer/innen schließen sich in der gleichen Weise an.
(Zeit: max. 30 Min.)

### Auswertung:

Anschließend wird das Spiel in der Gruppe besprochen und die Wahlen werden verglichen.
– Erhielten die Teilnehmer/innen häufig gleiche oder ähnliche Rollen?
– Hat dies etwas zu tun mit ihrem Verhalten in der Gruppe?
– Gibt es Diskrepanzen zwischen zugewiesenen Rollen und eigenem Rollenverständnis der Teilnehmer/innen?

### Material:

Eventuell Tisch und Stühle

### Hinweis:

Auch geeignet als Feedback-Übung in der Gruppe.

## Foto-«Quartett»

### Ziel:

Einstieg in biographisches Arbeiten; Kennenlernen der anderen Teilnehmer/innen an Hand von Fotos.

### Durchführung:

Die mitgebrachten Fotos (s. u.), die die Teilnehmer/innen als Kinder zeigen, werden in einem großen Umschlag o. ä. gesammelt, verdeckt gemischt und verteilt. Jede/r erhält vier Bilder, die er/sie wie beim Kartenspiel verdeckt hält. Auf ein Zeichen hin wird – bis zum Ende des Spiels – jeweils ein Bild nach links weitergegeben. Ziel ist es, die vier zusammengehörenden Bilder eines/r *anderen* zu sammeln. Glaubt ein/e Teilnehmer/in ein solches «Quartett» zu haben, geht er/sie auf den/die Betreffende zu und zeigt nur ihm/ihr die Bilder. Dieser antwortet nur mit «stimmt» oder «stimmt nicht». Vollständige Quartette werden in die Mitte gelegt und scheiden aus. Das Spiel endet, wenn alle Bilder zu Quartetten angeordnet sind.

Für *Gruppen mit 8–10 Personen* schlagen wir folgendes Verfahren vor: Nach einer Phase in der beschriebenen Weise tun sich immer zwei Teilnehmer/innen mit ihren Fotos zusammen, so daß sie jetzt über acht Bilder verfügen. Es werden immer zwei Fotos weitergegeben (zum Beispiel die eigenen, die nicht gesammelt werden dürfen). Dies gilt auch, wenn das Paar nur noch vier Fotos übrigbehalten hat, weil ein «Quartett» fertiggestellt war.

Dann können die Paare ihre Bilder vor sich ausbreiten, herumgehen und sich von anderen fehlende Bilder erbitten oder eintauschen. Am Ende kann die Diskussion über die restlichen Fotos offen geführt werden.

*Gruppen ab 20 Personen* teilen sich in Kleingruppen zu sechs Personen.

(Zeit: in einer Sechsergruppe ca. 60 Min.)

### Weiterführungen:

1. Wenn Bilder aus verschiedenen Altersstufen vorliegen, kann man versuchen, eine lebensgeschichtliche Linie, einen «roten Faden» in der Abfolge zu finden.
2. Jede/r erzählt zu einem oder mehreren Bildern eine Geschichte.
3. Der Frage nachgehen: Mit welchem Kind hätte ich früher gespielt?
4. Die Bilder können für die Zeit der Zusammenarbeit aufgehängt werden. Vielleicht ergeben sich später Texte, Zeichnungen oder Kommentare, die dazugeklebt werden.

*Auswertung:*

Siehe oben.

*Material:*

Jede/r Teilnehmer/in bringt vier Fotos von sich im Alter zwischen zwei und zehn Jahren mit, am besten aus verschiedenen Altersstufen.

*Hinweise:*

Die Fotos dürfen vorher nicht gezeigt werden. Am besten wird am Eingang ein Umschlag deponiert, in den jede/r verdeckt die eigenen Fotos legt.

Für anschließende biographische Arbeit kann es sinnvoll sein, wenn auf den Bildern noch andere Personen, die häusliche Umgebung oder Spielzeug zu sehen sind.

Angaben auf den *Rückseiten* der Fotos (Jahresangaben o. ä.) müssen entfernt oder abgedeckt werden.

## Fotoalbum – vorgestellt

*Ziel:*

Übung für Gruppen, deren Teilnehmer/innen keine Fotos aus ihrer Kindheit besitzen; Aufspüren der «eigenen Bilder» von früher; Einstieg in biographische Arbeit.

*Durchführung:*

Die Teilnehmer/innen setzen – besser noch legen – sich bequem hin und schließen die Augen. Kurze Entspannung (s. S. 88). Der/die Moderator/in kann folgenden Text als Anleitung verwenden:

«Stell dir vor, du bist bei deinen Eltern. Irgendwo dort findest du ein Fotoalbum, das du noch nie gesehen hast. Du weißt, daß es Fotos aus deiner Kindheit enthält ... Sieh es dir von außen an. Wie sieht es aus? Steht dein Name drauf? ...

Schlage es jetzt auf. Du siehst verschiedene Bilder aus verschiedenen Altersstufen. Nimm dir einen Moment Zeit, sie einzeln zu betrachten. (1 Min.)

Such dir jetzt eins der Bilder aus. Geh langsam in das Bild hinein, werde ganz die Person auf dem Foto. (1 Min.)

Sieh dich um – wer ist dort? Wo bist du? Wie fühlst du dich? Achte auf deinen Körper. Versuch, so weit du kannst, in die Situation hineinzugehen ... Gibt es etwas, was du gerne tun oder sagen möchtest? Tu es, sag es. Was geschieht? Sagen oder tun die anderen etwas? Laß geschehen, was kommt. (2 Min.)

So, verabschiede dich jetzt von den Menschen und von deinem Foto, geh langsam aus dem Bild heraus und sei wieder hier. Öffne die Augen, räkle dich und bleib noch einen Moment bei dir.»

(Zeit: 10 Min.)

### Auswertung:

Austausch in Kleingruppen. Eine/r erzählt, was er/sie erlebt hat, die anderen hören zu, achten auf ihre Gefühle, Gedanken, Fragen.
– Was fällt mir an dir auf, während du deine Geschichte erzählst?
– Was löst sie in mir an Gefühlen aus?
– «Fehlt» etwas in der Geschichte (zum Beispiel deine Wut)?
– Gibt es Widersprüche, Dinge, die ich nicht verstehe?
– Was hätte ich an deiner Stelle tun oder sagen wollen?

### Material:
–

### Hinweis:

Auch wenn die Teilnehmer/innen über Fotos verfügen, kann die Übung sehr interessant sein.

## Entspannung und Körperwahrnehmung (lange Form)

### Ziel:

Zur Ruhe kommen, sich entspannen, den Körper wahrnehmen und sich konzentrieren.

### Durchführung:

Der/die Moderator/in kann folgenden Text als Anleitung verwenden:

«Leg dich bequem auf den Boden in einer Haltung, die dir angenehm und vertraut ist. Schließe die Augen.
Atme ein und tiiiief wieder aus ... (Mehrmals wiederholen!)
Spüre den Strom deines Atems durch deinen Körper gehen ... Laß

Gedanken und Bilder aufsteigen, halte sie nicht fest ... Nimm wahr, wie du daliegst, wie dein Körper Kontakt zum Boden hat, von ihm getragen wird ...

Spüre in jeden Teil deines Körpers hinein: Spüre dein Gesicht ... die Muskeln in deinem Gesicht ... die Stirn ... die Augen ... die Wangen ... den Mund ...den Unterkiefer ...

Wenn du Anspannungen spürst, gehe ihnen nach, verstärke sie und lasse sie dann los ...

Spüre deinen Nacken, fühle, wie du deine Schultern hältst, deine Arme ... deine Hände ...

Spürst du Impulse, gehe ihnen in Gedanken kurz nach. Spüre deine Brust ... Fühle deinen Rücken, geh langsam deine Wirbelsäule entlang ... Spüre deinen Bauch, atme tief in ihn hinein ... Fühle dein Becken ... Spüre dein Gesäß ... Spüre dein Geschlecht ...

Nimm deine Oberschenkel wahr ... deine Beine ... deine Füße ... deine Zehen.»

In der Regel folgt jetzt der Moderationstext einer Übung.
(Zeit: 10 Min.)

### Auswertung:

—

### Material:

Ein genügend großer Raum und Decken oder andere Unterlagen.

## Entspannung und Körperwahrnehmung (kurze Form)

### Ziel:

Entspannung und Konzentration.

### Durchführung

Diese kurze Entspannung kann sowohl im Sitzen als auch im Liegen durchgeführt werden. Der/die Moderator/in kann folgenden Text als Anleitung verwenden:

«Nimm eine für dich bequeme angenehme Haltung ein, schließe die Augen.
Atme ein und tiiiief wieder aus. (Mehrmals wiederholen!)

88

Spüre den Atem durch deinen Körper fließen. (1 Min.)
Laß die Gedanken durch deinen Kopf ziehen und halte sie nicht fest. Wenn du Geräusche hörst, nimm sie wahr und kehre zu dir zurück. (30 Sek.)
Geh jetzt in Gedanken von oben nach unten durch deinen Körper. Wo du Anspannungen spürst, verstärke sie und lasse sie dann los. Atme weiter tief und gleichmäßig. (2 Min.)»

In der Regel folgt jetzt der Moderationstext einer Übung.
(Zeit: 4 Min.)

*Auswertung:*
–

*Material:*
–

**● ● ●**

## Abschied – ein Gedicht

### Ziel:

Die gemeinsame Arbeit und die eigenen Erfahrungen zum Abschluß in Worte fassen und mit den anderen teilen.

### Durchführung:

Die Teilnehmer/innen nehmen sich Stift und Papier und werden gebeten, in der nächsten Viertelstunde ein Gedicht (ohne Reime etc.) oder einen kurzen Text zu schreiben, der das wiedergibt, was für diejenige/denjenigen in der gemeinsamen Arbeit wichtig war. Es ist hilfreich, sich mit der Gruppe vorher kurz, stichwortartig die gemeinsamen Erfahrungen in Erinnerung zu rufen. Der/die Moderator/in sollte – um Hemmschwellen abzubauen – darauf hinweisen, daß jede/r schreiben kann, was er/sie mag, ohne daß es bewertet wird.

### Auswertung:

Die Texte werden in freiwilliger Reihenfolge vorgelesen. Die Gruppe schweigt und läßt sie auf sich wirken. Zwischen den einzelnen Gedichten wird eine kurze Pause gelassen. Es sollte vermieden werden, über die Texte in der Gruppe zu sprechen.

(Zeit: insgesamt 30 Min.)

*Material:*

Papier und Stift.

*Hinweis:*

Die als Zwischentexte abgedruckten Gedichte in diesem Band entstanden im Rahmen dieser Übung.

## Wandzeitung zum Abschied

*Ziel:*

Vergegenwärtigung dessen, was die gemeinsame Arbeit für jede/n bedeutet hat; Abschied nehmen.

*Durchführung:*

Auf dem Boden oder auf einem Tisch wird eine große Papierbahn ausgebreitet (ca. 2–3 qm), und in die Mitte werden ausreichend viele Stifte (am besten Filzstifte) gelegt. Die Gruppe schweigt, während jetzt alle gemeinsam auf der Wandzeitung notieren, malen, symbolisieren, was an der gemeinsamen Arbeit für jede/n wichtig war. Es ist erwünscht und gestattet, den Standort zu wechseln, zu lesen, was andere geschrieben haben, Kommentare oder Zeichen hinzuzufügen usf. (20 Min.)

Die Stifte werden beiseite gelegt und jede/r nimmt sich Zeit, um die Zeitung herumzugehen und sich alles in Ruhe durchzulesen und zu betrachten. (10 Min.)

Ein gemeinsames Gespräch kann sich anschließen.

*Auswertung:*

Siehe oben.

*Material:*

Eine große Papierbahn (2–3 qm) und viele (Filz-)Stifte.

Unter dieser Kategorie sind auch folgende Übungen verwendbar:

Ich hatte soviel Angst, ihren Anforderungen nicht zu genügen, daß ich nichts anderes tun konnte, als denMaßnahmen zuzustimmen, die sie über mich verhängten, und sie hielten das für Freundlichkeit. Ich stimmte aber nicht wirklich zu, sondern nur unter dem Vorbehalt meiner Schwäche. Der ihre Anweisungen befolgte, der war nicht ich, der war ein von mir vorübergehend Beauftragter.
H. Kipphardt: März, Reinbek 1976, S. 18

# 2. Familie

## 2.1  Beziehungen in der Familie

### Meine Familie als Baum

#### Ziel:
Sich das eigene Erleben der Herkunftsfamilie in symbolischer Form bewußt machen. Kennenlernen anderer Gruppenmitglieder.

#### Durchführung:
Jede/r Teilnehmer/in malt auf einem großen Blatt Papier einen symbolischen Baum seiner/ihrer Kindheitsfamilie. Dabei soll bedacht werden, welcher Pflanzentyp die Familie am besten repräsentiert, welche Farben die Gefühle zur eigenen Kindheit am besten ausdrücken, welche Stärken und Schwächen der Baum hat usw.

Der einfachste Weg ist, sich nicht rational einen Zeichenplan zurechtzulegen, sondern zunächst in Gedanken in die Kindheit zurückzukehren. Bei geschlossenen Augen phantasiert jede/r Teilnehmer/in eine Weile und läßt einen Baum als Bild vor sich entstehen. Wenn er/sie möchte, öffnet er/sie die Augen und läßt das Malen des Bildes von den eigenen Gefühlen zu Personen und Eigenarten der Kindheitsfamilie leiten. Auch der Hintergrund kann farbig gestaltet werden und das Gefühl bei der Wahrnehmung der Familienumwelt ausdrücken.

(Zeit: 15 Min.)

*Auswertung:*

In Kleingruppen. Der/die Maler/in hängt das Bild für alle sichtbar auf und erklärt zunächst nichts, sondern läßt die anderen ihre Eindrücke beim Betrachten des Baumes sagen. Erst danach soll das eigene Bild erläutert werden. Ebenso verfahren die anderen Teilnehmer/innen.

*Material:*

Zeichenpapier (mindestens DIN A3), bunte Stifte, Klebeband.

## Familiensoziogramm

### Ziel:

Einstieg in biographisches Arbeiten; Kennenlernen anderer Teilnehmer/innen. Erste Reflexion über die Beziehungsstruktur der Herkunftsfamilie.

### Durchführung:

Die Teilnehmer/innen nehmen sich Stift und Papier und werden aufgefordert, innerhalb von 5 Minuten möglichst spontan ein Bild ihrer Familie und der Beziehungen untereinander zu zeichnen.

Ausgangspunkt kann zum Beispiel ein Kreis sein, innerhalb dessen die Personen angeordnet werden. Der Phantasie sind keine Grenzen gesetzt: beispielsweise kann der Kreis an einer Stelle offen sein, er kann nur dünn oder wie eine dicke Mauer sein. Die Namen können verschieden groß, je nach Wichtigkeit geschrieben werden. Blitze, Herzen, Fragezeichen, Schlangenlinien usf. können die Art der Beziehung andeuten. Am äußeren Rand können andere Personen, die wichtig waren (zum Beispiel Großeltern), hinzugefügt werden.

Orientierung für dieses Bild soll nicht eine bestimmte Situation oder eine bestimmte Altersstufe sein, sondern das allgemeine «Beziehungsgefühl».

(Zeit: 5 Min.)

### Auswertung:

In Kleingruppen (3–4 Teilnehmer/innen) wird über die Bilder gesprochen.
– Was fällt mir auf an deinem Bild?
– Wer hat die stärkste Position, die meisten Beziehungen?

- Wie ist der Kontakt nach außen?
- Welche Beziehung wurde *nicht* eingezeichnet (zum Beispiel Vater—Mutter)?
- Gibt es Koalitionen?
- Gibt es Außenseiter/innen?

Eine *Variante* der Auswertung besteht darin, daß jeweils ein/e Teilnehmer/in sein/ihr Bild der Gruppe vorlegt. Die übrigen äußern, was sie wahrnehmen, was auffällt, welche Fragen ihnen in den Sinn kommen. Erst nach dieser Runde äußert sich der/die Zeichner/in.

*Weiterführungen:*

1. Ein weiteres Soziogramm zeichnen mit dem Thema: «Meine Familie, wie sie heute ist.»

2. Ein Soziogramm zeichnen zum Thema: «Wie ich mir die Familie gewünscht habe.»

*Material:*

Papier und Stift.

*Hinweis:*

Die Übung hat einführenden Charakter, erfordert aber eine gewisse Offenheit und eine erste Vertrauensbasis in der Gruppe.

## Beziehungsfeld in Phasen der Kindheit

*Ziel:*

Klären, welche Personen zu verschiedenen Zeitpunkten der Kindheit wichtig waren, welche näher und welche entfernt waren.

*Durchführung:*

Die Teilnehmer/innen legen ein DIN-A4-Blatt im Querformat hin und zeichnen drei große Kreise nebeneinander. Im Zentrum notieren sie jeweils «Ich». Die Kreise stellen das Beziehungsfeld im Alter von 4 Jahren, 8 Jahren und 12 Jahren dar. (Es können auch andere Alter gewählt werden, wie 12, 16, 20.)

In mehr oder weniger großer Entfernung vom «Ich» trägt jede/r die zu dem jeweiligen Zeitpunkt wichtigen Personen spontan, ohne lange zu überlegen, ein. Außerdem notiert jede/r neben der Person mit «+» oder «−», welches Gefühl er/sie jetzt im Augenblick der Erinnerung mit der Stellung dieser Person verbindet.

Wer war «nährend» nah, wer war erdrückend nah?
Wer war zu weit weg, wessen Distanz war angenehm?
(Zeit: 10 Min.)
*Variante:*
Die Teilnehmer/innen einigen sich auf eine Person, zum Beispiel die Mutter, und tragen im Kreis ein, wie nah oder entfernt sie war, wenn sie zum Beispiel wütend oder traurig war, sich freute, ängstlich, zärtlich, beschäftigt, nicht da usw. (Der/die Moderator/in gibt die Stichwörter kurz vor.)
(Zeit: 5 Min.)

*Auswertung:*

Kleingruppengespräch zu folgenden Fragen:
— Wie hat sich das Beziehungsfeld verändert? Wie kam es dazu? Wer fiel weg, wer kam dazu, wie war das?
— Was hat mir gefehlt, was hätte ich mir gewünscht?
— Wer war gut und «nährend»? Wer war «giftig», einengend?
— Zum Thema Nähe und Distanz: Wann ist Nähe bzw. Distanz gut, hilfreich, förderlich, wann ist sie einengend, frustrierend, behindernd?
— Wie geht es mir in meinem heutigen Beziehungsfeld mit Nähe und Distanz? Wie beweglich bin ich? Kann ich kommen und gehen, verschmelzen und mich abgrenzen, kann ich für mich das richtige Maß an Nähe und Distanz jeweils herstellen?
*Zur Variante:*
— Wenn ich an die gewählte Person denke und meine eigenen Reaktionen mit ihr vergleiche, muß auch ich mich innerlich distanzieren, wenn ich zum Beispiel wütend bin? Oder muß auch ich, wenn ich traurig bin, dem/der anderen zu nahe sein?
— Wie geht es mir, wenn mein/e Partner/in zum Beispiel wütend ist?

*Material:*

Papier und Stift.

## Familie in Tieren

### Ziel:

Dem eigenen Bild der Familienmitglieder auf die Spur kommen.

### Durchführung:

Am Anfang der Übung steht eine kurze Entspannungsphase (s. S. 88). Jede/r denkt an die eigene Familie und schaut sich die einzelnen Personen noch einmal an. Dann nimmt sich jede/r Stift und Papier und schreibt das erste Tier auf, das ihm/ihr zu jeder Person in den Sinn kommt. Es kommt darauf an, sich spontan etwas einfallen zu lassen und *nicht* ausgehend von den Eigenschaften das passendste Tier zu suchen.

Der nächste Schritt ist die Frage: «An was denke ich, was fällt mir zu dem Tier ein?» Und erst dann: «Kann ich das in Beziehung setzen zu der/demjenigen Familienmitglied?»

(Zeit: max. 10 Min.)

### Auswertung:

Je nach Art der Gruppe kann es jetzt nötig sein zu erklären, daß die psychoanalytische Theorie davon ausgeht, daß solche spontanen Einfälle immer einen individuellen Sinn haben. Gemeint ist: Wenn ich zum Beispiel meine Mutter mit einem Krokodil in Verbindung bringe, sagt das etwas aus über meine Beziehung zu ihr und mein Erleben ihrer Person.

- Welchen Aspekt meiner Beziehung zu dem/derjenigen drückt das Tier aus?
- Wie stehen die Familienmitglieder zueinander (zum Beispiel eine Bergziege zu einem Nilpferd)? Was sagt das über die Beziehungen zueinander aus?

### Material:

Papier und Stift.

## Familie als Standbild

### Ziel:

Das Beziehungsgefüge der eigenen Familie wird in Form einer Statue gestaltet.

### Durchführung:

Jeweils ein/e Teilnehmer/in baut aus anderen Gruppenmitgliedern ein «lebendes» Standbild, das entweder eine markante Situation oder das allgemeine Beziehungsgefüge der Herkunftsfamilie – aus eigener Sicht – darstellt. Zunächst trägt der/die Moderator/in die Aufgabenstellung vor. Dann sollte sich – möglichst ohne lange *vorher* nachzudenken – ein/e Freiwillige/r bereiterklären. In der folgenden ersten Phase der Übung wird nicht gesprochen.

Der/die «Gestalter/in» wählt aus den anwesenden Personen diejenigen aus, die er/sie für das Bild «verwenden» möchte. Er/sie stellt, setzt oder legt sie dorthin, wo und wie er/sie möchte. Auch hierbei sollte er/sie versuchen, spontanen Ideen und Phantasien zu folgen. Er/sie kann leise Anweisungen erteilen, zum Beispiel «Schau bitte in diese Richtung» oder «Sieh bitte X an». Als Letzte/r stellt er/sie sich selbst mit in das Bild hinein, setzt sich zu den anderen in Beziehung.

Die Gruppe läßt das Bild zunächst auf sich wirken. Vielleicht möchten einige herumgehen, um es von einer anderen Seite zu betrachten. Jetzt teilt als erstes die Gruppe mit, was sie sieht, fühlt, denkt, sich vorstellt. Es ist nicht so wichtig zu identifizieren, wer Vater oder Mutter darstellen soll, sondern die Teilnehmer/innen sollten versuchen, sich auf das Gefühl einzulassen, das von dem Bild ausgelöst wird.

Im nächsten Schritt erzählen die Darsteller/innen, wie sie sich in ihrer Position fühlen und wie ihre Beziehungen zu den anderen Personen sind.

Zuletzt erklärt der/die «Gestalter/in» das Bild und erzählt, wie er/sie sich in der Statue gefühlt hat und bei dem, was die anderen gesagt haben.

(Zeit: pro Person 30 Min.)

### Weiterführungen:

– Andere Teilnehmer/innen können die Position des/r «Gestalters/in» im Standbild einnehmen und erzählen, wie sie sich dort fühlen.
– Die Darsteller/innen werden aufgefordert zu sagen, was sie in dieser Position am liebsten tun würden, und dies zu tun (z.B. weggehen oder jemand berühren oder jemand loslassen).
– Die Szene kann von hier aus in ein Rollenspiel übergehen.

*Auswertung:*

Siehe oben.

*Hinweis:*

Bei problematischen Familienkonstellationen kann diese Übung sehr tief gehen. Es sollte die Möglichkeit zur Einzelarbeit bestehen.

## 2.2 Erziehungsstil und Interaktionsmuster

### Rollen-Zirkel

*Ziel:*

Sich klarwerden über die eigene «Rolle» innerhalb der Herkunftsfamilie und über die eigene Art, sich mit anderen (nicht) auseinanderzusetzen.

*Durchführung:*

Wie auf einer Bühne wird an einer Seite des Raumes ein Tisch mit vier Stühlen aufgestellt. Auf dem Tisch, vor jedem Platz, liegt ein großer Zettel, auf dem die zu diesem Platz gehörende «Rolle» steht:

1. Besänftigen,
2. Ausweichen,
3. Tadeln,
4. Predigen.

Der/die Moderator/in erklärt, daß es diese vier Verhaltensweisen in jeder Familie gibt, jedoch zumeist verwendet jede/r sie abwechselnd und vermischt. In dem Rollenspiel soll jede Rolle eindeutig gespielt werden. Der/die Moderator/in erläutert – vielleicht auch mit Beispielen – die vier Rollen:

*Besänftigen:* beruhigen, schlichten, vermitteln, nett und fürsorglich sein, bemänteln, andere verteidigen.

*Ausweichen:* still sein, so tun, als hätte man nicht verstanden, das Thema wechseln, sich schwach stellen, ablenken.

*Tadeln:* urteilen, einschüchtern, anklagen, vergleichen, verfolgen, Schuld zuweisen.

*Predigen:* belehren, Autoritäten zitieren, logische Beweise erbringen, allgemeine Lebensweisheiten sagen, sachlich aufklären, selbst recht haben.

Aus der Gruppe werden vier Teilnehmer/innen gebeten, sich auf jeweils einen der Stühle zu setzen. Jede/r fühlt sich einen Moment in ihre/seine Rolle ein. Irgendeine/r eröffnet das Gespräch zu einem beliebigen Thema. Es sollen keine Eltern- oder Kindrollen vorher vereinbart werden. Es ist interessant zu beobachten, wie sie sich von selbst entwickeln.

Nach 5 Minuten bittet der/die Moderator/in die Spieler/innen jeweils einen Platz weiter nach rechts zu rücken und nun diese Rolle zu spielen. Dies geschieht noch zweimal, bis jede/r jede Rolle einmal gespielt hat.

Es ist wichtig, besonders den/die Ausweicher/in (Nr. 2) nicht links liegen zu lassen, sondern ihn/sie immer wieder ins Gespräch zu ziehen. Es kann sich ruhig eine heftige Debatte ergeben.

(Zeit: 30 Min.)

## Auswertung:

Die Spieler/innen nehmen sich einen Moment Zeit, darüber nachzudenken:
— Welche Rolle fiel mir leicht, schwer, in welcher fühlte ich mich unwohl, überfordert, beengt?
— Welche Rolle lag mir, nahm ich überwiegend ein in meiner Herkunftsfamilie?
— Die Spieler/innen unterhalten sich über ihre Erfahrungen, auch darüber, wie sie die anderen erlebt haben.

Die Gruppe gibt ihre Eindrücke wieder:
— In welchen Rollen fand ich dich am überzeugendsten?
— Wo finde ich Teile, die ich von dir kenne, wieder?
— Von welcher Rolle kann ich mir vorstellen, daß du sie in deiner Herkunftsfamilie gehabt hast?

Gemeinsam wird über die Frage gesprochen:
— Mit welchen Strategien setze ich mich heute durch: bei meinen Eltern, bei Freunden/innen, Mitbewohnern/innen, am Arbeitsplatz? Habe ich mich da verändert?

## Material:

Möglichst einen Tisch mit vier Stühlen, Zettel mit Rollenbezeichnungen.

## Hinweise:

Diese Übung ist erfahrungsgemäß sehr lebendig und lustig; gut geeignet als Auflockerung – aber mit ernstem Hintergrund, der nicht verlorengehen sollte.

Die Anregung zu dieser Übung entnahmen wir: J. O. Stevens: Die Kunst der Wahrnehmung, München 1975, S. 102 f.; ursprünglich entwickelt von Virginia Satir im Rahmen der Familientherapie.

## «Ich will aber noch nicht ins Bett»

### Ziel:

Rollenspielübung, in der Kindheitskonflikte mit Eltern/Bezugspersonen aktualisiert werden, um dem gegenwärtigen Umgang mit Konflikten auf die Spur zu kommen.

### Durchführung:

Die Teilnehmer/innen erinnern sich an einen Konfliktanlaß, der real war, und spielen dazu frei eine Szene. Falls ihnen kein Anlaß einfällt, kann auch die Gruppe bzw. der/die Moderator/in eine Situation vorschlagen (zum Beispiel: das Kind soll ins Bett, hat aber noch keine Lust; das Kind bringt ein Tier nach Hause; das Kind will etwas «Unsinniges» oder «Unnützes» gekauft haben).

Ein Gruppenmitglied beginnt und spielt das Kind, das es früher war, und wählt aus der Gruppe ein Elternpaar aus. Dabei kommt es nicht auf die Geschlechtszugehörigkeit an. Wenn nur ein Elternteil vorhanden war, kann auch ein «Wunschvater»/eine «Wunschmutter» ausgesucht werden.

Der/die Betreffende schildert die Szene kurz und charakterisiert die Haltung der Eltern (zum Beispiel Mutter vorwurfsvoll, Vater nachgiebig), dann wird «drauflosgespielt». Es kommt nicht darauf an, die Szene so zu spielen, wie sie damals «wirklich» war.

Wenn das Rollenspiel stockt oder die «Eltern» sich zu weit von den Vorgaben entfernen, spielt der/die betreffende Teilnehmer/in kurz den Elternteil weiter, um die Richtung zu korrigieren. Dieser Rollenwechsel ist aber auch als methodisches Element im Spiel sehr aufschlußreich, wenn er bewußt des öfteren vorgenommen wird.

(Zeit: pro Person 15 Min.)

### Auswertung:

Gruppen-Feedback unter folgenden Fragestellungen:

- Wie haben die anderen Teilnehmer/innen die/den Betreffende/n und die Eltern erlebt?
- Welche Beziehungsmuster wurden deutlich?
- Wie haben die «Eltern» das «Kind» und sich selbst in der Konfliktsituation erlebt?
- Wie hat das «Kind» sich und seine «Eltern» erlebt?
- Welche Durchsetzungsstrategien hat es versucht?
- Welche anderen Durchsetzungs-/Konfliktlösungsstrategien wären denkbar?
- Wie gehe ich heute in anderen Situationen mit Konflikten um, wenn ich etwas durchsetzen möchte (zum Beispiel gegenüber «Vorgesetzten» oder dem Partner/der Partnerin)?
- Wie verhalte ich mich als Elternteil/Lehrer/in (Erziehende/r) in Konflikten mit meinen Kindern/Schülern/innen?
- Was hat sich in meiner Art, Konflikte auszutragen, verändert und wodurch?

*Variante:*
1. Die Elternrollen werden doppelt besetzt, und die beiden Rolleninhaber/innen handeln laut ihr weiteres Vorgehen aus.
2. Alternative Konfliktlösungen spielen.

## Material:

–

## Hinweis

Es ist sinnvoll, eine ungefähre Zeit pro Person zu vereinbaren, wenn mehrere Rollenspiele durchgeführt werden sollen.

## Dialoge schreiben

### Ziel:

Wiederbelebung familiärer Interaktionsmuster; Erinnerung an die übliche Form der Versagung von Wünschen.

### Durchführung:

Die Teilnehmer/innen legen Stift und Papier bereit.

Es geht in dieser Übung darum, möglichst spontan, ohne viel Überlegung, einen (oder mehrere) Dialoge zwischen Mutter (oder Vater) und

101

Kind zu schreiben. Es ist dabei nicht so wichtig, ob diese Szene real so oder so ähnlich stattgefunden hat.

Die Teilnehmer/innen werden gebeten, sich in ihre Kindheit zurückzuversetzen, sich an Situationen zu erinnern, in denen sie etwas wollten, es aber nicht durften/bekamen.

*Variante a:* Der/die Moderator/in schlägt einige mögliche Situationen vor, aus denen die Teilnehmer/innen sich eine auswählen. Sie können auch eine ihnen wichtige andere Situation nehmen.

*Variante b:* Alle Teilnehmer/innen schreiben einen Dialog zu *derselben* Situation. Vorteil: intensiverer Zugang zum eigenen Konflikt durch Vergleich mit anderen.

*Vorschläge:*
— Das Kind soll ins Bett, will aber noch nicht.
— Das Kind kommt abends spät nochmals ins Wohnzimmer.
— Das Kind möchte noch etwas vorgelesen bekommen.
— Das Kind möchte mit Freunden etwas unternehmen, darf aber nicht.
— Das Kind möchte helfen.
— Das Kind möchte Geld für etwas ihm sehr Wichtiges.

Die Teilnehmer/innen werden gebeten, im ersten Schritt spontan einen Dialog zu schreiben und dabei nur darauf zu achten, was ihnen als nächstes einfällt und ob es gefühlsmäßig so stimmt.

(Zeit: 15 Min.)

Im zweiten Schritt, der erst nach dem Schreiben angesagt wird, lesen sie das Geschriebene nochmals und achten auf Brüche, Unstimmigkeiten, korrigieren Formulierungen, kleine Wörter.

(Zeit: 5 Min.)

*Auswertung:*

Der/die Schreiber/in liest den Dialog laut und in entsprechender Stimmlage vor. Die anderen Teilnehmer/innen achten auf ihre Gefühle.
— Wie empfinde ich das Gehörte?
— Wenn ich das Kind wäre, wie würde es mir währenddessen und danach gehen?
— Was würde ich gerne tun?
— Um was geht es für den einen, für die andere?
— Auf welche Weise werden die Wünsche des Kindes unterbunden? Mit Macht? Mit Einsicht? Durch Androhung von Konsequenzen? Durch Heranziehen Dritter? Durch Verleugnung der Wünsche des Kindes?

Der/die Schreiber/in hört still zu und äußert sich anschließend dazu, inwiefern das Gesagte die damalige Beziehung zur eigenen Mutter (zum Vater) wiedergibt.

*Material:*

Papier und Stift.

*Hinweis:*

Das Unbewußte reproduziert die Beziehungsstruktur unbestechlich «wahr». Erfahrungsgemäß kann jede/r nur eine *stimmige* Fassung/Art eines solchen Dialoges schreiben.

## Zu-neigung

*Ziel:*

Klären, wie früher in der Familie Zuneigung ausgedrückt wurde und wie heute mit dem Ausdrücken und Empfangen von Zuneigung umgegangen wird.

*Durchführung:*

Die Teilnehmer/innen erhalten einen vorbereiteten Zettel mit Fragen (s. u.) und werden gebeten, möglichst gut lesbar alles aufzuschreiben, was ihnen einfällt.
   (Zeit: 20 Min.)

*Auswertung:*

Jede/r Teilnehmer/in sucht sich einen Partner/eine Partnerin, die Zettel werden ausgetauscht und zunächst in Ruhe gelesen. Anschließend äußern sich beide, was ihnen am Text des/der anderen auffällt, stellen Fragen, suchen Gemeinsamkeiten und Unterschiede.

*Material:*

Vorbereitete Zettel mit folgenden Fragen:
   «Schreib einfach alles auf, was dir in den Sinn kommt zu folgenden Fragen:»
– Gab es früher Kosenamen für dich? Wie ging und geht es dir damit?
– Wurdest du gestreichelt oder auf den Schoß genommen? Bei welchen Gelegenheiten und wie?
– Gab es kleine Aufmerksamkeiten, Geschenke «ohne Grund»?
– Wie war es mit Geschenken? Wer schenkte wem was?
– Was geschah längerfristig mit diesen Geschenken?

- Wie war es bei euch morgens im Bett? Gab es «Rituale»?
- Erinnere dich an deine Eltern, haben sie zusammen geschmust?
- Waren deine Eltern unterschiedlich?
- Wie drückten sie Zuneigung gegenüber Außenstehenden aus?
- Was hättest du dir gewünscht?
- Wie drückst du heute Zuneigung aus? Wem gegenüber kannst du Zuneigung gut/leicht/kreativ ausdrücken, wem gegenüber fühlst du dich blockiert?
- Wie empfängst du Zuneigung, welche Art von Zuneigung berührt dich angenehm, bei welcher spürst du unangenehme Gefühle?

## Anerkennungsschreiben/Beschwerdebrief an die Eltern

### Ziel:

Klären und ausdrücken, was ich an den eigenen Eltern geschätzt habe bzw. was mir Anlaß zur Beschwerde gibt.

### Durchführung:

Jede/r Teilnehmer/in erhält einen DIN-A4-Bogen, auf dem jede/r den eigenen Namen und folgende Überschrift notiert: «Ich danke dir, daß ...». Jede/r hat 15 Minuten Zeit, das aufzuschreiben, was er/sie an den Eltern schätzt, was ihm/ihr wichtig war in Kindheit und Jugend. Am einfachsten ist es, sich bei geschlossenen Augen die Eltern nacheinander vorzustellen und dann spontan aus heutiger Sicht und in direkter Anrede zu schreiben. Es sollen nur die positiven Dinge notiert und keine versteckte Kritik geäußert werden.

Anschließend kann ein Beschwerdebrief geschrieben werden mit der Überschrift: «Ich nehme dir übel, daß ...»
(Zeit: 15 Min.)

### Auswertung:

Die Gruppe bildet Paare. Die Briefe werden ausgetauscht und zunächst still, sehr langsam gelesen. Anschließend äußert jede/r sich darüber, was er/sie beim Lesen empfunden hat, wie es ihm/ihr ergangen ist. Ein Gespräch zu folgenden Fragen kann sich anschließen.
- Wie war es früher, welche Seiten, Eigenschaften meiner Eltern mochte ich/mochte ich nicht, wie hat es sich bis heute verändert? Wie sehe ich sie heute?

104

- Habe ich ähnliche oder gleiche Eigen-arten? Mag ich mich, wenn ich so bin?
- Sind dies auch heute Eigenschaften, die ich an anderen schätze/nicht schätze (zum Beispiel wenn ich an meine/n Partner/in denke)?

*Material:*

Papier und Stift.

## Kritik und Zurechtweisung

*Ziel:*

Sich erinnern an die in der Familie typischen Arten von Kritik und Zurechtweisung und ihnen erlebend wiederbegegnen, um eigenen Reaktionen heute auf die Spur zu kommen.

*Durchführung:*

Die Gruppe teilt sich in Paare. Die Teilnehmer/innen setzen oder legen sich bequem hin und schließen die Augen. Nach einer kurzen Entspannung (s. S. 88) kann der/die Moderator/in folgenden Text verwenden:

«Geh zurück in deine Kindheit, du bist wieder klein. Denk an deine Eltern und daran, wie sie dir ihre Mißbilligung gezeigt haben, wenn du zum Beispiel etwas falsch gemacht hattest. Versuche dich auch an die Methoden zu erinnern, die ohne Worte waren, zum Beispiel Blicke, Seufzer, Räuspern usw. Du hast gleich 5 Minuten Zeit. Laß Szenen und Bilder in dir entstehen, achte genau darauf, wie dein Vater oder deine Mutter ihr Nicht-Einverständnis ausdrücken. Bleib nicht zu lange bei einer Szene, sondern sieh dir mehrere an. Achte auf deine Gefühle, spüre, wie dein Körper reagiert. Fang an. (5 Minuten Zeit geben.)

So, jetzt verabschiede dich von der Szene, in der du gerade bist, und kehre langsam in den Raum zurück.»

*Auswertung:*

Austausch in Paaren.
- Wie ist es mir ergangen?
- Was hätte ich gerne getan?
- Was war besonders schlimm an dieser Art «Kritik»?
- Tue ich ähnliches heute auch?

– Wie reagiere ich heute auf solche oder ähnliche Zurechtweisung?
– Bei welchen Personen erlebe ich sie (wieder)?

*Material:*
–

## Konflikterfahrungen mit den Eltern

### Ziel:

In einer Phantasieübung sollen Kindheitskonflikte mit den Eltern/Bezugspersonen und die dazugehörigen Gefühle aktualisiert und die Bedeutung dieser Erfahrungen für unser heutiges Handeln geklärt werden.

### Durchführung:

Die Teilnehmer/innen nehmen einer für sie bequeme Haltung ein. Nach einer kurzen Entspannung (s. S. 88) kann der/die Moderator/in folgenden Text als Anleitung verwenden:

«Geh zurück in deine Kindheit ... Stell dir vor, du bist wieder das Kind von früher und hast einen Konflikt mit deinen Eltern.
   Wie alt bist du? (30 Sek.)
   Sieh dich um. Laß die Situation nochmals vor dir ablaufen. Achte auf deinen Körper und deine Gefühle. (3 Min.)
   Halte deine Gefühle und deine Stimmung fest ...
   Nun komm langsam wieder in den Raum zurück ... öffne die Augen ... Nimm ein Blatt Papier und Farben und versuche, deine Gefühle/Stimmung auszudrücken, sie festzuhalten. Es kommt *nicht* darauf an, daß das Bild besonders schön wird oder daß es ein gegenständliches Bild wird. Versuche einfach, deinen Gefühlen mit Farben und Formen Ausdruck zu geben. Achte möglichst nicht darauf, was die anderen malen, bleib bei dir.»

(Zeit: 20 Min.)

### Auswertung:

Nacheinander legen die Teilnehmer/innen ihr Bild in die Mitte bzw. hängen es so auf, daß es alle Gruppenmitglieder betrachten können.
   Die anderen sagen nun, welche Gefühle das Bild bei ihnen auslöst, welche Stimmung ihnen aus dem Bild entgegenkommt und was ihnen

106

auffällt. Dabei soll weder theoretisch und allgemein gesprochen noch die Darstellungsweise bewertet werden, sondern die Gruppenmitglieder sollen «bei sich» bleiben und über ihre Empfindungen zu dem Bild sprechen. Dabei gibt es kein «Falsch» oder «Richtig».

Anschließend erläutert der/die Betreffende sein/ihr Bild, die Situation, den Konflikt und die Gefühle und Stimmungen, die er/sie mit dem Bild ausdrücken wollte, und geht gegebenenfalls der Frage nach:
— Wie habe ich damals Konflikte erlebt und wie fühle ich mich heute in Konflikten bzw. wie gehe ich heute mit Konflikten um?
  (Zeit pro Person ungefähr festlegen.)

### Material:

Papier (Tapetenrolle o. ä.) und Farbstifte (Wachsmalkreiden o. ä.), Heftzwecken oder Klebeband.

## «Strafe muß sein!»

### Ziel:

Sich darüber klarwerden, was als Kind verboten war, wie Abweichungen bestraft wurden und wovor jede/r am meisten Angst hatte.

### Durchführung:

Die Teilnehmer/innen schließen die Augen und entspannen sich (s. S. 88). Der/die Moderator/in gibt folgende Anleitung:

«Ich bitte dich, in deine Kindheit zurückzukehren. Du bist wieder ein Kind. Erinnere dich an eine Situation, in der du von deinen Eltern bestraft worden bist. Denk an die Situation, die für dich am schlimmsten war. Geh in sie hinein, fühle noch einmal, wie es dir ergangen ist. Wofür wurdest du bestraft? Auf welche Weise? Wie fühltest du dich? Achte auf deinen Körper. (Wenn die Übung im Liegen durchgeführt wird: Wenn du magst, nimm eine Körperhaltung ein, die deinem Gefühl entspricht.) (3 Min.)
Komm jetzt langsam in den Raum zurück, räkele dich und sei wieder hier... Sprich mit niemandem, nimm dir Papier und Stift und geh dem, was du erlebt hast, schreibend nach.»

Jede/r denkt anschließend über folgende Fragen nach (am besten auf einer vorbereiteten Wandzeitung oder als Fragenkatalog vervielfältigt):
— Welche Dinge waren schlimm, verboten, wofür wurdest du bestraft?

Notiere sie und versuche, sie in eine Reihenfolge zu bringen: Was war am allerschlimmsten usf.
- Wenn es herauskam/entdeckt wurde, wie ging es dir dann? Hattest du Angst? Wovor genau? Wovor am allermeisten?
- Was geschah dann? Wer strafte: deine Mutter? Dein Vater? Wann strafte wer?
- Wie wurdest du üblicherweise bestraft?
- Gab es Drohungen, die immer wieder auftauchten? («Wenn du so weitermachst, dann kommst du ins Internat!» «Du bringst mich noch ins Grab!» o. ä.) Fühle diesen Sätzen nach. Wie geht es dir dabei? Sag sie leise innerlich vor dich hin.
- Wie ging es weiter, wenn die Strafe vorbei war? War die Sache dann erledigt oder wurde sie dir nachgetragen, immer wieder vorgehalten?
- Wie geht es dir heute, wenn du Dinge tust, die verboten sind, von denen du annimmst, daß andere sie nicht billigen/gut finden? Traust du dich überhaupt, solche Dinge zu tun? Was befürchtest du, welche Phantasien verbindest du damit?
(Zeit: 30 Min.)

## Auswertung:

In Kleingruppen. Eventuell anschließend *Gruppengespräch:*
- Welchen Sinn haben Strafen überhaupt?
- Was haben sie bei mir damals bewirkt?
- Wie stehe ich zum Thema «Strafe» bei der Vorstellung, eigene Kinder zu haben bzw. wie handhabe ich es bei meinen eigenen Kindern?
- Was würde ich auf keinen Fall von meinen Eltern übernehmen, was schon?

## Material:

Papier und Stift, vorbereitete Wandzeitung oder vervielfältigter Fragenkatalog.

## «Du wirst schon sehen, was du davon hast!»

### Ziel:

Elternbotschaften (Normen/Ansprüche) sollen aktualisiert und ihre lebensgeschichtliche Bedeutung herausgefunden werden.

*Durchführung:*

Der/die Moderator/in kann folgenden Text als Anleitung verwenden:

«Setzt euch in einen Kreis zusammen. Schließt die Augen und überlegt euch, was eure Mutter oder euer Vater immer zu euch gesagt hat (wie zum Beispiel: «Du wirst schon sehen, was du davon hast!» «Kinder mit dem Willen kriegen was auf die Brillen!» «Übermut tut selten gut!») (2 Min.)

Öffnet die Augen. Steht auf. Bleibt im Kreis stehen. Nun fängt eine/r an, einen (Aus-)Spruch ihrer/seiner Eltern darzustellen, nicht nur mit Worten, sondern in der Körperhaltung, Gestik, Mimik, Stimmlage, Lautstärke so naturgetreu wie möglich. Dann setzt sich der/die Betreffende in die Mitte des Kreises.

Die anderen Gruppenmitglieder nehmen den Spruch auf und wiederholen ihn auf die/den Betreffende/n gerichtet mehrmals. (Max. 30 Sek.)

Der/die Teilnehmer/in im Kreis sollte versuchen, sich in die damalige Situation hineinzuversetzen. Er/sie tut jetzt etwas, was seiner/ihrer Stimmung entspricht (zum Beispiel sich die Ohren zuhalten, die anderen zum Schweigen bringen, sich wehren etc.).

Dann stellt das nächste Gruppenmitglied seine/ihre Elternbotschaft vor – usw.»

Es wird vorher vereinbart, daß der/die Teilnehmer/in in der Mitte in dem Augenblick «Stop, Stop» rufen kann, wenn es ihm/ihr zuviel wird. Die Gruppe schweigt augenblicklich.

*Weiterführung:*

Die Sprüche werden auf einer Wandzeitung gesammelt.

Wie ist ein Mensch, der sich nach all diesen Anforderungen richtet?

*Auswertung:*

Im anschließenden Gruppengespräch sind folgende Fragen hilfreich:
– Wie haben diese Botschaften damals auf mich gewirkt?
– Wirken sie heute noch nach?
– Wie gehe ich damit um?

*Material:*

Ein großer Bogen Papier und Filzstifte für die Wandzeitung (s. Weiterführung).

Wenn der/die Moderator/in alleine arbeitet, sollte er/sie an der Übung nicht teilnehmen.

Siehe auch Übung «Antreiber», S. 132.

---

Wer bin ich eigentlich?
Wie bin ich geworden?
Es ist schön, über sich nachzudenken,
　　　　　　sich selbst wichtig zu nehmen,
　　　　　　von anderen gehört zu werden!
Es ist schön, anderen zuzuhören,
　　　　　　andere kennenzulernen,
　　　　　　Parallelen zu ziehen!
Gemeinsam!
Ich kenne mich jetzt besser.
Ich kann mich annehmen.
Danke Mama, danke Papa!
Ich bin ich, auch wenn ich nicht alles kann.
Ich will mich weiter kennenlernen.
Ich brauche mich.
Ich mag mich.

---

## 2.3   Meine Beziehungen zu einzelnen Personen

### Geschwisterreihe

#### Ziel:

Die Stellung in der Geschwisterreihe überdenken im Hinblick auf «typische» Probleme und Erfahrungen. Der Bedeutung der Position für die eigene Entwicklung nachgehen. Kennenlernen.

#### Durchführung:

Die Gruppenmitglieder ordnen sich den vier Ecken eines Raumes zu nach folgenden Kriterien:

- älteste Geschwister
- mittlere Geschwister
- jüngste Geschwister
- Einzelkinder

Die auf diese Weise gebildeten Gruppen sprechen 15 Minuten über ihre Erfahrungen und Erlebnisse. Dabei sollen möglichst die «typischen» Erfahrungen herausgestellt werden, die sich mit der jeweiligen Stellung verbanden. Konkrete Beispiele aus dem Alltag helfen dabei zur Anschaulichkeit.

Anschließend kann die Übung fortgesetzt werden, indem die jeweiligen Gruppen (aus ihrer Ecke heraus) miteinander ins Gespräch kommen. Dies läuft meist über aggressive und vorwurfsvolle Äußerungen am besten: «Ihr habt uns immer …!» «Wir durften nie …!» «Wir hätten uns auch mal gewünscht …» etc.

(Gesamtzeit: 20 Min.)

### Auswertung:

Es schließt sich ein allgemeines Gespräch über die Bedeutung der Geschwisterreihenfolge für die Erziehung an. Schwerpunkt können zum Beispiel mögliche «Koalitionsbildungen» in der Familie sein.

### Material:

–

## Vaterbild / Mutterbild

### Ziel:

Sich die Beziehung zu einem Elternteil und das innere Bild von dieser Person durch gegenständliches Symbol vergegenwärtigen.

### Durchführung:

Die Teilnehmer/innen werden aufgefordert, durch den Raum oder nach draußen zu gehen, nicht miteinander zu sprechen und zwei Gegenstände zu suchen und mitzubringen, die ihren Vater (oder ihre Mutter) symbolisieren; einen für «früher» und einen für «heute».

(Zeit: bis zu 20 Min.)

Die Teilnehmer/innen stellen nacheinander ihre Gegenstände vor. Die übrigen sehen sich die Gegenstände an und sagen, was ihnen auffällt, welche Assoziationen und Gefühle in ihnen ausgelöst werden.

*Auswertung:*

Im Paargespräch.

– Wie habe ich meinen Vater/meine Mutter erlebt:
  in der frühen Kindheit, in der Schulzeit, während der Pubertät, im späteren Erwachsenenalter und heute?
– Was war an dieser Person besonders wichtig für mich? Was war schön? Was war schmerzhaft/enttäuschend?
– Welche Wünsche und Sehnsüchte hatte ich in bezug auf meinen Vater/meine Mutter?
– Hätte ich mir einen anderen Vater/eine andere Mutter gewünscht? Wie hätte er/sie aussehen, sein müssen? Gab es damals in der Nachbarschaft oder im sonstigen Umfeld eine Person, von der ich mir gewünscht habe, er/sie sei mein Vater/meine Mutter?
– Was liebe ich an meinem Vater/meiner Mutter und was hasse ich, lehne ich ab? Kann ich das gleiche an mir selbst und bei anderen tolerieren?

Mögliche Erweiterung:

– Bei Frauen: Was hat mein Vaterbild mit der Wahl meiner Partner zu tun?
– Bei Männern: Was hat mein Mutterbild mit der Wahl meiner Partnerinnen zu tun?

*Material:*

Räume oder Umgebung, die es ermöglichen, Gegenstände zu suchen.

---

*Eltern-Reaktionen*

*Ziel:*

Sich bewußt werden über die Einstellungen, Wertvorstellungen und Reaktionsmuster der Herkunftsfamilie.

*Durchführung:*

Jede/r Teilnehmer/in erhält einen Zettel mit den angegebenen Punkten (s. Material) und wird gebeten, die Fragen möglichst spontan schriftlich zu beantworten. Jede/r sollte von Frage zu Frage entscheiden, ob es einheitliche Reaktionen der Eltern gab oder ob jeder Elternteil unterschiedlich reagiert hätte. Letzteres muß getrennt notiert werden.
  (Zeit: 20 Min.)

*Auswertung:*

Gespräch in Kleingruppen.
- Fallen dir reale Szenen zu den Fragen ein?
- Welche «Familientraditionen» und Wertvorstellungen spielen eine Rolle?
- Wie dynamisch, wie starr sind die Reaktionsmuster?
- Nach welchen Personen/Freunden/Bekannten etc. haben sich die Reaktionen der Eltern ausgerichtet?
- Inwiefern sind Reaktionen schichtspezifisch?

*Material:*

Papier und Stift. Vervielfältigter Fragenkatalog mit folgendem Text:
Wie hätten/haben deine Eltern reagiert auf:
- ein krankes Kind, das in der Nacht schreit;
- ein Kind, das Geld gestohlen hat;
- ein Kind, das ein wertvolles Familienstück zerbricht;
- sie überraschen dich bei Doktorspielen;
- ein Kind, das ihnen ein selbstgemaltes Bild schenkt;
- den Wunsch eines Kindes nach einem Haustier;
- die sexuelle Belästigung eines Kindes durch Fremde;
- neue Nachbarn anderer Religion oder anderer Rasse;
- sie überraschen dich mit deinem Freund/deiner Freundin;
- eine heftige Wahlkampagne;
- einen Autounfall mit Sachschaden;
- die Heirat/den Auszug des letzten Kindes, das noch zu Hause ist.
  (Weitere Fragen können hinzugefügt werden.)

*Hinweis:*

Die Anregung entnahmen wir M. James, O. Jongeward: Spontan leben, Reinbek 1983, S. 151.

## «Darf ich Ihnen meine Tochter/meinen Sohn vorstellen?»

*Ziel:*

Intensiver Einstieg in den Themenbereich: Welche Vorstellungen haben/hatten meine Eltern von mir? Kennenlernen.

*Durchführung:*

Die Gruppe sitzt im Kreis auf Stühlen. Der/die Moderator/in erläutert die Übung. Eine/r beginnt, stellt sich hinter den eigenen Stuhl und spricht über sich selbst, als wenn er/sie die eigene Mutter oder der eigene Vater wäre und er/sie selbst noch auf dem Stuhl säße. Er/sie benutzt dazu folgende Satzanfänge: «Meine Tochter ist …», «Ich habe meinem Sohn …» usw. Der/die Akteur/in achtet darauf, wie es ihm/ihr dabei geht. Wer mag, kann nach einiger Zeit nochmals aus der Sicht des anderen Elternteils sprechen.

Die Gruppe hört zu, achtet auf Mimik, Gestik, Tonfall des/der Akteurs/in und darauf, was das Erzählte in ihnen auslöst.

– Welches Bild wird von dem Sohn/der Tochter entworfen?
– Was wird betont, was wird weggelassen?
– *Wie* wird über ihn/sie gesprochen? Welches Gefühl drückt sich darin aus: Liebe, Stolz, Verständnis, Ehrgeiz …!?
Die Gruppe spricht über ihre Wahrnehmungen.
(Zeit: pro Person 15 Min.)

*Auswertung:*

Siehe oben.

*Material:*

Stühle.

# Meine Oma, mein Opa, Tante Luise und Onkel Hans

*Ziel:*

Der Bedeutung, die andere Bezugspersonen (Verwandte oder Freunde) in der Kindheit und für die eigene Entwicklung hatten, nachspüren.

*Durchführung:*

Die Teilnehmer/innen erhalten fünf Zettel im DIN-A4-Format.

Sie werden gebeten, sich in ihre Kindheit zurückzuversetzen und aus dem Kreis der sie enger umgebenden erwachsenen Personen (die Eltern ausgeschlossen!) – wie zum Beispiel Großeltern, Tanten, Onkel, andere Verwandte, Nachbarn, Eltern von Spielfreunden usw. – fünf auszuwählen, die in irgendeiner Weise sehr wichtig (positiv oder negativ) waren. Auf jedem Zettel wird oben einer der Namen notiert.

Der/die Moderator/in bittet nun die Teilnehmer/innen, folgendes zu tun:

- Versetz dich in deine Kindheit und erinnere dich an die Person. Notiere Eigenschaften oder Dinge, die dir besonders wichtig waren an diesem Menschen.
- Denk heute an die Person und charakterisiere sie mit einigen Worten. Tu dies mit allen fünf Leuten (20 Min.)
Lege nun die Zettel nebeneinander. Denke für jede Person über folgende Fragen (abgezogen verteilen) nach, mach dir Notizen:
- Was war anders als bei meiner Mutter oder bei meinem Vater?
- Was habe ich gemocht und was nicht gemocht?
- Was habe ich im Zusammensein mit ihnen gelernt, erfahren, gesehen? Was war neu, eine Erweiterung meines bisherigen Lebensraumes? (Zeitgeschichte, «Erzählen von früher», die Art zu leben etc.).
- Wie war die Beziehung zwischen den einzelnen Personen und meinen Eltern? (Zeit: 20 Min.)
   Leg die Zettel beiseite und denke darüber nach, woran es gelegen hat, daß andere Personen *nicht* wichtig waren: zum Beispiel die andere Großmutter oder der Großvater oder der Onkel usw. (Zeit: 5 Min.)

*Auswertung:*

In Kleingruppen. Anschließend eventuell Gruppengespräch zu der allgemeinen Frage, welche Bedeutung andere außenstehende Personen hatten – und was gewesen wäre, wenn sie *nicht* dagewesen wären.

*Material:*

Papier und Stift. Vervielfältigte Fragen.

## Meine Schwester, mein Bruder

*Ziel:*

Der Beziehung zu den eigenen Geschwistern und der eigenen Rolle in der Familie nachgehen. Kennenlernen in einer Gruppe.

*Durchführung:*

Jede/r Teilnehmer/in bringt Fotos mit, auf denen er/sie gemeinsam mit Geschwistern und/oder Eltern abgebildet ist – am besten aus verschiedenen Altersstufen. (Wenn keine Fotos zur Verfügung stehen, malen die Teilnehmer/innen ein Bild, das sie selbst, ihre Geschwister und eventuell auch die Eltern darstellt.)

115

Die Gruppe teilt sich in Vierergruppen. Eine Person beginnt. Die Fotos werden kommentarlos in die Mitte gelegt. Die anderen Teilnehmer/innen lassen die Bilder auf sich wirken und sprechen über das, was sie wahrnehmen und fühlen. Sie sollen entscheiden, welche Person auf den Fotos der/die Teilnehmer/in ist und ihre Wahl begründen.

— Welchen Eindruck habe ich von den Personen — vor allem von den Kindern auf den Bildern? Welche Eigenschaften vermute ich?
— Wie ist die Beziehung der Kinder untereinander und zu den Eltern?
— Welche Stimmung vermittelt mir das Bild?

Der/die betreffende Teilnehmer/in äußert sich zunächst nicht, sondern hört schweigend zu. Anschließend kann er/sie erzählen, die anderen können nachfragen etc.

Leitfragen für das Gespräch:

— Charakterisiere jedes deiner Geschwister und dich selbst mit fünf Eigenschaftsworten und betrachte sie.
— Welche Eigenschaften wurden in der Familie positiv bewertet, welche negativ?
— Welche Rolle hatte ich in der Familie: die Stille, der Clown, der Rüpel, die Kluge …?
— Wie wäre es gewesen, wenn ich so gewesen wäre wie mein Bruder, meine Schwester?
— Was mag ich an ihm/an ihr, was nicht? Was mag er/sie an mir und was nicht?
— War die Geschlechtszugehörigkeit in der Beziehung zu Bruder oder Schwester wichtig? Und für die Beziehung der Eltern zu uns?

*Auswertung:*

Siehe oben.

*Material:*

Fotos, auf denen die Teilnehmer/innen gemeinsam mit Geschwistern und/oder Eltern abgebildet sind, möglichst aus verschiedenen Altersstufen. *Oder:* Tapetenrolle und Wachsmalkreiden. Vorbereiteter Fragenkatalog.

Die Kindheit der Kinder gehörte den Erwachsenen. Erwachsene Hände drückten die Kinder zurecht, unabweisbare Hände, Tast- und Tätschelpfoten fremder Leute, Kleideranzieh- und Kleiderausziehhände, Ohrfeigenhände und streichelnde Fingerspit-

zen ... Es gab die harten und feuchten, mühsam gepflegten
Hände des Dienstmädchens und die zu allem berechtigten
Hände der Eltern ... Aus den Händen der Erwachsenen kam das
Bonbon, das Taschengeld und die schlecht gemeinte Dressur.
Kindheit – Widerwillen gegen erwachsene Hände, Protest gegen
jede Hand, die nicht kinderleicht war, gegen alles, was Hand war
und sich nicht abschütteln ließ.
Chr. Meckel: Suchbild. Über meinen Vater, Frankfurt/Main
1983, S. 37 f.

## Eltern auf dem Bildschirm

### Ziel:

Wiedererinnern von Situationen aus der Kindheit, sich mit dem eigenen
Tun oder Lassen beschäftigen.

### Durchführung:

Die Teilnehmer/innen setzen oder legen sich bequem hin und entspannen sich (s. S. 87).
   Der/die Moderator/in kann folgenden Text verwenden:

«Konzentriere dich ganz auf dich. Stell dir vor, du bist in einem Raum, in
dem sich ein leerer Bildschirm befindet.
   Allmählich erhellt er sich, das Bild wird klarer. Du siehst deine Mutter.
Sieh sie dir genau an und achte darauf, wie du dich fühlst. (30 Sek.)
   Laß eine Szene in dir aufsteigen und frage dich: ‹Was habe ich gesagt,
getan ... *nicht* getan/nicht tun wollen? Was hätte ich gerne gesagt oder
getan?› Du hast jetzt einige Minuten Zeit. (3 Min.)
   Verabschiede dich nun von deiner Mutter. Der Bildschirm wird wieder
dunkler, das Bild deiner Mutter verschwindet langsam ...
   Jetzt wird er wieder heller und klarer: Du siehst deinen Vater vor dir.
Mach es genau wie eben: sieh ihn an, fühle in dich hinein. (30 Sek.)
   Laß eine Situation in dir entstehen und frage dich, was *du* gesagt,
getan, nicht getan, gerne getan hättest. Du hast wieder einige Minuten
Zeit. (3 Min.)
   So, verabschiede dich nun von deinem Vater. Der Bildschirm wird all-
mählich dunkel ...
   Komm jetzt langsam in den Raum zurück, bleib noch einen Moment
bei dir; wenn du magst, öffne die Augen, räkle dich und sei wieder hier.»

Die Teilnehmer/innen erhalten den vervielfältigten Fragenkatalog und denken eine Weile darüber nach. (5 Min.)

— Gibt es Dinge, die ich immer wieder getan oder nicht getan habe? Wie ist es heute?
— Was wäre geschehen, wenn ich das getan hätte, was ich mich damals nicht traute?
— Woran lag es eigentlich, daß ich solche Angst hatte? War sie realistisch? Kann ich diese Dinge heute tun und wenn nicht, ist es immer noch die gleiche Angst, die mich abhält?

*Variante:*

Zusätzlich eine weitere Person freier Wahl betrachten (Oma, Tante, Bruder, Cousin etc.)

### Auswertung:

In Dreier- oder Vierergruppen. Eine/r beginnt zu erzählen, was er/sie erlebt hat. Die anderen hören zu und achten auf ihre Gefühle. Der Schwerpunkt des Gespräches liegt auf dem *eigenen* Tun oder Lassen.

### Material:

Vervielfältigte Fragen.

### Hinweis:

Anregung aus: M. James, O. Jongeward: Spontan leben, Reinbek 1983, S. 154

## Die erste Person meines Lebens

### Ziel:

Zurückkehren zu einem frühen Bild von einer Person und dem Kontakt zu ihr; nach-fühlen, was sie bedeutete.

### Durchführung:

Die Teilnehmer/innen legen sich bequem hin (lange Entspannung s. S. 87).

«Ich bitte dich jetzt, an deinen Erinnerungen entlang in deine Kindheit zurückzukehren. Werde langsam immer kleiner und kleiner. Spüre es in deinem Körper. (30 Sek.)

Laß Personen aus deinem Gedächtnis auftauchen, sieh sie an und geh weiter ... Du wirst kleiner und kleiner. Versuch so klein zu werden wie du kannst. (1 Min.)

Laß ein Bild von einer Person entstehen. Wenn du es hast, halte es fest ...Sieh dich um, wo bist du? Sieh die Person an. Was tut sie, was tust du? Laß die Situation noch mal stattfinden, achte dabei auf deine Gefühle und deinen Körper. (1 Min.)

Sieh dir die Person nochmals genau an, versuch zu spüren, was dieser Mensch damals für dich bedeutet hat ...

Werde jetzt langsam wieder größer, laß dir Zeit, bis du wieder so groß bist wie heute. (30 Sek.)

Komm langsam in den Raum zurück. Öffne die Augen, räkle dich und sei wieder hier.

(Zeit: 15 Min.)

Ich bitte dich jetzt, zunächst mit niemandem zu sprechen. Nimm dir Papier und Stifte, setz dich in eine Ecke und male ein Bild von der Person, die du gesehen hast. Versuch das Kind in dir malen zu lassen, es ausdrücken zu lassen, was es gefühlt hat. Denk so wenig wie möglich, laß deine Hände malen, was kommt.»

(Zeit: 20 Min.)

## Auswertung:

Nacheinander hängt jede/r ihr/sein Bild für alle sichtbar auf. Die Gruppe läßt das Bild auf sich wirken.

— Welches Gefühl kommt mir aus dem Bild entgegen?

— Was fühle *ich*, wenn ich es sehe?

— Ist etwas widersprüchlich oder nicht stimmig?

Die Teilnehmer/innen äußern ihre Gefühle und Vermutungen. Anschließend erzählt der/die Maler/in, welche Situation er/sie gemalt hat, wer diese Person war/ist, welche Bedeutung sie damals hatte, wie sie sich über die Jahre verändert hat.

Was habe ich von diesem Menschen bekommen, gelernt, hat er mich gefördert oder behindert; wie geht es mir, wenn ich heute an ihn denke?

## Variante:

Fortsetzung in einer Phantasie-Übung: Dialog mit der Person (vgl. Übung S. 121).

## Material:

Möglichst ein Raum, in dem alle bequem liegen können, Wolldecken, Papier (mind. DIN-A3), Wachsmalkreiden oder Filzstifte.

# Trennung und Abschied

## Ziel:

Die Bedeutung von Trennung und Abschied von nahestehenden Personen nacherleben. Sich über die Beziehung zu diesen Personen und deren Einfluß auf die eigene Lebensgeschichte klarwerden.

## Durchführung:

Der/die Moderator/in kann folgende Anleitung verwenden:

«In unserem Leben gibt es eine Reihe von Trennungen und Abschieden von uns sehr nahestehenden Personen (zum Beispiel durch Tod oder durch Trennung aus einer Partnerbeziehung). Wir wollen unsere Gefühle, die wir mit der Trennung/dem Abschied verbinden, und unsere Beziehung zu der Person, von der wir uns verabschieden, klären.

(Hier folgt jetzt eine kurze Körperentspannung, vgl. S. 88.)

Nimm dir Zeit und geh in deiner Lebensgeschichte zurück ... Erinnere dich an einen Abschied/eine Trennung von einem Menschen, der dir wichtig war ... Geh noch einmal in die Situation hinein. (20 Sek.)

Geh nun in die Zeit vor der Trennung zurück ... Was geschah? ... Wie fühlst du dich? (2 Min.)

Nun laß das Bild der Person noch deutlicher vor dir entstehen. Sieh sie dir genau an ... Öffne dich für deine Gefühle zu der Person, nimm sie wahr ... Sag ihr, was du an ihr magst, was gut war an eurer Beziehung, was sie dir gegeben hat ... Spüre die Anteile in dir, die wollen, daß die Person dableibt. Was sagen sie? Laß diese Anteile sprechen. (1 Min.)

Nimm auch die anderen Gefühle wahr – wie zum Beispiel Wut, Enttäuschung, Ärger. Gib ihnen Worte. Was war schlecht an eurer Beziehung, was hat sie dir nicht gegeben? (1 Min.)

Laß dich jetzt auf den Gedanken ein, daß ihr euch trennen werdet. Wie fühlst du dich, wenn du daran denkst, daß die Person nicht mehr da sein wird? (30 Sek.)

Verabschiede dich von diesem Menschen – so lange, bis du entschlossen bist, ihn innerlich loszulassen. Sprich noch einmal ganz bewußt den Satz aus: ‹Ich lasse dich jetzt los.› (1 Min.)

Komm nun allmählich zurück in den Raum, nimm die Geräusche des Raumes wahr, blinzele, öffne die Augen, räkele und strecke dich und sei wieder hier ... Bleib noch einen Augenblick bei dem, was du erlebt hast.»

(Zeit: 15 Min.)

## Auswertung:

Austausch in Kleingruppen.

*1. Runde:* Ein/e Teilnehmer/in erzählt, was er/sie erlebt hat. Die anderen hören zu, nehmen ihre Gefühle und Gedanken wahr und fragen sich:
— Was fällt mir an dir auf, während du deine Geschichte erzählst?
— Was fällt mir an deiner Geschichte auf?
— Welche Gefühle löst sie in mir aus?

*2. Runde:* Die Teilnehmer/innen erhalten einen vervielfältigten Fragenkatalog, über den sie eine Weile nachdenken und sich anschließend in der Kleingruppe austauschen:
— Welche Bedeutung hat Trennung in meiner Geschichte?
— Wenn ich alle erlebten Trennungen in meinem Leben noch mal betrachte, gibt es Dinge, die immer wieder passiert sind?
— Habe ich Angst vor Trennungen, davor, verlassen zu werden?
— Wie geht es mir mit zeitweiligen Trennungen, zum Beispiel vom/von der Partner/in?
— Kann ich mich von anderen trennen?
— Wie ist es/war es mit meinen Eltern? (zum Beispiel Scheidung, Tod usw.)?
— Wie geht es mir, wenn ich daran denke, daß sie irgendwann sterben werden?
— Wie war es, als ich von zu Hause ausgezogen bin?
— Bin ich heute von ihnen getrennt?

### Material:

Vervielfältigter Fragenkatalog.

### Hinweise:

Zur Weiterführung vgl. Übung «Abschied», S. 166.

Vor der Arbeit in Kleingruppen sollte der/die Moderator/in auf Teilnehmer/innen achten, die besonders belastet sind, und evtl. die Möglichkeit zur Einzelarbeit anbieten.

## Dialog mit den Eltern

### Ziel:

Die Beziehungen zu den Eltern in einer Phantasie nacherleben, klären und besser verstehen.

*Durchführung:*

Die Teilnehmer/innen werden gebeten, sich zu einer Phantasie bequem und entspannt auf ihren Platz zu setzen und sich eine Weile auf sich selbst zu konzentrieren. (Vgl. kurze Entspannung S. 88)

Der/die Moderator/in kann folgenden Text verwenden:

«Bitte, stell dir vor, du sitzt einem Elternteil gegenüber: Wer ist es? Wo sitzt ihr, wie ist euer Gesichtsausdruck, die Körperhaltung, was empfindet ihr beide? (2 Min.)

Nun teile deinem Elternteil etwas mit, das sich *bei dir aufgestaut hat*, was du lieber nicht auszusprechen wagtest. Sag es jetzt offen und direkt! Was empfindest du dabei? Wie klingt deine Stimme? (1 Min.)

Wie reagiert dein Elternteil? Was antwortet er? Was empfindest du? (30 Sek.)

Schlüpfe jetzt in die Rolle des Elternteils, fühle dich in dessen Lage und Stimmung ein. Was sagst du als Elternteil? Was empfindest du? (30 Sek.)

Geh wieder zurück zu dir. Was sprichst du, was fühlst du? (30 Sek.)

Pendele jetzt eine Weile hin und her. (2 Min.)

Ich bitte dich nun, gegenüber dem Elternteil etwas zu *fordern, zu verlangen*, was du schon länger fordern wolltest. Wie geht es dir dabei, achte auf dich. (30 Sek.)

Werde nun wieder dein Elternteil. Wie fühlst du dich, wie reagierst du als Elternteil? Pendele nun wieder eine Weile zwischen dir und dem Elternteil hin und her und führe einen Dialog. (2 Min.)

Nun sage bitte deinem Elternteil, was du an ihm *besonders schätzt*. Achte dabei auf dich. (30 Sek.)

Pendele wieder wie vorher und führe einen Dialog. Achte darauf, wie es dir in den beiden Personen geht. (2 Min.)

Bitte, verabschiede dich nun von deinem Elternteil. Tu dies spontan und ohne lange Überlegung. (30 Sek.)

Komm nun wieder in diesen Raum zurück, öffne die Augen und bleibe noch einige Augenblicke bei dem, was du erlebt hast.»

(Zeit: ca. 15 Min.)

*Auswertung*

Der Austausch erfolgt zunächst mit einem/r Partner/in oder in einer Dreiergruppe, anschließend werden die Erfahrungen und Probleme in der Gesamtgruppe besprochen.

— Wie wurde die Identifikation mit den Eltern erlebt?
— Gelang ein wirklicher Dialog oder blieb es beim Streit?
— Welche Gefühle hatten der/die Teilnehmer/in nach dieser Phantasie gegenüber dem Elternteil?

122

*Material:*

–

*Hinweise:*

Nach dieser Übung sollte die Möglichkeit zur Einzelarbeit gegeben sein.

Die Anregung zu dieser Übung findet sich bei: J. Stevens: Die Kunst der Wahrnehmung, München 1975, S. 79.

## Slow motion to parents

*Ziel:*

Sich die Beziehung zu einem Elternteil durch eine imaginierte Begegnung intensiv vergegenwärtigen.

*Durchführung:*

Die Gruppe wird angeleitet zu einer kurzen Entspannung, zur Ruhe und Konzentration (vgl. S. 88). Jede/r entscheidet sich dann für einen Elternteil. Dann fordert der/die Moderator/in dazu auf, daß diejenigen, die einem Elternteil begegnen wollen, *nacheinander* langsam durch die Diagonale des Raumes gehen. Auf der anderen Seite steht der Vater oder die Mutter. Die Teilnehmer/innen stellen sich die Person möglichst intensiv vor, zunächst wie er/sie aussieht, was er/sie tut etc. Bei jedem Schritt beobachtet sich der/die Teilnehmer/in, wie es ihm/ihr dabei ergeht, welche Gefühle ausgelöst werden, welche Bilder/Erinnerungen auftauchen, welche Nähe bzw. Distanz er/sie herstellen oder einhalten möchte. Auch die Reaktion des Elternteils, ob er/sie zum Beispiel stehenbleibt oder sich verändert, weggeht, wegsieht, soll intensiv in die Phantasie einbezogen werden.

Der/die Teilnehmer/in geht, soweit er/sie es gefühlsmäßig möchte, auf die Person zu und tut dann etwas mit dem Elternteil, entweder in der Phantasie oder agierend. Ganz wichtig ist es, sehr sensibel bei den eigenen Gefühlen zu bleiben.

(Zeit: pro Person ca. 5 Min.)

*Variante:* Die Übung kann auch in Paaren durchgeführt werden, wobei jeweils ein/e Partner/in im Wechsel die Rolle des Elternteils übernimmt, während der/die andere sich darauf zubewegt.

*Auswertung:*

Gruppengespräch (oder Paargespräch, s. Variante).
– Wie hat die Gruppe die/den Gehende/n wahrgenommen?
– Wie bewegte sie/er sich? Nehmt die Haltung ein, wie fühlt ihr euch?
– Wie war die Mimik, was drückte ihr/sein Gesicht aus?
– Welche Bilder, Situationen und Erinnerungen fielen ihr/ihm ein?

*Material:*

Ein genügend großer Raum.

*Hinweise:*

Bei größeren Gruppen sollte eine Unterteilung in zwei Untergruppen erfolgen, die in verschiedene Räume gehen.

Diese Übung kann sehr intensiv sein und versteckte, tiefe Gefühle aktualisieren. Es ist darum wichtig, daß jede/r im anschließenden Gruppengespräch genügend Zeit hat, ihre/seine Erlebnisse zu verbalisieren. Die Übung ist für «Anfänger/innengruppen» nicht geeignet.

# 2.4 Normen, Werte, «Aufträge»

## «Regieanweisungen» in meinem Leben

*Ziel:*

An Hand der Familientradition und den aus ihr entstandenen «Botschaften» in der Herkunftsfamilie die eigene Grundeinstellung zu sich und zum Leben besser verstehen.

*Durchführung:*

Die Teilnehmer/innen legen Stift und Papier bereit.

1. Im ersten Schritt werden die Teilnehmer/innen gebeten, sich, soweit sie es wissen, mit ihren *Familienvorfahren* zu beschäftigen (vor allem Großeltern und Urgroßeltern). Wer möchte, kann einen «Stammbaum» aufzeichnen.

Fragestellung (am besten als Wandzeitung vorbereitet):
– Wie lebten deine Familienvorfahren?
– Welche Ausbildung, welche Berufe hatten sie?
– Wie wohnten sie?

- Welche besonderen Familientraditionen, -ideologien, -einstellungen gab es? Was war besonders wichtig?
- Was prägte deine Eltern davon – erinnere dich an Dinge, die sie oft sagten.

  Die Teilnehmer/innen haben 10 Min. Zeit, sich dazu Notizen zu machen.

2. Im zweiten Schritt geht es jetzt um die *eigene Herkunftsfamilie*. Die Teilnehmer/innen werden gebeten, folgender Frage nachzuspüren – wer möchte, kann dazu die Augen schließen:

- Welche «Botschaften» (also: Regieanweisungen, Leitmotive, Programmierungen, Mottos, Einflüsterungen, Gebote) bestimmen mein Verhalten und mein Leben?

  Jede/r notiert maximal fünf. (5 Min.)

Die Teilnehmer/innen werden aufgefordert, jetzt jede dieser Anweisungen einzeln zu betrachten, sie nochmals intensiv zu lesen und sich zu fragen, wo und wann sie sie empfangen haben. Gibt es eine bestimmte «Schlüsselszene» oder fallen mir andere Situationen dazu ein? Von wem stammt diese «Anweisung»: Mutter, Vater, Geschwister, Onkel, Tanten, Großeltern, Lehrer/in …?

Die Teilnehmer/innen haben 10 Min. Zeit, sich dazu Notizen zu machen.

3. Im dritten Schritt geht es um die *eigene Grundeinstellung* zu sich selbst und zum Leben. Der/die Moderator/in hängt eine Wandzeitung auf mit folgendem Text:

| | |
|---|---|
| Ich bin in Ordnung | – Du bist in Ordnung |
| Ich bin o. k. | – Du bist nicht o. k. |
| Ich bin nicht o. k. | – Du bist o. k. |
| Ich bin nicht o. k. | – Du bist nicht o. k. |

Die Teilnehmer/innen werden aufgefordert, jedes der Satzpaare langsam zu lesen, in sich hineinzuspüren und sich für dasjenige zu entscheiden, das seine/ihre Grundeinstellung zum Leben am ehesten wiedergibt. (5 Min.)

Anschließend haben die Teilnehmer/innen 10 Min. Zeit, die Notizen aus allen drei Schritten nochmals in Ruhe zu betrachten und zu vergleichen.

- Gibt es Zusammenhänge oder Dinge, die immer wieder auftauchen?
- Hängt meine Grundeinstellung mit der Geschichte meiner Familie zusammen?

(Gesamtzeit: ca. 40 Min.)

Austausch in Kleingruppen zu drei Teilnehmer/innen.

*Material:*

Papier und Stift, vorbereitete Wandzeitungen, Klebeband o. ä.

*Hinweis:*

Diese Übung wurde aus verschiedenen Techniken der Transaktionsanalyse zusammengestellt.

## «Eltern-Geplauder»

*Ziel:*

Meinen Phantasien über die Einstellung der eigenen Eltern zu mir als
Kind und zu mir heute auf die Spur kommen. Abklären, wieweit mich
heute (noch) ihre – in mich hineingenommenen – Erwartungen und
Vorstellungen leiten.

*Durchführung:*

Die Gruppe teilt sich in Paare oder in Dreier-Gruppen. Jede/r stellt sich
vor, eins seiner/ihrer eigenen Elternteile zu sein, und teilt mit, für wen
er/sie sich entschieden hat. Jede/r soll sich jetzt ganz in die gewählte
Rolle hineinversetzen und sich mit dem/der anderen über sich als Kind
unterhalten. Vielleicht hilft es, sich vorzustellen, die Mutter von A
würde den Vater von B auf einer Party treffen und sie würden sich von
ihren Kindern erzählen.
– Was hat es aus seinem Leben gemacht?
– Hat es die Anforderungen der Eltern erfüllt?
– Was hält er/sie von der Lebensführung, den Eigenschaften usf. des
  Kindes?
– Wie schneidet dieses Kind im Vergleich zu seinen Geschwistern ab?
– Was war es für ein Kind, als es klein war? usf.
  (Zeit: 10 Min.)

*Auswertung:*

Partnergespräch.
– Wie ist es mir selbst gegangen in der eingenommenen Rolle?
– Was ist mir an meinem Elternteil aufgefallen?

- Was an dem des/der anderen?
- Inwieweit bin ich in meiner Lebensführung und meinen Zielen von den Erwartungen meiner Eltern beeinflußt?
- Stimmen meine Vermutungen darüber, was sie von mir erwarten, mit der Realität überein?

Die Übung wird wiederholt, indem jede/r jetzt die Rolle des anderen eigenen Elternteils einnimmt.

*Material:*

–

## Geld ausgeben

### Ziel:

Die in der Herkunftsfamilie vermittelte Einstellung zum Geld und die eigene Einstellung heute sollen in Beziehung gesetzt und reflektiert werden.

### Durchführung:

Jede/r Teilnehmer/in erhält einen der vorbereiteten Zettel (s. u.) und wird gebeten, ihn ohne langes Überlegen auszufüllen.
(Zeit: 20 Min.)

Anschließend gibt jede/r einen kurzen (!) Überblick über seine/ihre Tabelle, wobei nur Trends und Auffälligkeiten genannt werden.

### Auswertung:

Die Auswertung erfolgt in Vierer-Gruppen auf Grund eines Zettels mit folgenden Fragen:
- Was fällt mir auf an dem, was ich geschrieben habe?
- Inwiefern bin ich von den Vorstellungen meiner Eltern bestimmt?
- Wie wurde bei uns mit Geld umgegangen? Bekam ich Taschengeld?
- Hängt die Art und Weise des Umgangs mit Geld vom Lebensalter, von der Zeit, von der Schicht ab?
- Wie geht es mir heute mit Geld? Bin ich eher großzügig oder halte ich mein Geld zusammen? Weiß ich immer, wieviel Geld ich habe? Spare ich?
- Gibt es in meiner Familie etwas zu erben? Wie wird damit umgegangen?

127

– Wie würden meine Eltern darauf reagieren, wenn ich sie «anpumpen» wollte?

## Material:

Für jede/n Teilnehmer/in einen Zettel wie abgebildet mit ausreichend Platz zum Schreiben. Vervielfältigter Fragenkatalog.

| Stell dir vor, du gewinnst folgenden Betrag: | 100 DM | 1000 DM | 10 000 DM | 1 Mio. DM |
|---|---|---|---|---|
| *Ich* würde damit folgendes machen/ mir dafür kaufen: | | | | |
| *Meine Eltern* würden wollen, daß ich das Geld so verwende: | | | | |
| *Meine Eltern* würden das Geld so verwenden (wir setzen voraus, sie leben noch): | | | | |
| *Meine Eltern* hätten früher das Geld so verwendet: | | | | |

## Poesiealbum

### Ziel:

Die durch das soziale Umfeld (Eltern, Verwandte, Lehrer/innen, Freundinnen, Freunde, Mitschüler/innen usw.) vermittelten Normen und Werte sollen reflektiert werden.

### Durchführung:

Je nach Größe teilt sich die Gruppe in Kleingruppen zu 4 bis 5 Personen. Die Teilnehmer/innen, die ein Poesiealbum mitgebracht haben,

lesen die Sprüche vor, die andere dort eingetragen haben. Das sich anschließende Gespräch kann sich an einer oder mehrerer der folgenden Fragen orientieren:
— Was sagt die Wahl des Spruches über den/die Schreiber/in, das Verhältnis zum Empfänger oder der Empfängerin, über Gedanken oder moralische Vorstellungen aus?
— Welche Werte und Ansichten werden mit den Sprüchen vermittelt?
— Was bedeuten sie im Zusammenhang mit Geschlechtsrollen?
— Was hat es für den/die Teilnehmer/innen damals bedeutet, dieses Album zu besitzen, andere aufzufordern, etwas einzutragen usf., was bedeutet es heute, dieses Album zu besitzen?
— Wie war es, selbst bei anderen einzuschreiben? Welche Sprüche wurden gewählt?
(Zeit: bei 4 bis 5 Personen 30 Min.)

*Auswertung:*

Siehe oben.

*Material:*

Soweit vorhanden Poesiealben. Es ist nicht nötig, daß jede/r Teilnehmer/in eines mitbringt.

*Hinweis:*

Diese Übung ist eine reizvolle Ergänzung zu «Fotos aus der eigenen Geschichte» (s. S. 313).

## «Als gutes Kind muß ich ...»

*Ziel:*

Sich die nicht hinterfragte Hereinnahme fremder Anforderungen/Normen vergegenwärtigen.

*Durchführung:*

Jeweils ein/e Teilnehmer/in setzt sich auf einen Stuhl, dem ein leerer Stuhl gegenübersteht; die Gruppe sieht zu und arbeitet in Gedanken mit. Der/die Moderator/in kann folgende Anleitung verwenden:

«Stell dir vor, daß deine Person aus zwei Teilen besteht: ein Teil, der dir immer sagt, was du tun sollst (solltest) und ein Teil, der sich zu diesen Anforderungen verhält: sie annimmt, ablehnt, verändert usw.

Jetzt sprichst du als Anforderungsteil. Versetz dich in deine Kindheit zurück. Erinnere dich/horche in dich hinein, welche Anforderungen an dich gestellt wurden. Vervollständige laut den Satz: ‹Um ein gutes Kind zu sein, muß ich ...› Spüre, wie du dich fühlst, wenn du das sagst.

Nun tausche den Platz. Laß dir Zeit, genau zu spüren, welche Impulse und Gedanken kommen. Nimm wahr, wie es dir geht, wenn du das hörst. Achte auch auf deinen Körper. Sprich aus, was in dir vorgeht. Wie fühlst du dich, wenn du versuchst, diesen Erwartungen zu entsprechen? Wie fühlst du dich, wenn du dich abgrenzt, wie, wenn du dich weigerst, dich auflehnst?

Du kannst jetzt eine andere Anforderung aussuchen und den Vorgang wiederholen.»

Diese Übung kann zu verschiedenen Themen durchgespielt werden:
— «Um eine gute Tochter/ein guter Sohn zu sein, muß ich ...»
— «Um eine gute Schülerin/ein guter Schüler zu sein, muß ich ...»
— «Um eine gute Frau/ein guter Mann zu sein, muß ich ...» usw.
   (Zeit: pro Person ca. 10 Min.)

*Auswertung:*

Gruppengespräch, in dem die anderen Teilnehmer/innen sich dazu äußern, was ihnen aufgefallen ist an Mimik, Gestik, Körperhaltung etc. in beiden Rollen. Der/die Akteur/in erzählt, wie es ihm/ihr ergangen ist und welche Szenen/Bilder aufgetaucht sind und in welchen Situationen es ihm/ihr heute ähnlich geht.

*Material:*

Zwei Stühle.

*Hinweis:*

Anregungen zu dieser Übung finden sich in: A. Kent-Rush: Getting Clear, München [2]1977, S. 186 ff.

## Spruch an der Wand

### Ziel:

Das entscheidende Lebensmotto der Herkunftsfamilie herausfinden und nachspüren, was diese «Botschaft» heute bedeutet.

### Durchführung:

Die Teilnehmer/innen werden gebeten, sich in ihrer Phantasie die (bzw. einige der) elterliche/n Wohnung/en vorzustellen. Wenn in dieser Wohnung ein Spruch gehangen hätte, der das entscheidende Lebensmotto dieser Familie (gleichsam die höchste Leitlinie, nach der sich alles andere ausrichtete) darstellte, wie hätte er gelautet?

(5 Min. Zeit geben, jede/r formuliert den Spruch schriftlich.)

Die Teilnehmer/innen machen sich zu folgenden Fragen Notizen:

- Welche Bedeutung hat diese «Botschaft» für mich als Kind, Jugendliche/r gehabt, welche hat sie heute?
- Welche Beziehung habe ich heute zu dem Motto? Lehne ich mich auf? Befolge ich es, auch insgeheim/unbewußt, heute noch? In Teilen?
- Was würde passieren, wenn ich den Spruch über Bord werfen würde?
- Wie würde das Gegenteil dieses Spruches lauten?
  (5 Min.)

### Auswertung:

Die Gruppe teilt sich in Untergruppen zu vier Personen. Jede/r gibt seinen/ihren Spruch an den/die rechte/n Nachbarn/in weiter. Diese/r äußert sich jeweils zu dem Spruch.

- Was löst er in mir aus?
- Wie hätte ich reagiert?
- Anschließend äußert sich der/die Autor/in dazu.

### Material:

Papier und Schreibzeug.

## Antreiber

### Ziel:

Normen und «Botschaften», die in das «Ich-Ideal» – in unser Bild davon, wie wir sein wollen/sollen – eingeflossen sind und unser Handeln bestimmen, erkennen und ihre Wirksamkeit heute einschätzen.

### Durchführung:

Die Teilnehmer/innen legen Zettel und Stift bereit. Sie setzen sich bequem hin, schließen die Augen, atmen ruhig und versuchen sich zu entspannen (bei Anfänger/innengruppen eventuell kurze Entspannung, s. S. 88). Der/ die Moderator/in kann folgenden Text verwenden:

«Stell dir vor, du bist wieder Kind. . . . Sieh dich um, wo befindest du dich? Wie ist die Atmosphäre?

Geh jetzt dort weg und denk an eine andere Situation aus deiner Kindheit, laß auf diese Weise mehrere Situationen in dir hochkommen, sieh sie dir an und spüre, wie du dich fühlst. (2 Min.)

Komm jetzt in den Raum zurück, nimm dir dein Schreibzeug und notiere, soviel wie dir einfällt, einfach untereinander, an Fortsetzungen des Satzes: ‹Du bist in Ordnung, wenn du . . .›

Notiere ohne lange zu überlegen, was dir einfällt. ‹Du bist in Ordnung, wenn du . . .›

(Zeit geben zum Notieren, 5 Min.)

Schließ jetzt wieder die Augen und denk an dich heute. Laß verschiedene Situationen in dir entstehen; sieh sie dir an, fühl nach, wie es dir geht, wie die Menschen um dich herum sind, usw. (2 Min.)

Komm jetzt hierher zurück und notiere wie eben schon einmal alles, was dir einfällt an Fortsetzungen des Satzes: ‹Ich fühle mich in Ordnung, wenn ich . . .›

(5 Min. Zeit geben)

Jetzt nimm die beiden Listen und vergleiche sie miteinander:
– Welche «Antreiber» gab es?
– Welche wirken heute noch?
– Gegen welche wehre ich mich?
– Welche sind neu, welche sind alt?
– Von wem (Vater, Mutter . . .) stammen sie?»
(10 Min.)

### Auswertung:

Kurzer Austausch in Kleingruppen.

132

– Wenn ich mir vorstelle, das Gegenteil von dem zu tun, was ich soll, was wäre/ was würde geschehen?
– Wie würden meine Eltern reagieren?

*Material:*

Papier und Stift.

*Hinweis:*

Die Anregung zu dieser Übung stammt aus der Transaktionsanalyse. Vgl.: W. Rautenberg, R. Rogoll: Werde, der du werden kannst, Freiburg 1980, S. 185 f.

*Unter dieser Kategorie sind auch folgende Übungen verwendbar:*

Meine Sexualität – ein Schilderwald, S. 301
«Alle Männer wollen nur das eine …», S. 304

Du wirst schon sehn, was du davon hast!
Ich mein's doch nur gut mit dir!
Stell dich nicht so an!
Wenn das alle machen würden!
Das kannst du denken, aber nicht sagen!
Solange du deine Füße unter meinen Tisch stellst …
*Muß* das sein?!
Das tut man nicht!
Das hast du nun davon!
Womit hab' ich das verdient?!
Ich hab's dir ja gleich gesagt!
Da muß man durch.
Naja, das ist jetzt so 'ne Phase …
Wer nicht arbeitet, der soll auch nicht essen!
Komm du erst mal in mein Alter!
Ich will doch nur dein Bestes!
Das hätten wir uns früher nicht erlaubt!
Mädchen, zieh dir ein Hemd an!
Du bringst mich noch in's Grab!
Wer schön sein will, muß leiden!
Sei nicht immer so egoistisch!
Du mußt dich rar machen!
Sei doch nicht so empfindlich!

Zu meiner Zeit ...!
Eltern können auch mal Fehler machen.
Was sollen denn die Leute denken?!
So ist das Leben eben!

# 2.5 Familien-Kultur und Familiengeschichte

## Familienstammbaum

### Ziel:

Mit dieser Methode können wir uns – zu verschiedenen Themenbereichen – über Familien«traditionen» klarwerden.

### Durchführung:

Die Teilnehmer/innen legen ein Blatt Papier senkrecht und zeichnen einen Stammbaum, beginnend unten mit sich selbst. Es ist meistens sinnvoll, nur bis zur Großelterngeneration zu gehen. Bei einigen Themen ist es besser, das Blatt quer zu legen und auch Onkel, Tanten, Cousinen, Cousins und eigene Geschwister einzutragen.
(Zeit: 15 Min.)
Der/die Moderator/in hat vorher einige Themen ausgewählt.

### Beispiele für Themen:

– Welche Berufe/Ausbildungen hatten die Personen? (Brüche/Kontinuitäten?)
– Welche Lebenserfahrungen waren für sie prägend? Gab es bestimmte «Familienaufträge»/-«botschaften», die von Generation zu Generation weitergegeben wurden?
– Aus welchen Gegenden, sozialen und kulturellen Bedingungen stammen sie?
– Wer hatte welche Krankheiten?
– Wie waren die Männer und Frauen (Eigenschaften) und die Ehe?
– Wer war der/die Starke, wer war der/die Schwache?
– Wie lösten die einzelnen ihre Konflikte (z. B. Rückzug, Streit, Alkohol, Schreien)?
– Welches waren die hervorstechendsten Eigenschaften, Begabungen, Talente? Charakterisiere jede Person mit drei Eigenschaften.

Jede/r Teilnehmer/in seinen/ihren Stammbaum unter der folgenden Fragestellung:
– Welche «Linien» lassen sich erkennen, welche Dinge tauchen immer wieder auf («Traditionen») und wie stehe ich selber in diesen Linien? (Zeit: 5 Min.)

## Auswertung:

Austausch in Dreiergruppen, wobei jede/r ihren/seinen Stammbaum kurz vorstellt.

## Material:

Papier und Stift, eventuell Klebeband.

## Hinweis:

Es ist nicht sinnvoll, daß jede/r Teilnehmer/in ihren/seinen Stammbaum ausführlich in der Gesamtgruppe vorstellt. Nach unseren Erfahrungen können die anderen die Masse der Informationen nicht verarbeiten, und es wird leicht langweilig.
Weiterführende Literatur: J. Willi: Koevolution, Reinbek 1985, S. 173 ff.

## «Arm, aber sauber ...»

### Ziel:

Familiale, schicht-, kulturspezifische und historische Wertvorstellungen zum Thema Sauberkeit und Erfahrungen mit diesen Normen sollen erinnert und auf ihre gegenwärtige Bedeutung befragt werden.

### Durchführung:

Je nach Gruppengröße werden in der Gesamtgruppe oder in Untergruppen (ca. 10 Personen) auf einer Wandzeitung Redensarten, Sprüche und Äußerungen zum Thema Sauberkeit gesammelt (wie zum Beispiel «Arm, aber sauber ...» oder «Oben hui, unten pfui»), die wir im Laufe unserer Kindheit zu hören bekamen.
   In einem zweiten Schritt notiert jede/r Teilnehmer/in Stichwörter zu folgenden Fragen, die auf einem Zettel verteilt werden:
– Welche Erinnerungen und Gefühle stellen sich durch die einzelnen Redensarten ein?

- Wie wurde in der Herkunftsfamilie mit Sauberkeit umgegangen?
- Wer war – außerhalb der Familie – auch Träger von Sauberkeitsvorstellungen?
- Welchen Stellenwert hat Sauberkeit heute für mich und was hat das mit meinen Erfahrungen in der Familie zu tun? (zum Beispiel Schlampigkeit als Protest? Zwanghafte Handlungen? Rituale?)
- Gibt es geschlechtsspezifische Unterschiede bei den Redensarten, bei der Thematisierung von Sauberkeit?
(Zeit: 30 Min.)

*Auswertung:*

Gruppengespräch über die Fragen.

*Material:*

Tapetenrolle, große Papierbögen oder Tafel, dicke Filzstifte oder Kreide. Bogen mit abgezogenen Fragen, Stifte.

*Hinweis:*

Gut zu kombinieren mit Übungen, die die Einstellung zum Körper thematisieren.

## Umgang mit Zeit

*Ziel:*

Etwas über Wertvorstellungen der Eltern, ihre Einstellung zur Zeit und die Weitergabe ihres Zeitbewußtseins/-verständnisses an die Kinder erfahren. Den eigenen Umgang mit «Zeit» heute prüfen.

*Durchführung:*

Je nach Gruppengröße werden entweder in der ganzen Gruppe oder in Untergruppen (ca. 10 Personen) auf einer Wandzeitung Sätze, Sprüche und Äußerungen zum Thema «Zeit» gesammelt, die in Kindheit und Jugend vermittelt wurden.
- *Klein sein – größer werden:* zum Beispiel «Wenn du erst größer bist, wirst du das schon verstehen.»
- *Lebenszeit:* zum Beispiel «Man lebt nur einmal.»
- *Täglicher Umgang mit Zeit:* zum Beispiel «Willst du hier Wurzeln schlagen? Tu endlich was!» «Trödel nicht rum!»
(Zeit: 15 Min.)

In der/n Gruppe/n unter folgenden möglichen Fragestellungen:
— Welche Gefühle/Erinnerungen entstehen durch die einzelnen Sätze?
Wie hängen die Sätze mit der damaligen Zeit zusammen?
— Wie gehe ich heute mit Zeit um? Gibt es Sätze, die auch heute noch
Gültigkeit für mich haben (kann ich zum Beispiel «Nichts»-tun)?
— Was fällt mir ein zum Thema «Langeweile»?

*Material:*

Entweder eine Tafel oder große Bögen Papier für eine Wandzeitung,
dicke Filzstifte, Kreide o. ä.

# Belesene Leute oder: Lesen bildet

*Ziel:*

Herausfinden, was, wie und warum wir früher gelesen haben, wie der
Umgang mit Lesen in der Herkunftsfamilie war und wie die eigene Einstellung und Praxis heute aussieht.

*Durchführung:*

Die Teilnehmer/innen nehmen sich Papier und Stifte. Sie zeichnen zunächst ein großes, das gesamte Blatt ausfüllendes Bücherregal, das
durch waagerechte Linien in drei Fächer unterteilt wird. Die Teilnehmer malen für den Zeitraum von ca. 8 Jahren bis zur Pubertät in die
verschiedenen Fächer folgendes:
— in das *unterste:* was ich selber gelesen habe.
— in das *mittlere:* was in der Familie gelesen wurde, was herumlag.
— in das *obere:* das Unerreichbare, das Verbotene, und die Bücher/
Schriften, zu denen ich keinen Bezug hatte.

Absichtlich werden keine genaueren Angaben gemacht, um der per-
sönlich-wertenden Erinnerung keine Einschränkungen aufzuerlegen.
*Variante:* Es kann vereinbart werden, daß die Waagerechte eine Zeit-
achse darstellt, die am linken Rand mit 8 Jahren beginnt und am rechten Rand mit der Pubertät oder Jugend endet.

Die Teilnehmer/innen werden aufgefordert, ihrer Kreativität Raum
zu geben, vielleicht bestimmte Farben für bestimmte negative oder po-

sitive Gefühle zu verwenden, Notizen, Symbole, Pfeile etc. einzuzeichnen, usf.
(10 Min.)

*Auswertung:*

In Kleingruppen.
- In welchen Situationen habe ich früher gelesen?
- Welche Szenen oder Berichte, Personen, Figuren, hatte ich besonders gerne? Wie ging es mir, wenn ich davon oder von ihnen las?
- Was hat es mir gegeben, bedeutet zu lesen?
- Wurde in meiner Familie gelesen? Was wurde bevorzugt?
- Gibt es in der Familie dazu eine Tradition, eine «Lesekultur»? Wie unterschieden sich Vater, Mutter, Geschwister?
- Wie ist es mir mit Pflichtlektüre (besonders in der Schule) ergangen?
- Was «muß/te» man/frau gelesen haben – in der Familie – in der Jugendlichen-Gruppe – heute?
- Welchen Stellenwert hatte bei uns zu Hause das Zeitunglesen, das «Informiert-Sein»?
- Wie geht es mir heute mit dem Lesen?

*Material:*

Papier, Wachsmalkreiden oder Filzstifte.

## «Kleider machen Leute»

*Ziel:*

Sich durch die Erinnerung an Kleidungsstücke und ihre Bedeutung in der Kindheit und später geschlechtsspezifische, familiale und zeitgeschichtliche Einflüsse vergegenwärtigen.

*Durchführung:*

Die Gruppe teilt sich in Kleingruppen (4–6 Personen). Jede/r nimmt sich Zettel und Stift und notiert, wie er/sie typischerweise gekleidet war, wenn er/sie
- zur Schule,
- sonntags zu Besuch,
- zum Spielen ging.
  (5 Min.)

Reihum stellt sich jede/r in der Ich-form vor: «Ich gehe zur Schule und ich habe an ...» und sagt auch dazu, wie er/sie sich in dieser Kleidung gefühlt hat. Die anderen hören zu und versuchen zu spüren, wie es ihnen in diesen Kleidungsstücken gegangen wäre.

(Pro Person max. 10 Min.)

Entweder bei dieser ersten Runde oder anschließend wird über folgende (möglichst vervielfältigte) Fragen gesprochen:

– Hattest du zu bestimmten Zeiten Lieblingskleidungsstücke? Wie sahen sie aus, und was für eine Bedeutung hatten sie für dich?
– Was mochtest du überhaupt nicht tragen? Warum nicht?
– Was solltest du oder mußtest du nach Auffassung deiner Eltern tragen?
– Worauf mußtest du achten?
– Welche Bedeutung hatte Kleidung in deiner Familie? («Ordentlich» angezogen sein; Kleidung von Geschwistern «auftragen»; selbsthergestellte Kleidung – gekaufte Kleidung; Moden «mitmachen» oder nicht?)
– Wie ist es dir mit anderen Kindern gegangen? Fühltest du dich überlegen oder unterlegen?
– Wie ging es weiter, zum Beispiel in der Pubertät? («Dazugehören» zu Cliquen; Mode – Anti-Mode; körperliche Vorzüge betonen oder «Mängel» kaschieren) Welches Gefühl verbandest du mit der damaligen Kleidung?
– Wie hat sich dein Verhältnis zu Kleidung bis heute verändert? Was bedeutet sie heute für dich, was ist dir wichtig an den Kleidungsstükken, die du trägst?

(Zeit: ca. 60 Min.)

*Variante 1:* Die Teilnehmer/innen bringen zusätzlich Kinderfotos mit, auf denen vor allem die Kleidung gut zu erkennen ist.

*Variante 2:* Aufwendig aber spannend ist es, wenn die Teilnehmer/innen Kleidungsstücke mitbringen, die für sie eine Bedeutung hatten (von der Lederhose bis zum Nyltesthemd, vom weißen Kniestrumpf bis zum Stöckelschuh) und jeweils eine Geschichte dazu erzählen.

*Material:*

Papier, Stift, vervielfältigter Fragenkatalog. Für die Varianten siehe dort.

# Ferien

Der Bedeutung von gemeinsam verbrachten Ferien als außerhalb des
«Alltags» liegender Erfahrung nachgehen.

### *Durchführung:*

Die Teilnehmer/innen setzen sich bequem hin und schließen die Augen.
Der/die Moderator/in kann folgenden Text verwenden:

«Geh zurück in deine Kindheit. Denk an deine Familie und an das Stichwort Ferien. – Achte darauf, was dir als erstes dazu einfällt. Suche nach
einem Bild, einer Szene. Laß sie entstehen mit allen Personen, Handlungen, dem Ort und der Stimmung ... Öffne jetzt die Augen und schreibe in
der Ich-Form auf, was du gesehen und was du empfunden hast.»
(Zeit: 15 Min.)

### *Auswertung:*

In Kleingruppen.
- Wie hätte ich mir Ferien gewünscht?
- Woran lag es, daß die Ferien nicht so waren, wie ich es mir ge-
  wünscht hätte?
- Was war positiv?
- Was war in den Ferien anders als im Alltag?
- Wie hat sich die Bedeutung von Ferien im Laufe meines Lebens ver-
  ändert (zum Beispiel in der Pubertät)?

### *Material:*

Papier und Stift.

# Eß-Kultur

## Ziel:

Das gemeinsame Essen, die gemeinsamen Mahlzeiten stellen einen wichtigen Bereich jedes Familienlebens dar (auch unter kulturellen und regionalen Aspekten). Es soll genauer betrachtet werden, welche Gepflogenheiten in der Herkunftsfamilie herrschten.

## Durchführung:

Die Teilnehmer/innen versorgen sich mit den benötigten Materialien (s. u.). Sie werden gebeten, sich (vielleicht ausgehend von einer «typischen» Mahlzeit) zunächst gedanklich mit folgenden Fragen zu beschäftigen:
- Welche Gepflogenheiten, Rituale, Normen gab es im Zusammenhang mit Essen in meiner Familie? Gab es z. B. an bestimmten Tagen bestimmte Gerichte?
- Wer bediente sich zuerst; welches Geschirr, welches Besteck?
- Was durfte kind beim Essen, was nicht?
- Wann gab es welche Mahlzeit?
- Welches waren die Hauptnahrungsmittel? Gab es «typische» Gerichte?
  (Zeit: 10 Min.)
  Anschließend fertigt jede/r Teilnehmer/in eine Collage zu diesem Thema an.
  (30 Min.)

## Auswertung:

Je nach Größe der Gruppe in Kleingruppen oder in der ganzen Gruppe, indem jede/r das eigene Bild vorstellt und etwas dazu erzählt.
- Auf welchen Ebenen der Eß-Kultur spiegeln sich die Schichtzugehörigkeit, landschaftliche Eigenarten, Zeitumstände wider?
- Wie habe ich mich damals gefühlt?
- Welche Bedeutung hat Ernährung, haben Mahlzeiten für mich heute?
- Habe ich bestimmte Regeln, Vorlieben, Abneigungen übernommen?

## Variante:

Die Gruppe ißt gemeinsam. Die eine Hälfte der Teilnehmer/innen übernimmt die Rolle der Eltern, die Kinder «erziehen» (ohne Übertreibung) und auf einen gewissen «Stil» beim Essen achten. Die andere Hälfte der Teilnehmer/innen spielt Kinder, die essen, wie sie nie gedurft haben (oder wie Kinder spontan, von sich aus essen würden).

Anschließend wird über diese Erfahrung gesprochen.

*Material:*

Große Bögen Papier (Tapete), Scheren, Klebe und Illustrierte.

## Musik, was sie bedeutete

*Ziel:*

Der Frage nachgehen, was Musik für mich bedeutet hat, was sie heute bedeutet und wie der Umgang mit Musik in der Herkunftsfamilie damit zusammenhängt.

*Durchführung:*

Die Durchführung der Übung hängt davon ab, wie groß die Gruppe ist, wieviel Zeit für diese Übung verwendet werden soll und – vor allem – davon, wie groß die Altersunterschiede innerhalb der Gruppe sind.

*Variante 1:*

In einer Gruppe, die altersmäßig nahe beieinanderliegt, ist folgendes Verfahren zeitsparend: Jede/r Teilnehmer/in schreibt auf einen Zettel 4 Musikstücke, die für ihn/sie wichtig waren, und zwar eins

– aus der Zeit vor der Schule,
– aus der Grundschulzeit (6.–10. Lebensjahr),
– aus der Pubertätszeit,
– heute.

Zwei oder drei Freiwillige finden sich bereit, die Zettel zu sammeln und ein Band zusammenzustellen, auf dem möglichst viele der Titel vorkommen. Vielleicht haben einige Teilnehmer/innen Platten o.ä., die sie zur Verfügung stellen können.

Die Gruppe findet sich zusammen und hört jedes Stück einzeln. Der/die Betreffende erzählt, was gerade diese Musik für ihn/sie bedeutet (hat). In einer altershomogenen Gruppe gibt es sicherlich viele Überschneidungen und Wiedererkennenserlebnisse. Da es die eventuell genannten Kinderlieder oder Schlager kaum auf Schallplatten oder Bändern gibt, kann es spannend sein, Text und Melodie gemeinsam mit der Gruppe wiederzufinden.

*Variante 2:*

Jede/r Teilnehmer/in stellt ein eigenes Band zusammen – hier kön-

nen die Lieder selbst gesungen werden o. ä. – und spielt es den andern vor, wobei er/sie erzählt, was diese Musik für ihn/sie bedeutet/e.
(Zeit: bei 10 Teilnehmer/innen ca. ein Abend)

### Auswertung:

– Welche Rolle spielte Musik bei mir zu Hause? Hatten wir ein Radio, einen Plattenspieler oder wurde sogar selbst musiziert? Gab es besondere Anlässe, an denen bestimmte Musik gespielt wurde?
– Wie hängen meine Musik-Erfahrungen mit der Schichtzugehörigkeit zusammen und wie mit der Zeit, in der ich aufwuchs?
– Was bedeutet Musik heute für mich?
– Wie und über welche Stationen hat sich dies verändert?
– Welche Bedeutung hatte Musik jeweils für meine Suche nach Identität?

### Material:

Diese Übung muß längerfristig geplant werden. Kassettenrecorder, Platten, Kassetten etc. sind nötig, um nicht nur *über* Musik zu reden, sondern beim Hören Erinnerung und Bedeutung zu aktualisieren.

### Hinweise:

Es kann sinnvoll sein, in der Sitzung, in der die Aufgabe gestellt wird, kurz darüber zu sprechen, welche Arten von Musik es überhaupt gibt: Kinderlieder, Werbeslogans, Filmmusik, Schlager, Klassik, Big-Band-Musik, Jazz usf.
Die Übung ist recht aufwendig, aber außerordentlich lohnend in einer durch musikalische Stile zunehmend geprägten Jugendkultur.

## Feste

### Ziel:

Sich vergegenwärtigen, welche Bedeutung Feste in der Lebensgeschichte bisher hatten, welche Einstellung jede/r heute zu Fest und Feier hat.

### Durchführung:

Die Teilnehmer/innen nehmen sich Papier und Stift. Sie werden gebeten, innerhalb einer festgelegten Zeit (30 Min.) einen Text zu verfassen, der in Inhalt und Stimmung den typischen Ablauf eines früher erlebten Familienfestes wiedergibt (Weihnachten, Geburtstag, Muttertag, Jubiläum etc.).

Die Art des Textes kann frei bestimmt werden, sei es ein Bericht, eine Reportage, ein Bühnenstück, ein Märchen, eine Satire oder ein Gedicht.

*Variante:*

Jede/r schreibt die Geschichte in der Ich-Form je einmal aus der Sicht verschiedener Beteiligten oder notiert zu jedem/r Beteiligten einen markanten Satz aus dessen/deren Perspektive als «Motto».

*Auswertung:*

In Kleingruppen. Eine/r liest vor und die anderen achten auf ihre Eindrücke, Reaktionen.

— Was empfinde ich beim Hören des Textes?
— Was fällt mir auf?
— Was wird *nicht* berichtet?
— Wie hängt das Berichtete mit der gewählten Form zusammen?

Nach der Individualbesprechung Kleingruppengespräche zum Beispiel zu folgenden Fragen, die vervielfältigt verteilt werden:

— Was war schön an diesen Festen?
— Woran liegt es, daß wir angestrengte, verspannte und unangenehme Erinnerungen daran haben?
— Wo haben wir alle ähnliche Erfahrungen gemacht?
— Habe ich gerne Geschenke entgegengenommen oder selber geschenkt?
— Wie geht es mir heute mit Festen? Kann ich sie entspannt genießen oder mache ich «alles ganz anders», lasse ich sie ausfallen, gehe nicht hin usw.?
— Wie könnte das mit meinen früheren Erfahrungen zusammenhängen?
— Wie müßte heute ein solches Fest sein, damit ich es voll genießen könnte?
— Wie will ich es machen, wenn ich selber Kinder habe bzw. wie mache ich es mit meinen eigenen Kindern?

*Material:*

Papier und Stift.

## «Spinat ist gesund»

### Ziel:

Den Ernährungsstil/die Gesundheitsvorstellungen der Herkunftsfamilie mit den eigenen gegenwärtigen Gewohnheiten und Auffassungen vergleichen.

### Durchführung:

Die Teilnehmer/innen haben Papier und Stift vor sich. Nach einer kurzen Entspannung (s. S. 88) gibt der/die Moderator/in folgende Anleitung:

«Versuch, dich als Kind zu sehen, und denke dabei an alles, was irgendwie mit Essen oder Ernährung zu tun hat. Laß verschiedene Bilder entstehen. Sieh dich in ihnen um, achte auf deine Gefühle und halte einige davon fest.»
(3 Min.)

Der/die Moderator/in gibt in kurzem Abstand die folgenden Hilfsfragen, wobei die Teilnehmer/innen zwischen Erinnerungen/Vorstellungen und Aufschreiben hin- und herpendeln sollen:
— Wie war die Stimmung bei den Mahlzeiten in deiner Familie?
— Gibt es Dinge, die nur dort besprochen wurden?
— Wie war in deiner Familie die Einstellung zum Gewicht, zum Körper, Dicksein, Dünnsein? Gab es Diäten usw.? Sprüche?
— Wie wurde in deiner Familie mit Süßigkeiten umgegangen?
— Wie ist es heute: Wie ernährst du dich? Welche Bedeutung hat Essen in deinem Leben? Notwendigkeit? Lustgewinn? Ersatz? Trost?

### Auswertung:

In Kleingruppen.
### Leitfragen:
— Inwiefern haben damalige Eßerfahrungen heute noch Einfluß auf mich?
— Wie gehe ich mit meinem Körper um? Kann ich mich mögen, wie ich bin? Wie stark haben gesellschaftliche Vorstellungen von dem «richtigen» Körpermaß noch Einfluß auf mich?

### Material:

Papier und Stift.

## Badezimmerkultur

### Ziel:

Sich den Umgang mit Sauberkeitsvorstellungen am Beispiel des «Intimitätsbereiches» Badezimmer in Erinnerung rufen und nach der Bedeutung der Erfahrungen mit Körperhygiene in der Lebensgeschichte fragen.

### Durchführung:

Nach einer kurzen Entspannungsphase (s. S. 88) im Sitzen, gibt der/die Moderator/in folgende Anleitung (die Teilnehmer/innen können dabei die Augen schließen, wenn sie mögen.):

«Geh zurück in deine Kindheit, sieh dich als Kind und versuche, dich an euer Badezimmer/eure Toilette zu erinnern. Laß den Raum noch einmal vor dir entstehen. Wie sah er aus? ... Welche Erinnerungen verbindest du damit. Laß Situationen und Bilder in dir aufsteigen. Halte einige davon fest.»
(2 Min.)

### Auswertung:

Austausch in Kleingruppen anhand des folgenden Gesprächsleitfadens, den die Teilnehmer/innen vervielfältigt erhalten:
- Wie war das mit Sauberkeitsvorstellungen in deiner Familie? Gab es bestimmte Wasch«rituale», Badetage usw.?
- Hatte das Badezimmer/die Toilette für dich auch noch eine andere Funktion – zum Beispiel als Raum, in dem du Dinge tun konntest, die andere nicht sehen, merken, wissen sollten?
- Wie ist es heute? Wie haben sich die Sauberkeitsvorstellungen deiner Familie ausgewirkt (Hast du sie übernommen/verändert?)?
- Kannst du dich erinnern, ob du mit deinen Eltern/Geschwistern zusammen gebadet hast?
- Wie wurde in deiner Familie über Körperausscheidungen/Ausscheidungsorgane gesprochen? Gab es besondere Ausdrücke?
- Welche Phantasien hast du mit Kot, Urin und deinen Ausscheidungsorganen verbunden, kannst du dich noch daran erinnern?
- Gab es schichtspezifische/geschlechtsspezifische Unterschiede zum Beispiel bei den Sauberkeitsvorstellungen?

– Welche Bedeutung hatte der Umgang deiner Familie mit Ausscheidungen für die Entwicklung deiner Beziehung zu deinem Körper?

*Material:*

Vervielfältigter Fragenkatalog.

Die alte winkelhafte, an vielen Stellen düstere Beschaffenheit des Hauses war übrigens geeignet, Schauer und Furcht in kindlichen Gemütern zu erwecken. Unglücklicherweise hatte man noch die Erziehungsmaxime, den Kindern frühzeitig alle Furcht vor dem Ahnungsvollen und Unsichtbaren zu benehmen und sie an das Schauderhafte zu gewöhnen. Wir Kinder sollten daher alleine schlafen, und wenn dieses unmöglich fiel und wir uns sacht aus den Betten hervormachten ..., so stellte sich, in umgewandten Schlafrock und also für uns verkleidet genug, der Vater in den Weg und schreckte uns in unsere Ruhestätte zurück. Die daraus entspringende Wirkung denkt sich jedermann. Wie soll derjenige die Furcht loswerden, den man zwischen ein doppelt Furchtbares einklemmt?

J. W. von Goethe: Dichtung und Wahrheit

# 3. Kindsein

## 3.1 Spielen

### Spielen in der Kindheit

#### Ziel:

Die eigenen Spielerfahrungen sollen vergegenwärtigt und die Spielwelt in ihrer Sozialisationsbedeutung reflektiert werden.

#### Durchführung:

Die Teilnehmer/innen haben Papier und Stift vor sich und erhalten nach einer kurzen Entspannungsphase (s. S. 88) folgende Anleitung:

«Versuche, dich als Kind beim Spielen zu sehen. Laß verschiedene Bilder entstehen und schau dich in den Bildern um! Halte einige fest und schau sie dir genauer an!»

Der/die Moderator/in läßt etwa 5 Minuten Zeit und gibt dann im Abstand von ca. 2 Minuten folgende Hilfsfragen. Die Teilnehmer/innen sollen Notizen machen und pendeln zwischen Vorstellungsbildern und Aufschreiben:

— Wo hast du gespielt? Draußen, drinnen, auf der Straße, auf dem Hof, im Park, wo am liebsten?
— Mit wem hast du gespielt? Waren es Nachbarn, Verwandte, Schulkameraden? Denk dabei an die verschiedenen Altersstufen.
— Welches waren deine Lieblingsspielzeuge, -geräte, -instrumente?
— Wer warst du beim Spielen? Welche Rolle hattest du: zum Beispiel eher Mitläufer/in, Star, Schiedsrichter/in, Außenseiter/in, eher untergeordnet oder führend, mehr «drin», «am Rande» oder «draußen»?
— Welches war das vergnüglichste Spiel? Welches Spiel mochtest du überhaupt nicht?

Nachdem die Teilnehmer/innen auf diese Weise ca. 15 Minuten individuell gearbeitet haben, werden sie gebeten, die Notizen nochmals anzuschauen:

— Was fällt mir auf?
— Wer war ich als spielendes Kind?
— Woran bleibe ich hängen?
— Sehe ich irgendeinen Zusammenhang mit meinem heutigen Leben? (Zeit: 5 Min.)

*Auswertung:*

In Untergruppen.
*Leitfragen:*
— Welche Bedeutung haben meine Spielerfahrungen für meine Entwicklung?
— Was wird an der Art des Spielens über mich selbst klar?
— Welche «Defizite» bleiben?

*Material:*

Stift und Papier.

*Hinweis:*

Entwickelt nach: M. James, O. Jongeward: Spontan leben, Reinbek 1983, S. 208 f.

# Kindervorstellungen oder: «Was ist ein Dingsbums?»

## Ziel:

Für kurze Zeit in das eigene Kind-Sein zurückkehren und spüren, wie es sich anfühlt.

## Durchführung:

Die Gruppe teilt sich in Vierergruppen und innerhalb der Gruppe in zwei Paare. Die Kleingruppe einigt sich darauf, welches Paar beginnen will. Der/die Moderator/in verwendet etwa folgenden Text:

«Schließ die Augen und stell dir vor, du bist 3 bis 4 Jahre alt. Du beherrschst deinen Körper und die Sprache. Du bist neugierig auf die Welt. Dein Denken ist phantasievoll, alles ist möglich.

Ihr bekommt jetzt einen Zettel mit Fragen. Das Paar, das beginnt, wählt sich davon drei aus. Die beiden Dreijährigen unterhalten sich über die Frage, suchen nach Erklärungen, denken sich Geschichten aus usf., über jede Frage 5 Minuten. Die anderen beiden hören zu, beobachten, spüren. Dann werden die Rollen gewechselt, wobei das zweite Paar sich drei andere Fragen wählt.»
(Zeit: insgesamt 35 Min.)

## Auswertung:

In der Vierergruppe.
- Wie ist es mir gegangen, als ich das «Kind» war?
- Was habe ich gefühlt, gedacht, wie war mein Grundgefühl?
- Wie hängt das Kind, das ich eben gespielt habe, damit zusammen, wie ich als Kind wirklich war?
- Wie war ich außerdem noch – welche Seiten fehlten bei dem Kind, das ich eben war?
- Wie hätten meine Eltern reagiert, wenn ich so wie eben gewesen wäre?
- Wie habe ich die anderen wahrgenommen?
- Was hat mir gefallen an dir?

## Material:

Für jedes Paar einen Zettel mit folgenden oder ähnlichen Fragen:
- Was ist Donner?
- Woraus ist eine Wolke gemacht?
- Was ist ein schlimmes Wort?

- Was bedeutet «tot»?
- Was ist ein Neger?
- Woher kommen die Babies?
- Was ist ein Dingsbums?
- Was ist «Gott»?

*Hinweise:*

Gut geeignet als Einstieg in das Sich-Einfühlen in das Kind-Sein und zur Lockerung.

Die Anregung zu dieser Übung entnahmen wir: O. Babcock, T. Keepers: Miteinander wachsen, München 1980, S. 149.

## Sandkasten-Spiele

*Ziel:*

Durch «Spielen» erinnernd den Kontakt zu dem Kind, das wir waren, wieder aufnehmen.

*Durchführung:*

Benötigt wird für diese Übung entweder Strand, Sand, eine Sandkiste oder ein genügend großes Kinderzimmer mit Spielzeug o. ä.

Die Teilnehmer/innen schließen kurz die Augen und entspannen sich (kurze Entspannung s. S. 88) und versuchen, sich gefühlsmäßig darauf einzustellen, gleich zusammen mit anderen Kindern zu spielen. (5 Min.)

Dann öffnen sie die Augen und fangen an, als Kinder zu spielen, frei und ohne Programm. Es ist wichtig, in Kontakt mit sich selbst, dem Körper, den Gefühlen zu bleiben, sich nachzugehen. Die Teilnehmer/innen werden gebeten, so wenig zu denken oder gar zu reflektieren wie möglich und einfach zu agieren. (Zeit: 20 bis 30 Min.)

Anschließend setzt oder legt sich jede/r ruhig hin und läßt das Erlebte in sich nachwirken. (3 Min.)

*Auswertung:*

In Gruppen oder Kleingruppengespräch.

- Wie fühle ich mich nach diesem Spielen?
- Wie habe ich mich verhalten?
- Stimmt das mit meiner Vorstellung davon, wie ich als Kind war, überein? Bin ich überrascht?
- Wie bin ich in Kontakt zu anderen getreten?
- Welche Rolle habe ich eingenommen?
- Mit welchen anderen Kindern habe/hätte ich gerne gespielt?
- Welche mochte ich nicht?
- Gab es Streit, Konflikte, Zusammenspiel?
- Wie habe ich die anderen erlebt?

*Material:*

Sand, Strand oder Spielzimmer und wenn möglich, entsprechendes Spielzeug. Möglichst bequeme Kleidung, die auch dreckig werden kann.

## Krabbeln

*Ziel:*

Über das Körpergedächtnis einfühlend in das Kleinstkindalter zurückgehen und damaligen Erfahrungen auf die Spur kommen.

*Durchführung*

Die Gruppe setzt sich bequem auf den Boden. Der/die Moderator/in gibt vorher folgenden Hinweis:

«Diese Übung ist ein Spiel, das lustig sein kann und soll. Trotzdem soll jede/r versuchen, in Fühlung mit dem eigenen Körper zu bleiben und Kontakt zu früher aufzunehmen. Versuch, deinen Körper machen zu lassen, nichts absichtlich zu tun. Schließ die Augen.

Stell dir jetzt vor, du bist noch sehr klein. Du kannst noch nicht laufen, aber du kannst schon krabbeln. Du kannst auch noch nicht sprechen. Viele Dinge um dich herum sind dir unbekannt, du mußt sie noch erforschen. Du verstehst vieles noch nicht, aber du bist sehr neugierig. Versuch in das Gefühl hineinzugehen, laß dir Zeit. (30 Sek.)

Wenn du soweit bist, dann öffne die Augen und krabble hier und jetzt los. Du siehst, es sind noch andere Kinder hier. Es gibt viele Dinge zu entdecken, zu untersuchen und auszuprobieren. Bleib in Kontakt zu deinem Körper. Wie fühlst du dich? Wie ist es, von unten nach oben zu

gucken? Achte auf Gefühle, Phantasien, Bilder, die in dir aufsteigen…
Hast du vor etwas Angst? Spricht jemand zu dir? Was sagt die Stimme?»

(Zeit: offen, ca. 5–10 Min.)

### Auswertung:

Gruppengespräch.

### Material:

Bequeme Kleidung und entsprechende Räumlichkeiten, möglichst mit
Teppichboden.

### Hinweise:

Diese Übung kann als Entspannungs- oder Lockerungsübung in eine
Sequenz aufgenommen werden. Die Gruppe sollte schon mit dem
«Körpergedächtnis» gearbeitet haben, da sonst die Gefahr besteht, ins
«Albern» abzugleiten.

Die Idee zu der Übung entstammt: O. Babcock, T. Keepers: Miteinander wachsen, München 1980, S. 116.

### «Faß das nicht an!»

### Ziel:

Durch den Versuch, sich in eine frühe Phase der Umweltaneignung zurückzuversetzen, soll unseren ersten Erfahrungen mit Verboten und
unseren dazugehörigen Gefühlen nachgespürt werden.

### Durchführung:

Die Gruppe teilt sich in Paare auf. Die Paare verständigen sich darüber,
wer das «Kind» und wer die «Autoritätsperson» spielen will.

Die Kinder bewegen sich durch den Raum (eventuell auch krab-
belnd) und versuchen, ihn zu erkunden, indem sie Gegenstände berühren. (Dazu kann man gegebenenfalls vorher noch Gegenstände aufstellen.) Sobald sie etwas anfassen bzw. anfassen wollen, ertönt von der
Bezugsperson der Ruf: «Faß das nicht an!» Gegebenenfalls nimmt die
«Bezugsperson» dem «Kind» die Gegenstände auch weg.

Versucht das «Kind», sich auf andere Personen zuzubewegen und
mit ihnen Kontakt aufzunehmen, reagiert die «Bezugsperson» mit:

153

«Bleib hier, das tut man nicht!» (Varianten in der Formulierung der Verbote kann die «Bezugsperson» selbst erfinden.)

Auch wenn die Übung sehr lustig ist, sollten die «Kinder» versuchen, bei ihrem Gefühl zu bleiben.

Nach ca. 5 Minuten vertauschen «Kind» und «Bezugsperson» die Rollen.

(Zeit: 10 Min.)

### Auswertung:

Austausch in Paaren zu folgenden Fragen (vervielfältigen):

– Wie ging es mir als «Kind»? Welche Gefühle habe ich wahrgenommen, wenn mir etwas verboten wurde?
– Woher kenne ich diese Gefühle, welche Erinnerungen verbinden sich damit? In welchen Situationen meiner Kindheit habe ich ähnlich empfunden? An welche Personen erinnere ich mich in diesem Zusammenhang?
– Wie habe ich mich bei Verboten verhalten (trotzig, resigniert)?
– Wie gehe ich heute mit Verboten um?
– Wie ist es mit Kontaktaufnahmen? Kann ich leicht auf Leute zugehen, wo sind Grenzen?
– Wie habe ich mich als Bezugsperson gefühlt? Fiel es mir leicht oder schwer, Verbote auszusprechen? Welche Gefühle hatte ich dem Kind gegenüber?
– Wer aus meinem Leben fiel mir zur Bezugspersonenrolle ein?
– Gegebenenfalls: Wie verhalte ich mich meinen eigenen Kindern oder Schülern/innen gegenüber? Was verbiete ich? Wann und wie spreche ich Verbote aus? Wie fühle ich mich dabei?
– In welchen anderen Lebenssituationen bin ich in der Rolle des/der Verbietenden? Welche Erfahrungen mache ich damit? Lassen sich diese Erfahrungen rückbeziehen auf/verbinden mit meinen Kindheitserlebnissen in Bezug auf Verbote?

### Material:

Ein genügend großer Raum mit ausreichend vielen Gegenständen. Vervielfältigter Fragenkatalog.

### Hinweis:

Die Übung kann auch zur Auflockerung verwendet werden.

### Meine Clique

#### Ziel:

Der Bedeutung von Beziehungen zu einer Gruppe Gleichaltriger während der Jugend/Pubertät nachgehen und nach deren Einfluß auf die Entwicklung eigener Orientierungen und die Übernahme bestimmter Werte und Einstellungen fragen.

#### Durchführung:

Die Teilnehmer/innen nehmen Stift und Papier. Der/die Moderator/in kann folgende Anleitung verwenden:

«Setz dich in einer bequemen Haltung hin und schließe die Augen. Geh nun in Gedanken zurück in deine Jugend ... Laß die Bilder der Leute vor dir entstehen, mit denen du damals zusammen warst, Bilder von Leuten aus deiner Clique. Sieh dir die Personen genau an. (30 Sek.)
    Laß auch Bilder von Situationen entstehen, in denen ihr zusammen wart.» (3 Min.)

Der/die Moderator/in verteilt anschließend den vervielfältigten Fragenkatalog und bittet die Teilnehmer/innen, diesen in einer Stillarbeit zu beantworten.
    (30 Min.)

*Fragen:*
- Wie war meine Rolle in der Gruppe?
- Wie waren die Beziehungen der einzelnen Leute in der Clique zueinander (wie war es zum Beispiel zwischen Mädchen und Jungen)? Wer sich noch erinnern kann, zeichnet ein kleines Soziogramm der Clique.
- Gab es Konkurrenz und Rivalitäten und worum ging es dabei?
- Welche Konflikte gab es?
- Was war in der Clique «in», das heißt: Wie mußte man sich verhalten – was mußte man haben (Kleidung, Statussymbole, Musik) – was mußte man tun – wie mußte man denken, um dazuzugehören? Laß dir in Ruhe einige Merkmale einfallen, die damals wichtig waren.
- Welche Rolle spielte Musik in diesem Zusammenhang?
- Von wem grenzten wir uns damals ab (zum Beispiel «Spießer»)?
- Worüber sprachen wir, welche Erfahrungen wurden ausgetauscht?

- In welchen Bereichen bzw. bei welchen Entscheidungen wurde ich durch die Clique beeinflußt (zum Beispiel Ausbildung, Berufswahl, Partnerwahl, politische Orientierungen usw.)?
- Wie waren meine Eltern meiner Clique, den einzelnen Leuten der Clique gegenüber eingestellt?
- Welche Einflüsse der Clique sind heute noch in mir wirksam, was habe ich aufgegeben?

*Auswertung:*

Kleingruppengespräch zum Geschriebenen und zu der Frage:
- Gibt es heute Personen/Gruppen, an denen ich mich orientiere?

*Variante oder Weiterführung* nach der Beantwortung des Fragenkatalogs:

Jede/r Teilnehmer/in bringt aus der Zeit ihrer/seiner Clique/n Fotos, Schallplatten mit. Ein/e Teilnehmer/in beginnt und breitet seine/ihre Fotos von sich und den anderen Leuten aus der Clique aus und legt eine Platte dazu auf. Die anderen betrachten die Fotos und lassen die Musik auf sich wirken. Sie nehmen wahr, welche Stimmungen ihnen aus den Fotos entgegenkommen, welche Gefühle die Musik in ihnen auslöst und teilen ihre Wahrnehmungen mit. Der/die Betreffende erzählt von ihrer/seiner Clique.

*Material:*

Stift und vervielfältigter Fragenkatalog. (Für die Variante: mitgebrachte Schallplatten, Plattenspieler und Fotos.)

## Mein bester Freund, meine beste Freundin

*Ziel:*

Sich über die Bedeutung von gleichaltrigen Freunden und Freundinnen während der Kindheit/Jugend klarwerden.

*Durchführung:*

Die Teilnehmer/innen werden gebeten, eine bequeme Haltung einzunehmen und die Augen zu schließen. Nach einer kurzen Entspannung (s. S. 88) kann der/die Moderator/in folgende Anleitung verwenden:

«Kehre an deinen Erinnerungen entlang zurück in deine Kindheit. Spüre, wie du immer kleiner und kleiner wirst. (30 Sek.)

Such nun, bis du deinen besten Freund/deine beste Freundin aus deiner Kindheit triffst. Laß sein oder ihr Bild vor dir entstehen. Wenn du keinen besten Freund/keine beste Freundin gehabt hast, denke an Kinder, mit denen du damals zu tun hattest oder stelle dir ein Kind vor, das du gerne als Freund oder Freundin gehabt hättest. (2 Min.)

Laß Situationen vor dir entstehen und nochmals stattfinden. Was geschah? Achte dabei auf deine Gefühle. (3 Min.)

Sieh dir deinen Freund/deine Freundin nochmals genau an und versuche zu spüren, was er/sie damals für dich bedeutet hat. (1 Min.)

Gehe nun weiter, welche Freunde und Freundinnen begegnen dir? Geh weiter bis heute. Was haben dir die verschiedenen Personen bedeutet? (5 Min.)

Komm nun langsam wieder in den Raum zurück. Räkele dich, öffne die Augen und sei wieder hier.»

(Zeit: 15 Min.)

*Auswertung:*

Austausch in Kleingruppen zu folgenden Fragen (vervielfältigter Fragenkatalog):

- Was taten wir zusammen? Welche Spiele spielten wir?
- Welche Rollen hatten wir jeweils inne (zum Beispiel: Wer von uns beiden bestimmte, was getan/gespielt wurde)?
- Wie verhielten sich unsere Eltern zu unserer Freundschaft (unterstützten sie sie oder arbeiteten sie dagegen)?
- Worüber stritten wir uns?
- Gab es Konkurrenz und Rivalität zwischen uns und worum ging es dabei?
- Wie war es, wenn Dritte dazukamen?
- Wodurch endeten die Freundschaften?
- Wie ist es mit meinen Freunden/Freundinnen heute?

*Material:*

Vervielfältigter Fragenkatalog.

## Spielerinnerungen – Ich und die anderen

### Ziel:

Über die Erinnerungen an bevorzugte Rollen im Kinderspiel soll der damaligen Lebenssituation nachgespürt werden.

### Durchführung:

Die Teilnehmer/innen nehmen eine bequeme Haltung ein und schließen die Augen. Nach einer kurzen Entspannungsphase (s. S. 88) kann der/die Moderator/in folgenden Text als Anleitung verwenden:

«Geh allmählich in Gedanken wieder zurück in deine Kindheit ... Spüre, wie du immer kleiner und kleiner wirst und wieder das Kind von früher bist ... Erinnere dich daran, wie du früher gespielt hast. Wo hast du gespielt? Sieh dich um! (30 Sek.)

Mit wem hast du gespielt? Sieh dir deine Spielkameraden genau an. Welche Gefühle hast du ihnen gegenüber? (1 Min.)

Nun erinnere dich, was du, was ihr am liebsten gespielt habt. (30 Sek.)

Welche Lieblingsphantasien/-vorstellungen hattest du dabei? Welche Rolle hast du am liebsten gespielt? Nun schlüpfe in diese Rolle hinein. Spiel dich. Wie fühlst du dich? Wie geht es weiter? (2 Min.)

Laß verschiedene andere Spielszenen an dir vorüberziehen und achte darauf, wie du dich dabei fühlst. (2 Min.)

Bleib bei deiner Rolle und bei deinen Gefühlen, halte sie fest, komme allmählich zurück in den Raum und bringe sie mit hierher.»

Ein/e Freiwillige/r sucht sich einige Teilnehmer/innen aus der Gruppe und gruppiert diese und sich selbst zu einem Szenenbild. Dies soll ausdrücken, wie er/sie sich und die anderen erlebt hat. Die anderen äußern ihre Eindrücke dazu (s. Hinweise). Je nach zur Verfügung stehender Zeit können sich andere anschließen und ihr Szenenbild aufbauen.

(Zeit: pro Person 15 Min.)

### Auswertung:

Wenn noch ein Bedürfnis in der Gruppe besteht: Gruppengespräch. Folgende Fragen können hilfreich sein (eventuell auf einer Wandzeitung notieren):
– Welche Rolle hast du am liebsten, welche am häufigsten gespielt?
– Mit welcher Rolle/Figur hast du dich am stärksten identifiziert?
– Was hat diese Rolle mit deiner damaligen Situation zu tun? Konntest du das ausleben, was du in Wirklichkeit nicht tun durftest (zum Beispiel: wütend sein, «böse», andere unterdrücken ...)? Hast du etwas

weitergegeben, was du selbst erfahren hast (zum Beispiel Macht über andere ausüben)?

– Findest du die Rolle, die du im Spiel einnahmst, in heutigen Situationen wieder?

– Welche Rolle wäre das genaue Gegenteil von deiner gewesen? Woher kennst du sie?

*Material:*

Eventuell Wandzeitung mit Fragen für das Gruppengespräch.

*Hinweis:*

Eine ausführliche Moderation für die Szenenbilder findet sich bei der Übung «Familie als Standbild», S. 97.

## Zu Besuch bei anderen Leuten

*Ziel:*

Vergegenwärtigung von Erfahrungen im Umgang mit anderen Leuten und der Darstellung der eigenen Familie nach außen.

*Durchführung:*

Die Teilnehmer/innen legen Stift und Papier bereit. Der/die Moderator/in kann folgende Anleitung verwenden:

«Geh zurück in deine Kindheit und sieh dich, wie du mit deinen Eltern oder einem Elternteil auf dem Weg bist, andere Leute zu besuchen. Was läuft auf dem Weg dorthin ab? Sprechen deine Eltern über die Leute, die ihr besuchen wollt? Ermahnen dich deine Eltern zu einem bestimmten Verhalten? (30 Sek.)

Ihr kommt jetzt zu den Leuten. Was sagen oder tun die Beteiligten? Was tust und empfindest du? Was läuft ab? (1 Min.)

Jetzt geht der Besuch zu Ende. Was geschieht? (1 Min.)

Ihr seid jetzt auf dem Rückweg. Was geschieht? (1 Min.)

Wähle aus diesen Bildern eines aus und versuche deinem Gefühl, deinem Erleben in einem Text Ausdruck zu geben. Du hast 20 Minuten Zeit.»

*Auswertung:*

In der Kleingruppe.

Ein/e Teilnehmer/in beginnt und liest seinen/ihren Text vor. Die anderen hören zu und nehmen wahr, welche Gefühle das Geschriebene in ihnen auslöst.

- Welche Stimmung vermittelt mir deine Szene?
- Was fiel mir an den Personen auf?
- Was sagt die Sprache, die du verwendest, aus?
- Was fehlte?
- Gab es Brüche/Widersprüche?
- Wie werden die Beziehungen der Beteiligten untereinander charakterisiert?
- Wenn ich an deiner Stelle gewesen wäre, was hätte ich gerne getan?
Nun nimmt jede/r nochmal zu folgenden Fragen Stellung:
- Konntest du dich deinen Bedürfnissen/Gefühlen entsprechend verhalten?
- Wie wurde die Kontrolle deines Verhaltens ausgeübt?
- Gab es Strafen für «Fehlverhalten»?
- Wie sahst du deine Eltern: verhielten sie sich z.B. anders als zu Hause?

*Variante:*
1. Die Szene statt des Aufschreibens als Rollenspiel spielen. (vgl. Übung «Rollenspiel», S. 329)
2. Die Szene als Bild darstellen.

*Material:*
Stift und Papier.
*Unter dieser Kategorie ist auch folgende Übung verwendbar:*
Beziehungsfeld in Phasen der Kindheit.

Erwachsene machten sich an den Kindern zu schaffen. Jacken wurden gebürstet und Scheitel gezogen, Nasen geputzt und Kragen zurechtgerückt. Kinder waren die Visitenkarten-Geschöpfe ihrer Eltern und hatten einwandfrei in Erscheinung zu treten.
Chr. Meckel: Suchbild. Über meinen Vater, Frankfurt/M. 1983, S. 37

# 3.3 Ängste, Träume, existentielle Erfahrungen

## *Krankheit und Lebensgeschichte*

### *Ziel:*

Dem Zusammenhang zwischen der Lebenssituation und bestimmten Erkrankungen soll nachgegangen werden. Einstellungen zur Krankheit und Umgang mit Krankheit werden thematisiert.

### *Durchführung:*

Die Teilnehmer/innen nehmen ein Blatt Papier (mindestens DIN-A4, besser ein größeres) und werden gebeten, parallel zum linken Rand eine senkrechte Linie zu ziehen, die ihre Lebenslinie darstellen soll (von Geburt an bis heute). Auf dieser werden in Abständen die einzelnen Lebensjahre markiert. Nun tragen die Teilnehmer/innen zu den einzelnen Lebensjahren die Krankheiten, Verletzungen (eventuell auch Gewichtszu- und -abnahmen) ein, an die sie sich erinnern. Daneben soll in kurzen Stichworten notiert werden, welches Gefühl sie mit der Krankheit verbanden und wie die damalige Lebenssituation war, bzw. welche wichtigen Ereignisse und Konflikte in diese Zeit fallen (zum Beispiel Trennung der Eltern, Umzug in eine andere Stadt, Geburt eines Geschwisters usw.).

(Zeit: 15 Min.)

In einem zweiten Arbeitsschritt wird ein vervielfältigter Fragenkatalog verteilt, den die Teilnehmer/innen in einer Stillarbeitsphase schriftlich (in Stichworten) beantworten.

### *Fragen:*
- Schreib spontan die ersten fünf Wörter auf, die dir einfallen zum Thema Kranksein.
- Denk an die wichtigsten Krankheiten/Verletzungen: Wie sah deine Lebenssituation zu dem Zeitpunkt aus? Welche Konflikte bewegten dich damals? Was kränkte dich?
- Welche Redewendungen/bildlichen Vergleiche fallen dir zu bestimmten Krankheiten ein, die du hattest (zum Beispiel bei Halsschmerzen: «Ich konnte nicht mehr schlucken»)?
- Kannst du einen Zusammenhang zwischen solchen Aussprüchen/Bildern und deiner damaligen Lebenssituation erkennen?
- Denk einmal umgekehrt: Was hast du davon gehabt, daß du krank warst?

- Welche Krankheiten traten immer wieder auf? Gibt es Ähnlichkeiten/Wiederholungen in der Lebenssituation?
- Haben sich nach Krankheiten Veränderungen/Entwicklungen in deinem Leben ergeben?
- Welche Krankheiten kamen in deiner Familie vor und welche Redewendungen verbindest du mit diesen Krankheiten?
- Wie wurde in deiner Familie damit umgegangen, wenn du krank warst?
- Welche Ideale in Bezug auf den Umgang mit Krankheit herrschten vor («Zähne zusammenbeißen!», «Gesunder Geist, gesunder Körper!»)?
- Welche Erfahrungen hast du mit Erkrankungen anderer gemacht?
- Wie ist es heute für dich, wenn du krank bist, wenn dein Kind krank ist?
- Welche schlimmen Krankheiten fürchtest du?
  (Zeit: 25 Min.)

*Auswertung:*

Im Kleingruppengespräch. Die Teilnehmer/innen legen der Reihe nach ihre «Lebenslinien» in die Mitte, erläutern sie und sprechen über das Geschriebene. Die anderen teilen mit, was ihnen auffällt, und stellen Fragen.

*Material:*

Papier (mindestens DIN-A4, besser größer), Stifte, vervielfältigter Fragenkatalog.

*Hinweise:*

Weiterführende Literatur:
M. Beck: Krankheit als Selbstheilung, Frankfurt/M. 1981
Th. Dethlefsen, R. Dahlke: Krankheit als Weg, München 1983

## Kinderträume

*Ziel:*

Durch das Erinnern/Vergegenwärtigen von Tag- oder Nachträumen aus der Kindheit der damaligen Lebenssituation nachspüren.

*Durchführung:*

Die Teilnehmer/innen werden gebeten, eine bequeme Haltung im Sitzen oder Liegen einzunehmen. Nach einer längeren Phase der Körperentspannung (s. S. 87) kann der/die Moderator/in folgende Anleitung verwenden:

«Geh nun langsam an deinen Erinnerungen entlang zurück in deine Kindheit. Werde langsam immer kleiner und kleiner, bis du das Kind von früher bist. Geh soweit zurück, wie du magst.

Suche nun in deiner Kindheit einen Traum oder einen Tagtraum/eine Phantasie, den/die du hattest. Wenn du einen Traum oder einen Tagtraum gefunden hast, halte ihn fest. Geh noch einmal ganz in ihn hinein. Laß in Ruhe Bilder entstehen und nimm deine Gefühle wahr. Achte dabei auch auf deinen Körper. (3 Min.)

Verabschiede dich nun von deinem Traum und komme allmählich wieder in den Raum zurück. Bleibe bei deinem Gefühl. Öffne die Augen.

Steh nun langsam auf, sprich nicht. Nimm dir Stifte und Papier und versuche, deine Stimmungen und Gefühle in einem Bild auszudrücken. Es kommt dabei nicht darauf an, daß es ein besonders schönes oder gegenständliches Bild wird. Versuche, nicht zu werten, sondern lasse einfach dein Gefühl malen. Du hast jetzt 20 Minuten Zeit.»

*Auswertung:*

(Klein)Gruppengespräch.

Ein/e Teilnehmer/in beginnt und hängt sein/ihr Bild auf. Die anderen betrachten es in Ruhe und nehmen wahr, was ihnen auffällt, welche Gefühle und Stimmungen ihnen aus dem Bild entgegenkommen, und teilen ihre Eindrücke und Gefühle mit.

Anschließend erläutert der/die Maler/in sein/ihr Bild und geht dabei folgenden Fragen (Wandzeitung) nach:
– Wie war meine Lebenssituation damals?
– Woher kenne ich das Gefühl, das im Traum/Tagtraum auftritt?
– Drückt der Traum einen Wunsch, eine Angst, eine Bedrohung oder vielleicht einen Entwicklungsschritt aus?
– Versuche, das Gegenteil zu phantasieren.

*Material:*

Farbstifte oder Wachsmalkreiden, große Bogen Papier (Tapetenrolle), Klebeband, Wandzeitung mit Fragen.

## «Ich bin wütend»

### Ziel:

Der Geschichte des eigenen Umgangs mit Aggressionen (Wut und Zorn) auf die Spur kommen.

### Durchführung:

Die Teilnehmer/innen werden gebeten, eine bequeme Haltung einzunehmen und die Augen zu schließen. Nach einer kurzen Entspannung (vgl. S. 88) kann der/die Moderator/in folgende Anleitung verwenden:

«Geh in Gedanken an deinen Erinnerungen entlang in deine Kindheit zurück. Werde immer kleiner und kleiner. Stell dir vor, du bist wieder das Kind von früher. (30 Sek.)

Denk nun an eine Situation, in der du besonders wütend und böse auf jemanden (zum Beispiel deine Eltern) warst. Laß die Situation vor dir entstehen und geh ganz in das Gefühl hinein. Was geschieht? (2 Min.)

Wie geht es weiter? Wie endet die Situation? (2 Min.)

Was empfindest du? Werde ganz dein Gefühl und gib ihm Worte. Sprich nun als Dein Gefühl …

Was würdest du am liebsten tun? Tu es. Was geschieht? (2 Min.)

Bleib bei deinem Gefühl, geh durch deine Geschichte und erinnere dich an andere Situationen, in denen du wütend warst. Gibt es Dinge, die du immer wieder erlebst, immer wieder tust? (5 Min.)

Komm nun langsam in den Raum zurück. Öffne die Augen, räkle dich und sei wieder hier.»

(Zeit: 15 Min.)

### Auswertung:

Kleingruppengespräch. Die Teilnehmer/innen tauschen sich darüber aus, wie es ihnen ergangen ist.

*Fragen:* (Wandzeitung oder vervielfältigter Fragenkatalog)

– Welche Umgehensweisen mit Wut sind für mich typisch?
– Hat sich das in meiner Lebensgeschichte verändert?
– Wie reagierten meine Eltern, wenn ich meine Wut zeigte?
– Wem gegenüber drücke ich meine Wut aus, wem gegenüber traue ich mich nicht?
– In welcher Form drücke ich meine Wut aus?
– Wie reagieren die anderen darauf?
– Wovor habe ich Angst?

164

– Wie geht es mir, wenn andere auf mich wütend sind?
– Gibt es in mir eine «andere Seite» meiner Wut (Angst, Trauer, Sehnsucht, Schmerz)?

*Variante:*

Nach der Phantasie erzählen die Teilnehmer/innen, wie es ihnen ergangen ist. Wer mag, kann die Szene noch einmal im Rollenspiel nachspielen (vgl. Übung «Anleitung zum Rollenspiel», S. 329) und nach anderen Lösungsformen, Verhaltensweisen, Ausdrucksformen für seine/ihre Wut suchen.

*Material:*

Wandzeitung oder vervielfältigter Fragenkatalog.

## Peinliche Situationen

*Ziel:*

In einer Phantasieübung sollen peinliche Situationen in der Kindheit und die dazugehörigen Gefühle aktualisiert und nach der Bedeutung dieser Erfahrung für das heutige Handeln gefragt werden.

*Durchführung:*

Die Teilnehmer/innen setzen oder legen sich bequem hin. Nach einer Entspannungsphase (s. S. 88) gibt der/die Moderator/in folgende Anleitung:

«Geh in Gedanken zurück in deine Kindheit und stell dir vor, du bist wieder das Kind von damals. (30 Sek.)

Erinnere dich an eine Situation, in der du dich sehr geschämt hast, die dir sehr peinlich war. Was ist geschehen? Laß die Situation nochmal vor dir ablaufen. Achte darauf, was du fühlst und tust, was die anderen tun. Spüre deinen Körper. (2 Min.)

Nun komm langsam wieder in den Raum zurück. Öffne deine Augen und sei wieder hier.

Nimm dir jetzt Stift und Papier und schreibe die Szene auf, wenn es dir angenehmer ist, in der dritten Person. Geh dabei langsam vor, achte auf Details, die verschiedenen Gefühle bei dir und die du bei den anderen wahrnimmst. Achte auch auf deine Phantasien und Vermutungen. Versuche, deinem Gefühl Worte zu geben. Du hast 30 Minuten Zeit.»

In Kleingruppen. Nacheinander lesen die Teilnehmer/innen ihre Geschichte vor. Die übrigen Teilnehmer/innen äußern, was sie wahrnehmen, welche Gefühle der Text bei ihnen auslöst, welche Stimmung ihnen aus dem Text entgegenkommt. Was «fehlt»? Wo sind Brüche oder Widersprüche? Was fällt mir an der Sprache auf?

Anschließend erläutert der/die Betreffende seinen/ihren Text und die Situation, das Gefühl, das er/sie ausdrücken wollte, und geht der Frage nach: Wo, in welchen Situationen habe ich heute ein ähnliches Gefühl? Wie verhalte ich mich dann?

*Material:*

Papier und Stift.

*Hinweis:*

Zur Weiterführung s. Übung «Kollektive Erinnerungsarbeit», S. 335.

## Abschied

*Ziel:*

Lebensgeschichtlichen Erfahrungen mit dem Thema «Abschied» nachgehen, verschiedene Formen von Abschied/Trennung darstellen und dem heutigen Umgang mit «Abschied» auf die Spur kommen.

*Durchführung:*

Der/die Moderator/in kann folgenden Text verwenden:

«Sucht euch einen Partner bzw. eine Partnerin und verständigt euch, wer A und wer B sein soll. Zwei Paare schließen sich zu einer Vierergruppe zusammen.

Setzt euch bequem hin und schließt die Augen.

Atmet ein und tief wieder aus und versucht, so entspannt wie möglich dazusitzen.

Geh nun in Gedanken in deine Kindheit zurück und erinnere dich an eine Trennung oder einen Abschied von einer Person, die wichtig für dich war. Wenn du in deiner Kindheit keine Abschiedssituationen findest, kannst du auch eine aus deinem späteren Leben nehmen. (1 Min.)

Geh in die Situation und laß sie noch einmal vor dir ablaufen. Nimm wahr, was du empfindest – was du diesem Menschen gegenüber fühlst. (2 Min.)

Komm nun wieder in den Raum zurück, blinzele, öffne die Augen und sei wieder hier.

Die Gruppen einigen sich, welches Paar zuerst agiert. Das andere Paar sieht zu. Wir werden jetzt den Abschied von diesem Menschen in vier verschiedenen Formen spielen.

Zuerst verabschiedet sich A von B *so, wie die Szene in der Phantasie erlebt wurde.*

A gibt seinen/ihren Gefühlen mit dem Körper, durch Gesten/Mimik und mit einem Wort oder Laut Ausdruck. B verhält sich nur reaktiv, achtet auf A und darauf, was As Verhalten gefühlsmäßig bei ihm/ihr auslöst. (Zeit geben)

Nun verabschiedet sich A von B auf eine *wegstoßende Art.* Denke dabei an einen Satz wie zum Beispiel «Geh weg!», «Ich bin froh, daß du gehst!» (Zeit geben)

A verabschiedet sich jetzt von B auf eine *anklammernde Art.* Denke dabei an einen Satz wir zum Beispiel: «Ich will nicht, daß du gehst!» (Zeit geben)

A verabschiedet sich auf eine *erwachsene Art.* Denke an einen Satz wie zum Beispiel: «Ich bin traurig, daß du gehst, und ich kann dich loslassen.» (Zeit geben)

Kurzer Austausch in der Vierergruppe:
— Wie ist es mir ergangen?
— Wie habe ich dich in der Rolle der/des Abschiednehmenden erlebt?
— Welche Gefühle hast du in mir ausgelöst?
   (Zeit: 10 Min.)
Nun wechseln A und B die Rollen.

Nach dem anschließenden Austausch in der Vierergruppe spielt das zweite Paar die Formen der Trennung durch.

*Auswertung:*

Gespräch in der Vierergruppe.
— Wie trenne ich mich normalerweise?
— Woher, aus welchen Situationen kenne ich die Formen der Trennung?

*Variante:*
Die Trennung wird jeweils von einem Paar vor der ganzen Gruppe gespielt. Die Gruppe gibt ein Feedback darüber, wie sie die/den Abschiednehmende/n in den verschiedenen Phasen erlebt hat.

*Oder:*
Auf die Imagination vorab wird verzichtet. Die Teilnehmer/innen wer-

den einfach gebeten, sich einen Abschied aus ihrer Kindheit vorzustellen, diesen in den vier verschiedenen Versionen durchzuspielen und wahrzunehmen, welche Erinnerungen, Bilder, Gefühle entstehen.

*Material:*

Ein genügend großer Raum.

*Hinweis:*

Siehe auch die Auswertungsfragen der Übung «Trennung und Abschied», S. 120

## «Meine Eltern streiten sich»

*Ziel:*

Dem Erlebnis, daß die eigenen Eltern sich streiten wieder- oder neuerlebend nachgehen. Klärung der Frage, welchen Einfluß dies auf meine Einstellung zu Konflikten und Auseinandersetzungen hat.

*Durchführung:*

Die Teilnehmer/innen setzen oder legen sich bequem hin. Nach einer Entspannungsphase (s. S. 87) gibt der/die Moderator/in folgende Anleitung:

«Stell dir vor, du bist wieder klein. Du bist ein Kind und zu Hause in eurer Wohnung. (30 Sek.)

Stell dir jetzt vor, deine Eltern würden sich streiten. Auch wenn du das Gefühl hast, sie würden es nie tun, versuch es dir vorzustellen.

Worüber streiten sie sich? Laß den Streit vor dir ablaufen und achte genau darauf, wie es dir geht. (1 Min.)

Sieh deine Mutter an, sieh deinen Vater an – was möchtest du am liebsten tun? Bleib bei diesem Gefühl.

Wovor hast du am meisten Angst? Was könnte geschehen? Auf wessen Seite stehst du? Warum? Versuch, wie es sich anfühlt, wenn du auf der Seite des/der anderen wärst. (30 Sek.)

Der Streit wird beendet. Wie geschieht das?

Verabschiede dich und komm langsam in den Raum zurück. Räkle dich und bleib noch einen Moment bei dir.»
(Zeit: max. 10 Min.)

168

*Auswertung:*

In Kleingruppen. Die Teilnehmer/innen erhalten den vervielfältigten Fragenkatalog. Jede/r Teilnehmer/in sucht sich *drei* Fragen aus und beantwortet sie schriftlich.

– Ist Streiten überhaupt notwendig?
– Wodurch unterscheidet sich ein «guter» Streit von einem «schlechten» Streit?
– Kann ich mich mit anderen auseinandersetzen? Wo habe ich Schwierigkeiten? Wie vermeide ich Konflikte?
– Kann ich nach einem Streit die Situation wirklich hinter mir lassen oder «hängt» sie mir nach?
– Wie waren die Auseinandersetzungen in meiner Familie? Wer stritt mit wem, und wie? Gab es offene oder eher verdeckte Formen (zum Beispiel Schmollen, Weggehen)?
– Wie hängen meine eigene Einstellung, meine Fähigkeiten und Unfähigkeiten mit den Erfahrungen in meiner Familie zusammen? Welche Konfliktlösungsformen habe ich beibehalten?
– Wenn ich mein Leben insgesamt betrachte, wie hat sich meine Art, Auseinandersetzungen zu führen, verändert? Wodurch?
  Austausch in der Kleingruppe.

*Material:*

Vervielfältigter Fragenkatalog.

## Ich habe mich verlaufen

*Ziel:*

Gefühle und Erfahrungen im Zusammenhang mit Sich-Verlaufen und Verlorengehen als Kind durch eine Phantasie aktualisieren.

*Durchführung:*

Die Teilnehmer/innen werden gebeten, eine bequeme Haltung im Sitzen oder besser: im Liegen einzunehmen und die Augen zu schließen. Nach einer kurzen Phase der Körperentspannung (s. S. 88) kann der/die Moderator/in folgende Anleitung verwenden:

«Versetze dich in deine Kindheit zurück. Stell dir vor, du bist wieder klein. (30 Sek.)

169

Erinnere dich an eine Situation oder stell dir eine vor, in der du unterwegs bist und dich verläufst, verirrst oder in der du verlorengegangen bist. Was ist geschehen? Wo befindest du dich? Geh ganz in die Situation hinein und mach dich offen für alle Gefühle von damals. Achte dabei auch auf deinen Körper.

Welche Phantasien hast du? Was befürchtest du? Was wünschst du dir? (2 Min.)

Was würdest du am liebsten tun?

Wie geht es weiter? Kümmert sich jemand um dich? Was tust du? Wie fühlst du dich? Wie endet die Situation? Was empfindest du? (2 Min.)

Komm nun langsam wieder zurück. Nimm die Geräusche des Raumes wahr. Öffne die Augen, räkle dich und sei wieder hier.

Bleib bei deinem Gefühl, sprich nicht und nimm dir Stifte und Papier und drücke deine Empfindungen in Farben und Formen aus. Es braucht kein gegenständliches Bild zu werden, sondern einfach ein Ausdruck deiner Gefühle.» (20 Min.)

*Auswertung:*

In Kleingruppen. Die Teilnehmer/innen hängen nacheinander ihre Bilder für alle sichtbar auf. Die anderen betrachten das Bild in Ruhe, lassen es auf sich wirken und äußern sich zu folgenden Fragen:

— Welche Stimmung kommt mir aus dem Bild entgegen?
— Welche Gefühle löst es in mir aus?
— Was fällt mir auf?
— Welche Einfälle kommen mir zu dem Bild in den Sinn?

Anschließend schildert der/die Maler/in die dargestellte Situation. Danach schließt sich ein Austausch in der Kleingruppe zu folgenden Fragen an (Wandzeitung oder vervielfältigter Fragenkatalog):

— Wo habe ich heute ähnliche Gefühle wie in der damaligen Situation?
— Wo fühle ich mich heute desorientiert, alleingelassen, habe Schwierigkeiten, mich zurechtzufinden? Wo habe ich heute Angst, «in die Irre zu gehen», verlorenzugehen?
— Wie geht es mir mit einer neuen, unbekannten Umgebung, zum Beispiel in einer fremden Stadt, im Ausland, wenn etwas Unvorhergesehenes passiert, ich mich verlaufe, Leute im Gedränge verliere etc.?
— Was tue ich, um solche Situationen zu vermeiden?
— Was tue ich, wenn solche Situationen eingetreten sind?
— Kann ich mich mit der Bitte um Hilfe an fremde Leute wenden, oder fällt mir das schwer? Gegebenenfalls: Was befürchte ich?)

*Material:*

Farbstifte (Wachsmalkreiden o. ä.), Papier (Tapetenrolle), vorbereiteter Fragenkatalog oder Wandzeitung, Klebeband.

## Alleingelassen werden

*Ziel:*

In einer Phantasie werden Gefühle – wie Ängste, Sehnsüchte usw. – im Zusammenhang mit dem Alleingelassenwerden als Kind aktualisiert. Der Bedeutung dieser Erfahrungen für unseren heutigen Umgang mit Alleinsein wird nachgegangen.

*Durchführung:*

Die Teilnehmer/innen werden gebeten, sich bequem hinzusetzen oder hinzulegen und die Augen zu schließen. Nach einer Phase der Körperentspannung (s. S. 87) kann der/die Moderator/in folgende Anleitung verwenden:

«Geh langsam in Gedanken zurück in deine Kindheit, werde immer kleiner und kleiner. (30 Sek.)

Nun stell dir eine Situation vor, in der du als Kind alleingelassen worden bist. (30 Sek.)

Sieh dir alles genau an. Versuch, ganz in die Situation hineinzugehen. Wie fühlst du dich? Nimm alle Gefühle wahr – auch die «bösen». Spüre deinen Körper, gib deinen Gefühlen Worte. Was würdest du am liebsten tun oder sagen? Tu es! Sag es!!

Was geschieht?

Sind andere Leute in deiner Nähe? Wer ist es? Was tun sie? Was hast du für ein Gefühl zu ihnen?

Wie geht es weiter?

Wie endet die Situation?

Bleib bei deinen Gefühlen und komme langsam wieder in den Raum zurück. Nimm die Geräusche wahr. Blinzle und öffne allmählich die Augen. Räkle dich und sei wieder hier.

Nimm dir jetzt, ohne mit den anderen zu sprechen, Stifte und Papier und versuche, deine Gefühle und Erfahrungen während der Phantasie in Farben und Formen auszudrücken. Es braucht kein gegenständliches Bild zu sein, verleihe einfach deinen Empfindungen Ausdruck. Bleib bei

deinem Gefühl und achte nicht darauf, was die anderen tun. Du hast
20 Minuten Zeit.»

(Zeit: 30 Min.)

### Auswertung:

Im Gruppengespräch. Ein/e Teilnehmer/in beginnt und hängt sein/ihr
Bild für alle sichtbar auf. Die anderen lassen das Bild auf sich wirken
und gehen den Fragen nach:

— Welche Stimmung kommt mir aus dem Bild entgegen?
— Welche Gefühle und Gedanken löst das Bild in mir aus, was fällt mir
 an dem Bild auf?

Die Teilnehmer/innen äußern ihre Eindrücke und Empfindungen.
Anschließend schildert der/die Maler/in die Situation und die Gefühle,
die er/sie mit dem Bild ausgedrückt hat.

Der/die Moderator/in kann das Gespräch mit Hilfe folgender Leitfragen strukturieren:

— Wie ging es dir damals mit dem Alleingelassenwerden, wie bist du
 damit umgegangen, wer oder was half dir? War es richtig und gut
 oder war es traurig und einsam?
— Wie ist es heute: Welche Rolle spielt Alleinsein in deinem heutigen
 Leben? Bist du gerne, viel, selten, ungerne allein? Wie geht es dir
 dann?
— Hast du das Gefühl, das richtige Verhältnis von Alleinsein und mit
 anderen sein gefunden zu haben?

### Material:

Papier und Stifte (Wachsmalkreiden o. ä.), Klebeband.

## Nacht-Angst

### Ziel:

Kindliche Ängste und Phantasien aufspüren.

### Durchführung:

Die Teilnehmer/innen legen oder setzen sich bequem hin und schließen
die Augen. Nach einer Phase der Entspannung (s. S. 87) gibt der/die
Moderator/in folgende Anleitung:

172

«Stell dir vor, du wirst langsam wieder zum kleinen Kind … Du liegst in deinem Bett. Es ist Nacht. Du bist allein zu Hause. Laß dir Zeit, in diese Situation hineinzugehen. (90 Sek.)

Sieh dich um – kannst du in der Dunkelheit etwas erkennen? Hörst du etwas? (30 Sek.)

Plötzlich hörst du ein beunruhigendes Geräusch, das vorher nicht da war, in der Wohnung. Bleib beim Kind-sein und nimm wahr, was passiert. Was geht dir durch den Kopf, wie fühlt sich dein Körper an, was könnte das sein? Was möchtest du tun? (30 Sek.)

Tu es und beobachte, was weiter geschieht. Laß dir Zeit. (30 Sek.)

Irgendwann, wenn du möchtest, hörst du den Schlüssel in der Tür, und deine Eltern kommen nach Hause. Was geschieht weiter? (1 Min.)

Verlaß jetzt die Szene und kehre langsam hierher zurück. Räkle dich und nimm dir Zeit, über das Erlebte nachzudenken.»

(Zeit: 10 Min.)

### Auswertung:

In Kleingruppen (drei oder vier Personen).
– Wovor hatte ich als Kind Angst?
– Hatte ich Alpträume oder schreckliche Phantasien? Wie wurde bei uns damit umgegangen?
– Wie gehe ich heute damit um, wenn ich Angst habe oder schlecht geträumt habe?

### Material:

–

●●●

# Wiegen

### Ziel:

Entspannung; über den Körper die Erfahrung des Gewiegtwerdens des (bei anderen sicher) Aufgehobenseins wiederbeleben und neu erleben.

### Durchführung:

Die Teilnehmer/innen stellen sich in zwei Reihen Schulter an Schulter einander gegenüber und fassen ihr Gegenüber fest um die Handgelenke/Unterarme. Der/die Teilnehmer/in, der/die die Übung machen möchte, stellt sich rücklings vor das erste Paar und läßt sich vorsichtig auf die Gasse aus Armen zurücksinken, bis er/sie bequem von allen

173

Armen getragen auf dem Rücken liegt. Er/sie schließt die Augen, und die Gruppe beginnt, ihn/sie vorsichtig hin und her zu wiegen. Der/die Gewiegte versucht, sich so weit wie möglich zu entspannen und in das Gefühl hineinzusinken. (ca. 2 Min.) Die Gruppe schweigt.

Auf ein Zeichen hin gehen alle gemeinsam langsam in die Knie und legen den/die Teilnehmer/in auf eine Matte oder Decke und decken ihn/sie zu. Er/sie bleibt noch einige Minuten liegen, fühlt dem Erlebten nach und bleibt bei sich. Dann reiht er/sie sich wieder in die Gruppe ein, die inzwischen den/die nächste/n wiegt. Es sollten möglichst alle drankommen.

### Auswertung:

Gruppengespräch; eventuell Einzelarbeit zu Erfahrungen und Problemen im Bereich Zuwendung, Geborgenheit, Aufgehobensein o. ä.

### Material:

Decken, weiche Unterlagen.

### Hinweis:

Die Gruppe muß mindestens 10 Teilnehmer/innen umfassen.

### Unter dieser Kategorie sind auch folgende Übungen verwendbar:

Frühere Gefühle leben in meinem Körper, S. 278
Ausgestreckte Arme der Sehnsucht, S. 280

# 4. Schule

## Schul-«Karriere»

### Ziel:

Sich den Verlauf der eigenen Schulzeit, Erfolge, Krisen, Gefühle im
Überblick vergegenwärtigen, um ein genaueres Bild von den Wirkungen
der Schulerfahrungen zu erhalten.

### Durchführung:

Die Teilnehmer/innen nehmen ein DIN-A4-Blatt im Querformat und
tragen in der Mitte des Blattes auf einer Waagerechten die einzelnen
Schuljahre ein (eventuell auch das eigene Alter). In der Senkrechten am
linken Rand Ziffern von + 3 bis − 3, wobei die Waagerechte Null bedeutet. (vgl. die Übung «Lebenslinie») Jede/r nimmt sich drei verschiedene Farben und trägt in das Diagramm drei Linien ein:
− Wie habe ich mich (damals) im Unterricht gefühlt?
− Wie habe ich mich in der/den Beziehung/en zu anderen Schüler/
 inne/n gefühlt?
− Wie waren meine «objektiven» Leistungen?
 Die Bedeutung der Farben wird mit einem Stichwort an der Linie
notiert. An markanten Wendepunkten werden Ereignisse (zum Beispiel
neue Schule, Sitzengeblieben, Klassenfahrt) dazugeschrieben.
 (Zeit: 20 Min.)

### Variante:

Sofern die Schulzeugnisse vorliegen, kann die «objektive» Linie mit
ihrer Hilfe erstellt werden. Oder jede/r zeichnet die Linie aus der Erinnerung und vergleicht sie anschließend mit den wirklichen Daten.

Anhand der folgenden Fragestellungen (vervielfältigt verteilen) geht jede/r kurz für sich (10 Min.) die Linien noch einmal durch. Anschließend erfolgt der Austausch in Kleingruppen.

*Fragestellungen:*

— Wie stehen die Linien zueinander?

— Kritische Ereignisse / Wendepunkte – was war in der Zeit mit mir? Wie ging es mir?

— Wie kam es zu meinem Entschluß, zum Beispiel auf die Realschule zu gehen? Wer war daran beteiligt?

— Wie habe ich die verschiedenen Schulen empfunden?

— Wie mußten Lehrer / innen sein, damit ich keine Angst hatte, gute Leistungen erbrachte?

— Wenn ich heute an meine Schulzeit denke, wie geht es mir dabei?

*Material:*

Papier, Stift, Buntstifte oder Filzstifte, eventuell Schulzeugnisse, vervielfältigter Fragenkatalog.

## Schulfächer

### Ziel:

Der Frage nachgehen, wodurch die Vorliebe oder Abneigung gegenüber Schulfächern bestimmt wurde, wie sie sich veränderte und welche Bedeutung dies heute hat.

### Durchführung:

Die Teilnehmer / innen nehmen sich Stift und Papier und werden gebeten, das Blatt waagerecht in drei Teile zu teilen:

1. Fächer, die ich gemocht habe,
2. Fächer, die ich nicht mochte,
3. Fächer, zu denen ich keinen Bezug hatte,

und dann alle Schulfächer, die sie hatten, spontan, ohne viel Überlegen untereinander einzuordnen. Wenn sich die Beziehung zu einem Fach sehr stark verändert hat, kann es unter mehreren Überschriften mit Angabe der Klassenstufe eingetragen werden. (5 Min.)

Im zweiten Schritt geht jede/r in Ruhe die Liste durch und notiert hinter den Fächern Stichwörter zu folgenden Fragen:

– Woran lag es, daß ich dieses Gefühl zu dem Fach habe/hatte?
– Wie und wodurch hat sich diese Einstellung weiterentwickelt und
verändert?
(15 Min.)

### Auswertung:

Gruppengespräch. Jede/r stellt reihum kurz (!) seine/ihre Liste vor.
Anschließend Gespräch zu folgenden Fragen:
– Was hat – nachdem, was wir von den anderen gehört haben – mehr
Einfluß auf bestimmte Vorlieben: die Inhalte oder die Person (Leh-
rer/in)?
– Wie stark war der Einfluß unserer Eltern auf unsere Vorlieben?
– Wenn wir an die Fächer denken, die wir nicht mochten oder zu denen wir keinen Bezug hatten: Wie hat es sich weiterentwickelt? Habe
ich heute noch eine Abneigung gegen Mathematik oder kein Interesse für Geschichte?
– Wenn wir die Fächer betrachten, die wir gerne mochten: Haben
diese Vorlieben Auswirkungen auf meine Berufswahl und meine
heutigen Interessen gehabt?
– Haben Schulfächer eigentlich einen Sinn, oder könnte man die Einteilung abschaffen?

### Material:

Papier und Stift.

## Schulhefte

### Ziel:

Einstieg in das Thema und gefühlsmäßige Annäherung an das Schul-
kind von damals.

### Durchführung:

Die Teilnehmer/innen werden gebeten – soweit vorhanden – ihre
Schulhefte mitzubringen. Diejenigen, die keine Hefte mehr besitzen,
können sich mit ihren Erinnerungen an dem Gespräch beteiligen.

Möglichst in der Großgruppe breitet eine/r das mitgebrachte Material aus, läßt es herumgehen und liest vielleicht eine oder zwei Schulauf-
sätze vor. Die anderen achten auf ihre Gefühle.

- Wie war die Handschrift in den verschiedenen Jahren, wie hat sie sich verändert?
- Welche Bedeutung hatten Sauberkeit und «Schön»-Schreiben in der Schule für mich?
- Wie war es mit Hausaufgaben? Haben meine Eltern sich darum gekümmert, und wie? Wie bin ich damit umgegangen?
- Worüber und wie wird in dem Aufsatz geschrieben? Welches war das «eigentliche» Thema? Welches Gefühl vermittelt der Aufsatz?
- Was haben Lehrer/innen/urteile bei mir bewirkt?
  (Zeit: pro Person 15 Min.; es ist erwünscht, wenn ein offeneres allgemeineres Gespräch entsteht.)

*Auswertung:*
- Was hat Schule für mich bedeutet?
- Was hat mich gefördert, was hat mich gehemmt?

*Material:*
Mitgebrachte Schulhefte.

## Zeugnisköpfe

*Ziel:*

Sich-Kennenlernen in der Gruppe, Einstieg in das Thema: «Wie habe ich Schule erlebt?»

*Durchführung:*

Die Teilnehmer/innen wurden vorher gebeten, zu Hause die Beurteilungen («Zeugnisköpfe»), die die verschiedenen Lehrer/innen in die Zeugnisse geschrieben haben, unter Angabe der Klassenstufe aber *ohne* Nennung des Namens, abzuschreiben (möglichst mit Schreibmaschine, maximal eine DIN-A4-Seite).

Die Zettel werden verdeckt gesammelt, gut gemischt und nebeneinander aufgehängt oder ausgelegt und numeriert. Die Teilnehmer/innen lesen in Ruhe die Texte durch und machen sich verdeckt eine Liste, auf der sie notieren, welcher Text ihrer Meinung nach zu welchem/r Teilnehmer/in gehört.
(Zeit: 20 Min.)
Der/die Moderator/in liest den ersten Text vor, und die Teilnehmer/

innen sagen der Reihe nach, wem sie den Text Nr. 1 zugeordnet haben, und begründen ihre Wahl möglichst in einem kurzen Satz usf.

(Zeit: 60 Min. bei 12 Teilnehmer/innen)

Jede/r nimmt sich jetzt das eigene Blatt von der Wand, die Gruppe teilt sich in Kleingruppen. Ein/e Teilnehmer/in beginnt, indem er/sie das eigene Blatt in die Mitte legt. Die anderen lesen es nochmals in Ruhe und sagen, was ihnen durch den Kopf geht, bzw. vorher durch den Kopf gegangen ist, was sie spüren etc. Wichtig ist, daß sich ohne Zeitdruck ein Gespräch entwickeln kann.

(Zeit: pro Person 10 Min.)

### Auswertung:

— Stimmt das, was in den Zeugnisköpfen steht, mit meinem Gefühl von damals überein?
— Welche Rolle haben Zeugnisse für mich gespielt?
— Wie wurde in meiner Familie damit umgegangen?
— Was für ein Kind war ich in der Schule, und wie hat die Gruppe mich eingeschätzt?
— Wie wollte ich sein in der Schule (soziale Position in der Klasse und leistungsmäßig)?

### Material:

Vorher angefertigte Abschriften der Zeugnisköpfe, Stift und Papier, Heftzwecken oder Klebeband.

### Elternsprechtag

#### Ziel:

Die Einstellung der Eltern zu den eigenen Lehrer/inne/n nacherleben und sich die damit verbundenen eigenen Hoffnungen und Befürchtungen bewußt machen.

#### Durchführung:

Die Teilnehmer/innen werden gebeten, eine bequeme Haltung im Sitzen einzunehmen und die Augen zu schließen. Kurze Phase der Körperentspannung. Der/die Moderator/in kann folgenden Text als Anleitung verwenden:

«Geh zurück in deine Kindheit oder Jugend. Sieh dich wieder zur Schule gehen.

Es ist Elternsprechtag. Deine Eltern (oder ein Elternteil) und dein Lehrer/deine Lehrerin unterhalten sich über dich. Stell dir vor, du bist im Raum unsichtbar anwesend.

In welcher Schule, welcher Klasse bist du? Was sagt dein Lehrer/deine Lehrerin? Was sagen deine Eltern? Höre genau hin. Wie spricht dein Lehrer/deine Lehrerin von dir? Wie wirst du gesehen? Wie verhalten sich deine Eltern dem Lehrer/der Lehrerin gegenüber? Wie sprechen sie über dich? (2 Min.)

Nimm alles genau wahr. Wie fühlst du dich, wenn du das hörst? Was würdest du am liebsten tun oder sagen? Sag es! Tu es! Was geschieht? Wie geht es dir? (30 Sek.)

Komm nun langsam wieder zurück. Blinzle, öffne die Augen, räkele dich, strecke dich und sei wieder da.»

(Zeit: ca 10 Min.)

*Auswertung:*

In Kleingruppen. Die Teilnehmer/innen erhalten folgenden vervielfältigten Fragenkatalog:
− Wie ging es mir, wenn Elternsprechtag war? Hatte ich Befürchtungen oder Hoffnungen?
− Wie verhielten sich meine Eltern?
− Wie verhielten sie sich anschließend mir gegenüber?
− Hatte ich das Gefühl, meine Eltern stehen auf meiner Seite?
− Haben sie sich für meine schulischen Belange interessiert?

Ein/e Teilnehmer/in beginnt und erzählt seine/ihre Erfahrungen während der Übung. Die anderen hören zu und achten darauf, welche Gefühle die Erzählung in ihnen auslöst und was ihnen auffällt. Anschließend wird über die Fragen gesprochen.

*Material:*

Vervielfältigter Fragenkatalog.

## Ich und die Mitschüler/innen

*Ziel:*

Nachdenken über die eigene Position im sozialen «Ranggefüge» der Schulklasse zu verschiedenen Zeitpunkten der Schulzeit.

*Durchführung:*

Die Teilnehmer/innen nehmen sich Stift und Papier, legen das Blatt im Querformat und zeichnen – mit ausreichend Platz dazwischen – drei Leitern auf. Unter ihnen wird notiert: Grundstufe, Mittelstufe, Oberstufe. Die Teilnehmer/innen tragen jetzt in die Leitern wie in eine Rangfolge Namen von Klassenkamerad/inn/en ein und auch sich selbst.

– Wer war unter uns Schüler/inne/n am «beliebtesten», am «angesehensten»? Wen wollten alle gerne zum Freund/zur Freundin haben?
– Wer wurde von den meisten nicht gemocht oder abgelehnt?

Wer mag, kann zu den Namen auch ein Stichwort notieren, woran es lag, daß er oder sie diese Position hatte.

(Zeit: 20 Min.)

Anschließend nimmt sich jede/r Zeit, das Bild zu betrachten und über folgende Fragen nachzudenken:

– Wenn sich meine Position verändert hat, wie kam es dazu, woran lag das?
– War ich zufrieden mit meiner Position? Wenn nicht: An wessen Stelle wäre ich gerne gewesen, und was hätte ich dann sein müssen?
– Wie ist es heute in Gruppen – welche Position nehme ich oft ein?
(Zeit: 5 Min.)

*Auswertung:*

In Kleingruppen. Jede/r stellt einzeln sein/ihr Bild unter Berücksichtigung der Fragen vor (nur Tendenzen, nicht zu viele Einzelheiten!).

*Material:*

Papier und Stift.

## Schulreform und Schullaufbahn

### Ziel:

Ein erstes Bewußtsein entwickeln von der Betroffenheit und Verarbeitung äußerer, institutioneller Bedingungen. Feststellen, inwieweit meine Schullaufbahn durch Schulreformen beeinflußt worden ist.

### Durchführung:

Es wird eine Wandzeitung mit einer Zeitleiste aufgehängt. Frühestes Datum ist das Jahr der Einschulung des/der ältesten Teilnehmers/in. Im gemeinsamen Gespräch werden wichtige Maßnahmen der Schulreformen möglichst konkret zusammengetragen und zwar auf folgende Weise:

Ein/e Teilnehmer/in erzählt seine/ihre Erinnerung und vor allem, was dieses Ereignis für ihn/sie, für seine/ihre Schullaufbahn bedeutete usf.

– Wäre ich heute das, was ich bin, wenn es diese Veränderung nicht gegeben hätte?

– Hat sie mir genützt oder geschadet?

Eine Hilfe kann sein, sich kontrastierend die Schule der Eltern-Generation vor Augen zu führen oder mit anderen Bundesländern oder auch dem Ausland zu vergleichen.

Sehr nützlich ist es auch, wenn der/die Moderator/in eine Tabelle o. ä. der Reform und Veränderungsmaßnahmen vorbereitet hat, die in die Schulzeit der Teilnehmer/innen fallen.

### Auswertung:

Siehe oben.

### Material:

Wandzeitung, Filzstifte, Klebeband oder Heftzwecken.

### Hinweis:

K. Klemm, H.-G. Rolff, K.-J. Tillmann: Bildung für das Jahr 2000, Reinbek 1985 (wichtige Daten zur Schulreform)

## Schul-Szenen

Durch ein gelenktes Phantasie-Spiel eigenen Schulerfahrungen gefühlsmäßig auf die Spur kommen.

*Durchführung:*

Die Teilnehmer/innen werden nach einer kurzen Entspannung
(s. S. 88) gebeten, sich in ihre Grundschulzeit zurückzuversetzen. Der/
die Moderator/in kann folgenden Text verwenden:

«Stell dir vor, du bist wieder ein Kind und gehst zur Schule. Wie siehst du
aus? Deine Haare, deine Kleidung? Wie fühlt sich dein Körper an?
   Du bist jetzt dieses Kind. Du bist in der Schule. Wo sitzt du? Wie fühlst
du dich? (1 Min.)
   Komm jetzt wieder in den Raum zurück. Dies hier ist deine Schulklasse. Nimm deinen Stuhl und stell ihn dorthin, wo du gesessen hast.
   Setzt dich auf deinen Stuhl und versuch, das Kind zu sein ... Es sind
noch andere Kinder da.
   Wir werden jetzt «Unterricht» spielen, und ich bin die Lehrerin/der
Lehrer. Versuch, an deinen Erinnerungen und deinen Gefühlen zu blei-
ben, stell dir vor, wie du damals gewesen bist.»

Der/die Moderator/in setzt sich vor die «Schulklasse» und läßt den
Teilnehmern/innen Zeit, sich ganz in die Situation hineinzufühlen ...
Der/die Lehrer/in sagt:

«Ich werde jetzt nacheinander eine Reihe von Situationen ankündigen.
Stellt sie euch vor und achtet darauf, was in euch vorgeht. Wer will,
nimmt eine Körperhaltung ein, die dies Gefühl ausdrückt.
1. ‹Wir schreiben jetzt ein Diktat. Nehmt bitte Hefte und Schreibzeug
   heraus.› (30 Sek.)
2. ‹Ich habe euch heute das Diktat wieder mitgebracht und werde jetzt
   die Hefte austeilen.› (30 Sek.)
3. ‹Ich möchte mir heute mal ganz genau eure Hausaufgaben ansehen.›
   (30 Sek.)
4. ‹Kommst du bitte nach der Stunde mal zu mir!› (30 Sek.)
5. ‹Einer von euch hat sich gestern sehr daneben benommen, und er
   weiß das selber ganz genau.› (30 Sek.)»

*Auswertung:*

In der Gruppe.
– Wie ist es mir ergangen?

- Wie habe ich mich damals eigentlich gefühlt?
- Wie geht es mir heute in Gruppen – welche Position nehme ich ein?
- Was bezweckte ich mit meiner Haltung, welches Problem, welche Angst, welche anderen Gefühle steckten dahinter?

*Material:*

Ein genügend großer Raum, Stühle für alle.

*Hinweise:*

Es kann auch eine andere Schulstufe vereinbart werden.

## «Lehrer/innen, die wir hatten»

*Ziel:*

Wiedererinnern der Schulzeit; der Frage nachgehen, welche Bedeutung einzelne Lehrer/innen hatten, und überlegen, wie jede/r selbst als Lehrer/in sein möchte/würde.

*Durchführung:*

1. Gruppengespräch zu dem Thema: «Lehrer/innen, die wir hatten»; erzählen, vielleicht auch vorspielen (diese Phase kann ruhig sehr lustig sein). (20 Min.)
2. Jede/r Teilnehmer/in denkt an eine/n Lehrer/in, der/die sehr unangenehm war, nimmt sich Papier und Stifte und malt ein Bild von sich und dem/der Lehrer/in, das ausdrückt, wie er/sie sich dieser Person gegenüber gefühlt hat. (20 Min.)

   Die Bilder werden eines nach dem anderen an eine Wand gehängt und kurz einzeln besprochen. Die Gruppe sagt, was sie bei jedem Bild empfindet, anschließend äußert sich der/die Maler/in kurz dazu. (Pro Person max. 5 Min.)

   Anschließend Gruppengespräch:
   - Welche Erfahrungen haben wir mit diesen Lehrer/innen gemacht?
   - Welche Erfahrungen sind bei allen Teilnehmern/innen ähnlich oder gleich?
   - Welche Bedeutung/Auswirkungen hatten diese Erfahrungen für mein späteres Leben?
   - Wie habe ich bei diesen Lehrern/innen gelernt?

- Hat es Lehrer/innen gegeben, mit denen ich mich identifiziert habe, die Vorbild für mich waren? Was mochte ich an ihnen?
- Wenn ich jetzt an eine/n Lehrer/in denke, den/die ich in guter Erinnerung habe, worin bestand der Unterschied zu anderen? (30 Min.)

3. Jede/r notiert auf einem Zettel Stichwörter zu den Themen (vervielfältigt verteilen):
- Wie möchte/würde ich als Lehrer/in sein wollen?
- Ist das realistisch?
- (Für Lehrer/innen im Beruf: Wie bin ich als Lehrer/in? Wie möchte ich gerne sein?)

Anschließend Austausch in der Gruppe.

*Auswertung:*

siehe oben.

*Material:*

Papier, Stift, Wachsmalkreiden, Malpapier und Klebeband, vervielfältigter Fragenkatalog.

## «Ein Lehrer hat mal ...»

*Ziel:*

Eine Situation in der Schule und das Verhältnis zu den Lehrer/inne/n sollen aktualisiert und auf ihre Bedeutung für unser heutiges Verhalten in Gruppen, den Umgang mit Autoritäten, unser Handeln als Erziehende und unsere Einstellung zur Lehrer/innen/rolle befragt werden.

*Durchführung:*

Die Teilnehmer/innen nehmen eine für sie bequeme Haltung ein und schließen die Augen. Kurze Entspannung (s. S. 88). Der/die Moderator/in kann folgenden Text als Anleitung verwenden:

«Geh in Gedanken langsam zurück in deine Kindheit....
    Stell dir vor, du bist das Schulkind von früher.... Erinnere dich an eine für dich unglückliche oder schlimme Situation mit einem Lehrer oder einer Lehrerin...

Sieh dich um, wo befindest du dich? Sieh dir die Person oder die Personen, die da sind, genau an. Was geschieht? Was tust du? Wie reagieren die anderen Personen? (30 Sek.)

Welche Gefühle hast du? Spüre genau hin. Achte auch auf deinen Körper, bleib bei deinem Gefühl.

Phantasiere mal: Was hättest du in der Situation am liebsten getan? ...

Geh deiner Phantasie nach und tu es – alles ist erlaubt, nichts kann falsch sein. (20 Sek.)

Nun komm langsam in den Raum zurück. Nimm die Geräusche des Raumes wahr. Öffne die Augen, räkle und strecke dich.

Wenn ihr gleich über eure Phantasien sprecht, versucht bei euren Gefühlen zu bleiben und nicht in das Erzählen von Anekdoten zu verfallen. Das ist oft ein Schutz gegen das Gefühl von zum Beispiel Ohnmacht, Ausgeliefertsein, Traurigkeit, Verzweifeltsein usw.»

*Auswertung:*

In Paaren oder Kleingruppen. Jede/r erzählt von den Erlebnissen während der Phantasie und geht auf folgende Fragen ein:
– Wo habe ich heute ähnliche Gefühle wie damals?
– Sind meine Einstellungen durch diese Erfahrungen geprägt?
– Wie geht es mir heute mit Autoritäten?
– Wenn ich mir vorstelle, selber Lehrer/in zu sein, wie möchte ich sein? Wie möchte ich nicht sein?
– Wie stelle ich mir eine «gute» Schule vor?

*Variante 1:* Rollenspiel. Ein/e Teilnehmer/in spielt die erinnerte Szene vor. Er/sie wählt sich aus der Gruppe die Mitspieler/innen und beschreibt ihnen kurz die Situation. Die Szene wird einmal vorgespielt und dann nochmals gespielt, wobei der/die Teilnehmer/in zum Beispiel so reagiert, wie er/sie es sich gewünscht hätte o. ä. (vgl. «Anleitung zum Rollenspiel»)

*Variante 2:* Eine Situation wählen, in der man/frau sehr glücklich und zufrieden war.

*Material:*
–

# Schule – Widerstand und Anpassung

## Ziel:

Die Frage klären, inwieweit die Schule eine Entwicklung zum kritikfähigen Menschen gefördert hat.

## Durchführung:

1. Die Teilnehmer/innen nehmen Stift und Papier und notieren alles, wie es ihnen in den Sinn kommt, zu folgender Fragestellung:
 – Wenn ich an mich während meiner Schulzeit denke, was fällt mir ein zum Stichwort: «Anpassung»? Wo, wie, wann, auf welche Weise bin ich angepaßt worden/habe ich mich angepaßt? (5 Min.)
2. Auf einem zweiten Zettel notieren die Teilnehmer/innen Ereignisse, Erlebnisse während der Schulzeit. Hierzu wird das Papier durch waagerechte Linien in drei Teile geteilt, die folgende Überschriften erhalten:
 – Wann und wie habe ich Widerstand geleistet?
 – Wo nicht, obwohl ich eigentlich gewollt hätte?
 – In welchen anderen Situationen hätte ich – von heute aus betrachtet – Widerstand leisten müssen? (10 Min.)

## Auswertung:

Gruppengespräch zu folgenden Fragen:
 – Wie stark geht der Anpassungsdruck von der Schule als Institution aus? (Hierzu eventuell eine Wandzeitung gemeinsam anfertigen.)
 – Was ist daran notwendig, auf was könnte man verzichten?
 – Welche Fähigkeiten sind auf der Strecke geblieben?
 – Wie weit habe ich mich angepaßt, wo habe ich mir Nischen geschaffen/erhalten?
 – Welche «heimlichen» Widerstandsstrategien hatte ich?
 – Woran hat es gelegen, daß ich mich in bestimmten Situationen gewehrt habe und in anderen nicht?
 – Wie war es zu Hause – habe ich gelernt, widerständig zu sein oder nicht? Wurde ich von meinen Eltern bestärkt und unterstützt?
 – Wie geht es mir heute damit (zum Beispiel Beruf, Universität, Politik)?
 – Was habe ich aus diesen Schulsituationen gelernt?

## Material:

Papier und Stift, eventuell Wandzeitung und Klebeband.

*Unter dieser Kategorie sind auch folgende Übungen verwendbar:*

... ich gab mein Bestes, tat, was das Montageband mir jeweils
vorschlug. Leider, wenn ich mein Leben in die Arbeit legte, war
es von mir weg, und ich konnte es auch nach Feierabend und am
Wochenende nicht wiederfinden ... Je mehr ich mich ausarbei-
tete, je weniger behielt ich von mir. Ich vermutete, desto mehr
wäre in den Sachen, die das Montageband mit meiner Beihilfe
machte, und schaute. Aber auch dort konnte ich mich nicht finden. Wo war mein Leben, das ich in die Arbeit legte, dann aber
hin?
H. Kipphardt: März, Reinbek 1976, S. 48

# 5. Ausbildung / Beruf

## *Ausbildungs- / Berufsentscheidung*

### *Ziel:*

Herausfinden, welche Personen oder Faktoren Einfluß auf meine Aus-
bildungs- oder Berufsentscheidung hatten und wie wichtig diese im einzelnen waren.

### *Durchführung:*

Die Teilnehmer/innen zeichnen in die Mitte eines DIN-A4-Blattes (bes-
ser DIN-A3) einen Kreis, in den sie ihren Beruf eintragen. Um diesen
Kreis herum verteilen sie acht weitere Kreise, in die sie folgendes eintra-
gen:
– *Familientradition:* Meine Eltern sagten: ...
– *Kinderträume:* Als Kind wollte ich immer werden: ...
– *Verbotene Berufe:* Das durfte ich auf keinen Fall werden: ...
– *Lebensumstände,* die hinderten oder förderten (historisch, politisch,
  räumlich, körperlich): ...
– *Vorbild:* So wie der/die wollte ich gerne sein: ...
– *Meine Clique,* Gleichaltrige, Freunde: ...
– *Schule, Lehrer/innen:* ...

– ein Kreis bleibt frei.

Die Teilnehmer/innen erhalten folgende Anweisung:

«Versetze dich in Gedanken zurück in die Zeit, als du die erste Entscheidung getroffen hast, in deinen Beruf oder eine derzeitige Ausbildung zu gehen. Trage neben die Kreise ein, was dir zu den einzelnen Bereichen einfällt. Wenn etwas Wichtiges fehlt, hast du einen freien Kreis zur Verfügung.

Zeichne dann Pfeile von den Kreisen ausgehend zur Mitte – zu deinem Beruf/deiner Ausbildung – hin. Zeige durch die Dicke der Pfeile an, wie wichtig die einzelnen Bereiche für deine Entscheidung waren.

(15 Min. Zeit geben.)

Nimm dir nun Zeit, das zu betrachten, was du gezeichnet hast. Decke jetzt mit der Hand der Reihe nach jeden Bereich einmal zu und stell dir vor, was gewesen wäre, wenn dieser Einfluß nicht vorhanden gewesen wäre. Was wäre dann aus dir geworden?»

(Zeit: 10 Min.)

### Auswertung:

In Kleingruppen.
– Wenn ich heute nochmals in der damaligen Situation wäre, wie würde ich mich entscheiden?
– Was gefällt mir an meinem Beruf/meiner Ausbildung?
– Wie ist meine berufliche Entwicklung weitergegangen? Welche Einflüsse waren ausschlaggebend?
– Wie wird sie weitergehen? Wovon hängt das ab?

### Material:

Papier (möglichst DIN A3) und Stift.

## Berufs-«Karriere»

### Ziel:

Den Verlauf beruflicher Erfahrungen und Stationen der beruflichen Laufbahn, die die eigene Entwicklung geprägt und beeinflußt haben, klären.

*Durchführung:*

Der/die Moderator/in kann folgenden Text als Anleitung verwenden:

«Mit dieser Übung können wir uns einen Überblick über den Verlauf unserer Erfahrungen im Berufsleben und die für uns damit verbundenen prägenden Erfahrungen und Wendepunkte verschaffen. Es kommt bei dieser Übung nicht so sehr darauf an, eine stetig verlaufende ‹Karriere-Leiter› darzustellen, sondern zu fragen:

Was bedeuteten einzelne Stationen – wie Arbeitsplatzwechsel, Beförderungen, Phasen der Arbeitslosigkeit, Umschulungen etc. – gefühlsmäßig für mich und für die Entwicklung meiner Persönlichkeit?»

Auf einem DIN-A4-Blatt im Querformat (vgl. Übung «Lebenslinie») wird in der Mitte des Blattes eine waagerechte Linie gezogen, auf der die einzelnen Berufsjahre (bzw. das jeweilige Lebensalter) markiert werden. Am linken Rand wird eine senkrechte Linie gezeichnet – von unten beginnend mit − 3, − 2, − 1; 0 stellt den Schnittpunkt mit der Waagerechten dar, + 1, + 2, + 3. Mit Hilfe von Kreuzen markieren die Teilnehmer/innen nun auf der Linie wichtige berufliche Stationen und Ereignisse und bewerten sie von + 3 bis − 3, so wie ein «objektiver» Betrachter sie von außen sehen würde. Gegebenenfalls schreiben sie ein Stichwort bzw. das Ereignis dazu. Wer mag, kann die Kreuze mit einer farbigen Linie verbinden. (Am Rand vermerken, welche Linie mit dieser Farbe gekennzeichnet werden soll.)

In einem zweiten Schritt wird mit einer anderen Farbe jeweils eingetragen, wie sie sich persönlich gefühlt haben, wie das Ereignis auf sie gewirkt hat. Wenn widerstreitende Gefühle vorhanden waren, wird dies vermerkt und ein Stichwort dazu notiert (zum Beispiel beruflicher Aufstieg = Streß, Angst, etwas falsch zu machen und Freude über die Anerkennung).

(Zeit: 10 Min.)

*Auswertung:*

Anhand folgender Fragestellungen, die auf einer Wandzeitung notiert sind, geht jede/r Teilnehmer/in ihre/seine Linien nochmals durch:

– In welchem Verhältnis stehen die beiden Linien zueinander?
– Gab es in der Zeit von Wendepunkten, besonderen und problematischen Ereignissen im Berufsleben auch wichtige Ereignisse außerhalb der Berufssphäre, die mich beeinflußten?
– Wer oder was hat meine berufliche Entwicklung beeinflußt: Personen (Wer hat mich gefördert, unterstützt, gehemmt?), zeitgeschichtliche Faktoren (zum Beispiel Krieg usw.),

wirtschaftliche Bedingungen (zum Beispiel Rezessionen, Arbeitslosigkeit usw.)?
– Wann habe ich Situationen aktiv verändert (Was machte mir Mut, veranlaßte mich dazu)?
– Was kam einfach – ohne mein Zutun – auf mich zu?
– Wenn ich heute noch einmal von vorn beginnen könnte, was würde ich anders machen wollen?
– Was möchte ich heute ändern? Welche konkreten Schritte kann ich dazu unternehmen?

Anschließend erfolgt ein Austausch in der Gruppe. Jede/r Teilnehmer/in hängt seine/ihre Zeichnung auf. Die anderen sagen, was ihnen auffällt und fragen gegebenenfalls nach. Der/die betreffende Teilnehmer/in erläutert seine/ihre Zeichnung.

*Material:*

Papier, verschiedenfarbige Filzstifte, Wandzeitung mit Fragen.

*Hinweise:*

Weiterarbeit ist möglich an der Frage: «Was möchte ich ändern?» anhand der Übung «Lebensplanung», S. 251.

## Berufsausbildung und Lebensgeschichte

*Ziel:*

Herausfinden, wie berufliche Tätigkeit mit der bisherigen Lebensentwicklung zusammenhängt und welchen Stellenwert die Berufsausbildung für den eigenen Lebensentwurf hat.

*Durchführung:*

In die Mitte wird ein Stapel mit Karten gelegt, auf denen Fragen notiert sind (s. u. «Material»).

Wer mag (oder alle Teilnehmer/innen nacheinander) zieht eine Karte, liest die Karte und entscheidet sich, ob er/sie die Frage beantworten will. Falls nicht, mischt er/sie die Karte wieder unter den Stapel, zieht eine neue, liest die Frage laut vor und beantwortet sie so ausführlich wie möglich. Die anderen hören zu und überlegen, was ihnen zu der Erzählung einfällt:
– Welche Erfahrungen habe ich selbst in diesem Zusammenhang gemacht?

Die übrigen Teilnehmer/innen erzählen *ihre* Erfahrungen. Es ist beabsichtigt, in ein Gespräch zu kommen. Wenn das Thema erschöpft ist, zieht ein/e andere/r eine Karte.

Wenn problematische Situationen geschildert werden, kann gemeinsam überlegt werden, ob es Lösungsmöglichkeiten gibt. (Eventuell Rollenspiel anschließen, in denen Situationen und mögliche Lösungen gespielt werden. Vgl. Übung «Anleitung zum Rollenspiel», S. 329.)

## Auswertung:

Siehe oben.

## Variante:

1. Die Teilnehmer/innen erhalten den abgezogenen Fragenkatalog als Gesprächsleitfaden, die Gruppe teilt sich auf in Paare, die sich über die Fragen unterhalten. Anschließend erfolgt eine Auswertung im Plenum.
2. Der Fragenkatalog wird in Einzelarbeit in Stichwörtern schriftlich beantwortet (Stößt bei Jugendlichen leicht auf Widerstand!).

## Material:

Karten, auf denen folgende Fragen notiert sind:

- Wie bist du zur Entscheidung gekommen, deinen Beruf zu erlernen? Wer/was hat dich beeinflußt?
- Was macht(e) dir am meisten Spaß bei deiner Ausbildung?
- Wenn du deine Vorstellungen vor Berufs-/Ausbildungsbeginn mit deinen jetzigen Erfahrungen vergleichst, wo gibt es Übereinstimmungen, was ist anders als du es dir vorgestellt hast?
- Was wolltest du deinem Ausbilder/deiner Ausbilderin immer schon mal sagen (und trautest dich nicht)?
- Was macht(e) dir am wenigsten Spaß an deiner Ausbildung? Worüber ärgerst du dich?
- Wie ist dein Verhältnis zu deinen Kollegen? (Schildere ein typisches Beispiel.)
- Was befürchtest du in deinem Beruf, wovor hast du am meisten Angst – und wie gehst du damit um?
- Welche Konflikte gab/gibt es mit Vorgesetzten? Wo kannst du dich durchsetzen, wo nicht?
- Wie siehst du deine Zukunft? Wovon träumst du? Was ist realistisch?
- Welche Erfahrungen hast du mit der Gewerkschaft, dem Betriebsrat, betrieblicher Mitbestimmung gemacht?
- Sprichst du mit anderen über deine Erfahrungen in Ausbildung/Beruf (Eltern? Freunde? Wer sonst?)? Was ist dir daran wichtig?

- Was ist dir außerhalb deines Berufsbereiches noch wichtig? Was tust du in deiner Freizeit?
- Welches ist momentan dein wichtigstes Ziel?
- Wie denkst du über den Spruch: «Wer nicht arbeitet, soll auch nicht essen!»?
- Welches sind die wichtigsten Erfahrungen, die du während deiner Ausbildung gemacht hast?
- Inwieweit ist das Thema «Arbeitslosigkeit» für dich wichtig? Wie geht es dir, wenn du darüber nachdenkst?
- Vergleiche deine berufliche Tätigkeit mit deinen «Vorfahren», deiner Familie, deiner Verwandtschaft! Was fällt dir auf?
- Hattest du als Kind bestimmte Berufswünsche? Wenn ja, was hat dich an dem Beruf gereizt?

## Erwerbslosigkeit

### Ziel:

Sich mit den Problemen von Erwerbslosigkeit und deren Bedeutung für die eigene Lebensgeschichte beschäftigen.

### Durchführung:

Die Teilnehmer/innen legen Stift und Papier bereit und erhalten einen vorbereiteten, vervielfältigten Fragenkatalog, den sie in Stichworten schriftlich beantworten. Die Teilnehmer/innen werden gebeten, die erste Frage möglichst ohne lange zu überlegen (assoziativ) zu beantworten.

### Fragenkatalog:

- Für Teilnehmer/innen, die potentiell von Erwerbslosigkeit bedroht sind: Stell dir vor, du bist arbeitslos ...
- Bei Teilnehmern/innen, die erwerbslos sind: Wenn du daran denkst, daß du arbeitslos bist, welche Gefühle löst das in dir aus?
- Wie ist es dir seit dem Beginn deiner Arbeitslosigkeit ergangen?
- Was befürchtest du?
- Gibt es auch positive Seiten von Arbeitslosigkeit?
- Wovon träumst du, was würdest du am liebsten tun?
- Welche Perspektiven sind realistisch, realisierbar?
- Welche Schritte kannst du zur Verwirklichung deiner Träume tun?
- Welche Möglichkeiten hast du im Bereich der Arbeitswelt?
- Welche Möglichkeiten hast du in anderen Bereichen (könntest du

dich zum Beispiel politisch betätigen, dich an alternativen Projekten beteiligen usf.)?
– Als du arbeitslos wurdest, hast du es deinen Familienmitgliedern gesagt?
– Wie hast du es deinen Freunden und Bekannten gesagt?
– Wie gehen deine Kinder mit deiner Arbeitslosigkeit um – erzählen sie es zum Beispiel Mitschülern/innen?
– Welche Werte, Sprüche, Vorstellungen hast du aus deiner Familie/ Schicht zu Arbeitslosigkeit mitbekommen? («Wer arbeiten will, der findet auch was»)
(Zeit: 20 Min.)

*Auswertung:*

Im Gruppengespräch.
– Gibt es ähnliche Erfahrungen im Umgang mit Arbeitslosigkeit?
– Lassen sich konkrete Schritte zur Realisierung neuer Perspektiven für den/die einzelne/n Teilnehmer/innen entwickeln?
– Welche politischen Schritte können unternommen werden (Zusammenschluß zu Arbeitsloseninitiativen, Wahlverhalten)?
– Für Arbeitslose: Habe ich das Gefühl, weniger wert zu sein, seitdem ich nicht mehr arbeite?

*Variante:*
– Für Gruppen, deren Teilnehmer/innen nicht gerne schreiben, kann der Fragenkatalog als Gesprächsgrundlage dienen.
– Für Teilnehmer/innen, die früher bereits einmal arbeitslos waren, kann rückblickend gefragt werden: Was hat die Arbeitslosigkeit für meine Biographie, Lebensgeschichte bedeutet?

*Material:*
Papier und Stift, vervielfältigter Fragenkatalog.

*Hinweis:*
Es sollte einerseits vermieden werden, daß sich nur Resignation unter den Teilnehmern/innen breitmacht. Andererseits sollten die Probleme als ernste gesellschaftlich-ökonomische gesehen werden und die Begrenztheit individueller Bewältigungsmöglichkeiten (durch Eigeninitiative die Situation für sich einigermaßen zufriedenstellend zu lösen) im Bewußtsein bleiben und nicht durch eine «Kopf-hoch»- und «Wenn-man-will-dann-klappt-es-auch»-Mentalität zugedeckt werden. Eine solche Einstellung würde dem/der einzelnen, der/die es nicht schafft, eine zufriedenstellende Lösung zu finden, nur das Gefühl persönlichen Versagens vermitteln.

Ideal wäre es für eine Gruppe von Arbeitslosen, wenn sie gemeinsam eine «realisierbare Utopie» entwickeln könnten oder wenn Gruppenmitglieder für individuelle Perspektiven kleine, realisierbare Schritte planen könnten, die sie – wie Verträge – bis zum nächsten Treffen erfüllt haben müßten.

## Wie verbringe ich meine Zeit?

### Ziel:

Sich über die Verwendung der eigenen Zeit klarwerden. Den individuellen und gesellschaftlichen Ursprüngen dieser Zeitverwendung nachgehen.

### Durchführung:

Die Teilnehmer/innen erhalten einen vorgefertigten «Stundenplan» (Vorlage s. u. vervielfältigen und verteilen). Sie nehmen einen Stift und werden gebeten, sich in Ruhe zu erinnern, wieviel Zeit sie in der letzten Woche mit welcher Beschäftigung verbracht haben und dies so genau wie möglich in den Plan einzutragen. Folgende Bereiche/Tätigkeiten sollen dabei berücksichtigt werden (eventuell auf einer Wandzeitung notieren):

– Schlaf,
– Berufstätigkeit (eventuell nach unterschiedlichen Tätigkeiten untergliedern),
– Fortbildung,
– Schule,
– An- und Abfahrt zur/bzw. von der Arbeits- und Ausbildungsstätte,
– Essen,
– Hausarbeit,
– Hygiene,
– Freizeit (die verschiedenen Beschäftigungen aufschreiben).

Als «Gedächtnisstütze» können dabei eigene Terminkalender zu Hilfe genommen werden. (Zeit: 20 Min.)

In einer anschließenden Stillarbeitsphase gehen die Teilnehmer/innen anhand folgender Fragen (vervielfältigter Fragenkatalog) ihren Zeitverwendungsplan nochmals in Ruhe durch und machen sich dazu Notizen. (Zeit: 15 Min.)

Fragen:
– Welche Beschäftigungen nehmen den Hauptteil meiner Zeit ein? Welche den geringsten Teil?

- Auf welche Beschäftigungen verwende ich den größten Teil meiner *Freizeit*?
- Habe ich Phasen, die ich nur für mich nutze oder ist alles verplant?
- Hat sich in der Verwendung meiner Zeit etwas geändert im Gegensatz zu früher?
- Welche Bedingungen in meinem Leben haben dazu geführt, daß ich meine Zeit so verwende? Wie ist es dazu gekommen?
- Welche Beschäftigungen befriedigen mich am meisten und wieviel Zeit nehmen diese ein?
- Bin ich mit der Einteilung meiner Zeit zufrieden?
- Was soll sich ändern, und was kann ich dafür tun?

*Auswertung:*

Kleingruppengespräch. Die Teilnehmer/innen legen nacheinander ihren Plan in die Mitte und erläutern ihn. Die anderen betrachten ihn und sagen, was ihnen auffällt. Der/die Betreffende erzählt, was ihm/ihr zu den Fragen eingefallen ist. Eventuell können gemeinsam Überlegungen zu konkreten Veränderungsschritten angestellt werden. Außerdem kann gemeinsam der Frage nachgegangen werden:
- Was hat es für eine politische Bedeutung, daß unsere Zeit so vorprogrammiert wird?

*Weiterführung:*

Auf einer Wandzeitung werden die Zeiten, die die Teilnehmer/innen für Beschäftigungen verwenden, addiert, und es wird eine Art «Statistik» für eine Woche erstellt.

*Material:*

Stift, vervielfältigter «Stundenplan», Wandzeitung zu den verschiedenen Tätigkeiten, vervielfältigter Fragenkatalog. Papier für eine Wandzeitung (s. Weiterführung), Filzstift, Klebeband.

*Hinweise:*

Die Anregung zu dieser Übung entnahmen wir:
R. Behrendt, D. Grösch: Alltag, Lebensgeschichte, Geschichte, Berlin o. J., S. 25.
Weiterführende Literatur zu diesem Thema:
K. A. Geißler: Zeit Leben, Weinheim 1985.

# Wochenplan zur Zeitverwendung

|        | So | Mo | Di | Mi | Do | Fr | Sa |
|--------|----|----|----|----|----|----|----|
| 0–1 h  |    |    |    |    |    |    |    |
| 1–2    |    |    |    |    |    |    |    |
| 2–3    |    |    |    |    |    |    |    |
| 3–4    |    |    |    |    |    |    |    |
| 4–5    |    |    |    |    |    |    |    |
| 5–6    |    |    |    |    |    |    |    |
| 6–7    |    |    |    |    |    |    |    |
| 7–8    |    |    |    |    |    |    |    |
| 8–9    |    |    |    |    |    |    |    |
| 9–10   |    |    |    |    |    |    |    |
| 10–11  |    |    |    |    |    |    |    |
| 11–12  |    |    |    |    |    |    |    |
| 12–13  |    |    |    |    |    |    |    |
| 13–14  |    |    |    |    |    |    |    |
| 14–15  |    |    |    |    |    |    |    |
| 15–16  |    |    |    |    |    |    |    |
| 16–17  |    |    |    |    |    |    |    |
| 17–18  |    |    |    |    |    |    |    |
| 18–19  |    |    |    |    |    |    |    |
| 19–20  |    |    |    |    |    |    |    |
| 20–21  |    |    |    |    |    |    |    |
| 21–22  |    |    |    |    |    |    |    |
| 22–23  |    |    |    |    |    |    |    |
| 23–24  |    |    |    |    |    |    |    |

## Arbeits-«Beziehungen»

### Ziel:

Sich über die Beziehungen zu Arbeitskollegen/innen, Vorgesetzten und Mitarbeitern/innen klarwerden und der Frage nachgehen, ob es in früheren Phasen der Lebensgeschichte bereits ähnliche Beziehungskonstellationen (zum Beispiel in der Familie und in der Schule) gab.

### Durchführung:

Die Teilnehmer/innen nehmen Stift und Papier und unterteilen ein DIN-A4-Blatt im Querformat durch zwei senkrechte Linien in drei Spalten. Diese werden überschrieben mit: Kindheit, Schule/Jugend, Beruf heute. Jede/r Teilnehmer/in schreibt in jede dieser Spalten ca. 5 Personen, die zum damaligen Zeitpunkt wichtig für sie/ihn waren, und notiert mit einem Stichwort das Grundgefühl, das sie/er dieser Person gegenüber empfand. (10 Min.)

In einem zweiten Arbeitsschritt betrachten die Teilnehmer/innen in einer Stillarbeit die drei Spalten anhand folgender Arbeitshilfe (vervielfältigen oder als Wandzeitung aufhängen) und machen sich dazu Notizen:

- Fällt dir etwas auf, wenn du die drei Listen vergleichst?
- Such dir die Personen heraus, zu denen zu ein ähnliches Grundgefühl hattest. Schreibe sie untereinander. Schau dir die Beziehungen noch einmal genauer an.
- Siehst du Zusammenhänge/Ähnlichkeiten zwischen bestimmten Beziehungen früher und bestimmten Beziehungen heute?
- Wie wirkt sich das Gefühl, das du zu den Personen heute hast, auf dein Verhalten aus?
- Denk einmal über das Stichwort «Konkurrenz» nach. Was fällt dir dazu ein?
  (Zeit: 20 Min.)

### Auswertung:

Austausch über das Geschriebene in Kleingruppen.

### Material:

Papier und Stift. Vervielfältigte Arbeitshilfe oder Wandzeitung.

## Prüfungssituationen

### Ziel:

Sich Prüfungssituationen in Erinnerung rufen, die mit diesen Situationen verbundenen Gefühle aktualisieren und nach ihrer Herkunft fragen.

### Durchführung:

Die Teilnehmer/innen werden gebeten, eine für sie bequeme Haltung im Sitzen, besser noch im Liegen, einzunehmen und die Augen zu schließen. Der/die Moderator/in kann nach einer Entspannung (s. S. 88) folgenden Text als Anleitung verwenden:

«Fast alle Menschen haben irgendwelche Prüfungen gemacht (zum Beispiel Fahrprüfung, Abitur, Uniexamen, Lehrabschlußprüfung usw.). Geh in deiner Geschichte zurück und rufe dir eine Prüfungssituation in Erinnerung, die wichtig für dich war. (30 Sek.)

Stell dir vor, du stehst jetzt unmittelbar vor dieser Prüfung. Wo befindest du dich? Sieh dich um. Wer ist außer dir noch da? Nimm dir Zeit und achte auf deine Gedanken und Gefühle. Nimm deinen Körper wahr. Was spürst du? (30 Sek.)

Nimm genau deine unterschiedlichen Gedanken und Empfindungen wahr. Was sagt die Angst, dein ängstlicher Teil? Gib ihm Worte, laß ihn sprechen. (20 Sek.)

Was sagt dein zuversichtlicher Teil? Gib auch ihm Worte. (20 Sek.)

Geh jetzt weiter: Die Prüfungssituation ist da. Was geschieht? Vergegenwärtige dir das Bild. Sieh genau hin. Was geschieht? (30 Sek.)

Was möchtest du am liebsten tun? Tu es! Was geschieht? (30 Sek.)

Komm nun allmählich wieder zurück. Blinzle, öffne die Augen, strecke dich und sei wieder da.»

### Auswertung:

In der Großgruppe oder in Kleingruppen. Ein/e Teilnehmer/in beginnt und berichtet, wie es ihm/ihr ergangen ist, was er/sie erlebt hat. Die anderen hören zu und achten auf folgendes:
– Welche Gefühle löst deine Erzählung in mir aus?
– Was fällt mir auf?
– Was fehlt? Gibt es Brüche, Widersprüche?
  Allgemeine Fragen für das Gruppengespräch?
– Woher kenne ich die Angst, die ich in Prüfungen habe?
– Welche Haltung nehme ich gegenüber den Prüfern ein? Kenne ich dieses Beziehungsmuster aus meiner Lebensgeschichte?

- Welche Vorstellung habe ich von anderen Prüflingen? Welches Gefühl habe ich ihnen gegenüber?
- Was hilft mir in Prüfungen, was könnte mir helfen?
- Wie fühle ich mich als Prüfer? Welche Ängste habe ich? Welche Gefühle habe ich gegenüber den Prüflingen? (Nimm auch die negativen Gefühle wahr.)
- Wenn ich mir vorstelle, die Prüfung nicht zu bestehen, was löst das in mir aus?

*Material:*

–

## Konflikte am Arbeitsplatz

### Ziel:

Konflikte in der bisherigen beruflichen Tätigkeit sollen in einem Rollenspiel aktualisiert und bearbeitet werden. Dabei wird der Frage nach der lebensgeschichtlichen Bedeutung eines bestimmten Verhaltens, nach Handlungsalternativen und nach konfliktauslösenden «objektiven» Gegebenheiten nachgegangen.

### Durchführung:

Der/die Moderator/in kann folgende Anleitung verwenden:

«Nehmt euch einen Moment Zeit. Denkt an eure Arbeitsstelle. Seht euch bei der Arbeit. Denkt an die Menschen, mit denen ihr zu tun habt. Laßt Bilder entstehen und überlegt, welche typischen Szenen/Konflikte es da gibt. (Stichworte wären zum Beispiel: meine Rolle als Frau im Betrieb, erlebe ich Benachteiligungen, bin ich Belästigungen ausgesetzt? Wie gehe ich damit um? Oder: Konflikte mit dem Chef usw.)»

(2 Min.)

Es folgt nun ein Rollenspiel. Eine/r fängt an und wählt aus der Gruppe die anderen Mitspieler/innen bzw. Personen aus, die an der Szene, die er/sie spielen will, beteiligt sind. Der/die Betreffende spielt sich selbst. Zunächst wird die Szene kurz geschildert und die Haltung der anderen Mitspieler/innen charakterisiert (zum Beispiel der Chef ist aufbrausend, rechthaberisch, der Kollege versucht, es allen recht zu machen usw.). Dann wird einfach «drauflosgespielt». (Ca. 5 bis 8 Min.)

Wenn das Rollenspiel ins Stocken gerät oder sich die anderen Mitspieler/innen zu weit von den Vorgaben entfernen, spielt der/die Betreffende kurz deren Part weiter, um die Richtung zu korrigieren. (Ein Rollenwechsel kann auch unter methodischen Gesichtspunkten vorgenommen werden, um zum Beispiel bei Konflikten die Sichtweise des Kontrahenten besser nachvollziehen zu können.)

*Auswertung:*

Gruppenfeedback unter folgenden Fragestellungen:
— Wie habe ich den/die Betreffende/n und die anderen Mitspieler erlebt?
— Welche Gefühle haben sie in mir ausgelöst?
— Welche Beziehungsmuster habe ich wahrgenommen?
— Wie haben die am Rollenspiel Beteiligten sich selbst in der Situation erlebt?
— Hatten sie den Impuls, sich anders zu verhalten?
— Welche Durchsetzungsstrategien wurden versucht?
— Welche anderen Durchsetzungsstrategien sind denkbar?

*Fragen an den/die Akteur/in:*
(durch die Gruppe oder den/die Anleiter/in gestellt)
— Wenn du in deiner Lebensgeschichte zurückgehst, an frühere Arbeitsstellen denkst, an die Schule, an deine Familie, als du Kind warst: Wo hattest du ähnliche Gefühle, ähnliche Konflikte wie hier während des Rollenspiels? Kommt dir etwas vertraut vor, wiederholt sich etwas?
— Wie hast du dich damals in Konflikten verhalten, wie hast du Konflikte gelöst (was ist ähnlich, was hat sich verändert)?
— Welche betrieblichen und welche gesellschaftlichen Bedingungen tragen zur Entstehung und zu einer bestimmten Lösung des Konfliktes bei?
  *Konkreter:* zum Beispiel wodurch sind im betrieblichen Ablauf Konflikte sozusagen «vorprogrammiert» (etwa wenn Zuständigkeiten nicht deutlich geklärt/abgegrenzt sind)?
— Welche Rolle spielt Konkurrenz unter den Kollegen/innen? Durch welche betrieblichen Maßnahmen (Entlohnungssysteme, Beurteilungen, Beförderungen etc.) wird der Konkurrenzdruck durch die Betriebsleitung gefördert? Welchen Vorteil hat die Betriebsleitung dadurch?
— Welche Bedeutung hat die Arbeitsmarktsituation (Arbeitslosigkeit) für dein Verhalten? Paßt du dich an, wenn du befürchten mußt, entlassen/arbeitslos zu werden?
— Inwiefern verhältst du dich in diesen Konflikten anders als du dich in Auseinandersetzungen mit Freunden verhalten würdest?

(Dieser Fragenkatalog läßt sich noch erweitern, zum Beispiel hinsichtlich der Frage nach der gesellschaftlichen Benachteiligung von Frauen und deren Auswirkungen auf betriebliche Konflikte.)

Gemeinsam sollte in der Gruppe der Frage nachgegangen werden, welche weiteren Lösungsschritte der/die Akteur/in unternehmen kann (zum Beispiel Einschalten des Betriebsrates/der Gewerkschaft etc.).

Die Szene kann noch einmal gespielt werden, indem andere Lösungen/Durchsetzungsstrategien ausprobiert werden (die Gruppe macht Vorschläge, die anderen Teilnehmer/innen greifen ein, spielen mit).

### Material:

Ein genügend großer Raum für das Rollenspiel.

### Hinweise:

Der/die Anleiter/in (die Gruppe) sollte darauf achten, daß *beide* Einflußfaktoren der Konfliktentstehung/-lösungsstrategien (persönliche/lebensgeschichtliche Anteile und betriebliche/gesellschaftliche Bedingungen) herausgearbeitet werden und über der Betrachtung des Persönlichen nicht die objektiven Bedingungen vergessen werden und umgekehrt.

Eine interessante Weiterführung ist das Forum-Theater von Boal, in: A. Boal: Theater der Unterdrückten, Frankfurt/M. 1979, S. 82.

# Autoritäten

### Ziel:

Sich darüber klarwerden, welche Person(en) ich als Autorität erlebt habe, was sie kennzeichnete und wie mein Verhältnis heute zu Autoritätspersonen ist, welche Probleme ich im Umgang mit ihnen habe.

### Durchführung:

Nach einer kurzen Entspannungsphase (s. S. 88) kann der/die Moderator/in folgende Anleitung verwenden:
*1. Variante:*

«Geh in Gedanken zurück in deine Kindheit oder Jugend. Versuch dich zu erinnern: Vor welcher Person hattest du großen Respekt und Angst ...
  Laß das Bild dieser Person vor dir entstehen. Sieh sie dir genau an.

Was geht von ihr aus? Was befürchtest du von dieser Person? Wie fühlst du dich ihr gegenüber? (1 Min.)

Erinnere dich an eine Situation mit dieser Person. (2 Min.)

Halte das Bild der Person fest. Nun komme langsam wieder in den Raum zurück. Öffne die Augen. Sieh dich um, sprich aber nicht, bleib bei dir und deinen Gefühlen. Nimm ein Blatt Papier und Stifte, und male das Bild der Person. Es braucht nicht schön zu sein. Wichtig ist, daß es die für dich wesentlichen Merkmale der Person zeigt.»

(Zeit: 20 Min.)

*2. Variante:* (auch als Fortsetzung sehr sinnvoll):

«Stelle dir in deiner Phantasie die Person vor, die im Moment für dich eine große Autorität in deinem Leben darstellt, vor der du Angst/Respekt hast. Laß ihr Bild vor deinem inneren Auge entstehen. Sieh sie dir genau an. Was fällt dir auf? Wie verhält sich die Person dir gegenüber? Wie fühlst du dich ihr gegenüber? (2 Min.)

Halte das Bild der Person fest. Male sie.

(Wie bei der ersten Variante. Zeit: 20 Min.)

Nun befestige das Bild an der Wand. Stelle dich an die gegenüberliegende Wand. Betrachte das Bild. Nimm wahr, welche Gefühle es in dir auslöst. Nun gehe langsam auf das Bild zu. Wie geht es dir dabei? Was fühlst du? Spüre genau, wie nahe du dem Bild kommen magst.»

(Zeit: 5 Min.)

*Auswertung:*

Austausch in der Kleingruppe. Die Gruppe sagt, wie sie das Bild empfindet, was auffällt und welche Gefühle es auslöst. Danach erzählt der/die Maler/in, um welche Person es sich handelt und wie es ihm/ihr ergangen ist.

*Weiterführung:*

«Nimm Dartpfeile (oder eine Gummizwille mit Papierkrampen) und bewirf/beschieße das Bild. Tu dies erst langsam und achte genau darauf, was in dir vorgeht. Bleib nicht nur bei einer vielleicht aufkommenden Belustigung stehen. Schau dahinter, wie es dir beim ‹Abschießen› geht!»

*Auswertung:*

Austausch in Kleingruppen.

– Wie ist es dir damit ergangen, aggressiv gegen diese Person zu sein? Nimm alle Gefühle wahr.

– Hattest du Angst?

– Wie ist es heute: Kannst du dich gegen Autoritäten zur Wehr setzen, durchsetzen, dich abgrenzen? Denk an Ärzte, Vorgesetzte, Polizisten, Beamte, Lehrer, Professoren, Hausmeister, «Fachleute», Leiter etc.

## Material:

Tapetenrolle, Farbstifte, Klebeband. (Für die Weiterführung: Dartpfeile oder Gummiband mit Papierkrampen).

*Unter dieser Kategorie sich auch folgende Übungen verwendbar:*

> HEIMAT – das war die Fetteinreibung gegen den Weltfrost.
> Behagliche Feste Burg gegen Abbruch, Wahnsinn, Nihilismus
> und Zweifel ...
> Ch. Meckel: Suchbild. Über meinen Vater, Frankfurt M. 1983,
> S. 115

# 6. Zeitgeschichtlicher Kontext

## 6.1 Räumlich-dingliche Umgebung

### Unsere Wohnung

#### Ziel:

Sich an die erste Wohnung erinnern und über ihre Bedeutung nach-denken. Soziokulturelle Einflüsse erkunden. Kennenlernen in der Gruppe.

#### Durchführung:

Nach einer kurzen Entspannung (s. S. 88) kann der/die Moderator/in folgenden Text als Anleitung verwenden:

«Stell dir vor, du seist in der ersten Wohnung, an die du dich erinnern kannst. Laß Bilder auftauchen. (30 Sek.)

Denk nicht daran, was deiner Meinung nach da sein *sollte*, nur was du siehst, ist da. Schau dich um. Was siehst du: Wände, Einrichtung, Farben, Formen, Türen, Fenster? Benutze auch deine anderen Sinne: Was hörst du? Was riechst du, schmeckst du, fühlst du? Achte auf dei-nen Körper. Laß dir Zeit, die Wohnung in Ruhe zu erforschen. (2 Min.)

Denk jetzt an die Menschen, die dort sind. Laß Bilder in dir aufstei-gen. Betrachte ihre Gesichter, ihre Haltung, Kleider. Was tun sie?
(1 Min.)

Verabschiede dich aus der Wohnung und komm wieder in die Gegen-wart zurück, öffne die Augen und denke noch einige Augenblicke über die Bilder nach.»

(Zeit: 10 Min.)

*Auswertung:*

In der Großgruppe (zum Kennenlernen).

— Was sagt die Wohnung über die soziale Schicht, Kultur, Sitten, Bräuche, Lebensumstände meiner Herkunftsfamilie?

— Was bedeuteten Wohnungswechsel für mich?

— Gibt es einen Zusammenhang zwischen der «frühen» Wohnung und meiner heutigen (Einrichtung zum Beispiel)?

— Welche Eindrücke wurden «gespeichert», welche waren verschwommen, was fehlte ganz?

— Was fällt mir zu den Stichwörtern «Heimat» und «Zuhause» ein?

*Material:*

—

*Hinweis:*

Die Anregung zu dieser Übung entstammt:
M. James, O. Jongeward: Spontan leben, Reinbek 1983, S. 177

## Unser «Revier» als Kinder

*Ziel:*

Dem Lebensraum von der Kindheit bis heute, seinen Erweiterungen oder Verengungen nachspüren, die regionale Bedingtheit von Alltagskultur erkennen.

*Durchführung:*

Die Teilnehmer/innen malen in die Mitte eines Blattes Papier (mind. DIN A 4) einen Kreis von ca. 5—6 cm Durchmesser. Dieser Kreis symbolisiert den Lebensraum *bis etwa zum Schulbeginn*. Einzelne Wörter zur Charakterisierung dieses Raumes, in dem ich mich als Kind überwiegend bewegt habe, auch Gefühle dazu, werden hineingeschrieben (zum Beispiel Garten, eingezäunter Spielplatz, Fußweg mit Kastanienbäumen usw.).

Ein weiterer Ring wird nun um den Kreis gezeichnet, der die Erweiterung des Lebensraumes *bis etwa zum Ende der Grundschulzeit* symbolisiert: Welche Erfahrungsmöglichkeiten gab es hier? (Häuser, Straßen, Plätze, Torbögen, die Wiesen, den Wald, die Einkaufsstraße, der Supermarkt, der Schulweg, Menschen, die mir dort begegneten, einzelne weitere Ausflüge, Reisen etc.). Wie dick soll dieser Ring ausfallen?

Anschließend wird ein weiterer Ring gezeichnet, dessen Stärke wiederum selber bestimmt wird für die Erweiterung des Lebensraumes *bis etwa 14–15 Jahre*. (Welche Landschaften, welche Sitten, Bräuche, welche Traditionen, Einschränkungen, Gebote, aber auch welche Verkehrsmittel, Treffpunkte gab es, wie groß war mein Erfahrungsraum? Alles, was mir einfällt, kann notiert werden.)

Ein weiterer Ring symbolisiert nun *die Zeit bis zum Erwachsenwerden mit ca. 18–20 Jahren*. Auch hier wird eingetragen, wo ich welche Erfahrungen machte, welche kulturellen, regionalen, landschaftlichen Eindrücke ich gewann und wodurch sich mein Erfahrungsraum vergrößerte.

Auf den noch verbleibenden Platz außerhalb des letzten Ringes werden schließlich alle Eindrücke notiert, die für mich *bis heute* am wichtigsten waren. Was bestimmt heute meinen Lebens- und Erfahrungsraum?

(Zeit: 25 Min.)

*Auswertung:*

In Kleingruppen. Die Teilnehmer/innen stellen nacheinander ihre Blätter vor.
– Welches waren die am meisten prägenden räumlichen Bedingungen?
– Was fällt mir zum Stichwort «Heimat» ein?
– Wo gab es Brüche (zum Beispiel Umzug, Flucht)?
– Hat sich mein Lebensraum kontinuierlich erweitert?
– Gab es Schmerzen über Verlorenes?
– Wie ist mein Gefühl, wenn ich an die Lebensräume meiner Kindheit und Jugend denke?
– Was fehlt mir heute?
– Habe ich heute das Gefühl, «irgendwo hinzugehören»?
– Welche regionalen Prägungen (auch zum Beispiel sprachlich) bestimmen mich heute (noch)?
– Was habe ich weggelassen, woran könnte das liegen?

*Material:*

Papier und Schreibzeug.

## Konsum-«Kinder»

### Ziel:

Sich darüber klarwerden, wie wir – ohne es zu merken – in ein bestimmtes Konsumverhalten hineingewachsen sind. Über die geschichtlichen und wirtschaftlichen Ursachen unseres Umgangs mit Rohstoffen, technischen Hilfsmitteln, neuen Technologien und Ernährungsgewohnheiten nachdenken.

### Durchführung:

*1. Runde:*

Der/die Moderator/in gibt einige Stichworte vor, zum Beispiel:
- Einmachen/Einkochen,
- Aufbewahren und Wiederverwenden,
- selbst Herstellen,
- technische Hilfsmittel (Kühlschrank, Mixer, Gefriertruhe usw.),
- neue Medien (Fernseher, Video),
- neue Technologie (Computer).

Die Teilnehmer/innen werden gebeten zu *erzählen*, was ihnen zu diesen Themen einfällt, wie es früher in ihrer Familie war (zum Beispiel mit dem Einkochen oder selbst Herstellen), wie es zur Einführung neuer Hilfsmittel kam (zum Beispiel Küchenmaschinen, Gefriertruhe) und zur Anschaffung zum Beispiel eines Fernsehgerätes oder später einer Videoanlage etc. Dazu können auch Werbesprüche gesammelt werden (eventuell auf einer Wandzeitung notieren).

*2. Runde:*

Gruppengespräch zu folgenden Fragen. Der/die Moderator/in gibt die Fragen ein und leitet damit das Gespräch:
- Wie wurden wir zu «Konsumkindern»? Welche Vorteile hatten die Neuerungen aus damaliger Sicht?
- Wann kamen bestimmte Sachen auf – zum Beispiel Kunststoffe (Plastik, Nylon, Perlon usw.)?
- Wie kommt es, daß wir – ohne darüber nachzudenken – in ein bestimmtes Konsumverhalten (Wegwerfen statt Reparieren, Kaufen statt selbst Herstellen usw.) hineinwachsen?
- Wie wurden wir (fast unmerklich) mit dem Umgang mit bestimmten technischen Hilfsmitteln vertraut?
- Welche wirtschaftlichen und geschichtlichen Prozesse sind an solchen Entwicklungen beteiligt bzw. beeinflussen und steuern solche Entwicklungen?
(Zeit: bis 45 Min.)

209

Siehe oben.

*Material:*

Eventuell Wandzeitung für das Notieren von Werbesprüchen.

*Unter dieser Kategorie sind auch folgende Übungen verwendbar:*

Die Übungen aus Kapitel 2.5 im Praxisteil
Geld ausgeben, S. 127

# 6.2  Religion und politische Ideologien

## Weltanschauungen in der Familie

*Ziel:*

Sich über Weltanschauungen und Vorurteile, mit denen wir im Laufe unserer Geschichte konfrontiert waren, klarwerden, sie bestimmten Personen zuordnen und über den Einfluß solcher Weltanschauungen auf unsere Einstellungen und unser Verhalten nachdenken.

*Durchführung:*

Die Teilnehmer/innen erhalten eine vervielfältigte Liste (DIN A 4 im Querformat), die neben einer Spalte mit den Satzanfängen noch zwei Spalten enthält, die überschrieben sind mit:
– Welche Person fällt mir dazu ein?
– Welche Gefühle löst der Satz/Ausspruch in mir aus?
   Der/die Moderator/in gibt zunächst eine kurze Einleitung in das Thema:

«Im Laufe unserer Lebensgeschichte sind wir durch unsere Eltern, Lehrer und viele andere Personen mit einer Reihe von Weltanschauungen und Vorurteilen in Berührung gekommen. Auch wenn wir viele dieser Meinungen abgelegt haben, so sind doch einige noch in uns wirksam. Diese Übung hat zum Ziel, solchen Weltanschauungen auf die Spur zu

kommen, herauszufinden, wer sie uns vermittelt hat und wo sie heute
noch unser Verhalten bestimmen. Du bekommst jetzt eine Liste mit Satzanfängen. Versuche, diese Sätze spontan und ohne langes Nachdenken
zu vervollständigen. Schreib auf, was dir als erstes einfällt und versuche,
nicht zu werten. Es gibt kein falsch und kein richtig.
   Du hast jetzt 5 Minuten Zeit.»

In einer zweiten Runde werden die Teilnehmer/innen gebeten, sich
noch einmal in Ruhe die Sätze durchzulesen und sich zu erinnern, woher sie diesen Ausspruch kennen, welche Person ihnen dazu einfällt,
und zu spüren, welche Gefühle sie mit dem Ausspruch verbinden. Dabei sollte auch auf widersprüchliche Gefühle geachtet werden. Die Teil-
nehmer/innen notieren in Stichworten die Personen und ihre Gefühle.

*Satzanfänge:*

– Politik ist ...
– Kommunisten sind ...
– Gebildet ist jemand, der/die ...
– Man muß Achtung haben vor Menschen, die ...
– Wer etwas leistet, der ...
– Geld und Besitz sind ...
– Geschiedene Frauen sind ...
– Als guter Christ ...
– Die da oben ...
– Von unseren Steuern wird ...
– Das Leben ist ...
– Das Wichtigste im Leben ist ...
– Seinen Eltern gegenüber sollte man ...
– Es hat mir auch nicht geschadet, daß ...
– Jungen sollten ...
– Mädchen sollten ...
– Fremden gegenüber sollte man ...
– Vorgesetzten gegenüber muß man ...
– Frauen sollten darauf achten, daß ...
– Falls dir noch weitere Aussprüche einfallen, notiere sie.
   (Zeit: insgesamt 30 Min.)

*Auswertung:*

In Vierergruppen.
   Die Teilnehmer/innen wählen jeweils drei Sätze aus und erzählen
etwas dazu, wobei sie sich an folgenden Fragen orientieren:
– Fallen mir zu diesen Aussprüchen Begebenheiten ein?

– Sagen diese Aussprüche etwas über die Schicht, aus der ich komme?
– Sind die Aussprüche einer bestimmten Altersgruppe zuzuordnen?
– Von welchen Aussprüchen habe ich mich bewußt abgegrenzt?
– Welche Aussprüche sind heute noch für mich gültig? Wie kommt es, daß sie noch Gültigkeit haben? (Geh nicht nur von deinen Ansprüchen aus!)

*Material:*

Stift und vervielfältigter Katalog mit Satzanfängen.

## «Türken sind ...»

*Ziel:*

Fest eingeprägte Vorurteile unserer Herkunftsfamilie und -schicht aufspüren, die wir trotz aller «Aufgeklärtheit» noch im Kopf haben und überlegen, woher sie kommen und wie wirksam sie noch sind.

*Durchführung:*

Der/die Moderator/in formuliert eine kurze Einleitung in das Thema:

«Wir alle sind in unserer Geschichte mit vielen Vorurteilen und Einschätzungen konfrontiert worden, die andere Rassen, Nationalitäten, Minderheiten oder Menschengruppen betreffen. Obwohl wir heute viele als unsinnig erkannt und abgelegt haben, tragen wir sie noch in uns. Es geht in dieser Übung darum, diese Urteile aufzustöbern und darüber nachzudenken, wie wirksam sie trotzdem noch sind.

Du bekommst eine Liste mit Satzanfängen. Versuche schnell und ohne langes Nachdenken das zu notieren, was dir als erstes einfällt: vielleicht sind es auch mehrere Fortführungen. Sei so offen wie du kannst und verurteile dich nicht, weil ja manches ganz falsch oder unangemessen ist.

Du hast 10 Minuten Zeit.»

Die Zettel (s. Materialien) werden ausgegeben und ausgefüllt.

«Jetzt sieh dir in Ruhe an, was du geschrieben hast. Denke darüber nach, woher du dieses Vorurteil kennst. Hat es jemand gesagt? Dein Vater, deine Mutter, andere Personen? Hast du es gelesen oder gehört? Hast du Erfahrungen gemacht, zum Beispiel mit Zigeunern? Notiere dir Stichworte dazu.

(30 Min.)

Geh jetzt deine Liste ein drittes Mal durch. Such dir einige Sätze aus und stell dir vor, du würdest zum Beispiel einen Juden kennenlernen; versuch es dir genau vorzustellen und zu spüren, was in dir vorgeht. Bist du wirklich offen? Oder denkst du: Na ja, wer weiß, vielleicht stimmt es doch? Denk auch an reale Erfahrungen, die du gemacht hast.»
(10 Min.)

*Auswertung:*

Kleingruppengespräch.
– Inwiefern sind meine Vorurteile geschlechtsspezifisch?
– Welche Meinungen beruhen auf Ereignissen oder Traditionen in der Herkunftsfamilie?
– Wo habe ich «bewußt und entschieden» Vorurteile abgelegt (im Kopf), welche Reste «bekämpfe» ich?
– Welche Gefühle habe ich gegenüber Menschen, die bestimmte Vorurteile (noch) haben?
– Gibt es Vorurteile anderer Schichten, Bevölkerungsgruppen, Bekannter etc. gegen *mich*?

*Variante:*
Auf einer Wandzeitung werden zu einigen angegebenen Gruppen («die Türken») alle notierten Stichworte gesammelt. Was für ein Bild entsteht? Wie fühle ich mich, wenn ich alle Begriffe durchlese? Welche Funktion haben solche Bilder?

*Material:*

Vervielfältigte Zettel, auf denen untereinander am linken Rand folgendes steht (die gewählten Begriffe sind nicht bindend, es können einige ausgewählt oder andere – je nach Eigenart der Gruppe – hinzugefügt werden):
Russen sind ...
Neger sind ...
Arbeitslose sind ...
Türken sind ...
Homosexuelle sind ...
Putzfrauen sind ...
Zigeuner sind ...
Juden sind ...
Studenten sind ...
Christen sind ...
Autofahrer sind ...
Beamte sind ...

Frauen sind ...
Obdachlose sind ...
Arbeiter sind ...
Intellektuelle sind ...
Mohammedaner sind ...
Amerikaner sind ...
Arbeitgeber sind ...
Behinderte sind ...

*Hinweis:*

Es ist wichtig, die Satzanfänge *sehr schnell* und spontan, ohne «Filter» zu vervollständigen, um an die Schicht *latenter* (verborgener, aber insgeheim durchaus wirksamer) Einstellungen zu kommen.

## Religion und Kirche

### Ziel:

Darstellung und Vergegenwärtigung der eigenen Religiosität und der Entwicklung des Verhältnisses zur Kirche bis heute.

### Durchführung:

Die Teilnehmer/innen setzen oder legen sich bequem hin und schließen die Augen. Kurze Entspannung (s. S. 88).

Der/die Moderator/in kann folgenden Text verwenden:

«Das Thema dieser Übung heißt: meine Geschichte mit meinem Glauben und der Kirche. Wähle dir als erstes in der Phantasie einen Gegenstand, der für dich ein umfassendes Symbol für Religion und Kirche ist. Suche, bis du einen gefunden hast. (20 Sek.)

Nimm jetzt deinen Gegenstand und setze ihn mitten in eine Landschaft. Sieh sie dir genau an.

Geh jetzt durch diese Landschaft. Sie ist ein Bild für deine religiöse Erfahrung. Beginne damit, wo du geboren wurdest. War es in der Nähe des Symbols oder ganz weit weg davon? Wie ging es weiter? Denk an Menschen, die für dich wichtig waren, an Situationen, die du erlebt hast. Wie verlief dein Weg? Bist du darauf zugegangen, bist du durch Gestrüpp in eine andere Richtung gegangen, hat dich jemand festgehalten usf., bis heute. Bleib bei deinen Gefühlen. Wo fühltest du dich angezogen, angerührt, wo vereinnahmt oder abgestoßen?

Achte auch darauf, ob das Symbol noch stimmt. Vielleicht ist in späteren Jahren ein anderes stimmiger. Fang an. Wenn du bei heute angelangt bist, komme zurück in den Raum.»
(Gesamtzeit: 10 Min.)

*Auswertung:*

Austausch in Kleingruppen.
Folgende weiterführende Fragen können hilfreich sein:
- Welches waren die Wendepunkte in meinem Verhältnis zur Religion?
- Was war wichtig für mich an Religion/Kirche?
- Inwieweit bin ich durch sie geprägt?
- Welche Personen waren in diesem Zusammenhang wichtig, gaben mir eine (positive oder negative) Orientierung?
- Wie wurde in meiner Familie mit Religion umgegangen?
- Wo stehe ich heute?
- Welche Gefühle verbinde ich mit der Vorstellung, in die Kirche zu gehen? Wie ist es mir früher ergangen?
- Warum bin ich (noch) Mitglied einer Kirche? Vertrete ich offen meine Religiosität bzw. meinen Atheismus? In welchen Zusammenhängen mag ich darüber sprechen, in welchen nicht?

*Material:*
–

●●●

## Gottesbild

*Ziel:*

Den eigenen Vorstellungen von Gott von der Kindheit bis heute nachgehen; Gespräch zu der Frage: Was kommt nach dem Tod?

*Durchführung:*

Die Teilnehmer/innen nehmen sich Stift und Papier, setzen sich bequem hin und schließen die Augen. Der/die Moderator/in verwendet folgenden Text als Anleitung:

«Ich bitte dich, jetzt folgendes zu tun. Denk an Gott. Erinnere dich, wie du ihn dir als Kind vorgestellt hast; denk an Erlebnisse, Phantasien, Probleme, die du im Laufe deines Lebens mit Gott hattest. Notiere in Stichworten, was dir einfällt, egal in welcher zeitlichen Reihenfolge oder Ordnung. Denk einfach nach über das Thema: Wer ist Gott für mich – heute und früher – wie stell(t)e ich ihn mir vor, was bedeute(te) er für mich? Du hast 15 Minuten Zeit.»

*Auswertung:*

1. Austausch über das Notierte in Paaren.
2. Gruppengespräch zu folgenden Themen:
— Wodurch kam es, daß mein Gottesbild sich verändert hat?
— Wie geht es mir heute: glaube ich daran, daß es «Gott» gibt? Wie stelle ich ihn mir vor?
— Welche Vorstellung habe ich im Moment vom Sterben und davon, was danach sein wird, von der Geburt und dem, was davor ist? Wie bin ich zu dieser Idee gekommen?
— Muß Gott ein Geschlecht haben?
— Läßt sich das drohende, hart strafende Bild des Gott-Vaters eigentlich mit den mild-gütigen vergebenden Ansprüchen vereinbaren?
— Was bedeutet mir Jesus? Was Maria? Gibt es Heilige, die mir wichtig sind?

*Material:*

Papier und Stift; möglichst eine Wandzeitung mit den Fragen.

---

Die Kirche hat das nicht gerne gesehen. Die Sünden des Wissenwollens sind ihr immer schon sündiger erschienen als die des Nichtwissenwollens und diejenigen wohlgefälliger, die das Wesentliche im Unsichtbaren suchten und das Sichtbare als unwesentlich übersahen.
R. Rehmann: Der Mann auf der Kanzel, München/Wien 1979, S. 213

## 6.3 Politisch-historische Ereignisse

### Politische Sozialisation

*Ziel:*

Klärung der Einflußbedingungen auf Entstehung und Wandel politischer Einstellungen in der eigenen Lebensgeschichte.

*Durchführung:*

Die Teilnehmer/innen schreiben einen Text zu der Frage: «Wie wurde ich ein politischer (unpolitischer) Mensch?» Oder: «Was meine politischen Auffassungen beeinflußte und veränderte.»

Der/die Moderator/in kann einige Hinweise geben, woran gedacht werden sollte:
— Einstellungen der Eltern, Verwandten
— Erfahrungen mit politischen Ereignissen, die ich noch erinnere
— Einfluß von Filmen, Fernsehen, Schule, politischen Gruppen
— Einfluß von Gleichaltrigen, Freunden/innen, Tageszeitungen usf.

Jede/r Teilnehmer/in hat aber die Freiheit, seinen/ihren Text nach eigenen Gesichtspunkten zu gestalten.

(Zeit: ca. 30 Min.)

*Auswertung:*

In Kleingruppen zu vier Teilnehmer/innen wird zunächst ein Bericht vorgelesen. Die anderen geben spontan ihre Eindrücke wieder, ihre Wahrnehmungen und Vermutungen, Fragen etc. Erst danach äußert sich der/die Autor/in des Textes.
— Welche Einflüsse waren grundlegend?
— Welche politischen Ereignisse, Erfahrungen hatten «Langzeitwirkung»?
— Wurden Auswirkungen politischer Veränderungen im persönlichen Leben spürbar?
— Wie verhält sich politisches Wissen zu politischem Handeln in meiner Biographie?
— Welche Bedeutung hat meine soziale Herkunft für meine politischen Einstellungen, mein Verhalten?

*Material:*

Papier und Stift.

# Zeitgeschehen

### Ziel:

Herausfinden, welche Wirkung zeitgeschichtliche Ereignisse auf das eigene (politische) Bewußtsein hatten.

### Durchführung:

Jede/r Teilnehmer/in zeichnet auf einem querliegenden Blatt (DIN A4) eine Zeitleiste mit Jahreszahlen, vom Beginn der Schulzeit bis heute. In der oberen Hälfte des Blattes werden dann alle wichtigen zeitgeschichtlichen Ereignisse notiert, an die sich der/die Teilnehmer/in (noch) erinnert. In der unteren Hälfte wird festgehalten, was dieses Ereignis bei ihm/ihr bewirkte, welchen Einfluß es hatte auf das eigene politische Bewußtsein. (Zeit: 25 Min.)

### Auswertung:

a) In einer Gruppe mit *annähernd gleichem Lebensalter*: Auf einer quer gelegten Tapetenrolle werden die wichtigsten Ereignisse (ebenfalls auf einer Zeitleiste) eingetragen. Danach wird über die Auswirkungen der einzelnen Begebenheiten auf die Einstellungen der Teilnehmer/innen diskutiert.

b) In einer sehr *stark altersunterschiedlichen Gruppe* werden die Teilnehmer/innen gebeten, Kleingruppen nach ähnlichem Lebensalter zu bilden, um die Vergleichbarkeit der Erfahrung zu sichern. Nach der Diskussion in den Kleingruppen berichten dann – dies ist wichtig für den Aspekt *unterschiedlicher* Lebenserfahrungen – die einzelnen Gruppen in Plenum.

### Material:

Papier, Schreibzeug, Tapetenrolle, Filzstifte, eventuell Klebeband.

# «Jungwähler/innen»

### Ziel:

Klärung der Bedeutung von Familie, Ereignissen, Gruppen, wichtigen Personen und Zeitströmungen im Prozeß der politischen Bewußtseinsbildung am Beispiel der ersten Wahlentscheidung.

*Durchführung:*

Die Teilnehmer/innen legen Stift und Papier bereit, werden gebeten, eine bequeme Haltung im Sitzen einzunehmen und die Augen zu schließen. Der/die Moderator/in kann folgende Anleitung verwenden:

«Nimm dir Zeit, geh in Gedanken zurück und versuche dich an die erste politische Wahl zu erinnern, an der du teilgenommen hast. Laß noch einmal die Zeit, die Ereignisse damals vor dir entstehen, denke nochmal an deine damaligen Lebensumstände …

Stell dir vor, du stehst wie damals in der Kabine und hast den Stimmzettel vor dir liegen. Nimm dir Zeit und sieh noch einmal genau hin. Zwischen welchen Parteien kannst du wählen? Was hast du für ein Gefühl?

Schwankst du noch, welcher Partei du deine Stimmen geben sollst oder weißt du genau, was du willst? Nun mache dein Kreuz. Welcher Partei gibst du deine Stimme?

Nun geh noch einmal weiter zurück in die Zeit vor der Wahl und versuche, dich zu erinnern, welche Personen, welche Ereignisse deine Entscheidung beeinflußt haben. (3 Min.)

Öffne die Augen und halte deine Erinnerungen in Stichworten fest.»

Der/die Moderator/in stellt nun in kurzem Abstand weitere Hilfsfragen, zu denen die Teilnehmer/innen sich stichwortartige Notizen machen (und so zwischen Erinnern und Aufschreiben pendeln).

- Welche politische Einstellung herrschte in deiner Familie vor? Welche Partei wählten deine Eltern? Waren sie politisch aktiv?
- Gab es besondere Sprüche über Politik oder Parteien?
- Wann/wodurch bist du das erste Mal auf Politik/politische Ereignisse aufmerksam geworden?
- Hat die Schule in diesem Zusammenhang eine Rolle gespielt?
- Waren Freunde/Leute aus deiner Clique politisch interessiert oder engagiert – hat dich das beeinflußt?
- Gab es andere Leute, die für dich ein Vorbild waren, die deine politische Meinung beeinflußt haben?
- Welche Zeitströmungen waren für dich in diesem Zusammenhang wichtig?
- Wenn du die Zeitspanne zwischen der ersten Wahl und heute betrachtest, welche Veränderungen hast du in deiner politischen Einstellung durchgemacht? Wodurch hat sich deine Einstellung (jeweils) geändert? Gab es Personen, Ereignisse, die in diesem Zusammenhang wichtig für dich waren?
(Zeit: ca. 15 Min.)

Austausch in Kleingruppen. Die Teilnehmer/innen stellen ihre Antworten vor.

- Gibt es bei Leuten der gleichen Altersgruppe ähnliche Entwicklungen?
- Welche Personen oder Faktoren hatten den größten Einfluß auf die erste Wahlentscheidung?
- Woran liegt es, daß jemand aktiv/nicht aktiv wurde und heute ist bzw. nicht ist?
- Gibt es geschlechtsspezifisch unterschiedliche Wege der Politisierung?
- Was bedeuten Wahlen heute für die Teilnehmer/innen?

*Material:*

Papier und Stift.

# Krieg

*Ziel:*

Sich die Entstehung eigener Einstellungen zum Thema «Krieg» bewußtmachen.

*Durchführung:*

Die Teilnehmer/innen legen Papier und Stift bereit. Der/die Moderator/in kann folgende Anleitung verwenden:

«Wir wollen uns über unsere Einstellung zum Thema ‹Krieg› klarer werden und der Frage nachgehen, welche Erfahrungen im Laufe unserer Lebensgeschichte die Entwicklung unserer Einstellung beeinflußt haben.

Ich habe hier drei Kriegsspielzeuge mitgebracht (einen Panzer, ein Flugzeug, ein Atom-U-Boot o. ä.) und möchte euch bitten, daß ihr euch Zeit nehmt, sie genau betrachtet und euch offen macht für Gefühle, Bilder, Erinnerungen, Gedanken, die euch zum Thema ‹Krieg› einfallen. Nehmt Papier und Stift und versucht, diese Bilder, Einfälle, Aussprüche, Wortfetzen, also alles, was euch zu dem Thema durch den Kopf geht, aufzuschreiben. Versucht, es nicht zu werten, sondern einfach das zu schreiben, was euch spontan in den Sinn kommt. Ihr habt dafür 5 Minuten Zeit.

Ich bitte dich nun, in Stichworten die Fragen zu beantworten, die ich ansage (eventuell Fragen auch abziehen oder Wandzeitung):

- Hattest du als Kind Kriegsspiele, bzw. hast du mit Kriegsspielzeug gespielt?
- Wie bist du das erste Mal mit dem Thema ‹Krieg› in Berührung gekommen?
- (Wie) Wann wurde in deiner Familie über Krieg gesprochen? (Gibt es zum Beispiel bestimmte Feindbilder usw.?)
- Wie wurde das Thema ‹Krieg› in der Schule behandelt?
- Hast du Kriegsfilme gesehen? Was hat dich dabei in deiner Einstellung beeinflußt?
- Welche Auswirkungen hat der Krieg auf deine Familie gehabt?
- Gibt es bei euch bestimmte Familientraditionen, die aus den Kriegserfahrungen deiner Eltern / Großeltern usw. stammen? (Zum Beispiel die Einstellung, daß Besitz etwas Vergängliches sei, oder sich eine neue Heimat schaffen zu müssen.) Lassen sich daraus bestimmte ‹Familienaufträge› ableiten?
- Welche Erfahrungen hast du mit / in der Bundeswehr gemacht?
- Wie geht es dir, wenn du an die Kriegsgefahr heute denkst? (Zum Beispiel Stationierung von Atomraketen in der BRD.)
- Was tust du?

*Auswertung:*

1. Austausch in Kleingruppen zu dem Geschriebenen.
2. Gruppengespräch zu folgenden Fragen:
- Gibt es in den verschiedenen Generationen unterschiedliche Einstellungen zum Krieg? Gibt es geschlechtsspezifische Unterschiede?
- Wie gehen wir heute mit der Kriegsgefahr um? Verdrängen wir sie? In welchen Zusammenhängen taucht Angst vor Krieg wieder auf in mir? (Zum Beispiel in Träumen, beim Nachdenken über Zukunftsperspektiven.)
- Wenn ich an meine Zukunft denke, spielt ein möglicher Krieg dabei eine Rolle?
- Was können wir tun?

*Variante:*
Aus der Übung zwei Übungen machen. In der ersten werden nur die Assoziationen zu den Kriegsspielzeugen zum Thema Krieg in der Gruppe besprochen. Ein/e Teilnehmer/in beginnt und liest seine/ihre Assoziationen vor, die anderen hören ruhig zu, nehmen wahr, was der Text bei ihnen auslöst und teilen es anschließend mit. Der/die Schreiber/in schildert die Bilder, Erfahrungen, die er/sie mit dem Text verbindet. In einer weiteren Übung wird dann der Fragenkatalog bearbeitet.

Stift und Papier. Drei Kriegsspielzeuge; möglich wären auch Fotos von Städten (zum Beispiel Hiroshima) oder auch aktuelle Bilder aus Krisengebieten.

*Hinweis:*

Eine umfassende Interpretation der biographischen Bedeutung von Kriegserfahrungen findet sich bei: U. Preuss-Lausitz u. a.: Kriegskinder – Konsumkinder – Krisenkinder, Weinheim 1982.

## Faschismus in Deutschland

*Ziel:*

Sich über die Entstehung des eigenen Bildes vom Faschismus in Deutschland klarwerden. Nach direkten und indirekten Auswirkungen des Faschismus auf die eigene Lebensgeschichte fragen.

*Durchführung:*

Die Teilnehmer nehmen sich Stifte und Papier (mindestens DIN A4, besser noch ein größeres Format) und werden gebeten, einen Kreis zu zeichnen. In diesen Kreis schreiben sie spontan und ohne lange zu überlegen die ersten zehn Begriffe, die ihnen zum Thema «Faschismus in Deutschland» einfallen. Wer mag, kann zusätzlich mit gestalterischen Elementen experimentieren, um sein/ihr Bild vom Faschismus darzustellen. (Zeit: 5 Min.)

In einem zweiten Schritt gegen die Teilnehmer/innen der Frage nach:
– Wie ist mein Bild vom Faschismus zustandegekommen; welche Einflüsse und Personen haben meine Einstellung geprägt (Denke an Stichwörter wie: Filme, Schulunterricht, Schallplatten, Bücher, Personen, eigene Erfahrungen mit Faschismus)
Sie notieren die Stichwörter um den Kreis herum und markieren mit unterschiedlich dicken Pfeilen in den Kreis hinein deren Bedeutung.
(Zeit: 5 Min.)

*Auswertung:*

Gruppengespräch zu folgenden Fragen:
– Welche Erfahrungen haben meine Familienmitglieder (zum Beispiel

Eltern, Großeltern) mit dem Faschismus gemacht? Wie wurde darüber gesprochen, was löste das in mir aus?
– Lassen sich aus den Erfahrungen meiner Eltern/Großeltern mit dem Faschismus Konsequenzen für meine eigene Erziehung ableiten (zum Beispiel bestimmter Erziehungsstil, bestimmte Verhaltensformen, «Familienaufträge»)?
– Welche Konsequenzen hat das für meine Vorstellungen von Erziehung?
– Wenn ich meinen Alltag kritisch betrachte, wie verhalte ich mich gegenüber Menschen einer anderen Nationalität/Rasse? Was geht mir durch den Kopf, wenn ich ihnen begegne?
– Wenn ich an das Thema «Widerstand» denke, wäre ich heute bereit, mein Leben für eine politische Überzeugung zu riskieren?
Anschließend liest jede/r reihum langsam seine/ihre Begriffe vor. Die anderen versuchen, sich einzufühlen, was diese Begriffe in ihnen auslösen. Dann folgt eine kurze Gesprächsrunde zu der Frage «Wie geht es mir jetzt?»

*Material:*
Farbstifte und Papier (mindestens DIN A4, besser größeres Format).

… und nur wenn das Beobachtende und Kontrollierende in mir ermüdet und mein Bewußtsein den Halt verliert, steigen die Impulse aus der frühesten Epoche meines Lebens in mir auf, im Halbschlaf, im Traum, in Perioden des Niedergangs, erlebe ich die Hilflosigkeit, das Ausgeliefertsein und die blinde Auflehnung aus jener Zeit, in der fremde Hände mich bändigten, kneteten und vergewaltigten.

P. Weiss: Abschied von den Eltern, Frankfurt/M. 1967, S. 15

# 7. Selbstbild

## 7.1 Als Kind

### Als Kind – ein Tier

*Ziel:*

Das Grundgefühl in einer Phase der Kindheit, das Bild von mir selbst als Kind, durch eine Tierphantasie erspüren.

*Durchführung:*

Die Teilnehmer/innen setzen oder legen sich bequem hin, entspannen sich und schließen die Augen (s. S. 87). Der/die Moderator/in bittet die Teilnehmer/innen jetzt um folgendes:

«Stellt euch vor, ihr sitzt in einem dunklen Raum. An der Wand vor euch ist eine Leinwand. Langsam wird die Leinwand heller, und es erscheint ein Tier darauf, das dich als Kind darstellt. Laß das Bild entstehen, egal, welches Tier du siehst. Das Tier wird immer deutlicher. Wie sieht es aus? Welche Gestalt hat es, was tut es? Schau dir die Einzelheiten an. (2 Min.)

Ich bitte dich nun, daß du versuchst, selbst dies Tier zu werden, dich mit ihm zu identifizieren. Versuche zu fühlen, wie es dir als Tier geht. Sprich ein paar Sätze in der Ich-Form: ‹Ich bin …, ich habe …, um mich sehe ich …›

Welche Haltung hast du als Tier? Wie reagierst du, wenn Menschen kommen? Tu nun eine Weile etwas als Tier. (2 Min.)

Tritt nun dem Tier wieder gegenüber und sage ihm Aufwiedersehen.

Komm nun langsam in diesen Raum hier zurück und öffne die Augen. Bleib noch einige Augenblicke bei dem, was du erlebst hast.»

(Gesamtzeit: max. 10 Min.)

### Auswertung:

Möglichst in Kleingruppen.
- Wie habe ich mich als Tier-Kind gefühlt?
- Was waren meine Wünsche? Was wurde unterdrückt?
- War dies Tier angenehm, vertraut oder furchterregend und fremd?
- Kann ich in dem Tier einen Teil von mir (wieder)entdecken?
  Die Gruppe achtet darauf, welche Charakteristika eines Tieres betont werden, welche weggelassen werden.
- Was bedeuten die weggelassenen Eigenschaften für den/die Teilnehmer/in?
- Eventuell auch: Paßt das Tier heute noch zu mir (als Feedback: zu *dir* als Teilnehmer/in)?

### Material:

–

### Hinweis:

Die Anregung zu dieser Übung stammt aus:
J. O. Stevens: Die Kunst der Wahrnehmung, München 1975, S. 200 f.

## Mein liebstes Märchen

### Ziel:

Durch einfühlendes Nachvollziehen einer in der Kindheit bedeutsamen «Geschichte» etwas über das Gefühl zu sich selbst zu erfahren.

### Durchführung:

Die Teilnehmer/innen haben Stift und Papier vor sich. Der/die Moderator/in bittet die Teilnehmer/innen, sich an das Märchen zu erinnern, das für sie als Kind eine herausragende Bedeutung hatte. Wenn einige Teilnehmer/innen sich daran nicht erinnern können, nehmen sie ihren ersten Einfall.

Als nächstes wählt jede/r Teilnehmer/in die Figur aus, mit der er/sie sich am besten identifizieren kann, zu der er/sie sich besonders hingezogen fühlt.

Die erste Aufgabe besteht jetzt darin, das Märchen aus der Sicht der gewählten Person in der Ich-Form zu schreiben. Es kommt nicht auf Vollständigkeit an, sondern auf die Version der Geschichte, die das Gedächtnis widergibt. (30 Min.)

Dann werden – wieder schriftlich – die Fragen beantwortet: Was ist/war mir an dieser Person und an dem, was sie erlebt wichtig? Was mag ich an ihr? Gibt es eine/n Gegenspieler/in zu meiner Person? Welche Eigenschaften hat er/sie?

*Auswertung:*

In Kleingruppen. Ein/e Teilnehmer/in beginnt und liest sein/ihr Märchen vor. Die anderen achten darauf, was ihnen auffällt.
– Welche Rolle spielt «meine» Person in ihrem Märchen?
– Wie empfinde ich mich selbst, wenn ich meine Rolle in der Kindheit betrachte?
– Um welche Konflikte geht es in dem Märchen, das ich gewählt habe?
– Welche von den notierten Eigenschaften (positiven und negativen) habe ich, hätte ich gerne, durfte ich haben, sollte ich nicht haben, hätte ich nicht gerne?

*Weiterführung:*
1. Rollenspiel. Eine wichtige Szene aus dem Märchen wird in der positiven und der negativen Position gespielt.
2. Alle, die dieselbe Figur (zum Beispiel Dornröschen) gewählt haben, setzen sich nochmals zusammen und vergleichen ihre Darstellungen.

*Material:*
Papier und Stift, möglichst vervielfältigter Fragenkatalog, eventuell «Grimms Märchen».

## Idole und Vorbilder

### Ziel:

Sich klarer werden über Idole, Leitfiguren, Vorbilder in der Kindheit und Jugend und deren Wandlungen.

### Durchführung:

Jede/r Teilnehmer/in denkt einige Minuten über seinen/ihren Lebensverlauf nach und beantwortet dann folgende Fragen für sich selbst (eventuell auf einer Wandzeitung notieren):

- Welches waren meine *Idole (Vorbilder)*
    als ich 7 bis 12 Jahre alt war,
    als ich 13 bis 15 Jahre alt war,
    als ich 15 bis 18 Jahre alt war,
    als ich 20 bis 25 Jahre alt war,
    heute?
- Welche *Eigenschaften* hatten diese Idole, was zog mich an?
  (Zeit: 15 Min.)

### Auswertung:

In Gruppen zu vier Teilnehmer/innen wird nun jede Frage der Reihe nach besprochen, wobei jede/r seine/ihre Antworten mitteilt und begründet. Das Gespräch soll auch den Wandel von Vorbildern und Identifikationsfiguren einschließen, ebenso wie eine Diskussion gegenwärtig wichtiger Personen, an denen sich jede/r – auch insgeheim – orientiert.

- Was drückt das «Schwärmen für ...» aus, was sagt es über die eigene Person? (Zum Beispiel Sehnsüchte, Defizite, Orientierungswünsche)
- Welchen Einfluß haben/hatten diese Vorbilder auf meine Lebensgeschichte? (Zum Beispiel Berufswahl, «Lebensstil», Idealvorstellungen davon, wie ich sein wollte etc.)

### Material:

Papier und Stift

### Hinweis:

Die Altersstufen können variiert werden je nach Zusammensetzung der Gruppe.

## Das widerspenstige Kind

### Ziel:

Erkunden, wie wir nicht sein durften und auf welche Weise wir rebellisch waren.

### Durchführung:

Die Teilnehmer/innen legen Papier und Stift vor sich hin und schließen die Augen.

Sie werden gebeten, sich zurückzuversetzen in ihr Kindsein und sich intensiv einzufühlen. Dann vervollständigt jede/r spontan in Form einer Liste den Satz «Du darfst nicht ...» (3 Min.)

Anschließend denkt jede/r für sich über die Frage nach: «Was für ein Kind sollte ich sein?» (3 Min.)

Entweder schriftlich oder nur in der Phantasie erinnert sich jede/r jetzt an Situationen, in denen er/sie offen oder heimlich das «Verbotene» getan hat, an Situationen, in denen er/sie rebellisch war.
— Wie war das?
— Was geschah?
— Was taten meine Eltern, Erzieher, Lehrer o. ä.? (3 Min.)

### Auswertung:

Ein Gruppengespräch zu folgenden Fragen:
— Wie ist es heute?
— Welche Werte gelten noch für mich?
— Wie geht es mir heute damit, «Verbotenes» zu tun (zum Beispiel Naschen, Stehlen)?
— Wann, wo und wie bin ich rebellisch, aufsässig, widerständig?

### Material:

Papier und Stift.

## Ein kleines Mädchen, ein kleiner Junge

### Ziel:

Der eigenen Kindrolle nachgehen, vor allem den geschlechtsspezifischen Anforderungen, die von den Eltern vermittelt wurden.

*Durchführung:*

Die Teilnehmer/innen setzen sich bequem hin und legen Stift und Papier bereit. Nach einer kurzen Entspannung (s. S. 88) gibt der/die Moderator/in folgende Anleitung:

«Ich bitte dich jetzt, einige Szenen zu phantasieren. Es kommt nicht darauf an, ob sie so stattgefunden haben. Versuche einfach sie dir vorzustellen. Wenn dir wirkliche Begebenheiten einfallen, gehe ihnen nach.

Stell dir dich als Kind vor. Du gehst mit einem Elternteil auf der Straße. Wie alt bist du? Ihr geht gemeinsam in ein Geschäft und kauft dir Kleidung. Laß Situationen vor dir ablaufen, wie ihr sucht, wie du anprobierst, wie es dir dabei geht, was du vielleicht lieber haben möchtest usf. (1 Min.)

So, ihr geht jetzt weiter zum Friseur (wenn du nicht beim Friseur warst, denk daran, daß dir die Haare geschnitten werden sollen). Fühl genau in dich hinein. Wie geht es dir? Was möchtest du? Was geschieht mit dir? Wie findest du dich hinterher? (1 Min.)

Ihr geht weiter und kauft Spielzeug für dich ein. Achte wieder darauf, wer entscheidet, was du möchtest, was du bekommst. (1 Min.)

Ihr geht jetzt in ein Lokal zum Essen. Laß die Situation vor dir ablaufen. Was darfst du, was nicht? Wie geht es dir? (1 Min.)

Ihr geht weiter und trefft auf der Straße ein entfernt bekanntes Ehepaar, mit dem dein Elternteil einige Worte wechselt. Bleib bei dir. (1 Min.)

Ihr geht nach Hause. Dort wartet dein Vater oder deine Mutter. Laß diese Situation vor dir ablaufen. Wie geht er/sie auf dich zu? Wie fühlst du dich? Was sagt er/sie, was tut er/sie? (1 Min.)

Nimm dir jetzt Zeit und notiere alles, was dir wichtig ist. Denke über die Frage nach, was dir von deinen Eltern über deine Rolle als Mädchen, als Junge vermittelt wurde. Frage dich nicht, ob diese Situationen wirklich so abgelaufen sind, nimm sie als Hinweis für das, was nicht offen, sondern unausgesprochen vermittelt wurde.

Wie hast du dich selbst gefühlt: Als Mädchen? Als Junge? Als «Mischform»? Ungeschlechtlich?

Wie wurde mit deinen Wünschen und Bedürfnissen umgegangen?»

(Zeit: 10 Min.)

*Auswertung:*

In Kleingruppen. Folgende Fragen können hilfreich sein:
– Wie bin ich als Kind gewesen: war ich gerne oder ungerne ein Kind bzw. ein Junge, ein Mädchen?
– Wo habe ich mich angepaßt, wo habe ich rebelliert?
– Welche Vor- und Nachteile hatte es, ein Mädchen/ein Junge zu sein?

- Habe ich mir manchmal gewünscht, zum anderen Geschlecht zu gehören?
- Wurden in unserer Familie (sofern Jungen und Mädchen vorhanden waren) Unterschiede in der Erziehung gemacht?
- Wie wollte ich als Frau werden? Wie meine Mutter? Als Mann wie mein Vater? Wie sonst?
- Möchte ich lieber eine Tochter oder einen Sohn? Warum?

*Material:*

Papier und Stift.

## Dem Teddy das Herz ausschütten

*Ziel:*

Kindlichen Wünschen nach Liebe und Zuwendung nachgehen und Phantasien nachspüren, unter welchen Bedingungen Liebe und Zuwendung gegeben worden wären.

*Durchführung:*

Jede/r Teilnehmer/in nimmt sich seinen/ihren Teddy/Schmusetier oder ein Kissen (s. Material), setzt es sich gegenüber oder nimmt es in den Arm. Der/die Moderator/in kann folgenden Text verwenden:

«Setz dich bequem hin, atme gleichmäßig und spüre deinen Teddy. Stell dir vor, du bist klein und sitzt abends in deinem Bett zusammen mit deinem liebsten Teddy. Laß dir einen Moment Zeit, dich in die Situation hineinzuversetzen. (30 Sek.)

Ich werde dir einige Satzanfänge vorlesen, vervollständige sie in Gedanken. Achte auf deinen Körper, deine Gefühle und Phantasien. Ich sage jetzt die Sätze:
- Ich habe mir heute von Mama gewünscht ... (je 10 Sek.)
- Sie hat wieder nicht ...
- Wenn sie gemerkt hätte, was mit mir los ist ...
- Wenn Papa mich richtig verstanden hätte, dann ...
- Warum haben sie nicht ...
- Wenn sie mich richtig liebhätten ...

Beginne jetzt ein Gespräch mit deinem Teddy. Warte darauf, was er antwortet, bleib bei deinen Gefühlen. (3 Min.)

Beende jetzt das Gespräch; verabschiede dich von deinem Teddy, laß dir einen Moment Zeit, das Erlebte nachklingen zu lassen. (1 Min.)

Nimm dir jetzt Zettel und Stift und vervollständige schnell immer wie-

der den folgenden Satz: ‹Sie haben mich nur lieb, wenn ich ...› Schreib
spontan untereinander, was dir einfällt.» (2 Min.)

*Auswertung:*

Nach Möglichkeit in Kleingruppen zu dritt.
– Was habe ich mir gewünscht?
– Warum habe ich es nicht bekommen?
– Woran lag das – wie habe ich es mir als Kind erklärt?
– Was wünsche ich mir heute am meisten von anderen?
– Bekomme ich es? Oder woran liegt es, daß es nicht so ist?
– Kann ich dasselbe anderen geben?

*Material:*

Für jede/n Teilnehmer/in ein Kissen oder mitgebrachte Teddys oder
Schmusetiere, Zettel und Stift.

*Unter dieser Kategorie sind auch folgende Übungen verwendbar:*

Die Übungen der Kategorien 2.4 und 3.

---

Kleiner Junge. Im Nebel. Einsam.
Sie umsorgen dich doch.
Ich sehe euch kaum, kann euch nicht greifen.
Nebelliebe.

Kleiner Junge. Die Wände zittern von den Bomben.
Auf dem Arm durch das Feuer getragen.
Angstgeborgenheit.

Kleiner Junge. Satt, geliebt, beschützt.
Gestutzt zum Liebsein.

Ich will wachsen. Gott und die Welt.
Menschengötter starren, biegen, zwingen leise und sanft.
Strafliebe.

Kleiner Junge. Starker Mann.
Ich entdecke mich.
Spüren.
Nicht nur erwachsen sein. Wachsen.
Vom Kind zum Mann
und dann wieder zum Kind.
Kindmann. Mannkind.

## 7.2 Als Erwachsene/r

### 7.2.1 Wie ich mich heute sehe

#### Wer bin ich?

*Ziel:*

Sich selbst und die Gruppe kennenlernen; nachdenken über eigene Persönlichkeitsmerkmale und ihre Bedeutung in der Herkunftsfamilie.

*Durchführung:*

Jede/r Teilnehmer/in fertigt sich neun Zettel an, fragt sich ebensoviele Male «Wer bin ich»? und schreibt auf jeden Zettel eine der ihm/ihr spontan einfallenden Antworten. Anschließend bringt jede/r die Zettel in eine Rangfolge unter der Fragestellung: Welches sind die zentralen Bestandteile meiner Person, welches sind die nächstfolgenden usw. und legt die Zettel in dieser Reihenfolge vor sich hin. (Zeit: 20 Min.)

Die Teilnehmer/innen nehmen jetzt jeden Zettel einzeln, lesen ihn in Ruhe und denken über folgende Fragen nach, die vervielfältigt verteilt werden:

— Wie oder was wäre ich, wenn das Geschriebene in meinem Leben nicht vorkäme?
— Wenn ich an meine Familie denke, wie ist mit dieser Eigenart umgegangen worden, wo habe ich sie eventuell her?
— War es etwas Gutes, so zu sein? Oder wurde ich abgelehnt, fallen mir Sprüche dazu ein? («An dir ist ein Junge verloren gegangen!»)
— Welche Fähigkeiten sind «Fassade», welche gehören zu meinem «Kern»?
— Was bekomme ich, hole ich mir, wenn ich so bin, was bekomme ich nicht?
— Wie abhängig von der Meinung anderer, was meine Fähigkeiten betrifft, bin ich?
— Was mag ich an mir überhaupt nicht? Warum nicht?
— Was mag ich? Warum?
  (Zeit: 30 Min.)

*Auswertung:*

Austausch in Kleingruppen. Jede/r wählt drei Zettel aus, zu denen er/sie etwas sagen möchte.

232

Neun Zettel pro Teilnehmer/in und Stift, vervielfältigter Fragenkatalog.

*Hinweis:*

Vgl. eine ähnliche Übung, findet sich in: H. Gudjons: Spielbuch Interaktionserziehung, Bad Heilbrunn[2] 1983, S. 94.

## Gegenstände, die mein Selbst repräsentieren

*Ziel:*

Sich darüber klarwerden, welche Anteile meiner Persönlichkeit ich an mir mag, welche ich nicht annehmen kann und der Geschichte meines Gefühls zu mir selbst auf die Spur kommen. Eventuell Gruppen-Feedback.

*Durchführung:*

Die Teilnehmer/innen werden gebeten, im Raum umherzugehen und sich umzusehen, Dinge genau zu betrachten und auf sich wirken zu lassen (oder besser noch – falls möglich – hinauszugehen) und einen Gegenstand zu suchen, der sie/ihn darstellt. Dieser Gegenstand sollte beweglich und nicht zu groß und zu schwer sein, so daß er mitgebracht werden kann. (20 Min.)

Ein/e Teilnehmer/in beginnt und legt seinen/ihren Gegenstand in die Mitte oder hält ihn zeitweise hoch, so daß die anderen ihn in Ruhe von allen Seiten betrachten und auf sich wirken lassen können. Sie gehen dabei folgenden Fragen nach:
– Was fällt mir zu diesem Gegenstand ein?
– Welche Gefühle löst er in mir aus?
– Welche Eigenschaften nehme ich an ihm wahr?
– Stimmen diese Eigenschaften mit meinem Eindruck von dir überein?

Die Teilnehmer/innen sprechen ihre Gedanken und Empfindungen aus. Der/die Betreffende hört sich zunächst alles in Ruhe an, ohne darauf zu antworten. Anschließend erklärt er/sie den Gegenstand und schildert, welches Bild er/sie von sich hat. Dabei kann er/sie sich an folgenden Fragen orientieren:
– Was mag ich an mir?

- Welche Seiten/Eigenschaften mag ich nicht an mir?
- Welche Seiten mag ich nicht zeigen?
- Was mögen andere an mir, was nicht?
- Wie sollte ich nach Auffassung meiner Eltern sein, wie nicht?
- Wofür wurde ich belohnt, wofür bestraft?
  Anschließend eventuell kurze Feedback-Runde:
- Nehme ich dich so wahr, wie du dich selbst siehst?
- Was sehe ich anders?
- Was fehlt in deiner Darstellung?
- Wo gibt es Widersprüche?

*Weiterführung:*
Der/die Teilnehmer/innen entwickelt an seinem/ihrem Gegenstand entlang einen Zukunftsentwurf von sich, indem er/sie beschreibt, auf welche Weise sich der Gegenstand verändern soll oder wird.

*Auswertung:*
In der Gesamtgruppe.

*Material:*
—

●●●

## Beziehungsfeld in Münzen

### Ziel:

Ausgehend vom heutigen Beziehungsgefüge soll nach der lebensgeschichtlichen Entwicklung von Nähe/Distanz in Beziehungen zu anderen Personen gefragt werden. – Auch geeignet zum Kennenlernen in der Gruppe.

### Durchführung:

Jede/r Teilnehmer/in hat vor sich einen Bogen Papier (möglichst DIN A3), Stifte und eine Anzahl von Münzen: zum Beispiel 1 × 5 DM, 2 × 2 DM,   3 × 1 DM, 4 × 50 Pf., 5 × 10 Pf., 5 × 5 Pf.

In die Mitte des Blattes legt jede/r das Fünfmarkstück, das ihn/sie selbst darstellt. Um das Fünfmarkstück herum werden jetzt die anderen Münzen angeordnet. Jedes Geldstück steht je nach Wert für die gegenwärtige Wichtigkeit/Bedeutung einer Person für mich im heutigen Beziehungsfeld. Der Abstand der Geldstücke zum Fünfmarkstück drückt

die von mir empfundene Nähe oder Distanz gegenüber der Person aus.
Wenn die Personen und die «richtigen» Positionen gefunden sind, notiert der/die Teilnehmer/in der Münze den Namen der gemeinten Person. (Also zum Beispiel: Ein Lehrer – 2-DM-Stück – ist gegenwärtig für
mich ganz entscheidend wichtig, aber ich empfinde keine Nähe: großer
Abstand zum Fünfmarkstück. Oder: Zu meiner Freundin habe ich
zwar große Nähe, aber die Partnerin ist für mich gegenwärtig wenig
wichtig: 10-Pf.-Stück)
   (Zeit: 10 Min.)

*Auswertung:*

In Kleingruppen stellen die Teilnehmer/innen nacheinander ihre Bilder
vor.
*Für die Betrachter/innen:*
– Was fällt mir auf an deinem Bild?
– Was für einen Eindruck bekomme ich von dir und deinen Beziehun-
   gen?
*Für die Hersteller/innen:*
– War es bei mir immer schon so oder so ähnlich?
– Wie und wodurch hat es sich im Laufe meines Lebens verändert?
– Zu welchen Menschen hatte ich im Laufe meiner Lebensgeschichte
   besonders enge Beziehungen? Gibt es Ähnlichkeiten (ähnliche We-
   senszüge/Charaktermerkmale) zwischen ihnen?

*Material:*

Papier (DIN A3) Stift und Münzen s. o.
*Weiterführung:*
Der Frage nachgehen: In welcher Richtung wünsche ich mir eine Ver-
änderung dieses Beziehungsfeldes?

## Kreativität

*Ziel:*

Der Frage nachgehen, wann, wie von wem und auf welche Weise die
eigene Kreativität gefördert oder gehemmt wurde.

*Durchführung:*

Die Teilnehmer/innen legen Stift und Papier bereit. Der/die Moderator/in bittet sie, die Augen zu schließen und sich zu entspannen (s. S. 87). Dann gibt er/sie folgende Anleitung:

«Ich werde gleich verschiedene Aufforderungen an dich richten. Hör genau hin und achte auf das, was dir durch den Kopf geht. Geh den Sätzen nach. Wenn du magst, notiere dir etwas dazu. Frage dich, woher du sie kennst, wer sie gesagt hat. Frage dich, wie du zu dieser Einschätzung von dir selbst kommst, ob nur Vermutungen oder auch reale Erfahrungen dahinterstehen. Wenn dir Situationen einfallen, notiere sie mit einem Stichwort. Du hast nach jedem Satz, den ich sage, 1 Minute Zeit.
- Ich bitte dich als erstes, *ein Bild* zu malen, das anschließend von der ganzen Gruppe besprochen wird. (Jeweils 1 Minute Zeit geben.)
- Als nächstes sollst du *ein Gedicht* schreiben, das du anschließend der Gruppe vorliest.
- Nun sollst du nach einem beliebigen Musikstück *einen Tanz* vor der Gruppe improvisieren.
- Jetzt sollst du etwas *basteln oder bauen* und es der Gruppe zeigen.
- Und als letztes sollst du vor der Gruppe *singen* oder *Musik machen*.»

*Auswertung:*

1. Austausch des Geschriebenen in der Kleingruppe
2. Gespräch über folgende Fragen (möglichst Fragen vervielfältigen):
- Welche meiner Fähigkeiten wurden in meiner Familie gefördert, welche wurden abgelehnt oder nicht beachtet?
- War in meiner Familie jemand kreativ? Wie wurde das bewertet?
- Mußte ich Dinge tun, die ich nicht wollte (zum Beispiel Klavierstunden) und durfte ich Dinge nicht tun, die ich gerne wollte?
- Gab es außerhalb der Familie Personen, die mich gefördert oder ermutigt haben? Wie war es in der Schule?
- Wie ist es heute? In welchen Bereichen lebe ich meine kreativen Seiten?
- Kann ich meine Produkte vorzeigen oder behalte ich sie für mich? Was befürchte ich, wenn ich sie zeigen würde?
*Variante:* Im Anschluß tut jede/r tatsächlich eins der vorgeschlagenen Dinge.

*Material:*

Papier und Stift, eventuell für die Variante entsprechendes Material, vervielfältigter Fragenkatalog.

# Arbeitsstörungen

### Ziel:

Anhaltspunkte für lebensgeschichtliche Ursachen von Arbeitsstörungen suchen, konkrete Schritte zur Veränderung überlegen.

### Durchführung:

Die Teilnehmer/innen nehmen Stift und Papier, setzen sich in einer bequemen Haltung hin und schließen die Augen. Nach einer kurzen Entspannung (vgl. S. 88) kann der/die Moderator/in folgende Anleitung verwenden:

«Stelle dir nun vor, daß du eine große, schwierige Aufgabe/Arbeit vor dir hast (ein Referat vorzubereiten, eine schriftliche Arbeit anzufertigen – wie zum Beispiel eine Hausarbeit, eine Examensarbeit, ein Berichtsheft zu führen, einen schwierigen Fall zu bearbeiten). Laß dazu eine Situation entstehen.

Welche Gefühle löst das in dir aus? Achte dabei auch auf deinen Körper. Welche unterschiedlichen Impulse spürst du? Gib ihnen Worte. Versuche dich dabei nicht zu kontrollieren, laß alle Stimmen zu. (3 Min.)

Komme nun zurück und schreibe das, was die Stimmen sagen, ohne lange zu überlegen auf. Nimm auch wahr, was du jetzt bei dieser Anforderung spürst. Es gibt kein «Falsch» oder «Richtig», lasse alles zu und versuche nicht zu werten. Du hast jetzt 15 Minuten Zeit.

Lies dir nun das Geschriebene nochmals durch. Was fällt dir auf? Gibt es Personen aus deiner Familie/Umgebung, die du diesen Stimmen zuordnen kannst? Wenn du magst, mach dir dazu Notizen. Du hast jetzt 5 Minuten Zeit.»

(Gesamtzeit: 25 Min.)

### Auswertung:

In Kleingruppen.
*Fragen:* (vervielfältigter Fragenkatalog)
– Was befürchtest du?
– Wenn du an deinen Vater/deine Mutter denkst, welche Ansprüche hatten sie an dich? Wie solltest du sein? Fällt dir in diesem Zusammenhang ein Ausspruch deiner Eltern ein?
– Wie gingen deine Eltern mit Dingen, die du produziert hast, um?
– Fühlst du dich manchmal überfordert und wodurch?
– Welche Ansprüche hast du an dich selber und an deine Arbeit?
– Wie gehst du mit Arbeitsstörungen um? Was tust du normalerweise?

– Was möchtest du ändern und was kannst du dafür tun? Welche konkreten Schritte kannst du unternehmen? Wer oder was kann dir helfen?

*Weiterführung:*

Die Übungen: «Wie verbringe ich meine Zeit?», S. 196, und «Wohin will ich?», S. 250.

*Material:*

Abgezogener Fragenkatalog.

## Was fange ich mit einem Traum an?

*Ziel:*

Sich mit einem Traum beschäftigen. Herausfinden, welche Bedeutung ein Traum für mich haben kann. Sensibler für die Sprache der Träume werden.

*Durchführung:*

Wenn ein/e Teilnehmer/in das Bedürfnis hat, über einen Traum (zum Beispiel zu einem Kindheits- oder Jugenderlebnis) zu arbeiten, kann der/die Moderator/in mit folgenden Fragen und Impulsen helfen (bzw. man stellt sich die Fragen allein, sofern keine Gruppe da ist). Es muß ausreichend Zeit gegeben werden. Andere Teilnehmer/innen sollten sich mit Kommentaren zurückhalten. Der Traum soll möglichst nicht allzu lange zurückliegen.

Jede Frage/jeder Impuls muß gründlich ohne vorschnelle, oberflächliche, ausweichende Antworten aufgenommen werden. Erst nach der Traumarbeit des/der einzelnen können sich die anderen Teilnehmer/innen über ihre Wahrnehmungen und Eindrücke *kurz* äußern. Das Wichtigste ist die Einzelarbeit, denn der/die kompetenteste Traumdeuter/in ist der/die Träumer/in selbst.

(Zeit: bis 30 Min.)

*Fragen und Impulse:*

– Erzähle den Traum in der Ich-Form und in der Gegenwart. («Ich gehe auf einer langen Straße ...»)

– Wie hast du dich nach dem Traum beim Aufwachen gefühlt?

– Wie hast du dich *im* Traum gefühlt?

*Wenn sich der Traum verbirgt:*

238

- Stelle zwei Stühle einander gegenüber, setze den Traum auf den einen, dich selbst auf den anderen. Frage deinen Traum, was er dir sagen will, nimm seinen Platz ein und antworte. Wechsele nun mehrfach und führe ein Gespräch mit deinem Traum!
- Welche Gesichter hatten die Personen? Kennst du sie? Erinnern sie dich an jemand? Wie ist deine Beziehung zu diesen Personen in der Realität (Wünsche, Ängste, Vorstellungen, Erlebnisse)? Beschreibe sie.
- Erinnert dich das Geschehen, die Umgebung, die Räume, die Personen und die damit verbundenen Gefühle an etwas, das du kennst? Wo hast du es schon ähnlich erlebt? Laß Einfälle zu!
- Wenn es wichtig ist, setze dir eine Person aus dem Traum oder einen Gegenstand oder Symbol gegenüber auf einen Stuhl, laß sie sprechen, höre, antworte, nimm den Platz der Person ein und sprich als diese Person, setze dich wieder auf deinen Platz und antworte etc. – solange du magst!
- Verfolge einen auftauchenden Konflikt/Gefühle zurück bis in deine Kindheit: Warum und wie ist er entstanden?
- Hat für dich der Traum eine «Botschaft»? (Zum Beispiel: Beziehung zu einer Person klären, etwas in Trauer verarbeiten, eine unterdrückte Seite von dir zulassen, einen nächsten Entwicklungsschritt tun, abgespaltene und verdeckte Anteile integrieren, eine Entscheidung treffen, eine Warnung hören, eine Lösung finden, auf Wortspiele achten usw.
- Wie geht es dir jetzt nach der Beschäftigung mit deinem Traum?

*Material:*

Eventuell zwei Stühle.

*Hinweise:*

Eine ausgezeichnete Hilfe ist es, Träume sofort nach dem Aufwachen zu notieren («Traumtagebuch»).

Literatur:

A. Faraday: Die positive Kraft der Träume, München 1983
A. Hall: Arbeit mit Träumen in Klinik und Praxis, Paderborn 1982

## Ich-Zustände und Selbsteinschätzung

### Ziel:

Sich über die Stärke der verschiedenen Ich-Zustände in sich selbst klarwerden; erste Einführung in die Transaktionsanalyse, eventuell Gruppen-Feedback.

### Durchführung:

1. Der/die Moderator/in erläutert die Grundgedanken der Transaktionsanalyse zu den Ich-Zuständen. Dabei kann der folgende Text eine Hilfe sein (weitere Literatur s. u. Hinweis):

### Einführung in die Transaktionsanalyse: Ich-Zustände

Wichtig für das Verstehen der Kommunikation zwischen Menschen sind die sogenannten «Ich-Zustände», die als Bausteine menschlicher Beziehungen die Interaktionen (englisch: «transaction») bestimmen. Nach Eric Berne sind es das *«Eltern-Ich»*, das *«Kind-Ich»* und das *«Erwachsenen-Ich»*.

Im *Eltern-Ich* in uns sind alle von den Eltern übernommenen Gebote, Verbote, Anschauungen, Sitten, Bräuche etc. «gespeichert». Es wird ein fürsorgliches Eltern-Ich von einem kritisierenden unterschieden. Das *fürsorgliche*, nährende, beschützende Eltern-Ich enthält Botschaften, mit denen wir uns selbst und andere unterstützen. Das *kritisierende* Eltern-Ich repräsentiert die negativen, bremsenden, einschränkenden, verurteilenden und ermahnenden Botschaften unserer Elternfiguren, mit denen wir uns selbst und andere kritisieren und in Schach halten. Die Nicht-Befolgung dieser Regeln und inneren Vorschriften erzeugt oft Schuldgefühle; diese frühkindlich erworbenen Regeln erscheinen uns (unbewußt) als nicht hinterfragbare, absolute Wahrheiten.

Das *Kind-Ich* enthält dementsprechend zwei Seiten: das angepaßte Kind-Ich und das freie Kind-Ich. Im *angepaßten* Kind-Ich sind alle diejenigen gelernten Handlungen dargestellt, die uns für andere beliebt und akzeptabel machen. Es sind Reaktionen des unterlegenen Kindes auf Gebote und Regeln: Wir fühlen uns mies, schuldig usw. Vor allem unser Selbstwertgefühl ist hier gespeichert. Dieses angepaßte Kind-Ich tut viel, um sich wertvoll(er als andere) zu fühlen. Auch die mit früheren Erfahrungen verbundenen Gefühle werden gespeichert und treten in ähnlichen Situationen der Gegenwart wieder auf, wobei wir uns oft dann über unsere bisweilen unangemessen «kindliche» Reaktion wundern. («Weißt du, wie spät es ist?» – «Aber ich kann doch gar nichts dafür, daß es schon so spät ist!»)

Das *freie* Kind-Ich enthält alle spontanen und kreativen Reaktionen, mit denen wir uns unserer Umwelt gegenüber bewegen, wenn wir uns heiter, frei, unbeschwert, intuitiv, gelassen, staunend, freudig und vertrauensvoll geben. Aber auch unsere unangepaßte, struppige, ja trotzige Seite gehört dazu, bis hin zum «Umdrehen» der Abhängigkeit oder zur Gegen-Abhängigkeit (Ich bleibe von anderen abhängig, indem ich mich ständig wehre).

Das *Erwachsenen-Ich* ist unser planend-vernünftiges Denken, das Fakten abwägt, logisch vorgeht und auch entscheidet, ob ein Impuls des Eltern-Ich oder des Kind-Ich zum Zuge kommt. Es kann auch die anderen Ich-Zustände hinterfragen («Ist mein Schuldgefühl wirklich angebracht?»), strebt reife und freie, rational begründete Entscheidungen an. Das Erwachsenen-Ich kann entwickelt werden.

Von diesen Bausteinen der Transaktionen her hat die Transaktionsanalyse dann größere Zusammenhänge verstehbar gemacht, von verschiedenen Grundformen der Transaktionen über Spiele (die als eine Art «Trick» die Interaktionen bestimmen) bis zur Analyse des Lebensskriptes (als dem lebensgeschichtlich erworbenen Dreh-Buch, des eigenen Lebensplans).

2. Jede/r zeichnet jetzt auf einem im Querformat liegenden DIN-A4-Blatt nebeneinander fünf Säulen (niedrigster Punkt 1, höchster 10) zu den folgenden Fragen (Ich-Zustände). Die Säulenhöhe soll spontan, nach Gefühl bestimmt werden.
1. Kritisierendes Eltern-Ich:
   «Wie häufig verurteile ich mich selbst?»
2. Nährendes Eltern-Ich:
   «Wie häufig lobe ich mich selbst?»
3. Erwachsenen-Ich:
   «Wie frei und rational bin ich in Entscheidungen?»
4. Angepaßtes Kind-Ich:
   «Wie stark fühle ich mich mies, schuldig, schlecht?»
5. Freies Kind-Ich:
   «Wie stark fühle ich mich gelöst, frei, fröhlich, kreativ, aber auch rebellisch und widerständig?»
Anschließend denkt jede/r eine Weile über die vorgenommenen Markierungen nach und korrigiert sie gegebenenfalls, indem er/sie zum Beispiel mit einer anderen Farbe eine neue Säule danebenzeichnet.
(Zeit: 10 Min.)

In Kleingruppen. Wenn diese Übung als Einstieg ins Gruppen-Feedback verwendet wird, in der Großgruppe.

1. Eine/r hängt seinen/ihren Zettel für alle sichtbar an die Wand. Er/
   sie erklärt das Diagramm. Die anderen äußern sich dazu, was ihnen
   auffällt. Stimmt das Diagramm mit meinem Eindruck von dir überein? Wo nicht? Worüber wundere ich mich? Wie sehe ich dich?
2. Im zweiten Schritt wird darüber gesprochen: Was will ich ändern?
   Welches sind die nächsten konkreten Schritte?

*Material:*

Papier und Stift.

*Hinweise:*

Die Gruppe sollte schon einige Zeit zusammen gearbeitet haben.
Weiterführende Literatur:
W. Rautenberg/R. Rogoll: Werde, der du werden kannst, Freiburg
1980
E. Berne: Was sagen Sie, nachdem Sie Guten Tag gesagt haben?, Mün-
chen 1975

## Selbstwert und Fremdwert

*Ziel:*

Sich die positive und negative Einschätzung der eigenen Person (Selbstbild) verdeutlichen und sie mit der Einschätzung von anderen (Fremd-
bild) vergleichen.

*Durchführung:*

Die Teilnehmer/innen nehmen sich Stift und Papier.

1. Die Teilnehmer/innen teilen ein DIN-A4-Blatt durch eine waagerechte Linie in zwei Hälften. Die obere Hälfte erhält die Überschrift:
   «Ich mag an mir», die untere die Überschrift: «Ich mag an mir
   nicht». Sie haben 5 Minuten Zeit, über die beiden Themen nachzudenken und Stichworte dazu zu notieren.
2. Der erste Zettel wird beiseite gelegt und ein zweiter auf gleiche Weise
   halbiert. Diesmal lautet die obere Überschrift: «Andere mögen an
   mir», und die untere: «Andere mögen nicht an mir».

Die Teilnehmer/innen werden gebeten, an verschiedene Personen, die ihnen wichtig waren und sind, zu denken und zu notieren, was diese Menschen an positiven und kritisierenden Äußerungen gemacht haben. (10 Min.)

3. Die beiden Zettel werden nebeneinandergelegt und verglichen. An Stellen, wo die Fremdeinschätzung von der Selbsteinschätzung abweicht, denken die Teilnehmer/innen über folgende Fragen nach:

– Wie geht es mir mit dieser Einschätzung?
– Kann ich sie annehmen?
– Wenn nicht, warum nicht?

Bei der Selbsteinschätzung gehen die Teilnehmer/innen bei jedem einzelnen Punkt den Fragen nach:

– Wie komme ich zu dieser Einschätzung?
– Woher stammt sie? Von wem?
– Erinnere ich mich an Sätze oder Aussprüche in meiner Herkunftsfamilie, die meinen Wert, meine Fähigkeiten betreffen?
  (10 Min.)

*Auswertung:*

In Kleingruppen (wenn diese Übung als Einstieg in Gruppen-Feedback verwendet wird: in der Gesamtgruppe).

Jede/r stellt einzeln ihren/seinen Zettel vor.

– In welchem Bereich liegt der Schwerpunkt der erwähnten Qualitäten oder Mängel (Körper, Charakter, Intellekt)?
– Welche Bereiche sind nicht erwähnt?
– Wie sehe ich dich?

*Material:*

Papier und Stift.

*Hinweis:*

Guter Einstieg in Gruppen-Feedback.

# Konkurrenz

*Ziel:*

Erfahrungen mit Konkurrenz-Situationen reflektieren. Sich über die Bedeutung von Konkurrenzhaltungen im eigenen Leben klarwerden.

Herausfinden, welche Beziehungskonstellationen und Personen diese eigene Haltung gefördert haben.

## Durchführung:

### 1. Phase:

Die Teilnehmer/innen nehmen einen Stift und ein DIN-A4-Blatt zur Hand und unterteilen das Blatt waagerecht in zwei Hälften. In die erste Spalte werden Antworten auf folgende Fragen geschrieben:
– In welchen Bereichen fühle ich mich unterlegen?
– Was können andere besser als ich? Was fällt mir schwer?
– Was mag ich nicht an mir?
   In der zweiten Spalte werden Antworten auf folgende Fragen notiert:
– In welchen Bereichen fühle ich mich anderen überlegen?
– Was kann ich besser als andere?
– Was mag ich an mir?
   (Zeit: 10 Min.)

### 2. Phase:

Die Gruppe geht gemeinsam auf eine Phantasiereise. Nach einer kurzen körperlichen Entspannung (s. S. 88) kann der/die Moderator/in folgende Anleitung verwenden:

«Mit welchen Menschen stehst du gegenwärtig in Konkurrenz? Worum geht es dabei? Worum konkurriert ihr? Laß ihr Bild von dir entstehen und nimm wahr, wie du dich dabei fühlst. (2 Min.)

Geh jetzt schrittweise etwa fünf Jahre zurück. Wem bist du in der Zwischenzeit begegnet, mit dem/mit der du in Konkurrenz standest? Sieh dir die Menschen genau an, laß Situationen und Bilder in Ruhe entstehen. Wie fühlst du dich. Was hatten sie, was konnten sie, was du nicht hattest oder konntest? (3 Min.)

Geh jetzt weiter zurück bis in die Zeit deiner Pubertät. Erinnere dich an Konkurrenzsituationen. Laß die Situationen und Bilder deiner Konkurrenten/innen vor dir entstehen. Sieh sie dir in Ruhe an. Nimm wahr, wie du dich fühlst. (3 Min.)

Geh nun noch weiter zurück in deine Kindheit. Welche Personen begegnen dir? Wo findest du das Gefühl der Konkurrenz wieder?

Geh soweit zurück wie du magst und kannst. Laß Bilder und Situationen entstehen. Achte auf deine Gefühle und schiebe nichts/niemanden beiseite. Alles kann wichtig sein. (3 Min.)

Nimm die Person, die in diesem Zusammenhang am wichtigsten war. Sprich mit ihr. Gib deinen Gefühlen Worte. Was würdest du jetzt am liebsten sagen? Sag es! … Was würdest du jetzt am liebsten tun? Tu es! … Was geschieht? Achte genau auf deine Gefühle. (1 Min.)

Verabschiede dich jetzt von der Person. Achte darauf, wie du es tust, was geschieht. (1 Min.)

Komm nun allmählich wieder zurück. Blinzele, öffne die Augen, räkele dich und sei wieder da.»

(Gesamtzeit: 20 Min.)

### Auswertung:

In Kleingruppen.

### Fragen:

- In welchen Beziehungen/Situationen trat/tritt Konkurrenz typischerweise auf?
- Gibt es Ähnlichkeiten zwischen Konkurrenzsituationen meiner Kindheit und Konkurrenzsituationen heute?
- Um welche Seiten von mir geht es in dieser Konkurrenz (meine Leistungen, Eigenschaften, Körper, Geschlecht, Alter, Ausbildung, Wissen etc.)?
- In welchen Bereichen habe ich schon Konkurrenzen gewonnen?
- In welchen verliere ich immer?
- Konkurriere ich stärker mit Männern oder mit Frauen?

### Material:

Stift und Papier.

### Ersatzgefühle

### Ziel:

Herausfinden, welche Gefühle durch Einfluß der Herkunftsfamilie abgewöhnt wurden und welche an deren Stelle traten und heute das Verhalten (unangemessen) bestimmen.

### Durchführung:

Die Teilnehmer/innen erhalten (vervielfältigt) die folgende Arbeitshilfe:

1. Denk an deine Familie, deine Eltern. Fertige eine Liste an zu zwei Fragen:
   a) Welche Gefühle waren bei mir zu Hause unerwünscht (zum Beispiel Trauer, Wut, Gekränktsein, Lust, Scham, Freude, Zorn, Rachegefühl, Enttäuschung, Verlassenheit, Wehmut, Trotz, Beleidigtsein, Sich-stark-Fühlen, Sich-schwach-Fühlen, gefühlvoll sein?) (4 Min.)

b) Welche Gefühle waren erlaubt oder sogar erwünscht? (4 Min.)

2. Stell dir eine Szene vor, real oder wie sie hätte typisch sein können, in der du unerwünschte Gefühle hattest. Deine Mutter oder dein Vater reagieren. Was sagen sie? Was spürst du? Achte genau auf deine Gedanken, deine Phantasien. Was passiert in dir? Was tust du? Wie fühlst du dich? Versuche herauszufinden, was aus deinen ursprünglichen Gefühlen wurde! (5 Min.)

3. Bitte denke über die Frage nach: Wo neige ich heute zu besonders deutlichen/heftigen/übertriebenen Reaktionen (zum Beispiel der Kragen platzt, sich «besaufen», heftige Angst, andere wie ein «rohes Ei» behandeln, aufbrausen aus nichtigem Anlaß, Begeisterung, Verzückung, tiefe Traurigkeit, unnatürliche Fröhlichkeit, sich in Einsamkeit flüchten, sich schlecht machen oder etwas anderes)? Wie fühlst du dich in solchen Situationen?

Nimm dann deine Liste (1.) und überprüfe, ob sich – verborgen – eines der verbotenen Gefühle aufgestaut hatte. Welches Gefühl steht *hinter* deiner übertriebenen Reaktion? Welche Gefühle kannst du überhaupt nur schwer wahrnehmen? (5 Min.)

*Auswertung:*

Austausch in Kleingruppen. Folgende Fragen können hilfreich sein:
— Gibt es Ähnlichkeiten in den Listen?
— Welche unterschiedliche Rolle spielten Vater, Mutter und andere?
— Welche Gefühle wären «eigentlich» angemessen in bestimmten Situationen?
— Was empfinden die Teilnehmer/innen statt dessen?
— Wie wurden die «Ersatzgefühle» vermittelt: durch Nachahmung der Eltern, durch Belohnung oder durch Anweisungen der Eltern?
— Bei welchen Gefühlen haben die Teilnehmer/innen ein gutes oder ein schlechtes Gewissen?
— Gibt es (moralische, ideologische o. ä.) Meinungen, mit denen bestimmte Gefühle gerechtfertigt oder verboten werden?

*Material:*

Vervielfältigte Arbeitshilfe (siehe oben).

*Hinweis:*

Eine gute Einführung in die «Ersatzgefühle» bieten: W. Rautenberg, R. Rogoll: Werde, der du werden kannst, Freiburg 1980, S. 112–119.

## «Bin ich erwünscht?»

### Ziel:

Sich die eigene Grundstimmung im Leben vergegenwärtigen auf dem Hintergrund der Frage, ob meine Existenz von meinen Eltern erwünscht war oder nicht.

### Durchführung:

Die Teilnehmer/innen nehmen eine bequeme Haltung ein und schließen die Augen. Nach einer Phase der Entspannung (s. S. 87) kann der/die Moderator/in folgende Anleitung verwenden:

«Geh langsam in deinen Gedanken zurück und werde immer kleiner und kleiner ...

Stell dir vor, du bist noch gar nicht geboren und befindest dich noch im Bauch deiner Mutter. (30 Sek.)

Versuch nun, dir deine Eltern vorzustellen zu dem Zeitpunkt, als deine Mutter mit dir schwanger war. Laß das Bild deines Vaters vor dir entstehen. Sieh genau hin. Wie sieht er aus? (30 Sek.)

Wie sieht deine Mutter aus? Wo befinden sie sich? (30 Sek.)

Sie sprechen über dich und deine Geburt. Was sagen sie? Was denken und empfinden sie? Freuen sie sich auf dich oder sind sie sorgenvoll, oder wollen sie gar nicht, daß du kommst? Sollst du ein Junge oder ein Mädchen werden? Wie fühlst du dich, wenn du das hörst? (30 Sek.)

Geben sie dir einen bestimmten Auftrag? Wie lautet der? ...

Werde nun wieder größer ...

Komm langsam mit deinen Gedanken in den Raum zurück. Öffne allmählich die Augen, blinzle, räkele dich und sei wieder da.»

(Zeit: ca. 10 Min.)

### Auswertung:

In Paaren unter folgenden Fragestellungen (möglichst vervielfältigen):
– Wie haben sich die Gefühle, die mir entgegengebracht wurden, auf mein späteres Leben, auf meine Grundstimmung ausgewirkt?
– Hat sich die Einstellung meiner Eltern zu mir später gewandelt?
– Wie geht es mir im Umgang mit anderen Menschen: Fühle ich mich angenommen oder leicht abgelehnt? Bin ich mißtrauisch, ob andere mich wirklich wollen?
– Wie ist es: kann ich mich selbst annehmen? Oder habe ich oft das Gefühl, ich müßte eigentlich anders sein? (Siehe auch Geschlecht!)

Möglichst vervielfältigter Fragenkatalog.

## Liebesfähigkeit

### Ziel:

Herausfinden und abklären, welche Personen in meinem Leben meine Liebesfähigkeit gefördert, positiv beeinflußt, welche sie blockiert, negativ beeinflußt haben.

### Durchführung:

*1. Schritt:* Jede/r Teilnehmer/in teilt ein Blatt Papier in zwei Spalten. In die linke Spalte werden Antworten zu folgender Frage geschrieben: «Welche Hemmungen, Blockierungen, Einbrüche, Unfähigkeiten, Defizite, Schwächen, Verhaltensweisen behindern meine Liebesfähigkeit zu (m)einem/r Partner/in? Was fällt mir schwer?»

Rechts wird notiert: «Welche Potenzen, Fähigkeiten, Kräfte, positiven Seiten, Verhaltensweisen fördern meine Liebesfähigkeit zu (m)einem/r Partner/in? Was kann ich gut?»

(20 Min. Zeit geben zur Einzelarbeit.)

*2. Schritt:* Die Gruppe geht gemeinsam auf eine Phantasiereise bis in die Kindheit. Nach einer kurzen körperlichen Entspannung (vgl. S. 88) kann der/die Moderator/in folgenden Text verwenden:

«Mit welchen Menschen stehst du gegenwärtig in einer liebenden Beziehung? Laß ihr Bild vor dir entstehen und achte auf dich, wie du dich dabei fühlst. (2 Min.)

Welche Menschen hemmen deine Liebesfähigkeit, blockieren sie, schränken sie ein? Laß auch ihr Bild vor dir entstehen. (2 Min.)

Geh jetzt etwa *fünf Jahre* schrittweise zurück. Wem bist du in der Zwischenzeit begegnet, der/die mit deiner Fähigkeit zu lieben zu tun hat? Schau sie dir genau an, laß Situationen und Bilder in Ruhe aufkommen. (3 Min.)

Jetzt bist du am *Ende der Pubertät*, wirst langsam erwachsen. Wie war das für dich? Wie sahst du aus, dein Körper, Gesicht, Haare? Wer hat deine Liebesfähigkeit angeregt, wer hat sie negativ beeinflußt? (3 Min.)

Jetzt bist du etwa 13–14, jedenfalls auf dem *Höhepunkt deiner Pubertät.* Wem begegnest du? Wer hat deine Liebesfähigkeit angeregt, wer hat sie gehemmt? (3 Min.)

Geh noch weiter zurück in deine *Kindheit*. Welche Personen begegnen dir? Was haben sie mit dir gemacht? Was hast du an ihnen geliebt, was gehaßt oder abgelehnt? Laß die Bilder auftauchen, schau dir die Personen ruhig an und achte auf das, was du ihnen gegenüber empfindest. (5 Min.)

Geh jetzt *so früh wie du kannst* und willst in deine Kindheit zurück. Welche Menschen hast du geliebt? Wer war für deine Liebesfähigkeit wichtig? Vor wem hattest du Angst? Gibt es Unterschiede, die du spürst, wenn du auf dein Gefühl zu den verschiedenen Personen achtest? Fallen dir Bilder, Situationen ein? – Jede Person, die dir einfällt, kann für dich wichtig gewesen sein, schiebe keine beiseite. (4 Min.)

Such dir jetzt eine Person aus, die für dich besonders wichtig war, negativ oder positiv. Setze sie auf einen Stuhl dir gegenüber. Sieh sie an! Führe jetzt einen Dialog mit ihr. Frage sie Dinge, die dir wichtig sind, und höre ihre Antwort, antworte darauf usf. Bleib bei deinen Gefühlen. (5 Min.)

Nimm jetzt Abschied von dieser Person. Achte genau darauf, wie du dich fühlst und wie dieser Abschied verläuft. Komm dann langsam hierher zurück.»

(Zeit: etwa 30 Min.)

*Auswertung:*

Anschließend bleibt jede/r noch eine Weile bei sich und seinen/ihren Erlebnissen. Ein Austausch (in Untergruppen oder Paaren) schließt sich an. Falls beide Partner/innen einer Beziehung anwesend sind, sollte der Austausch unter ihnen erfolgen.

*Material:*

Papier und Stift.

*Hinweise:*

Bei jüngeren Teilnehmer/innen müssen die Altersangaben entsprechend gekürzt und verändert werden.

*Unter dieser Kategorie sind auch folgende Übungen verwendbar:*

Antreiber, S. 132
«Als gutes Kind muß ich ...», S. 129
«Regieanweisungen» in meinem Leben, S. 124
Haltung spiegeln, S. 266
Wie bewege ich mich durch mein Leben?, S. 264
Körperbotschaften, S. 273

Ich bin in deinen Händen, S. 277
Das «zweite» Gesicht, S. 270
Komm her – Geh weg, S. 281

## 7.2.2. Lebensentwürfe

### Wohin will ich?

*Ziel:*

Ein Stück konkreter Lebensplanung durch Entwicklung von Zielen leisten. Bestärkung und Korrektur durch eine/n Partner/in.

*Durchführung:*

Jedes Gruppenmitglied nimmt in Ruhe Stellung zu folgendem Thema:
– Die gegenwärtig wichtigsten problematischen Angelegenheiten in meinem Leben ...

Zunächst schreibt jede/r etwa drei bis vier Dinge dazu auf. Diese werden in einer Rangreihenfolge nach ihrer Wichtigkeit gebracht. Dann wird das erste Problem der Prioritätenliste betrachtet. Einige Stichwörter werden notiert zu folgendem Satz: «Ich wünsche mir zu können ...»

Anschließend wird aus den Wünschen – ansetzend bei dem realitätsnächsten – ein definitiver Plan mit konkreten Schritten gemacht, der Daten, Arbeitsschritte, Maßnahmen usw. erfaßt.

*Ein Beispiel:*

Jemand notiert als wichtigste Angelegenheit die Klärung der Scheidungsfrage mit dem Ehepartner. Es wird u. a. der Wunsch notiert, ruhig und sachlich mit dem Partner reden zu können. Dann wird festgelegt, daß eine/e gute/r Bekannte/r diesem Gespräch beiwohnen soll, daß der Ehepartner um sein Einverständnis gebeten wird und daß bei dem/der Freund/in in der nächsten Woche schriftlich angefragt wird, ob und zu welchem Termin er/sie bereit ist.

Wieweit die nächsten Punkte der Prioritätenliste auch noch in der gleichen Weise bearbeitet werden können, hängt stark von der Zeit ab.

Mit einem/einer frei gewählten Partner/in wird der Plan besprochen, und weitere Ideen werden gesammelt.

(Zeit: 40 Min., Gruppengröße beliebig)

*Auswertung:*

Siehe oben.

*Material:*
Papier und Schreibzeug.

## Lebensplanung

*Ziel:*

Auseinandersetzung mit persönlichen Zukunftsperspektiven, Abklärung realisierbarer und nicht realisierbarer Ziele. Entwicklung konkreter Handlungsschritte.

*Durchführung:*

Diese Übung wird am Anfang von dem/der Moderator/in gründlich erklärt und dann schrittweise moderiert. Jede/r Teilnehmer/in arbeitet eine längere Phase für sich allein und diskutiert in einer zweiten Phase in einer Dreiergruppe die Ergebnisse.

1. Jede/r Teilnehmer/in benötigt mehrere DIN-A4-Blätter. Das erste Blatt erhält die Überschrift: «*Meine Lebensziele*». Jede/r schreibt nun im Brainstorming-Verfahren alle Ziele auf, die ihm/ihr einfallen: persönliche, berufliche, finanzielle, familiäre usw. Nach drei Minuten wird die Zielliste erneut, jetzt gründlich reflektierend durchgegangen unter der Frage: «Welche Ziele sind mit hoher Wahrscheinlichkeit für mich erreichbar, welche sind zweifelhaft, welche sind völlig irreal?» Die drei oder vier realitätsnächsten Ziele werden auf einen zweiten Bogen geschrieben.
   (Zeit: 5 Min.)
2. Auf den zweiten Zettel wird als Überschrift geschrieben: «*Meine nächsten drei Jahre*». Für jedes auf diesem Zettel notierte Ziel wird jetzt die Frage gestellt: «Was muß und kann ich in den nächsten drei Jahren zur Erreichung dieser Ziele tun?» Diese Frage wird für jedes Ziel gestellt und beantwortet.
   (Zeit: 10 Min.)
3. Auf den dritten Zettel wird jetzt geschrieben: «*Die nächsten sechs Monate*». Jede/r Teilnehmer/in geht den zweiten Zettel nochmals durch und entscheidet zu welchem Ziel (eins auswählen!) er/sie in den nächsten sechs Monaten konkret am meisten tun kann und muß. Manchen Teilnehmern/innen fällt es schwer, auf die anderen Ziele zu verzichten. Wenn aber praktische Realisierung angestrebt

wird, ist *zunächst* diese Beschränkung nötig. Gleichwohl können die Teilnehmer/innen die Übung später allein zu den anderen Zielbereichen fortsetzen.

Jeder Punkt, der auf dem zweiten Zettel zum gewählten Ziel notiert wurde, wird jetzt einzeln auf den dritten Zettel geschrieben und jeweils unter der Frage konkretisiert: «Was kann und muß ich in den nächsten sechs Monaten zu diesem Punkt konkret tun?»
(Zeit: 5 Min.)

4. Auf den vierten Zettel wird jetzt als Überschrift geschrieben: «*Aktivitätenliste*». Bogen drei wird nochmals durchgegangen und gegebenenfalls noch konkretisiert und ergänzt. Dann werden die dort genannten Handlungsmöglichkeiten und -notwendigkeiten in eine Prioritätenliste umgeformt, die auf dem vierten Blatt notiert wird. Leitfrage ist dabei: «Welche Aktivität ist die nächstliegende, muß zuerst angepackt werden, welche folgt dann, usw.?» Auf diese Weise entsteht eine konkrete Aufgabenliste nach zeitlicher Priorität.
(Zeit: ca. 4 Min.)

5. Auf den letzten Zettel wird schließlich geschrieben: «*Handlungsplan*». Hier werden jetzt nach der Reihenfolge des vierten Blattes ganz praktische Handlungsschritte notiert, Termine, Gespräche, Entscheidungen, Zeiteinteilungen, ganz konkrete zu erledigende Aufgaben notiert (bei Erwachsenen eventuell in Verbindung mit dem Terminkalender).
(Zeit: 5 Min.)
(Gesamtzeit: ca. 35 Min.)

### Auswertung:

In Dreiergruppen.
– Gibt es Widersprüche zwischen Zielbereichen?
– Aus welchen Motiven wurden Auswahlentscheidungen getroffen?
– Welche Gefühle entstehen gegenüber diesem Versuch der Lebensplanung?
– Welchen Verbindlichkeitsgrad haben die Entscheidungen?
– Wird der «Abstand» zwischen Lebenszielen und praktischen Handlungsschritten eher enttäuschend oder ermutigend empfunden?

### Material:

Mindestens fünf DIN-A4-Bögen für jede/n Teilnehmer/in, Stift.

## Lebensentwürfe und Utopien

### Ziel:

Den eigenen Lebensentwurf weiterphantasieren und Utopien zulassen. Einen Bezug gewinnen zur persönlichen Zukunft als wichtiger biographischer Perspektive. Wunschbilder und Realität unterscheiden lernen. Konsequenzen für das gegenwärtige Leben ziehen.

### Durchführung:

Die Teilnehmer/innen nehmen sich Papier und Stift und werden aufgefordert sich vorzustellen, es seien 15 Jahre vergangen, es sei das Jahr …und ich bin … Jahre alt. (Variante: jeweils Zehn-Jahres-Intervalle von der Gegenwart bis zum Tod.)

Das Papier wird in zwei Spalten geteilt. In eine schreibt jede/r ihre/seine «Träume», wie es sein könnte, und in die andere Spalte, wie es sein wird, wenn man die Entwicklung realistisch betrachtet.

(30 Min.)

### Auswertung:

Je nach Gruppengröße in Kleingruppen zu zwei bis vier Teilnehmer/innen. Jede/r erzählt das Geschriebene so, als wenn sich die Gruppe tatsächlich nach 15 Jahren wiedergetroffen hätte, in der Ich-Form. Also: «Ich arbeite als Lehrerin, habe zwei Kinder usw.» Die anderen hören zu, fragen nach und achten darauf, was *nicht* erzählt wird.

- Inwieweit bezieht der/die Erzähler/in die politische Entwicklung in die Planung der Zukunft mit ein?
- Was brauche ich unbedingt zum Leben, was ist meine Basis? (Zum Beispiel politisch aktiv sein, gute Freunde haben, eine gute Beziehung haben etc.)
- Wie ist das Verhältnis von «Traum» und «Realität»?
- Woran liegt es, daß der «Traum» nicht in Erfüllung gehen kann?
- Was kann ich trotzdem dafür tun?
- Welche Gefühle habe ich, wenn ich an meine Zukunft denke?
- Bis wohin kann ich sie mir vorstellen, was bleibt verschwommen?

### Material:

Papier und Stift.

## Tagträume

### Ziel:

Etwas über unsere Lebenserfahrungen und über unsere Utopien und Hoffnungen durch das Zulassen von Tagtraumbildern erfahren.

### Durchführung:

Wenn diese Übung für die Teilnehmer/innen fremd oder neuartig ist, kann der/die Moderator/in folgenden Text als Einführung/Erläuterung verwenden:

«Unsere Tagträume sprechen eine beredte Sprache von Zielen, die wir in unserer Lebensgeschichte (noch?) nicht erreicht haben. Sie sprechen von Wunschvorstellungen, die in ihrer Umkehrung Hinweise geben auf unsere reale Lebenserfahrung/unsere reale Lebensgeschichte, auf Unterdrückungsverhältnisse, in denen wir gelebt haben und leben. Aber es finden sich auch gesellschaftliche Werthaltungen (zum Beispiel die Vorstellung wie ich als Frau/Mann zu sein habe), die tief in uns verankert sind – auch in unseren Utopien – und die sich über unsere Sprache in den Tagtraum-Geschichten aufdecken lassen.»

Die Teilnehmer/innen nehmen eine bequeme Haltung im Sitzen oder Liegen ein und schließen die Augen. Nach einer längeren Körperentspannung (s. S. 87) gibt der/die Moderator/in folgende Anleitung:

«Wir alle haben Phantasien, Träume, Sehnsüchte und heimliche Wünsche. Ich möchte dich jetzt bitten, die Zensur in deinem Kopf so weit wie möglich auszuschalten und dich einfach den Bildern hinzugeben, die an deinem inneren Auge vorbeiziehen zum Thema ‹Es wäre schön, wenn ...›

Laß dir Zeit und gehe ihnen nach. Spüre deine Wünsche und Sehnsüchte. Bei welchem Bild bleibst du hängen? Nimm in Ruhe wahr, was du siehst. Laß alles zu, es gibt kein ‹Falsch› und kein ‹Richtig›. (5 Min.)

Verabschiede dich von deinem Tagtraum. Bleib bei deinem Gefühl. Komm nun langsam wieder in den Raum zurück. Öffne deine Augen. Orientiere dich im Raum.

(Zeit: insges.: 20 Min.)

Nimm jetzt ohne zu sprechen ein Blatt Papier und einen Stift und schreibe deinen Tagtraum in der Ich-Form auf. Wenn du mehrere Tagträume hattest, wähle den aus, mit dem du das intensivste Gefühl verbindest. Es kommt gar nicht darauf an, daß es eine schöne, wohlklingende oder gar geschlossene Geschichte wird. Gib einfach deinen Bildern, Wünschen, Sehnsüchten Worte. Du hast jetzt 20 Minuten Zeit.»

*Variante:*
Die Teilnehmer/innen nehmen Farbstifte und Papier und malen ein Bild zu ihren Tagträumen/Gefühlen.

Die Teilnehmer/innen erhalten einen vervielfältigten Fragenkatalog. Sie gehen ihre Geschichte nach dem Schreiben nochmals anhand der Fragen durch und machen sich auf einem anderen Zettel Notizen.
*Fragen:*
– Wie phantasiere ich meine Person (mächtig/ohnmächtig usw.)?
– Was hat das mit meiner wirklichen Lebensgeschichte zu tun?
– Was wäre das Gegenteil der Geschichte und woher kenne ich es?
– In welchen Passagen habe ich das Gefühl, ich konnte meine Empfindungen in Worte fassen, wo nicht?
– Welche Personen kommen in meinem Tagtraum, in meiner Geschichte vor und welchen Personen aus meiner Lebensgeschichte gleichen sie? Wem sind sie genau entgegengesetzt?
– Wenn ich es mir genau überlege: wünsche ich mir, daß der Traum Wirklichkeit wird?

*Auswertung:*

In Kleingruppen zu fünf bis sechs Teilnehmern/innen.

Das Geschriebene wird eingesammelt und ohne Nennung des Namens vorgelesen. Es folgt ein Gruppengespräch zu folgenden Fragen:
– Welche traditionellen Werte haben sich in unsere Phantasien «eingeschlichen» (zum Beispiel in die Vorstellungen vom Glücklichsein)?
– Welche Ähnlichkeiten gab es in den Phantasien der Teilnehmer/innen?
– Gibt es geschlechtsspezifisch unterschiedliche Phantasien?

*Material:*

Stift und Papier, vervielfältigter Fragenkatalog. (Für die Variante: Wachsmalkreiden und große Bogen Papier, Klebeband.)

---

Vom Wachsen
Ein chinesischer Reisbauer pflanzte einst junge Pflanzen in sein Feld. Das gleiche tat sein Sohn. Der Alte ging nach getaner Arbeit heim, legte sich schlafen und überließ alles Weitere der Sonne, dem Wind und dem Wasser. – Der Sohn aber ging am

Morgen hin, um zu schauen, wieweit die Pflänzchen schon ge-
diehen waren. Als er keinen Fortschritt sehen konnte, zupfte er
jedes Pflänzchen ein wenig nach oben und freute sich dann, daß
sie schon so weit wären.

Nach einigen Tagen besahen Vater und Sohn ihre Felder wieder. Und siehe: Die Pflanzen des Sohnes waren gelb und ließen
die Köpfe hängen. Die des Vaters aber sproßten in frischem
Grün, und er hatte seine Freude daran.

(Nach einem chinesischen Märchen)

## Meine Wunsch-Partnerschaft

### Ziel:

Wünsche an eine (ideale) Partnerschaft klären, ihrer Entstehung nachgehen und sich mit den Unterschieden von Wunsch und Realität auseinandersetzen.

### Durchführung:

Die Teilnehmer/innen werden gebeten, sich Papier und Stift bereitzule-
gen. Nach einer kurzen Entspannung (s. S. 88) schreiben sie auf, welches ihre Wünsche und Ideale einer Partnerschaft sind. Dabei ist es
wichtig, nicht sofort an Einschränkungen durch die Realität zu denken,
sondern den oft gar nicht zugelassenen Phantasien und Träumen Raum
zu geben. Der/die Moderator/in gibt als Hilfe folgende Stichworte:

Wohnen, Berufstätigkeit, Geld, materieller Lebensstil, Rollen, Kinder, Sexualität, Konflikte, Dauer der Beziehung, Treue, Außenbezie-
hungen, Bildung, Kultur, soziales/politisches Engagement, Urlaub, wie
leben wir (oder anderes).

(Zeit: 15 Min.)

### Auswertung:

In Paaren (möglichst gegengeschlechtlich), Austausch der Notizen.

Folgende Auswertungsfragen (vervielfältigt verteilen) sind für das
Gespräch wichtig:

– Woher stammen meine Wünsche und Ideale?
– Sind es wirklich *meine* – oder das, was heute als «modern» gilt?
– An wem orientiere ich mich dabei?
– Von welchen Personen und ihrer Partnerschaft will ich mich mit mei-
nen Wünschen abgrenzen. Welche Rolle spielen dabei meine Eltern?

- Auf welche Wünsche kann ich leicht verzichten, auf welche schwerer, welche sind unverzichtbar?
- Wenn ich meine Wünsche mit meiner realen (oder meiner letzten) Partnerschaft vergleiche, was verhindert(e) die Erfüllung meiner Wünsche?
- Wie gehe ich dabei mit meiner Enttäuschung (oder unterdrückten Wut) um?
- Was will ich ändern?
- Will ich darüber mit meinem Partner/meiner Partnerin sprechen?

*Material:*

Papier und Stift. Vervielfältigter Fragenkatalog.

*Hinweis:*

An den Paaraustausch (beschränkt auf die Notizen) kann sich ein Gespräch in Vierergruppen zu den Auswertungsfragen anschließen.

# Älterwerden

*Ziel:*

Sich über Zukunftsperspektiven, -hoffnungen, -wünsche, -befürchtungen klarwerden und über die Bedeutung solcher Phantasien für das heutige Leben nachdenken. Realisierbare Perspektiven prüfen.

*Durchführung:*

Die Teilnehmer/innen versorgen sich jeweils mit einem Stift und einem DIN-A4-Blatt und beantworten in Stichworten folgende Fragen (vorher vervielfältigen):
- Wie alt möchte ich werden?
- Wann und wie möchte ich mein Leben abschließen?
- Welche Gefühle verbinde ich mit der Vorstellung von meinem Tod? Ist alles zu Ende oder was kommt danach?
- Wie stelle ich mir mein Leben vor, wenn ich alt bin (realistisch)? Wie werde ich leben? Welche Interessen werde ich haben? Wie stelle ich mir Liebe, Sexualität, Partnerschaft, Beziehungen, Freundschaften vor (welche Gefühle verbinde ich damit)? Wie stelle ich mir mein Äußeres, meinen Körper vor/welche Gefühle verbinde ich damit)?

- Vor welchen Ereignissen/Erfahrungen in der Zukunft – im Zusammenhang mit dem Älterwerden – fürchte ich mich?
- Worauf freue ich mich?
- Welche Träume, Phantasien (Utopien), Wünsche habe ich für mein Alter? Wie möchte ich leben, was möchte ich tun, wie wünsche ich mir zu sein?
- Welche konkreten Schritte kann ich heute schon tun, um meine Wünsche und Phantasien zu realisieren?

### Auswertung:

Gespräch in Kleingruppen.
- Werden bestimmte Klischees in bezug auf Älterwerden/alte Leute in unseren Gedanken deutlich?
- Welche gesellschaftlichen Normen/Vorstellungen unter dem Motto: «Das kann man doch als alter Mensch nicht mehr machen!» engen unsere Phantasien/Wünsche ein?
- Welche Erfahrungen mit dem Altwerden habe ich in meiner Familie gemacht (Großeltern)?
- Wie haben wir politische, ökonomische und ökologische Einflüsse in unsere Überlegungen einbezogen?

### Material:

Stift und Papier, vervielfältigter Fragenkatalog.

## Nachruf

### Ziel:

Die Frage nach Sinn, Bedeutung und Wert des eigenen Lebens klären. Lebensentwürfe, mögliche Veränderungen des eigenen Lebens als Konsequenz prüfen.

### Durchführung:

Die Teilnehmer/innen nehmen Stift und Papier. Sie stellen sich vor, sie seien gestorben und formulieren ihren eigenen Nachruf als einen Rückblick auf ihr Leben. Der Umfang sollte eine halbe bis eine Seite nicht überschreiten. Absichtlich werden keine Hilfen gegeben, damit jede/r frei bleibt für ihre/seine persönlichen Wertungen. Dies sollte der/die Moderator/in betonen.
(Zeit: 30 Min.)

Jeweils ein/e Teilnehmer/in liest seinen/ihren Nachruf vor (besser: wenn man die Nachrufe vervielfältigt, so daß alle sie lesen können). Die anderen Teilnehmer/innen sagen, was ihnen aufgefallen ist, welches Bild vor ihnen steht.

– Welche Sprache wurde gewählt?
– Kommen noch andere Personen vor?
– Welche Rolle spielen sie?
– Wie sieht der weitere Lebensentwurf der/des Betreffenden aus, schließt er sich kontinuierlich an das bisherige Leben an, gibt es Brüche, wodurch kamen sie zustande?
– Welche Charaktereigenschaften stellt die Person in den Vordergrund, welche nicht?
– Wie stellt sich der/die Teilnehmer/in sein/ihr Alter vor?
– Welche Folgerungen will ich aus dem Nachdenken über einen phantasierten «Nachruf» für mein Leben ziehen?

*Material:*

Papier und Stift.

## Wie werde ich sterben?

*Ziel:*

Rückschau auf das Leben halten, wobei wichtige Ziele entdeckt werden können, die noch erreichbar sind.

*Durchführung:*

Die Teilnehmer setzen oder legen sich bequem hin und schließen die Augen. Nach einer intensiven Körperentspannung (s. S. 87) kann der/die Moderator/in folgende Anleitung verwenden.

«In der folgenden Übung kannst du etwas bekannter mit deiner Vorstellung von deinem Sterben und deinem Tod werden. Sie kann dir helfen, die Angst davor zu vermindern. Und sie kann dir vor allem helfen, eine geänderte Einstellung zu deinem jetzigen Leben zu bekommen.

Jetzt, wo du ganz entspannt bist, stell dir so vor, der Zeitpunkt deines Sterbens ist gekommen. Stell es dir so vor, wie du es jetzt im Augenblick annimmst. Stell dir vor, der Arzt informiert dich, daß du sterben wirst. Er sagt es dir. Gehe deinen Gefühlen und Gedanken bei dieser Information nach. Was wirst du machen? Mit wem willst du sprechen? Was willst du sagen? Nimm dir jetzt Zeit, dir das in allen Einzelheiten vorzustellen. (5 Min.)

Und jetzt sieh dich selbst, wie du dem Tod näherkommst. Du siehst, wie die Veränderung deines Körpers zunimmt. Du siehst die Einzelheiten deines Sterbens. Du fühlst, daß dein Körper sich seinem Ende nähert. Du bist dir dessen bewußt, daß du sterben wirst. Erlaube dir, diese Gefühle zu erfahren und setz dich mit ihnen auseinander. (2 Min.)

Sieh jetzt die Menschen um dich herum an deinem Sterbebett. Stell dir vor, was sie dir sagen werden. Was sagen sie und was fühlen sie? (2 Min.)

Und jetzt stell dir vor, daß dein Körper die Kraft verliert und stell dir den Moment deines Sterbens vor. (2 Min.)

Und jetzt siehst du dich selbst gestorben. Und mit deiner Seele geschieht jetzt das, was du dir vorstellst, wie es deinen religiösen Einstellungen entspricht.

Und jetzt blickst du über die Einzelheiten deines Lebens zurück: Was war dein Leben? Was hast du getan? Was hat dir Freude gemacht? Was würdest du heute gerne anders tun? Welche seelischen Schmerzen, Kümmernisse und Sorgen hast du in deinem Leben gehabt? Blicke noch einmal auf dein bisheriges Leben zurück. (5 Min.)

Jetzt komm langsam wieder hierher zurück. Halte noch die Augen geschlossen. Sei dir bewußt, daß du wieder neu in dies Leben eintrittst. Und sei dir bewußt, daß du die Chance hast, weiter und neu zu leben. Du fühlst die Ruhe in dir. Du fühlst, wie entspannt du bist. Und du fühlst dich jetzt wieder hier in dem Raum. Nun mache langsam die Augen auf.»

(Gesamtzeit: 25 Min.)

*Auswertung:*

In Kleingruppen, wobei folgende Fragen hilfreich sind:
- Wie habe ich mich während der Phantasie gefühlt? Welche Bilder habe ich gesehen, was habe ich über mich erfahren?
- Was war mir unangenehm, schwierig?
- Hat sich meine Angst vor Sterben und Tod vermindert/verstärkt?
- Hat sich mein Gefühl, im Sterben hilflos zu sein, vermindert/verstärkt?
- Wie ist es mit meiner Angst, im Sterben einsam zu sein?
- Wie ist es mit meiner Bereitschaft, in meinem Leben etwas ändern zu wollen?
- Wie ist es mit meinem Wunsch, intensiver und bewußter zu leben?

*Material:*
-

*Unter dieser Kategorie sind auch folgende Übungen verwendbar:*

Die Übungen der Kategorie 10.
Arbeitsstörungen, S. 237

# 8. Körper

## Allgemeine Einleitung zu den Körperübungen

Für viele Menschen ist das Herangehen an die eigene Geschichte über den Körper ungewohnt und neu. Der/die Moderator/in kann den folgenden Text als erklärenden Vorspann zu den jeweiligen Übungen verwenden.

«Wir wissen heute, daß unsere früheren Gefühle und Erlebnisse auch in unseren Körpern als Erinnerungen gespeichert sind, zum Beispiel in unserer körperlichen Struktur, unseren Proportionen, den Muskel- oder Fettablagerungen und unserer Haltung. Seelische Verletzungen, Konflikte und Bedrohungen sind in Form von Verspannungen und Blockierungen im Körper ‹abgelagert›. Um bestimmte Konflikte oder ‹unerlaubte› Gefühle nicht hochkommen zu lassen, müssen wir das Empfinden durch Festhalten bzw. Spannungen in bestimmten Körperbereichen blockieren und abstellen, besonders Wut, Streß und Trauer.

Wir können, wenn wir genau auf unseren Körper achten, solche Erinnerungen und Gefühle wieder aufleben lassen. Das wollen wir ein Stück weit jetzt tun. Achtet auf die Bilder und Erinnerungen, die in euch aufsteigen, achtet darauf, was euer Körper euch mitteilt und nehmt es wahr.»

## Körperwahrnehmung

### Ziel:

Sensibilisierung des Körperbewußtsein/der Körperwahrnehmung. Versuch, Erinnerungen über das Körpergedächtnis aufzuspüren.

### Durchführung:

Der/die Moderator/in kann folgende Anleitung verwenden:

«Die Übung wird sich in zwei Teile gliedern: einen Wahrnehmungsteil im Liegen und einen Bewegungsteil.

Mach es dir im Liegen bequem und schließe deine Augen. Atme ein –

und tief wieder aus (mehrfach wiederholen). Wenn du magst, mache einen Ton zum Ausatmen.

Spüre, wie dein Atem durch deinen Körper strömt ... und stelle dir vor, daß du durch den Beckenboden ausatmest. (30 Sek.)

Nimm wahr, wie du daliegst ... Spüre den Kontakt deines Körpers zum Boden. Spüre, wie der Boden dich trägt. (1 Min.)

Nimm dein Gesicht wahr ... Spüre deine Stirn ... Nimm deine Augenpartie wahr ... Spüre deine Wangen ... deine Kieferpartie ... deine Nase ... deinen Mund ... deine Lippen ... deine Zunge ... Nimm wahr, wie du dein Kinn hältst ...

Nimm nun deinen Nacken wahr ... Spüre deinen Hals ... Fühle deine Schultern ... Spüre deine Arme ... Nimm deine Hände, deine Finger wahr ... Spüre deine Brust ... Nimm deine Leibmitte wahr ... Spüre deinen Bauch ... Geh nun in Gedanken langsam an deiner Wirbelsäule entlang deinen Rücken hinunter. (1 Min.)

Spüre dein Becken ... Achte auf deinen Atem. Was hältst du fest? ... Spüre dein Gesäß ... dein Geschlecht ... Nimm deine Oberschenkel wahr ... spüre deine Knie ... Fühle deine Waden ... nimm deine Füße wahr ...

Nun geh noch einmal in Gedanken durch deinen Körper. Welche Empfindungen nimmst du wahr? Wo spürst du Wärme, wo Kälte? Wo fühlst du Kraft und Energien? (1 Min.)

Wo spürst du Spannungen? Verstärke sie. Gehe ihnen in Gedanken nach. Welche Gefühle nimmst du wahr? Woran erinnern sie dich? Welche Bilder tauchen auf? (2 Min.)

Wo empfindest du Schmerzen? Gehe ihnen in Gedanken nach. Was sagen sie dir? Woran erinnert dich das? Welche Bilder fallen dir dazu ein? (1 Min.)

Nun komm langsam wieder in den Raum zurück. Nimm die Geräusche um dich herum wahr. Öffne die Augen. Sieh dich um. Strecke und räkele dich, wenn du magst. Richte dich auf ... Sprich nicht. Bleib bei deinen Gefühlen. (30 Sek.)


Steh jetzt auf. Stelle dich so in den Raum, daß du dich ungehindert bewegen und deine Arme ausstrecken kannst. Stelle deine Füße etwa in Beckenbreite parallel zueinander, die Knie leicht eingeknickt. Kippe dein Becken locker nach vorn.

Atme tief in den Bauch und laß den Beckenboden locker.

Schließe jetzt wieder die Augen und fühle in deinen Körper hinein ... Nimm wahr, wie du dastehst. Spüre den Kontakt deiner Füße zum Boden. (30 Sek.)

Nimm deine Waden wahr ... Spüre deine Knie ... deine Oberschenkel, wenn du ein Zittern spürst, halte es nicht fest ... Nimm wahr, wie du dein Becken hältst ... Spüre dein Gesäß ... Spüre deinen Bauch ... Nimm deinen Rücken wahr ... Gehe in Gedanken an deiner Wirbelsäule entlang nach oben ... Spüre deine Schultern ... deine Arme ... deine Hände ... Fühle deinen Nacken ... deinen Kopf ... dein Gesicht ...

Geh jetzt nochmals in Gedanken durch deinen Körper. Wo hast du am deutlichsten Spannungen gespürt? Geh wieder hinein. Verstärke die Spannungen …Bewege dich, probiere verschiedene Haltungen aus. Wo wird die Spannung stärker? Welche Gefühle kommen dazu in dir hoch? Woher kennst du diese Gefühle? Welche Bilder fallen dir dazu ein? (1 Min.)

Wenn du Bewegungsimpulse spürst, gib ihnen nach, führe sie aus, verstärke sie, bewege dich. Was spürst du? (30 Sek.)

Nimmst du in deiner Phantasie etwas wahr, das deinen Impulsen-/Bewegungen Widerstand entgegensetzt? Sieh genau hin. Wer oder was ist es? Was spürst du? Achte dabei auch auf deinen Körper, auf deine Atmung. (30 Sek.)

Nun komm langsam wieder in den Raum zurück. Bleib bei deinem Gefühl.»

(Zeit: 25 Min.)

### Auswertung:

Es kann sich ein Austausch zu den Erfahrungen in der Gruppe anschließen. Interessant ist, dabei auf Redensarten, Wortspiele zu den Körperteilen, in denen ich Verspannungen oder Schmerzen spüre, zu achten.

### Material:

Günstig ist ein großer Raum, in dem alle Gruppenmitglieder liegen und sich bewegen können, Decken/Matten oder weicher Teppichboden als Unterlage.

## Wie bewege ich mich durch mein Leben?

### Ziel:

Über unser Körpergedächtnis und unsere Bewegungen sollen Bilder und Erinnerungen aus früheren Lebensphasen aktiviert werden. Wir wollen der in unsere Körper eingelagerten Erfahrung darstellend auf die Spur kommen.

### Durchführung:

Der/die Moderator/in kann folgenden Text als Anleitung verwenden:

264

«Verteilt euch so im Raum, daß jeder/jedem genügend Bewegungs-spielraum bleibt. Fangt an, kreuz und quer durch den Raum zu laufen und nehmt wahr, welche Bilder, Empfindungen, Erinnerungen auftauchen. Stellt euch vor:
– ihr seid das kleine Kind von damals und tobt durch den Garten;
– ihr habt euch besonders gefreut;
– ihr fühlt euch schwach und krank;
– ihr seid ängstlich;
– ihr seid im Streß/in Eile;
– ihr geht über eine «federnde» Wiese;
– man hat euch gesagt, daß ihr leise sein müßt;
– ihr seid wütend;
– ihr seid schuldbewußt;
– ihr geht nachts durchs Dunkle;
– ihr seid auf dem Weg zur Schule am Tag der Einschulung;
– ihr seid in der Schule und müßt stillsitzen;
– ihr fühlt euch stark.»

Die Auflistung der Anweisungen kann beliebig ergänzt bzw. gekürzt werden.
(Zeit: 15 Min.)

*Auswertung:*

Gruppengespräch.
– Wenn wir an Situationen denken, in denen wir sehr intensive Gefühle haben, inwieweit drücken wir sie mit dem ganzen Körper aus?
– Wenn wir an die Vitalität denken, die wir als Kind hatten: inwieweit ist sie verlorengegangen und wodurch?
– Welche gesellschaftlichen Bedingungen entfremden uns heute von unserem Körper? Überlegt euch Beispiele aus eurem Alltag (zum Beispiel U-Bahn, Arbeitsplatz, Freizeitbereich usw.).

*Material:*

Ein ausreichend großer Raum, in dem sich alle Teilnehmer/innen bewegen können, ohne sich gegenseitig zu behindern.

*Hinweise:*

Anregungen zu dieser Übung entnahmen wir: Ch. Holzkamp: Theaterworkshop «Weibliche Biographie», in: Beiträge zur feministischen Theorie und Praxis, Heft 7, München 1982, S. 128 ff.

## Haltung spiegeln

### Ziel:

Erfahren, daß und wie innere Einstellungen sich in der Körperhaltung niederschlagen.

### Durchführung:

Die Gruppe teilt sich in Paare, die einander gegenüberstehen. Sie einigen sich, wer A und B ist. Jede/r nimmt eine für sich typische Stellung ein.
*1. Schritt:* Auf ein Zeichen hin «friert jede/r sich ein», das heißt, er/sie verharrt in der momentanen Haltung und rührt sich nicht mehr. Jede/r versucht jetzt genau wahrzunehmen, wie er/sie sich hält. Wie fühlt sich der eigene Körper an? Sagt diese Haltung etwas über meinen momentanen Zustand oder allgemeine «Haltungen» aus? Dann betrachtet jede/r das Gegenüber genau. Wie hält er/sie den Kopf, die Arme, die Schultern usf.? Was für einen Eindruck ruft diese Haltung in mir hervor? (2 Min.)
*2. Schritt:* Die Paare bleiben weiter in ihrer Haltung stehen und tauschen das Erlebte aus. Jede/r beginnt mit sich selbst, und zwar in der Ich-Form: «Ich halte meine Arme ...»
*3. Schritt:* A versucht sich seine Haltung genau zu merken und nimmt jetzt möglichst genau die seines/ihres Gegenübers B ein. Wie fühle ich mich in dieser Haltung? Nach einer kurzen Pause des Austauschs werden die Rollen gewechselt, B nimmt die Haltung von A ein.
(Zeit: 10 Min.)

### Auswertung:

– Was sagt meine Haltung über meine Lebenseinstellung aus?
– Woher kenne ich diese Haltung?
– Wenn ich versuche, sie zu übertreiben, was sagt sie aus?
– Was wäre das Gegenteil zu meiner Haltung? Wie fühle ich mich, wenn ich diese Haltung einnehme?

### Material:

–

### Hinweise:

Es muß darauf geachtet werden, daß «Gesehenes» und «Vermutetes» deutlich getrennt werden.
Entwickelt nach: J. O. Stevens: Die Kunst der Wahrnehmung, München 1975, S. 122 f.

## Ich lasse meinen Rücken sprechen

Die im Laufe unseres Lebens in unseren Körpern abgelagerte Erfahrungen soll mit Hilfe eines imaginierten Dialogs mit dem Rücken ins Bewußtsein gerufen werden.

*Durchführung:*

Der/die Moderator/in kann folgenden Text verwenden:

«Nimm eine für dich bequeme Haltung ein. Schließe deine Augen. Lasse deine Gedanken vorbeiziehen und halte sie nicht fest. (30 Sek.)

Nimm deine Haltung wahr ... Richte deine Aufmerksamkeit jetzt auf deinen Rücken ... Spüre langsam von oben nach unten an deiner Wirbelsäule hinab. (1 Min.)

Nun nimm noch näher Kontakt zu deinem Rücken auf. Lasse deinen Rücken zu dir sprechen. Frage, wo er sich stark und kräftig fühlt, wo entspannt. (30 Sek.)

Frage ihn auch, wo er sich verspannt, schmerzhaft, verhärtet fühlt. (30 Sek.)

Frage ihn, warum er sich so fühlt. (30 Sek.)

Was antwortet er? (30 Sek.)

Wie ging es deinem Rücken, als du noch klein warst? (30 Sek.)

Setze den Dialog noch eine Weile fort. Nimm die Bilder wahr, die dir dazu einfallen. (1 Min.)

Nun komm langsam wieder in den Raum zurück, öffne die Augen, räkele dich und sei wieder da ...»

(Zeit: 5 Min.)

*Auswertung:*

In einem anschließenden Gruppengespräch tauschen die Teilnehmer/innen ihre Erfahrungen aus und gehen folgenden Fragen nach:
– Was bedeutet mein Rücken für mich, und welche Erfahrungen habe ich mit ihm gemacht?
– Welche Aussprüche fallen mir zu meinem Rücken ein?

*Weiterführung:*

Eine schöne Weiterführung ist eine Massage im Anschluß an diese Übung.

*Variante:*

Die Teilnehmer/innen malen nach dem imaginierten Dialog ein Bild zu ihrem Rücken (schematisch) und tragen dazu in den einzelnen Bereichen die unterschiedlichen Empfindungen (wie «verspannt», «kräftig», «unbeweglich», «schmerzhaft» usw.) und die «Botschaften» ihres Rückens ein.

*Material:*

Eventuell Stifte und Papier (s. Variante).

## Hinter meinem Rücken

*Ziel:*

Im Laufe der Lebensgeschichte erworbene Erfahrungen – wie Ängste, Befürchtungen usw. – sollen unter Einbeziehen der Körpererinnerung aktualisiert werden.

*Durchführung:*

Der/die Moderator/in kann folgenden Text verwenden:

«Verteilt euch im Raum. Stellt euch so hin, daß ihr keine Wand im Rücken habt, bzw. euch nicht gegen eine Wand lehnt. Schließt die Augen.»

Nach einer kurzen Entspannung im Stehen (s. S. 88 fährt der/die Moderator/in wie folgt fort:

«Stell dir vor, daß hinter deinem Rücken (hinterrücks) etwas passiert. Etwas oder jemand kommt langsam von hinten auf dich zu ...
   Du wartest. Was geht dir durch den Kopf? ...
   Wer oder was könnte es ein? Was wird geschehen? Was empfindest du? Was möchtest du tun? ...
   Du wirst berührt. Wie empfindest du diese Berührung? Was möchtest du am liebsten tun?
   Sag in Gedanken ein Wort oder einen Satz!
   Welche Bilder tauchen auf? Halte sie fest.
   Nun komme allmählich zurück in den Raum. Öffne die Augen.»

(Zeit: max. 10 Min.)

*Auswertung:*

In einem anschließenden Gespräch in der Großgruppe oder in Kleingruppen können folgende Fragen hilfreich sein:

- Woher kenne ich diese Erfahrungen/Empfindungen?
- Wie lautet mein Satz und wie verstehe ich ihn?
- Wenn ich Angst habe, welche Körperhaltung möchte ich am liebsten einnehmen? Welche Teile von mir schütze ich: den Rücken, den Bauch, den Kopf ...?
- Hatte ich oft den Eindruck, «hinter meinem Rücken» würden Dinge stattfinden, die ich nicht wissen sollte oder die ich nicht verstand?

*Material:*
—

## Erinnerungsspuren in unseren Gesichtern

*Ziel:*

Lebenserfahrungen stehen uns im Gesicht geschrieben, hinterlassen Spuren in unseren Gesichtern. Anhand von Fotos aus verschiedenen Altersstufen soll diesen Erfahrungen nachgespürt werden.

*Durchführung:*

Die Teilnehmer/innen bringen Fotos mit, auf denen sie in verschiedenen Lebensaltern zu sehen sind. (Am besten eignen sich Porträt-Fotos. Man kann aber auch andere Fotos nehmen, wichtig ist nur, daß das Gesicht zu erkennen ist. Es sollten nicht mehr als zehn Fotos sein.)

Die Teilnehmer/innen werden gebeten, ihre Fotos vor sich auszubreiten. Eventuell können die Fotos auch mit Fotoecken auf einen großen Bogen Papier (Tapete) geklebt werden. Auffallendes kann dann mit Pfeilen markiert daneben geschrieben werden.

Die Teilnehmer/innen nehmen sich Zeit, ihr Gesicht in den verschiedenen Altersstufen genau zu betrachten und dabei folgenden Fragen nachzugehen, die auf einer Wandzeitung notiert sind:
- Wenn ich von Bild zu Bild gehe, wie verändert sich im Laufe meines Lebens mein Gesicht?
- Welche Erfahrungen und Ereignisse lagen jeweils gerade hinter mir?
- In welcher Lebenssituation wurde das Foto aufgenommen?
- Wenn ich meinen damaligen Gesichtsausdruck nochmals übernehme, welche Gefühle und Erinnerungen löst das in mir aus?
- Welche Stimmungen kommen mir aus den Bildern entgegen?

– Entdecke ich Ähnlichkeiten mit Personen aus meiner Familie? Mag ich diese Seiten an mir?
(Zeit: 20 Min.)

*Auswertung:*

In Kleingruppen. Nacheinander breiten die Teilnehmer/innen ihre Fotos aus bzw. legen den Bogen mit den aufgeklebten Fotos in die Mitte. Die anderen betrachten alles in Ruhe, versuchen wahrzunehmen, was sich im Laufe der Zeit im Gesicht der Person verändert, welche Empfindungen ein bestimmter Zug oder Gesichtsausdruck bei ihnen auslöst, wenn sie versuchen, ihn nachzuahmen bzw. zu übernehmen. Sie teilen ihre Gefühle und Eindrücke mit. Anschließend erzählt der/die Betreffende, was er/sie an seinen/ihren Fotos wahrgenommen hat und welche Erfahrungen er/sie mit bestimmten Gesichtszügen/einem bestimmten Gesichtsausdruck verbindet.

*Material:*

Bis zu zehn Fotos aus verschiedenen Altersstufen, Stift und große Bogen Papier (bzw. Tapetenrolle), Wandzeitung, Klebeband.

## Das «zweite» Gesicht

*Ziel:*

Sich mit einer anderen, neuen Sichtweise des eigenen Gesichtes auseinanderzusetzen und fragen, welche lebensgeschichtlichen Erfahrungen sich in den Gesichtszügen spiegeln.

*Durchführung:*

Die Gruppe teilt sich in Paare. Jeweils ein/e Teilnehmer/in schaut in einen Spiegel, der senkrecht mit Hilfe eines Blattes Papier zur Hälfte abgedeckt ist. Er/sie plaziert sich so, daß er/sie nur eine Gesichtshälfte sehen kann. Durch Verschieben des Blattes können abwechselnd die rechte oder die linke Hälfte betrachtet werden. Gemeinsam sprechen die Partner/innen über folgende Fragen (Wandzeitung oder vervielfältigter Fragenkatalog):

– Was fällt mir auf, welche Züge entdecke ich an mir?
– Wenn ich den Ausdruck verstärke, was fällt mir dazu ein, welche Gefühle verbinde ich damit, woran erinnert mich das?

- Sehe ich Ähnlichkeiten mit Familienmitgliedern?
- Wie stehe ich zu solchen Ähnlichkeiten? Wem möchte ich auf keinen Fall ähnlich sehen? Wem würde ich gerne ähnlich sehen?
- Wenn wir davon ausgehen, daß die rechte Seite das Ich (die Aktivität, das Außengerichtetsein), die Beziehung zum Vater repräsentiert, was spiegelt mein Gesichtsausdruck? Was sagt er über die Beziehungen/Erfahrungen aus?
- Wenn wir davon ausgehen, daß die linke Seite das Selbstwertgefühl, das «innerste Wesen», die Beziehung zur Mutter darstellt, was sagt mein Gesichtsausdruck über die Beziehung/Erfahrungen aus?
- Welche Gefühle lösen meine beiden Gesichter (Gesichtshälften) jeweils in mir aus? Wie unterscheiden sie sich?
- Welche Erfahrungen stehen in meinen Gesichtern (Gesichtshälften) geschrieben? Achte besonders auf die *Augen,* den Mund, die Kieferpartie.
- Was mag ich, was mag ich nicht an mir?
  (Zeit: pro Person 10 Min.)

*Auswertung:*

Gruppengespräch zu der Frage: Was habe ich entdeckt, was war wichtig für mich?

*Variante:*

Sie ist zwar aufwendig, aber die Mühe lohnt sich. Ein besonderer Effekt ergibt sich, wenn die Teilnehmer/innen Fotos/Porträts (frontal) von ihren Gesichtern machen. Diese Fotos werden entwickelt und abgezogen. Von jedem Foto sollten zwei Abzüge (Format mindestens: 13 × 18 cm) hergestellt werden, wobei jeweils ein Abzug seitenverkehrt sein muß. Die Abzüge werden nun jeweils in der Mitte des Gesichts senkrecht halbiert. Die Teilnehmer/innen kleben die beiden rechten und die beiden linken Hälften ihres Gesichtes aneinander, so daß jede/r zwei verschiedene Gesichter von sich hat. Sie werden gebeten, nacheinander in Ruhe ihre beiden Gesichter zu betrachten und dabei den Fragen (s. o.) nachzugehen.

*Material:*

Spiegel (mindestens einen für je zwei Teilnehmer/innen), weiße Bogen Papier zum Abdecken der Spiegel, Stift, Papier, vervielfältigter Fragenkatalog.

Für die Variante: Vorbereitete Abzüge der Porträtfotos (Mindestgröße 13 × 18 cm); Klebstoff, Schere, Papier zum Aufkleben.

## Hals und Nacken

### Ziel:

Durch diese Übung soll das Bewußtsein für den Körper intensiviert werden und über das Körpergedächtnis ein Zugang zu früheren Erfahrungen und Konflikten im Zusammenhang mit Überbelastung/Verantwortlichkeit gesucht werden.

### Durchführung:

Der/die Moderator/in kann folgende Anleitung verwenden:

«Stell dich in einer dir vertrauten Haltung hin.

Nimm dir Zeit, um deinen Hals und Nacken zu betasten und zu spüren. Versuche, ein Gefühl dafür zu bekommen, wie dein Hals/Nacken sich anfühlt, aussieht und welche Funktion er erfüllt. (3 Min.)

Nimm wahr, wie die Haltung deines Nackens und Halses normalerweise ist, ob du zum Beispiel den Hals nach vorn beugst oder zu einer Seite. Was fällt dir zu dieser Haltung ein? (30 Sek.)

Nimm wahr, welche Gesichtsmuskeln, Rücken- und Schultermuskeln du gleichzeitig anspannst. Spüre diese Haltung, verstärke sie, versuche, sie überzubetonen. Was fällt dir dazu ein? (30 Sek.)

Nun stelle dich frei in den Raum, die Außenkanten der Füße parallel zueinander, die Knie nicht durchgedrückt, sondern leicht «eingeknickt», das Becken locker nach vorn geschoben. Atme ein und tief wieder aus. (Mehrfach wiederholen) Stell dir vor, daß du durch den Beckenboden ausatmest. (30 Sek.)

Drehe nun deinen Hals, lasse deinen Kopf kreisen, soweit du kannst, gerade an der Schmerzgrenze entlang und mache einen Ton dazu. Achte darauf, was dir einfällt. Welche Erinnerungen und Gefühle kommen in dir hoch? (1 Min.)

Welche Erlebnisse fallen dir zu deinem Hals und deinem Nacken ein? ...

Was fällt dir zum Stichwort «Schlucken» ein? ...
Was fällt dir zum Stichwort «Nackenschläge» ein? ...
Was fällt dir zum Thema «Verantwortung» ein? ...
Welche Bilder und Gefühle stellen sich dazu ein? Halte sie fest. (30 Sek.)

Nun komme langsam wieder zurück.»

(Zeit: 10 Min.)

### Auswertung:

In der Gesamtgruppe oder in Kleingruppen.
*Fragen:*

– In welchen Situationen werde ich heute auf meinen Hals/Nacken aufmerksam; wann und in welchen Situationen spüre ich Verspannungen oder Schmerzen?
– Kann ich Verbindungen zu meinen früheren Erfahrungen herstellen?
– Wie geht es mir mit Verantwortlichkeit und Streß?

*Material:*

–

*Hinweise:*

Weiterführende Literatur: K. Dychtwald: Körperbewußtsein, Essen 1981, S. 201 ff.
*Weiterführung:*
Eventuell können die einzelnen Teilnehmer/innen der Gruppe ihre typische Haltung von Hals und Nacken «vormachen». Die übrigen Gruppenmitglieder versuchen, diese Haltung einzunehmen und zu spüren, welche Gefühle, Bewegungsimpulse darin liegen und teilen dies mit.

## Körperbotschaften

*Ziel:*

An unseren Körpern läßt sich unsere Erfahrung mit dem Leben und unsere Haltung zum Leben «ablesen». Mit Hilfe unserer Körperbilder als Schattenrisse wollen wir den in unseren Körpern aufgeschichteten Erfahrungen auf die Spur kommen.

*Durchführung:*

Die Gruppe bildet Paare. Auf einen an die Wand gehefeteten Tapetenstreifen (drei Bahnen aneinanderkleben) malt der/die eine Partner/in die Schattenrisse des/der anderen auf, einmal im Profil, einmal frontal. Als Lichtquelle genügt eine Deckenlampe. Am günstigsten ist es, wenn die Person nur Badekleidung trägt oder nackt ist, mehr Kleidung verzerrt die Umrisse. Anschließend Wechsel.
   Nun wird jeweils der Umriß eines/einer Teilnehmers/in von der Gruppe betrachtet. Wertende Bemerkungen vermeiden!
– Was fällt den Gruppenmitgliedern auf?
– Welche Haltung nimmt die Person ein?

- Welcher Impuls liegt in der Haltung?
- Wie sieht der Körperbau aus?
- Welche Bereiche sind betont, welche wirken weniger ausgeprägt (Schultern, Brustkorb, Becken, Oberschenkel, Beine usw.)?
- Welchen Kontakt hat die Person zum Boden?
- Wie sind die Energie-Richtungen?

Nachdem die Gruppenmitglieder ihre Wahrnehmungen geschildert haben, sollte die betreffende Person sagen, wie sie sich selbst sieht, welche Körperteile sie mag/nicht mag, welche Bedeutung das im Laufe ihrer Lebensgeschichte hatte uns was ihr zu ihrer Haltung einfällt (welche Erinnerungen verbinden sich damit?). Fällt der Person ein Ausspruch zu bestimmten Teilen/Partien ein? Wie geht es den anderen, wenn sie diese Haltung einnehmen? Wie fühlt sich die Person in den einzelnen auffälligen Partien?

## Material:

Tapetenrolle, Filzstifte, Lampe, Klebeband.

## Hinweis:

Diese Übung setzt Vertrauen in der Gruppe voraus.

## Berührungen

### Ziel:

Genauer betrachten, wo und wie früher Körperkontakt erfahren wurde und wie sich diese Erfahrungen auf den heutigen Umgang mit Körperkontakt auswirken.

### Durchführung:

Jede/r Teilnehmer/in zeichnet auf einen großen Bogen Papier einen Umriß des eigenen Körpers, einmal von vorne und einmal von hinten. Dieser Umriß wird jetzt mit drei verschiedenen Farben ausgemalt. Mit einer Farbe alle Bereiche, wo wir früher *oft* berührt wurden, mit einer, wo wir *selten* und mit der letzten, wo wir *nie* berührt wurden. Außerdem können positive oder negative Markierungen hinzugefügt werden.

Es kommt nicht auf künstlerische Schönheit an, sondern nur auf Erkennbarkeit.

(Zeit: 20 Min.)

*Auswertung:*

Am besten in der ganzen Gruppe, bei zu großen Gruppen oder Zeit-
mangel auch in Kleingruppen.

Das Bild wird in die Mitte gelegt, und die anderen Teilnehmer/innen
sagen zunächst, was ihnen auf- und einfällt.

*Weiterführende Fragen:*
— Wie geht es mir heute?
— Wo werde ich gerne, weniger gerne berührt?
— Wo und wie berühre ich andere gerne usf.

In einem *zweiten* Schritt kann in das Bild mit einer stark kontrastie-
renden Farbe noch folgendes eingezeichnet werden: Defekte, Krankheiten, Schmerzen, Verspannungen oder positive Energien.

*Material:*

Papier (am besten Tapetenrolle o. ä.), ausreichend Farbstifte (am besten Wachsmalkreiden).

*Hinweise:*

Diese Übung wurde entwickelt nach:
M. James, O. Jongeward: Spontan leben, Reinbek 1983, S. 88.

## «Ich mag mich – ich mag mich nicht»

*Ziel:*

Mit dieser Übung versuchen wir, der Gewordenheit unseres eigenen
äußeren Körperbildes im Laufe unserer Lebensgeschichte auf die Spur
zu kommen.

*Durchführung:*

Der/die Moderator/in kann folgende Anleitung verwenden:

«Die Einstellung zum eigenen Aussehen wirkt sich stark auf unser Verhalten aus. Diese Einstellungen sind nicht naturwüchsig vorhanden,
sondern das Ergebnis von Erfahrungen, Normen und Schönheitsidealen, die gesellschaftlich vermittelt sind.

Nimm ein Blatt Papier und einen Stift. Stelle dir deinen Körper vor und
male die Umrisse deines Körpers – einmal von vorne und einmal von
hinten – nicht besonders schön, sondern einfach nur schematisch.

Wenn du willst, kannst du auch die Proportionen überbetonen. (2 Min.)
    Nun stelle dir folgende Fragen (vervielfältigter Fragenkatalog wie verteilt). Wenn dir etwas dazu einfällt, halte es in Stichworten auf deiner Zeichnung fest.»

*Fragen:*
— Welche Partien meines Körpers mag ich, auf welche bin ich besonders stolz? (Markiere sie mit einem farbigen Stift oder schreibe in die/neben die Zeichnung z. B.: «Meine Haare mag ich gern.» usw.)
— Welche Partien meines Körpers verberge ich? Wie verberge ich sie? (Trage auch das in deine Zeichnung ein.)
— Woher stammen meine Schönheitsideale? Aus Zeitschriften, Filmen, Fernsehen, von meiner Mutter, meinem Vater, von Männern, Frauen, von *einem* Mann/*einer* Frau?
— An welche Sprüche kann ich mich in diesem Zusammenhang erinnern?
— Welche Teile meines Körpers mag ich nicht? Warum mag ich sie nicht? Wie gehe ich mit ihnen um?
— Welche Teile meines Körpers verbinde ich mit Lust/Freude, welche mit Schmerz? Wie behandele ich sie?
— Wie wurde in meiner Familie mit meinem Aussehen umgegangen?
— Habe ich das Gefühl, daß mich Leute wegen meines Körpers mögen/ nicht mögen?
— Welche Rolle spielt Kleidung in diesem Zusammenhang?
    (Zeit: 45 Min.)


*Auswertung:*
Je nach Gruppengröße im Plenum oder in der Kleingruppe. Die Zeichnungen werden nacheinander in die Mitte gelegt. Die Teilnehmer/innen betrachten sie in Ruhe und schildern dann ihre Eindrücke. Anschließend erläutert der/die Zeichner/in ihr Körperbild. Folgende Fragen können hilfreich sein:
— Durch wen (Personen/Medien) wurden meine Idealvorstellungen beinflußt?
— Wie war meine Idealvorstellung während der Pubertät?
— Hat sie sich geändert (wie sieht meine Idealvorstellung heute aus)?
— Wie bin ich mit Schönheitsidealen umgegangen?
— Welche Rolle spielte eine bestimmte Kleidung?
— Welches Verhältnis habe ich heute zu meinem Körper?

Papier, Stift und Farbstifte.

*Hinweise:*

Anregungen zu dieser Übung entnahmen wir: A. Kent-Rush: Getting Clear, München ²1977, S. 25 ff.

*Weiterführung:*

Eine Phantasie. Der/die Moderator/in kann folgende Anleitung verwenden:

«Atme ein und tief wieder aus (mehrfach wiederholen) ... Spüre, wie dein Atem durch deinen Körper fließt. Laß dir Zeit; fühle in deinen Körper hinein; wo du Spannungen spürst, versuch sie loszulassen. Laß die Gedanken durch deinen Kopf ziehen und halte sie nicht fest. Atme tief und gleichmäßig und versuch dich zu entspannen. (5 Min.)

Geh jetzt mit deiner Aufmerksamkeit zu dem Teil deines Körpers, den du am wenigsten an dir magst. Entscheide dich für einen. (1 Min.)

Versuch, ihn genau zu fühlen. Vielleicht möchtest du ihn berühren und betasten. Wenn du magst, tu es. Wie fühlst du dich dort? (1 Min.)

Was magst du nicht? Versuch, ganz in das Gefühl hineinzugehen. (30 Sek.)

Laß Erinnerungen und Bilder dazu entstehen. Sieh sie dir genau an und achte auf dein Gefühl. (3 Min.)

Stell dir jetzt vor, dieser Körperteil wäre so, wie du ihn dir wünschst. Fühle genau hin, wie wäre das? Was würde sich dadurch verändern? (2 Min.)

Denk an die Menschen, die dir nahestehen. Stell dir Situationen mit ihnen vor. Wie wäre es? (2 Min.)

Komm nun langsam wieder in den Raum zurück. Öffne die Augen, räkele dich und sei wieder hier.»

*Auswertung:*

Gruppengespräch über die Erfahrungen.

## «Ich bin in deinen Händen»

*Ziel:*

Spüren, wieweit ich mich vertrauensvoll in die Hände eines/r anderen begeben kann. Eine Verbindung zu früheren Erfahrungen herstellen.

*Durchführung:*

Die Gruppe teilt sich in Paare. Die Paare entscheiden, wer A und wer B sein will. A setzt sich im Schneidersitz bequem so hin, daß er/sie einige Zeit in dieser Haltung sitzen kann, und legt die Hände wie eine Schale mit den Innenflächen nach oben in seinen/ihren Schoß. B streckt sich der Länge nach auf dem Boden aus, so daß er/sie mit dem Hinterkopf in As Händen liegt. Beide suchen eine angenehme Stellung und schließen die Augen. A spürt in sich hinein, wie es ihm/ihr damit geht, jemanden auf diese Weise «in den Händen» zu halten. B versucht so tief wie möglich sein/ihr Gefühl (zum Beispiel des Gehaltenwerdens, des Beschütztseins, des Aufgehobenseins) hineinzugehen. Er/sie achtet auf Schwierigkeiten, Phantasien, Erinnerungen und Gefühle, die hochkommen. (5 Min.)
Anschließend Wechsel.

*Auswertung:*

1. Paargespräch.
- Wie ist es mir ergangen?
- Was ist mir eingefallen?
- Was habe ich gefühlt?
- Wie habe ich dich wahrgenommen?
2. Gruppengespräch zum Thema: «Vertrauen».
- Kann ich anderen wirklich vertrauen? Mich loslassen? Mich jemandem anvertrauen?
- Wann kann ich es? Wann nicht?
- Wo habe ich Grenzen, Schwierigkeiten?
- Gibt es Verbindungen zu meiner Geschichte?

*Material:*

Ein genügend großer Raum, Wolldecken, Matten o. ä.

## Frühere Gefühle leben in meinem Körper

*Ziel:*

Gefühle/Erinnerungen, die im Körper gespeichert sind, wiederbeleben; Vergleich früher – heute.

*Durchführung:*

Der/die Moderator/in erläutert die Übung etwa wie folgt:

«Wir wissen heute, daß Erlebnisse und Gefühle auch in unsere Körper als Erinnerungen gespeichert sind. Wir können, wenn wir genau auf unseren Körper achten, ihm nachgeben, solche Erinnerungen wieder aufleben lassen. Das wollen wir jetzt tun. Wir werden gleich eine Körperentspannung durchführen. Danach nenne ich verschiedene Situationen. Laß dir Zeit – versuch dich zu erinnern, aber vor allem achte darauf, was dein Körper will. Nimm dann mit dem ganzen Körper eine Haltung ein, die dein Gefühl in der Situation wiedergibt. Probiere so lange, bis deine Haltung stimmt. Überlege dabei so wenig wie irgend möglich. Laß dich von deinem Körper führen und vielleicht auch überraschen.

Wenn du deine Haltung gefunden hast, spüre, wie du dich fühlst. Laß dich ganz auf das Gefühl ein, so weit wie du magst. Wenn dir Bilder und Situationen einfallen, laß sie kommen und geh in sie hinein.»

Die Teilnehmer/innen legen sich so hin, daß sie genügend Platz haben, um sich zu bewegen. Lange Entspannung (s. S. 87).

«So, behalte zunächst deine Augen geschlossen. Stelle dir vor:
‹Ich bin klein und mir geht es schlecht.› Laß dir Zeit, in das Gefühl hineinzugehen. (5 Min.)
‹Ich – heute; mir geht es schlecht.› (5 Min.)
‹Ich liege als Kind im Bett und schlafe gleich ein.› Wenn du magst, kannst du nuckeln. (5 Min.)
‹Ich stehe auf und muß zur Schule.› Laß dir Zeit aufzustehen und erlebe bewußt deinen Körper und deine Gefühle. (5 Min.)
‹Ich liege heute im Bett …› (5 Min.)
‹Ich muß zur Arbeit/Schule/Uni und stehe auf.› (5 Min.)
‹Ich sitze am Tisch zu Hause.› Wenn du magst, kannst du dir auch einen Stuhl holen. (3 Min.)
Denk an eines deiner Elternteile. Stell dir ihn/sie in einer typischen Körperhaltung vor. Sieh sie dir an und fühle dich hinein. Bring dich jetzt durch deine Körperhaltung in Beziehung zu dieser Person. Suche die Haltung, die deiner Beziehung und deinem Gefühl entspricht. Fühle genau hin, wie es dir dann geht. (5 Min.)
Die letzte Situation: ‹Ich fühle mich gut, geborgen und wohl.› Drücke dies mit deinem Körper aus. (5 Min.)
So, bleib jetzt noch einige Zeit bei dir, nimm dir Zettel und Stift, wenn du magst, und notiere alles, was für dich wichtig war. Du hast 10 Minuten Zeit.»

*Auswertung:*

Austausch in der Gruppe mit der Möglichkeit zur Einzelarbeit.
– Was war für mich wichtig?
– Welche Gefühle/Erinnerungen kamen in mir hoch zu den einzelnen Situationen?

*Material:*

Ein genügend großer Raum, Matten, Decken, Kissen, bequeme Kleidung, eventuell einige Stühle.

*Hinweis:*

Übung für Fortgeschrittene. Diese Übung kann (da sie die Regression fördert) sehr intensiv werden, es muß genügend Zeit zur Auswertung im Anschluß eingeplant werden.

## Ausgestreckte Arme der Sehnsucht

*Ziel:*

Über das Körpergedächtnis an Kindheitserinnerungen herankommen, die mit Sehnsucht oder enttäuschter Sehnsucht zu tun haben. Nachspüren, welche Folgen erfüllte/unerfüllte Sehnsüchte haben/hatten.

*Durchführung:*

Der/die Moderator/in kann nach einer Entspannungsphase (s. S. 87) folgenden Text als Anleitung verwenden:

«Stell dich bequem hin. Spüre, wie du dastehst. Nimm deinen Körper wahr. Spüre, wie du atmest.

Nun strecke langsam deine Arme aus, so als wolltest du jemanden erreichen. Kommt dir eine Person in den Sinn? (30 Sek.)

Geh ganz in dein Gefühl hinein. Welche Bilder und Erinnerungen fallen dir dazu ein? Halte sie fest und spüre sie so intensiv du kannst. Was geschieht? (Zeit: min. 2 Min. bis max. 10 Min.; je länger an dieser Stelle Zeit gegeben wird, desto intensiver wird die Erfahrung).

Nun komme aus dieser Phantasie langsam wieder zurück, halte deine Augen aber weiter geschlossen, wenn du kannst.

Ziehe nun langsam deine Arme wieder zu deinem Körper zurück. Nimm wahr, was du spürst. (30 Sek.)

Kehre nun allmählich in den Raum zurück. Öffne die Augen, bleib bei deinem Gefühl und tu das, wonach dir zumute ist.» (5 Min.)

(Zeit: bis zu 15 Min.)

*Auswertung:*

Gruppengespräch

*Material:*

Ein genügend großer Raum, in dem sich alle Teilnehmer/innen frei bewegen können.

*Hinweise:*

Diese Übung kann sehr intensiv werden. Es sollte die Möglichkeit zur Einzelarbeit bestehen.

## Komm her – Geh weg

*Ziel:*

Die Suche nach Nähe und die Schaffung von Distanz, Abgrenzung zu Menschen körperlich ausdrücken. Lebensgeschichtlichen Erfahrungen zu diesem Thema auf die Spur kommen.

*Durchführung:*

Die Teilnehmer/innen werden gebeten, sich im Raum so zu verteilen, daß jede/r genügend Platz für sich hat und niemanden stört. Nach einer kurzen Phase der körperlichen Entspannung und Einstimmung (s. S. 88) werden sie gebeten, mit ihren Händen (bei geschlossenen Augen) die Bewegungen «Komm her» und «Geh weg» auszudrücken. Sie tun dies so, daß sie dem Impuls der Arme und der Hände folgen. Möglichst ohne rationale «Planung» sollen die Hände dies einfach «tun».

Allmählich werden dann dazu die Worte «Komm her» und «Geh weg» gesprochen, zuerst leise, sehr bewußt, langsam und intensiv, dann immer lauter, auch schneller und temperamentvoller. Die Wörter können je nach auftretendem Gefühl auch variiert werden (vom «Komm doch her, ich brauche dich» bis zum «Geh weg, hau ab, verschwinde endlich»).

Wichtig ist, daß jede/r Teilnehmer/in ganz bei sich bleibt, den Gefühlen nachspürt, Bilder wahrnimmt und viele Varianten mit viel Zeit «ausprobiert», sich dabei selbst erfährt, auf sich selbst in jeder Nuance aufmerksam bleibt. Auch wenn es zeitweise im Raum sehr laut wird, sollte jede/r sich nicht ablenken lassen.

Erst nach einer geraumen Weile werden die Bewegungen intuitiv, kommen vom Kopf weg und berühren tiefere Gefühle. Die Zeit für die einzelnen Teilnehmer/innen variiert beträchtlich; wer nach 15 bis

30 Minuten Erschöpfung spürt, soll sich auf den Boden niederlassen und noch eine Weile das Erlebte nachklingen lassen.
(Zeit: 30 Min. und mehr.)

### Auswertung:

In Kleingruppen zu maximal vier Teilnehmer/innen.
- Tauchten Bilder von Personen auf?
- Wie ging es mir mit ihnen?
- Was fiel mir leichter/schwerer an den beiden Bewegungen?
- Wie ging es mir damit, Nähe und zugleich wieder Distanz zu suchen?
- Bei welchen Menschen in meiner Lebensgeschichte hätte ich mir mehr Nähe, bei welchen mehr Distanz gewünscht?
- Wie geht es mir heute dabei, Nähe zu suchen und mich doch abzugrenzen?

### Material:

Ein genügend großer Raum, in dem es auch laut werden darf.

### Hinweis:

Die Übung kann sehr intensiv werden; in den Kleingruppen muß deshalb genügend Zeit zum Bearbeiten der Erfahrungen sein.

So lernt die Tochter, was leidige Themen sind und wird es nie mehr vergessen, nie über Geld, Politik, Verbrechen, Sexualität reden können, ohne vor dieser Sperre zu zögern und dann allzu heftig hindurchzustoßen, mit «scharfer Zunge», «unweiblicher Härte», «schonungsloser Offenheit».
R. Rehmann: Der Mann auf der Kanzel, München/Wien 1979, S. 167.

# 9. Frausein – Mannsein

## 9.1 Meine Geschlechtsrolle

*Männer- und Frauenbild*

*Ziel:*

Normen, Werte, Haltungen und Einstellungen, die uns im Laufe unserer Lebensgeschichte zur männlichen und zur weiblichen Geschlechtsrolle vermittelt wurden, sollen aktualisiert werden.

*Durchführung:*

Jede/r Teilnehmer/in hat Schreibzeug und Papier. Der/die Moderator/in sagt zu Beginn der Übung folgendes:

«Ihr wißt aus eigener Erfahrung, daß euer Kopf manchmal weiter ist als euer Gefühl. Es sind alte Gefühle und auch von den Eltern vermittelte Werte im Weg. Es geht in dieser Übung um solche Werte, Einstellungen, Haltungen, die wir immer noch in uns haben. Es kommt deshalb darauf an, so weit wie möglich *heute* vertretende Orientierungen beiseitezuschieben.

Versucht so offen wie möglich – das heißt ohne Wertungen – zu sein und einfach nur wahrzunehmen, was euch in den Kopf kommt, auch wenn es mit euren Ansprüchen und Vorstellungen scheinbar nicht übereinstimmt.

Ich lasse euch jetzt einige Minuten Zeit, um euch zu entspannen. Versucht, den Kopf ganz leer werden zu lassen. Ich werde euch dann bitten, einen Satz weiterzuführen, den ich beginne. (3 Min.)

Der Satz lautet: ‹Frauen sind …› Schreibt untereinander alle Fortführungen, die euch einfallen. (3 Min.)

Wenn ihr fertig seid, legt den Stift beiseite und entspannt euch wieder. Versucht nicht, an das eben Geschriebene zu denken.

Der nächste Satz lautet: ‹Männer sind …› Schreibt auf, was euch einfällt. (3 Min.)

Nehmt euch jetzt Zeit, das Geschriebene anzusehen. Kannst du dich erinnern, woher du diesen Satz kennst? Mache dir dazu und zu den folgenden Fragen Notizen. (2 Min.)

Gibt es Merkmale, die du haben möchtest, bzw. die du nicht haben möchtest? (2 Min.)

Sieh dir an, was du über das andere Geschlecht notiert hast. Welche Merkmale schätzt du an deinem Partner / deiner Partnerin, welche nicht? (2 Min.)

Welches Frauenbild bzw. welches Männerbild haben dir deine Eltern vermittelt?» (3 Min.)

## Auswertung:

In Kleingruppen, wobei folgende Fragen hilfreich sind:
— Wie sehe ich mich selbst als Frau / als Mann?
— Wie hätte ich nach Ansicht meiner Eltern zu sein?
— Wie möchte ich *nicht* sein?

## Material:

Papier und Stift.

## Partner / innen in meinem Leben

### Ziel:

Die Bedeutung verschiedener Einflüsse von Partner/innen-Beziehungen für Entwicklungen/Veränderungen/Stagnationen in meinem Leben klären.

### Durchführungen:

Die Teilnehmer/innen nehmen ein DIN-A4-Blatt im Querformat und tragen in der Mitte des Blattes auf einer Waagerechten eine «Zeitleiste» vom Beginn ihrer ersten Partner-Beziehung bis heute mit je einem Lebensjahr Abstand ein.

Die Teilnehmer/innen lassen sich einen Moment Zeit, um sich an ihre früheren Beziehungen zu erinnern und tragen nun auf der Zeitleiste ihre jeweiligen Beziehungen ein – möglichst mit je einer anderen Farbe für jede/n Partner/in. Außerdem können sie in Stichworten dazuschreiben, welche Veränderungen es gab, welche lebensgeschichtlichen wichtigen Ereignisse noch in diese Zeit fielen. (15 Min.)

In einem zweiten Schritt werden folgende Fragen (vervielfältigter Fragenkatalog) verteilt und in einer Stillarbeitsphase beantwortet:

– Welche Partner/innen waren besonders wichtig für mich und warum?
– Hat sich mit neuen Beziehungen etwas in meinem Leben verändert?
– Welche Impulse bekam ich von meinen Partnern/innen?
– Wodurch fühlte ich mich in Beziehungen behindert/eingeschränkt?
– Welche Konflikte gab es in meinen Beziehungen? Gleichen sich die Konflikte, die ich in den verschiedenen Beziehungen hatte/habe?
– Wie kam es zu den Trennungen?
– Gibt es Ähnlichkeiten zwischen meinen Partnern/innen (Wesenszüge/äußerliche Merkmale)?
– Welche Eigenschaften mag/mochte ich, welche nicht?
– Hat sich das Bild von meinem/meiner Ideal-/Wunschpartner/in im Laufe der Zeit verändert?
– Wie war ich zum jeweiligen Zeitpunkt?
– Welche Rolle habe ich in den Beziehungen gespielt (aktiv/passiv, stark, schwach)?
  (Zeit: 20 Min.)

### Auswertung:

In Kleingruppen. Die einzelnen Teilnehmer/innen legen jeweils ihre Blätter in die Mitte und jede/r erzählt die Geschichte seiner/ihrer Partner/innen-Beziehungen.

### Material:

Papier, möglichst verschiedenfarbige Stifte, vervielfältigter Fragenkatalog.

# Mein Traummann – meine Traumfrau

## Ziel:

Klären der persönlichen und gesellschaftlichen Vorstellungen, die in unserem Bild von dem «Traummann» oder der «Traumfrau» zusammentreffen. Beantwortung der Frage, wie die persönlichen Ideale, Normen etc. entstanden sind und wie sie heute (noch) wirken.

## Durchführung:

1. Jede/r nimmt sich Papier und Stift und zeichnet – das Papier im Querformat – in die Mitte den Umriß einer Person des anderen Geschlechts. Die Zeichnung braucht nicht besonders schön zu sein, für den Zweck der Übung reicht es aus, wenn sie relativ schematisch ist. Die Teilnehmer/innen werden gebeten, sich in die Pubertät zurückzuversetzen und sich zu erinnern, wie ihre damalige Vorstellung vom «Traummann» oder der «Traumfrau» aussah. Diese «Normen» werden jetzt rechts und links neben die gezeichnete Figur eingetragen und zwar auf Höhe der jeweiligen Körperteile, zum Beispiel «kein Bauch» oder «lange Beine» o. ä. Persönliche Qualitäten und Eigenschaften können entweder neben dem Kopf oder getrennt notiert werden.

Jede/r markiert zusätzlich die Anforderungen, die *damals* für ihn/sie *unabdingbar* gewesen sind. Auf welche Werte hätte ich auf keinen Fall verzichtet?

2. Jede/r zeichnet das gleiche Bild nochmals, diesmal aber mit seinen/ihren *heutigen* Vorstellungen. Es kommt auf die Phantasien und Träume an, nicht auf das, was in der Realität vorfindlich ist.

(Zeit: 10 Min.)

## Auswertung:

Im Mittelpunkt der Auswertung steht der Vergleich der beiden Bilder (je nach Gruppengröße im Plenum oder in Kleingruppen).

Jede/r stellt eine/ihre Bilder kurz vor, und zwar zunächst alle Frauen und dann alle Männer. Was hat sich verändert?

In einer Statistik auf einer Wandzeitung wird dann aus den häufigsten Nennungen ein «Idealbild» gezeichnet.

– Woher kommt dieses Bild? Was bedeutet es für uns?
– Wie sah/sehe ich mich selbst im Verhältnis zu dem Idealbild, das mein eigenes Geschlecht darstellt? Hat es mit meinem Vater, meiner Mutter zu tun?
– Wenn ich meine ehemaligen Partner/innen an meinem geistigen

Auge vorbeiziehen lasse, inwieweit entsprachen sie meinem Ideal? War es schlimm, wenn es nicht so war? Wie ist es heute?
– Welche (gesellschaftliche) Funktion hat die Errichtung eines solchen Ideals? Zum Vergleich kann über die Schönheits- und Tugendideale früherer Zeiten gesprochen werden (zum Beispiel «Rubens-Frauen»).

*Material:*

Papier (am besten DIN A3), Stift, eventuell Klebeband.

## Kostümfest (oder «ein toller Typ»)

*Ziel:*

Durch Spielen des gegengeschlechtlichen Parts verinnerlichten Rollenklischees auf die Spur kommen.

*Durchführung:*

Die Teilnehmerinnen bringen Frauenkleidung und gegebenenfalls Schminkutensilien mit, die Teilnehmer Männerkleidung.

Die mitgebrachten Kleidungsstücke werden in einer großen Kiste o. ä. gesammelt, aus der sich anschließend jede/r nimmt, was er/sie braucht.

Die Teilnehmer/innen verkleiden sich (und zwar verkleiden sich Frauen als Männer und umgekehrt) und spielen über einen längeren Zeitraum hinweg ihren jeweiligen Typ, den sie gewählt haben. Dabei probieren sie verschiedene Verhaltensweisen aus und versuchen, sich in das «andere Geschlecht» hineinzufühlen.

*Auswertung:*

Gruppengespräch zu folgenden Fragen:
– Wie habe ich dich in deiner Rolle erlebt?
– Was ist mir an deinem Verhalten aufgefallen?
– Welche Gefühle hat es in mir ausgelöst?
– Wie habe ich mich in meiner Rolle gefühlt?
– Woher habe ich das Modell für bestimmte Verhaltensweisen?
– Habe ich eine konkrete Person gespielt, kenne ich jemanden, die/der sich so verhält? Welches Verhältnis habe ich zu dieser Person?
– Was hat der gespielte Typ mit meiner Persönlichkeit zu tun, welche meiner Anteile repräsentiert er? Mag ich diese Anteile?
– Möchte ich manchmal lieber ein Mann/eine Frau sein?

*Material:*

Die Teilnehmer/innen müssen entsprechende Kleidungsstücke mitbringen.

*Hinweise:*

Am einfachsten läßt sich diese Übung in einer lockeren Atmosphäre durchführen.

## Männliche und weibliche Anteile in uns

*Ziel:*

Mit Hilfe einer Darstellungsübung soll den männlichen und weiblichen Anteilen in uns und ihrer lebensgeschichtlichen Herkunft nachgespürt werden.

*Durchführung:*

Durch eine vorgestellte, gedachte oder mit Gegenständen markierte Linie wird der Raum in einen «männlichen» und einen «weiblichen» Bereich aufgeteilt. Die Teilnehmer/innen begeben sich zunächst in den «männlichen» Teil und stellen mit Bewegungen, Körperhaltungen, Mimik und Gestik dar, wie sie sich als Männer fühlen. Zum Beispiel: Ich bin stark, laut, aggressiv, habe ausschreitende Bewegungen, trage Verantwortung, habe Macht usw. (3 Min.)

Anschließend wechseln die Teilnehmer/innen auf die «weibliche» Seite über und drücken jetzt in Bewegungen, Körperhaltungen etc. aus, was sie als weibliche Eigenschaften empfinden. (3 Min.)

In einem dritten Schritt wechseln die Teilnehmer/innen jetzt mehrfach die Seiten und versuchen, herauszuspüren, welche Körperhaltungen, Bewegungen, welche Gestik und Mimik für sie selbst stimmig sind. (3 Min.)

(Zeit: ca. 10 Min.)

*Auswertung:*

Im Plenum unter folgenden Fragestellungen:
— Wie ist es mir in den jeweiligen Rollen ergangen?
— Welche Erinnerungen fielen mir dazu ein?
— Woher kenne ich diese Verhaltensweisen aus meiner Lebensgeschichte
— von mir selbst;

- von anderen Personen meiner Umgebung (Mutter, Vater, Geschwister, Lehrer, Partner, Vorgesetzte usw.)?
- In welchen Situationen verhalte ich mich wie?
- Welche Klischees von männlichen und weiblichen Verhaltensweisen habe ich in mir?
- Welche Redensarten, Anweisungen und Sprüche fallen mir ein?
- Was ist mir an den anderen aufgefallen?

*Material:*

Ein genügend großer Raum, in dem sich alle Teilnehmer/innen frei bewegen können.

*Hinweise:*

Anregungen zu dieser Übung entnahmen wir:
A. Kent-Rush: Getting Clear, München [2]1977, S. 195 ff.

## Kinderwunsch – Wunschkind I

*Ziel:*

Sich mit der Vorstellung (oder Realität) ein eigenes Kind zu haben, auseinanderzusetzen und die eigenen Wünsche, Vorstellungen und Ängste thematisieren. Ihren Ursprüngen in der eigenen Kindheit nachgehen.

*Durchführung:*

Nach einer kurzen Entspannungsphase (s. S. 88) nehmen Männer ein Kissen wie ein Baby in den Arm, Frauen können die Hände auf den Bauch legen, tief hineinatmen und spüren, wie der Atem in den Bauch strömt. Die Teilnehmer/innen schließen die Augen. Der/die Moderator/in kann folgenden Text als Anleitung verwenden:

«Nimm Kontakt auf zu deinem phantasierten, ungeborenen Kind. (1 Min.)
   Spüre, wie es wächst …
   Stelle dir nun die Geburt deines Kindes vor. (1 Min.)
   Stelle es dir als Baby vor. Sieh genau hin. (30 Sek.)
   Was empfindest du deinem Kind gegenüber? Nimm nicht nur die warmen, zärtlichen Gefühle wahr, spüre, ob da auch noch andere Gefühle sind. Laß sie zu und versuche, sie nicht zu bewerten. Sage deinem Kind, was du ihm gegenüber fühlst. (1 Min.)

Was willst du deinem Kind geben? Sag es ihm. (30 Sek.)

Was soll dein Kind dir geben? Sprich es in Gedanken aus. (30 Sek.)

Was für ein Mensch soll es werden. Sprich zu ihm. Sage mehrmals: ‹Ich möchte, daß du später ...› (30 Sek.)

Wie soll dein Kind auf keinen Fall werden, welche Eigenschaften soll es nicht haben? Was soll es auf keinen Fall tun? Was soll ihm nicht widerfahren – wovor möchtest du es bewahren? (30 Sek.)

Stell dir jetzt die Zukunft mit deinem Kind in verschiedenen Altersstufen vor. Laß es in Gedanken langsam heranwachsen, achte auch auf eure Lebensumstände. (2 Min.)

Stell dir vor, dein Kind wird größer und größer. Kannst du dir vorstellen, daß dein Kind von dir weggeht? Kannst du es loslassen? (1 Min.)

Verabschiede dich jetzt von deinem Kind. (30 Sek.)

Komm langsam in den Raum zurück, öffne die Augen, räkele dich und sei wieder hier.»

Die Teilnehmer/innen bleiben ohne zu sprechen noch eine Weile bei sich selbst. (15. Min.)

## Auswertung:

In Dreiergruppen. Jede/r erzählt reihum, was sie/er in der Phantasie erlebt hat. Gruppengespräch zu folgenden Fragen, die vervielfältigt verteilt werden:

– Was haben die erwünschten und unerwünschten Eigenschaften meines Kindes mit mir zu tun? (Bin ich so? Möchte ich so sein? Möchte ich auf keinen Fall so sein?)

– Wie hängt das, was ich dem Kind geben will und was ich von ihm bekommen möchte, mit dem zusammen, was ich selbst als Kind (nicht) bekommen habe?

– Wie hängt die Vorstellung von der Zukunft meines Kindes mit meiner eigenen Lebensgeschichte zusammen? Soll es erreichen, was ich nicht geschafft habe? Soll es Fehler, die ich gemacht habe, nicht wiederholen? usw.

– Wie werde/möchte ich als Vater/Mutter sein? Wie ist diese Vorstellung durch meine Erfahrungen mit meinen Eltern geprägt?

– Wie würden meine Eltern reagieren, wenn ich ihnen mitteile, daß ich ein Kind haben werde? Gibt es in meiner Familie bestimmte Familienaufträge? («Stammhalter» etc.)

– Wie reagieren Freunde, Kollegen, Vorgesetzte?

– Plane ich, meinen Kinderwunsch zu realisieren? Was spricht dafür, was dagegen?

– Wenn ich bereits Kinder habe: Wie sieht die Realität aus? Habe ich mir das *so* vorgestellt?

*Material:*
Vervielfältigter Fragenkatalog.

## Kinderwunsch – Wunschkind II

*Ziel:*

Ausgehend von Bildmaterial sich mit dem Wunsch nach einem Kind auseinandersetzen.

*Durchführung:*

Die Teilnehmer/innen wählen aus einer Menge von Abbildungen und Fotos von Babies und Eltern mit Kindern (die aus Illustrierten etc. ausgeschnitten wurden) zwei Abbildungen aus: ein ihnen sympathisches Kind und eine Abbildung von einem Kind, das sie nicht mögen. Beide Bilder werden auf einen Bogen Papier geklebt. Die Teilnehmer/innen sehen sich die von ihnen ausgewählten Bilder an und spüren nach (oder versuchen möglichst ohne viel Nachdenken zu assoziieren), wie es ihnen mit den Bildern geht.
– Was mag ich an dem Kind?
– Welche Vorstellungen von seinem Wesen habe ich nach dem Bild?
– Warum mag ich das andere Kind nicht? Welche Gefühle und Phantasien habe ich, wenn ich es betrachte?
Die Einfälle werden neben den Bildern notiert. (Zeit: 15 Min.)
Die Teilnehmer/innen nehmen sich Stift und Papier und beantworten in Stichworten folgende Fragen:
– Was für ein Mensch soll mein Kind werden? (Versuche, es möglichst genau zu beschreiben!)
– Wie soll es nicht werden?
– Was möchte ich meinem Kind geben?
– Was soll es mir geben?
  (Zeit: 15 Min.)

*Auswertung:*

In Dreiergruppen.
   Die Teilnehmer/innen stellen nacheinander ihre «Kinderbilder» vor und erzählen, was ihnen dazu und zu den Fragen eingefallen ist. Die anderen hören zu und äußern anschließend, was ihnen aufgefallen ist.

*Material:*

Zeitschriften mit Abbildungen von Babies, Scheren, Klebstoff, Papier.

## Eifersucht

### Ziel:

Sich über den Umgang mit diesem oft tabuisierten Gefühl klarer werden und versuchen, möglichen Ursprüngen auf die Spur zu kommen.

### Durchführung:

Die Teilnehmer/innen setzen oder legen sich bequem hin. Nach einer kurzen Entspannungsphase (s. S. 88) kann der/die Moderator/in folgenden Text als Anleitung verwenden:

«Lenke deine Gedanken auf deinen Partner/deine Partnerin (oder eine/n frühere/n oder zukünftige/n) ...

Sieh dir die Person genau an. Wie sieht sie aus? Was magst du an ihr? Welche Gefühle hast du ihr gegenüber? Bleib eine Weile bei diesem Gefühl ...

Nun stell dir vor, du siehst deinen Partner/deine Partnerin mit einer anderen Frau/einem anderen Mann in einer vertrauten, intimen Situation. (30 Sek.)

Male dir aus, was geschieht. Wie sieht der/die Andere aus? Sieh genau hin. (20 Sek.)

Hat er/sie etwas, was du nicht hast? Was empfindest du? Nimm auch deinen Körper wahr. Laß deine Gefühle einfach kommen. (20 Sek.)

Mag er sie mehr als dich/mag sie ihn mehr als dich? Was verletzt oder bedroht dich am meisten?

Wie verhältst du dich? Wie verhalten sich die beiden anderen? Was willst du deinem Partner/deiner Partnerin sagen? (20 Sek.)

Was willst du der anderen Person sagen? Was willst du damit ausdrücken? (30 Sek.)

Nimm dein Gefühl genau wahr. Halte es fest. Geh nun schrittweise in deine Geschichte zurück mit dieser Erfahrung. Geh in die Jugend, die Pubertät. Welche Erfahrungen hast du gemacht?

Bleib bei deinen Gefühlen. Geh nun noch weiter zurück in deine Kindheit und suche nach diesen Gefühlen. Fallen dir Bilder dazu ein? (1 Min.)

Halte deine Stimmung und dein Gefühl fest. Komm nun langsam zurück in den Raum. Öffne die Augen, räkele dich.

292

Sprich nicht. Steh langsam auf, nimm ein Blatt Papier und Stifte und male deine Stimmungen und Gefühle. Es ist nicht wichtig, daß du ein gegenständliches Bild malst. Gib einfach deinen Empfindungen Formen und Farben. Bleib bei dir und deinen Gefühlen, achte nicht darauf, was die andern tun oder malen. Du hast 20 Minuten Zeit.»

*Auswertung:*

Je nach Gruppengröße und zur Verfügung stehender Zeit in der Gesamtgruppe oder in Kleingruppen.

Die Teilnehmer/innen hängen nacheinander ihre Bilder auf. Die Gruppenmitglieder lassen das Bild auf sich wirken und teilen Eindrücke und Empfindungen mit, die das Bild in ihnen auslöst. Erst dann schildert der/die Maler/in die Situation, Gefühle, die er/sie mit dem Bild ausdrücken wollte.

Im Gruppengespräch sollte auf folgende Fragen eingegangen werden (eventuell als Wandzeitung aufhängen):

– Woher kenne ich Eifersucht? In welchen Situationen tritt/trat sie typischerweise auf?
– Was bedroht mich am meisten?
– Wie ist es mit meinem Bild von mir selbst? Was habe ich nicht, was kann ich nicht, in welchen Zusammenhängen fühle ich mich wertlos?
– Welche Seiten von mir mag ich nicht? Was mögen andere an mir nicht?
– Was mag ich an mir, was finde ich wertvoll? Was mögen andere an mir?
– Wie war das in meiner Kindheit, wurde ich so akzeptiert wie ich war?
– Wie ging ich damals und wie gehe ich heute mit dem Gefühl von Eifersucht um?
– Leide ich unter der Eifersucht meines Partners/meiner Partnerin?

*Variante:* Die Fragen als «Stillarbeit» schriftlich beantworten, anschließend Gruppengespräch.

*Material:*

Decken oder Matten für die Entspannung, genügend großer Raum, damit sich die Teilnehmer/innen hinlegen können. Papier und Farbstifte (am besten Wachsmalkreiden).

*Hinweise:*

Eine akzeptierende Stimmung in der Gruppe ist wichtig. Der/die Moderator/in sollte darauf achten, daß von den Teilnehmer/innen nicht vorschnelle Moralisierungen, Wertungen oder Verurteilungen ausgesprochen werden, bzw. daß nicht vom Standpunkt des «Anspruches» aus gesprochen wird (z. B. «Man sollte dem Partner die Freiheit lassen» etc.). Es kommt hier gerade darauf an, die Diskrepanz zwischen Anspruch und Gefühl in den Blick zu nehmen, zu fragen, woher solche Diskrepanzen stammen könnten und wie sie gelebt werden.

Literaturtip: H. Baumgart: Eifersucht, Reinbek 1985

## Menstruation

### Ziel:

Sich die Beziehung zum eigenen/weiblichen Körper am Beispiel der Menstruation vergegenwärtigen und der Geschichte der eigenen Einstellung (als Teil geschlechtsspezifischer Sozialisation) nachgehen.

### Durchführung:

Die Teilnehmer/innen legen Stift und Papier bereit. Sie nehmen eine bequeme Haltung ein und entspannen sich, indem sie in ihren Bauch-/Genitalbereich hineinatmen. (Für Anfänger/innen: kurze Entspannung s. S. 88). Der/die Moderator/in kann folgende Anleitung/en verwenden:

*Für Frauengruppen:*

«Geh zurück in deine Pubertätszeit und erinnere dich daran, als du deine erste Menstruation hattest. Wenn du dich nicht daran erinnern kannst, wähle deine früheste Erinnerung. Wie war das? Wie ging es dir? Wie reagierte deine Mutter? Sprachst du mit deinem Vater darüber? Was sagten deine Freundinnen? (2 Minuten Zeit geben.)

So, ich bitte dich jetzt noch weiter zurückzugehen und dich an die Situation zu erinnern, in der du das erste Mal in irgendeiner Weise auf Menstruation aufmerksam geworden bist. Erinnere dich an die Situation. Wo und mit wem erlebst du sie? Was geschah? Wie fühltest du dich? Welche Gedanken und Phantasien gingen dir durch den Kopf?

Du hast jetzt einige Minuten Zeit; wenn du magst, mache Notizen.» (5 Min.)

Der/die Moderator/in gibt im Abstand von zwei Minuten folgende Hilfsfragen, zu denen sich die Teilnehmer/innen Notizen machen, wobei sie zwischen Erinnern und Schreiben pendeln:
- Welche Phantasien/Vorstellungen hattest du als Kind von/über Menstruation?
- Welche Beziehungen gab es für Menstruation?
- Welche Verhaltensweisen, Rituale, Regeln gab es bei Frauen in deiner Umgebung (Familie, Schule, Freundinnen …)?
- Hattest du Symptome, Beschwerden usw. während der Menstruation?
- Wie hat sich das seit deiner Pubertät verändert?
- Wie geht es dir heute mit deiner Menstruation? Wie fühlst du dich vorher, währenddessen, nachher?
- Gibt es heute besondere «Rituale»?
(Zeit: 10 Min.)


*Für Männergruppen:*

«Geh zurück in deine Kindheit, werde immer kleiner und kleiner.
  Erinnere dich daran, wann du das erste Mal auf Menstruation aufmerksam geworden bist. Wo befindest du dich? Mit wem? Was geschieht? Wie fühlst du dich? Was geht dir durch den Kopf? (3 Min.)
  Geh jetzt weiter, laß Situationen entstehen, in denen du später mit der Menstruation in Berührung gekommen bist. Sieh dir die Situationen genau an und achte auf deine Gefühle.» (3 Min. Zeit geben.)

Der/die Moderator/in gibt im Abstand von 2 Minuten folgende Hilfsfragen, während die Teilnehmer/innen zwischen Erinnerung und Schreiben hin- und herpendeln:
- Wie bist du über die Menstruation aufgeklärt worden? Welche Gefühle hattest du als Kind dazu?
- Wie hat sich dein Verhältnis zur Menstruation bis heute verändert? Wodurch?
- Wie gehst du mit der Menstruation deiner Partnerin um?
(5 Min.)

*Für gemischte Gruppen:*
In gemischten Gruppen empfiehlt sich eine gemeinsame Phantasie zur Situation des ersten Kontaktes mit Menstruation (s. o.) und anschließend ein nach Geschlechtern getrennter vervielfältigter Fragenkatalog (s. o.)

Austausch in Kleingruppen über das Geschriebene. Anschließend Gruppengespräch:
– Gibt es ähnliche Erfahrungen?
– Inwiefern sind sie schichtspezifisch, generationstypisch?
– Was wünschen sich Frauen von Männern im Umgang mit der Menstruation und umgekehrt?

*Variante:*
S. Übung «Geschichten schreiben», S. 328

*Material:*

Papier und Stift. Vervielfältigter Fragenkatalog.

*Hinweise:*

Diese Übung setzt ein akzeptierendes Klima in der Gruppe voraus. Die Intimitätsgrenzen der anderen sollten respektiert werden. Für Frauen: im Anschluß eventuelle Massageübungen zu Menstruationsbeschwerden aus: A. Kent-Rush: Getting Clear, München [2]1977, S. 249 ff.

Literaturtip: Shuttle/Redgrove: Die weise Wunde Menstruation, Frankfurt/M. 1980

## *»Geschlechtsumwandlung«*

*Ziel:*

Der Vorstellung, dem anderen Geschlecht anzugehören, in der Phantasie nachspüren, das eigene Geschlecht mit «anderen» Augen sehen.

*Durchführung:*

Die Teilnehmer/innen setzen – besser noch: legen – sich bequem hin und schließen die Augen. Nach einer Entspannung (s. S. 87) gibt der/die Moderator/in folgende Anleitung:

«Stell dir vor, du stehst vor einem großen Spiegel, der dich ganz wiedergibt.
Sieh dich an. Beginne jetzt, dich Stück für Stück auszuziehen, betrachte dich und achte vor allem auf dein Gefühl zu deinem Körper.
Wenn du nackt bist, betrachte dich in aller Ruhe von allen Seiten. (3 Min.)

Stell dich jetzt frontal vor den Spiegel und verwandele dich langsam in das andere Geschlecht. Beginne mit deinen Haaren, Gesicht, Schultern, Brüsten ... usf., bis du ganz ein Mann bzw. eine Frau geworden bist. (2 Min.)

Betrachte dich. Berühre dich – wie fühlst du dich? Probiere deinen Körper ein wenig aus. (1 Min.)

Neben dem Spiegel liegen verschiedene für dein jetziges Geschlecht passende Kleidungsstücke. Zieh dich an – achte genau darauf, was du tragen möchtest, worin du dich wohlfühlst. Spüre immer wieder, wie du dich als dieser Körper fühlst. Vergiß nicht, dich zu schminken bzw. dich zu rasieren. (3 Min.)

Geh jetzt auf die Straße. Geh ein Stück spazieren, betrachte Männer und Frauen mit deinem *jetzigen* Gefühl von dir. Laß geschehen, was geschieht. (3 Min.)

Kehre zu dem Spiegel zurück, zieh dich wieder aus, bis du nackt bist, betrachte dich nochmals, verabschiede dich und werde wieder du selbst. Wie fühlst du dich? Zieh dich an und komm langsam hierher zurück.» (5 Min.)

*Auswertung:*

In Kleingruppen. Eine/r beginnt und erzählt, was er/sie erlebt hat, die anderen hören zu und achten auf ihre Gefühle, Gedanken und Phantasien.

– Wie hängt mein Aussehen mit meinem «Traummann» oder meiner «Traumfrau» zusammen? Oder mit gesellschaftlichen Schönheitsidealen?
– Was habe ich über das andere Geschlecht gelernt?
– Wie habe ich mich bewegt/verhalten? Kann ich Teile, vielleicht Sehnsüchte von mir darin wiederfinden?
– Wie habe ich andere Männer und Frauen wahrgenommen, als ich auf der Straße war?
– Was war mir wichtig?
– Möchte ich lieber ein Mann oder eine Frau sein? Warum?

*Variante:*

Für Gruppen, denen mehr zugemutet werden kann: Nach der Phase, in der die Teilnehmer/innen auf die Straße gehen, kann ein sexueller Kontakt phantasiert werden.

*Material:*

–

## Abschied von einem ungeborenen Kind

*Vorbemerkung:*

Die meisten Männer und Frauen kommen in Laufe ihrer Lebensgeschichte irgendwann in die Situation, sich entscheiden zu müssen, ob sie ein (eigenes) Kind haben wollen oder nicht (zum Beispiel motiviert durch eine ungewollte Schwangerschaft oder durch das Lebensalter). Diese Übung richtet sich vor allem an Menschen, die sich gegen ein (eigenes) Kind entscheiden.

*Ziel:*

Versuch des Zugangs zu Verlustgefühlen, die sich mit einer Abtreibung oder dem Verzicht auf die Realisierung des Kinderwunsches/auf Kinder verbinden. Sich über die lebensgeschichtliche Bedeutung des Kinderwunsches/der Entscheidung gegen Kinder klarer werden.

*Durchführung:*

Der/die Moderator/in kann folgende Anleitung verwenden:

«Nimm ein Kissen in den Arm und stell dir vor, das Kissen sei dein Wunsch nach einem Kind. Setze dich in einer bequemen Haltung hin. Schließe die Augen. Spüre deinen Atem. Mache dich offen für deine Gefühle, die du deinem Wunsch gegenüber spürst. Laß dir Zeit und nimm sie genau wahr. (30 Sek.)

Sprich sie dem Wunsch gegenüber aus und laß den Wunsch antworten. Führe ein Gespräch mit deinem Wunsch (3 Min.)

Was sagen andere zu deinem Wunsch (Partner/in, Eltern, Freunde, Kolleg/inn/en, andere)? Laß sie auftreten und sprechen. (3 Min.)

Geh jetzt in deinen Gedanken weiter. Beginne jetzt, dich von deinem Wunsch zu verabschieden. Bleib bei deinen Gefühlen und gib ihnen Worte. Versuche, sie nicht zu werten. Laß alles zu. Achte auf die Bilder, die vor deinem inneren Auge entstehen. (1 Min.)

Stell dir vor, du läßt nun das Kissen los. Taste dich heran, in welcher Weise du es tun willst.

Tue es. Nimm deine unterschiedlichen Gefühle wahr. Wenn du Traurigkeit spürst, bleib dabei, wenn du Tränen aufsteigen fühlst, halte sie nicht zurück. Spüre auch deinen Impuls, das Kissen festzuhalten. Wiederhole das Loslassen, bis du das Gefühl hast, du kannst gehen. Steh dann auf und verlasse den Platz.» (Max. 5 Min.)

Die Teilnehmer/innen haben jetzt 10 Minuten Zeit, bei sich zu bleiben und ohne miteinander zu sprechen über ihre Gefühle/Wahrnehmungen nachzudenken.

*Auswertung:*

Im Gruppengespräch.

Folgende Fragen können für das Gespräch hilfreich sein:

— Was hat der Kinderwunsch mit meiner eigenen Kindheit (zum Beispiel entgangener/vermißter Liebe usw.) zu tun?

— Welche «Familienaufträge» könnten sich mit dem Wunsch nach einem Kind verbinden?

— Was bedeutet es für mein Leben/meine Zukunftsperspektive, keine Kinder zu bekommen (oder: Kinder zu bekommen – was würde sich ändern)?

— Was hat es bisher für mein Leben bedeutet, daß ich keine Kinder bekommen habe (zum Beispiel welche Wünsche konnte ich mir dadurch erfüllen? Was ist mir meiner Meinung nach entgangen)?

— Wie reagierte meine Umwelt (Eltern, Freunde/Partner/in, Arbeitskollegen/innen auf meine Entscheidung, kein Kind haben zu wollen)?

*Material:*

Für jede/n Teilnehmer/in ein Kissen.

*Hinweise:*

Durch eine einmalige Bearbeitung/einen einmaligen Kontakt mit der Trauer ist diese Problematik nicht bewältigt.

Anregungen zu dieser Übung fanden wir in: A. Kent-Rush: Getting Clear, München [2]1977, S. 247 ff.

---

zuhören und angehört werden
fragen + verstehen gefragt und verstanden werden
in der Vertrautheit mit den anderen
Vertrauen zu mir selbst bekommen
in der eigenen Bloßheit verstanden zu sein
zusammen den Weg zurückzugehen
um mir selbst zu begegnen.
Das war's!?

# 9.2 Sexualität

## Sprach-Barrieren

### Ziel:

Annäherung an das Thema «sexuelle Sozialisation»; Schaffen einer akzeptierenden Atmosphäre; sich mit Sprachschwierigkeiten beim Thema Sexualität beschäftigen und diese abbauen.

### Durchführung:

Die Teilnehmer/innen nehmen sich einen Zettel. Sie werden gebeten, diejenigen Bezeichnungen, Begriffe, Ausdrücke im Bereich Sexualität zu notieren, die sie üblicherweise benutzen, die ihnen angenehm sind (max. 6 bis 8 Begriffe). (5 Min.)

Die Zettel werden gefaltet, in die Mitte gelegt, gemischt, und der/die Moderator/in gibt folgende Anweisung:

«Ich werde dich jetzt gleich bitten, dir einen Zettel zu ziehen und ihn dir anzusehen. Lies die Worte langsam durch und versuche genau zu spüren, was bei jedem Wort in dir vorgeht. Welche Gefühle hast du? Welche Vorstellungen und Phantasien verbindest du mit dem Wort? Nimm dir Zeit; wirklich jedes Wort zu fühlen, und mach dir Notizen, wenn du magst.» (10 Min.)

Reihum liest jede/r laut die Worte vor, die auf dem Zettel stehen, und sagt einige Sätze dazu, wie es ihm/ihr damit geht. Gleichzeitig achtet er/sie darauf, wie es ist, sie auszusprechen. Die anderen achten beim Zuhören auf ihre eigenen Gefühle. (ca. 60 Min.)

Anschließend Gruppengespräch:
- Wie geht es uns jetzt?
- Welche Ursachen hat es, daß wir alle so stumm und hilflos gerade in diesem Bereich sind?

### Auswertung:

Siehe oben.

### Material:

Karten oder Zettel, Stift.

### Hinweis:

Es ist für die Moderation wichtig, die Teilnehmer/innen aufzufordern, bei ihren Gefühlen zu bleiben und nicht in die scheinbar so lockere, befreite «Szene-Sprache» auszuweichen. Auch aufkommende Albernheit soll sofort thematisiert werden. Was ist jetzt los? Was ist so witzig? Was ist so gefährlich? Was ist so peinlich?

## Meine Sexualität – ein Schilderwald

### Ziel:

Gebote, Verbote, Vorbilder und Einflüsse, die in unserer sexuellen Entwicklung eine Rolle gespielt haben, erkennen und ihrer heutigen Bedeutung nachgehen.

### Durchführung:

Mit Hilfe von DIN-A4-Bögen, Farbstiften und ausgeschnittenen Bildern aus Illustrierten stellen die Teilnehmer/innen Schilder her, auf denen Tabus, Befehle, Verbote, Normen, Beispiele, Vorbilder und Einflüsse dargestellt werden (zum Beispiel: «Komm ja nicht mit einem Kind nach Hause!»), die ihnen im Laufe ihrer sexuellen Entwicklung vermittelt wurden von Eltern, Schule, Clique usw.

Diese Schilder baute jede/r Teilnehmer/in zu einer «Schilderstraße» bzw. einem «Schilderwald» zusammen, und zwar so, daß sich der beabsichtigte Blick ergibt, wem man seine/ihre Position einnimmt. Auf diese Position wird ein Namensschild gelegt.

Die Gruppe halbiert sich. Die erste Hälfte bleibt neben dem eigenen Schilderwald stehen, während die anderen einzeln von einer/einem zur/zum anderen gehen, sich auf die bezeichnete Position stellen und ihre Eindrücke mit dem/der Betreffenden kurz besprechen. Anschließend Wechsel.

(Zeit: insges. 60 Min.)

### Auswertung:

In einem Gruppengespräch werden Gemeinsamkeiten und bedeutende Unterschiede in der sexuellen Entwicklung der Teilnehmer/innen herausgearbeitet.
- Welches waren die bedeutsamsten Verbote/Gebote?
- Habe ich mich daran gehalten?
- Welche Auswirkungen haben sie noch heute auf meine Sexualität?
- Was macht mir heute Probleme, was hat das mit meinen früheren Erfahrungen zu tun?

- Gab es Vorbilder (Aufforderungen, Hilfen, Ermutigungen) im Bereich Sexualität (Freunde/Freundinnen, Eltern usw.)?
- Welche Normen/Verbote/Gebote usw. galten für ein bestimmtes Alter, welche für Jungen, für Mädchen?
- Welche Probleme/Verbote sind eventuell generationstypisch, welche schichtabhängig, gebunden an Stadt/Land, Landschaft?

*Material:*

Papier oder Pappen zum Aufstellen (DIN-A4-Bögen oder Tapetenrolle), Farbstifte, Scheren, Illustrierte zum Ausschneiden, Klebstoff.

## Sexuelle Entwicklungsbiographie

### Ziel:

Sich vergegenwärtigen, wie und über welche Stationen die eigene sexuelle Entwicklung verlaufen ist.

### Durchführung:

Die Teilnehmer/innen nehmen sich Papier (möglichst DIN A2) und Stift und legen das Papier im Querformat vor sich hin. Sie werden gebeten, von links nach rechts über eine selbstgewählte Anzahl von Stationen ihre sexuellen Beziehungen darzustellen. Die äußerste linke Position markiert die Situation *vor* dem ersten sexuellen Kontakt, die äußerste rechte die heutige Situation. Sie fertigen dazu kleine Skizzen mit Symbolen, Gegenständen und Farben an.
(15 Min.)

### Auswertung:

Je nach Größe der Gruppe in der ganzen Gruppe oder in Kleingruppen. Jede/r stellt ihre/seine Skizzen vor und erklärt sie.
- Was fällt den anderen an der Zeichnung auf?
- Lassen sich Entwicklungslinien erkennen?
- Wodurch kamen die Anstöße zur Veränderung?
- Wie sieht mein Ideal aus, und wo stehe ich, im Verhältnis dazu gesehen?

### Material:

Papier (möglichst DIN A3 oder größer) und Stift, Buntstifte o. ä.

## Aufklärung

### Ziel:

Sich an die eigene Aufklärung erinnern; ihre Art und Weise in Beziehung setzen zur damaligen Zeit, zu den eigenen Eltern und zu den Folgen für mich.

### Durchführung:

Die Teilnehmer/innen haben Stift und Papier vor sich und werden gebeten, eine Geschichte zu schreiben zum Thema: «Wie bin ich aufgeklärt worden.» Es ist hilfreich, einen Moment die Augen zu schließen und sich in die damalige Situation und die eigenen Gefühle zurückzuversetzen.

(Zeit: 30 Min.)

### Auswertung:

Jede/r liest nun reihum die eigene Geschichte vor und nimmt kurz Stellung zu folgenden zwei Punkten:

– Inwiefern ist mein Erlebnis geprägt von der Eigenart meiner Eltern (gerade *auch,* wenn die Geschichte nicht von den Eltern handelt)?
– Welche Folgen hat meine Aufklärung für meine Einstellung, mein Erleben von Sexualität gehabt?
  Gruppengespräch zu folgenden Fragen:
– Inwiefern ist unsere Aufklärung von der damaligen Zeit, von unserem Wohnort und dem sozialen Umfeld (Freunde etc.) bestimmt?
– Welche Dinge wußte ich nicht bzw. kamen in meiner Aufklärung nicht vor? Wie hat sich dieses Unwissen ausgewirkt?
– Wie und wo habe ich mir die fehlenden Informationen geholt?
– Wie und auf welche Weise würde ich (habe ich) meine eigenen Kinder «aufklären» («aufgeklärt»)?

### Variante:

1. Eine/r spielt zu Beginn seine/ihre Aufklärungssituation vor.
2. Vorher oder im Anschluß kann aus zur damaligen Zeit populären Aufklärungsbüchern vorgelesen werden.

### Material:

Papier und Stift.

*Hinweis:*

Wenn diese Übung als Einstieg in das Thema gewählt wird, muß damit gerechnet werden, daß die Teilnehmer/innen «ins Erzählen» kommen und die letzte Runde entsprechend lange dauert.

*Weiterführung:*
Siehe Übung «Kollektive Erinnerungsarbeit», S. 335.

## «Alle Männer wollen nur das eine …»

*Ziel:*

Der Frage nachgehen, welches Bild vom anderen und vom eigenen Geschlecht in bezug auf Sexualität in der Herkunftsfamilie vermittelt wurde.

*Durchführung:*

Die Gruppe teilt sich in – möglichst gegengeschlechtliche – Paare. Der/die Moderator/in erläutert das Thema und das weitere Vorgehen. Wenn nötig, weist er/sie nochmals darauf hin, daß im Gespräch akzeptierend und behutsam miteinander umgegangen wird. Es wird eine Zeit für das Paargespräch vereinbart (40 Min.); das Thema lautet: «Was habe ich im Elternhaus und dessen Umgebung über Männer und Frauen und deren Sexualität gesehen, gehört, erfahren, vermittelt bekommen?» Alle Teilnehmer/innen erhalten einen Zettel mit Fragen (s. u.), die als Orientierung für das Gespräch dienen können.

Es sind zwei Varianten möglich: Die Partner/innen können die Zeit halbieren, so daß zunächst der/die eine erzählt, während der/die andere zuhört und anschließend umgekehrt. Eine andere Möglichkeit besteht darin, die ganze Zeit ein offenes Gespräch zu führen. Anschließend kann eine Männer-Untergruppe und eine Frauen-Untergruppe gebildet werden, um das Gespräch zu vertiefen.

*Auswertung:*

In der ganzen Gruppe entlang folgender Fragen:
– Gibt es Unterschiede zwischen: Schichten, Stadt – Land, verschiedenen historischen Zeitpunkten?

– Gibt es ein «typisches» Männerbild, auf das sich alle anwesenden Frauen einigen können? (An einer Wandzeitung notieren!) Gibt es ein ebensolches Frauenbild von seiten der Männer?
– Was für eine sexuelle Beziehung haben diese beiden? Wo finden wir diese Stereotype heute?

*Material:*

Zettel mit folgenden Fragen:
– Wie hast du deine Eltern als Sexualpartner erlebt? Gab es einen Unterschied zwischen dem, was gesagt, vermittelt wurde und dem, was sichtbar gelebt wurde?
– Als du zur Frau/zum Mann wurdest, was wurde dir vermittelt? Wie wurdest du aufgeklärt?
– Welches Männerbild/Frauenbild wurde vermittelt? Was ist das Typische am Mann/an der Frau als sexuellem Wesen?
– Kannst du dich an Warnungen in bezug auf das andere Geschlecht erinnern?
– Kannst du dich erinnern, als Kind Doktorspiele o. ä. gemacht zu haben?
– Mit welchen Worten oder Umschreibungen wurden deine Geschlechtsorgane benannt?
– Wie wurde über Sexualität/sexuelle Praktiken gesprochen? Wie geht es dir heute mit dem Sprechen darüber?
– Wie waren deine eigenen sexuellen Erfahrungen später? Findest du etwas vom Vorherigen wieder?

*Hinweis:*

Die Übung wurde entwickelt nach: M. James, O. Jongeward: Spontan leben, Reinbek 1983, S. 212 f.

## «Ein Muskelprotz?!»
(Übung für Männer)

*Ziel:*

Der Umgang mit gesellschaftlich definierten Schönheits-/Männlichkeitsidealen und die Entwicklung des Verhältnisses zum eigenen Körper sollen reflektiert werden.

*Durchführung:*

Der/die Moderator/in kann folgende Anleitung verwenden:

«Nimm eine bequeme Haltung im Liegen oder Sitzen ein. Schließe die Augen. Laß deine Gedanken ziehen und halte sie nicht fest. (3 Min.)

Versetze dich zurück in deine Kindheit und erinnere dich, wann dir zum erstenmal so etwas wie Körperkraft, vielleicht Muskeln bei anderen aufgefallen ist. Wie war das? An welcher Person hast du sie wahrgenommen? Welche Bedeutung hatte diese Person für dich? Welche Gefühle verbindest du mit dieser Erinnerung? (2 Min.)

Nun geh weiter und erinnere dich, wann dir das erste Mal bewußt war, daß du selber auch einen breiten Oberkörper und muskulöse Arme haben könntest. Welche Bedeutung hatte das für dich? Welche Gefühle waren damit verbunden? (1 Min.)

Wie war es während der Pubertät? Erinnere dich daran, wie du erst immer länger und länger wurdest und dann immer breiter und kräftiger. Wie wolltest du aussehen? Wie war die Realität? Wie wichtig war es dir, kräftig zu sein? (2 Min.)

Wie sind andere Jungen, Männer mit dir umgegangen und wie deine Partnerinnen? Fallen dir Situationen ein? (2 Min.)

Welche Bedeutung haben Muskeln, Kraft heute für dich? Wenn du magst, berühre dich, spüre, wie du dich anfühlst. Magst du dich? (2 Min.)

Komm jetzt langsam in den Raum zurück. Öffne die Augen, räkele dich und sei wieder hier.»

(Zeit: ca. 10 Min.)

*Auswertung:*

Im Gruppengespräch (Groß- oder Kleingruppen).
– Wie war (ist) das Verhältnis zwischen deinem Schönheitsideal und deinem Bild von dir? Wie fühlst du dich dabei?
– Wie entdecktest du gesellschaftliche Schönheitsideale? Wie wurden sie dir nahegebracht? Durch wen? Wer waren die Träger/innen dieser Normen?
– Wie gingst und gehst du mit diesen Schönheitsidealen um?
– Sprüche, mit denen du in diesem Zusammenhang konfrontiert warst.

*Material:*
–

●○●

## «Brust raus!»

(Übung für Frauen)

### Ziel:

Der Umgang mit gesellschaftlich definierten Schönheits-/Weiblichkeitsidealen und die Entwicklung des Verhältnisses zum eigenen Körper (Brust) sollen reflektiert werden.

### Durchführung:

Der/die Moderator/in kann folgenden Text als Anleitung verwenden:

«Nimm eine für dich bequeme Haltung im Liegen oder Sitzen ein. Schließ die Augen. Laß deine Gedanken ziehen und halte sie nicht fest. (3 Min. Zeit geben.)

Versetze dich zurück in deine Kindheit und erinnere dich, wann dir zum erstenmal das Vorhandensein von Brüsten bei anderen aufgefallen ist. Wie war das? An welcher Person hast du sie wahrgenommen? Welche Bedeutung hatte diese Person für dich? Welche Gefühle verbindest du mit dieser Erinnerung? (2 Min.)

Nun geh weiter und erinnere dich, wann dir das erste Mal bewußt wurde, daß du selber Brüste haben würdest. Welche Bedeutung hatte das für dich? Welche Gefühle waren damit verbunden? (2 Min.)

Wie war das während der Pubertät? Erinnere dich, als deine Brüste wuchsen. (2 Min.)

Du erhältst deinen ersten BH. (1 Min.)

Wie wolltest du damals aussehen (wie wolltest du, daß deine Brüste aussehen), wie war die Realität? Wie sind Jungen/Männer und andere Frauen mit deinen Brüsten umgegangen? Fallen dir Situationen ein? (2 Min.)

Wie ging es weiter? (2 Min.)

Welche Bedeutung haben deine Brüste heute für dich? Du kannst sie ruhig anfassen, betasten, spüren, wenn du magst. (3 Min.)

Komm jetzt langsam in den Raum zurück. Öffne die Augen, streck dich und sei wieder hier.»

### Auswertung:

In Kleingruppen.

Jede erzählt von ihren Erfahrungen. Folgende Fragen können dabei hilfreich sein:

- Wie war (ist) das Verhältnis zwischen meinem Schönheitsideal und der Realität? Wie fühle ich mich dabei? Hat sich mein Gefühl verändert?
- Wie entdecke ich gesellschaftliche Schönheitsideale, wie wurden sie

mir nahegebracht? (Wer waren die Träger/innen der Normen/Ideale?)
- Wie ging ich mit diesen Schönheitsidealen um, wie gehe ich heute damit um?
- Sprüche, mit denen ich in diesem Zusammenhang konfrontiert war.

Sprüche und eventuell (mitgebrachte) «Brustbilder» der Frauen können als Wandzeitung aufgehängt werden.

*Material:*

Gegebenenfalls mitgebrachte «Brustbilder», Tapetenrolle und Filzstift für die Wandzeitung.

## Verhütung

### Ziel:

Einstellungen und Erfahrungen mit Verhütung(smitteln) austauschen und der Frage nachgehen, wie und wodurch sie geprägt wurden.

### Durchführung:

Die Teilnehmer/innen legen Stift und Papier bereit, schließen die Augen und entspannen sich. Der/die Moderator/in erklärt die Übung und gibt im angegebenen Abstand die folgenden Fragen. Die Teilnehmer/innen werden gebeten, sich Stichworte zu notieren, wobei sie zwischen Erinnerung und Schreiben pendeln.

«Stell dir vor, ein 15jähriges Mädchen, deine Tochter oder eine Schülerin oder Jugendliche, kommt zu dir und sagt: ‹Ich möchte gerne mit meinem Freund, naja, du weißt schon. Aber wir wollen natürlich kein Kind. Was soll ich machen?› Schreibe auf, was du antworten würdest. (5 Min.)

Stell dir vor, ein 15jähriger Junge, dein Sohn oder ein Schüler, ein Jugendlicher, kommt zu dir und sagt: ‹Ich möchte gern mit meiner Freundin, naja, du weißt schon. Aber wir wollen natürlich kein Kind. Was soll ich machen?› Schreibe auf, was du antworten würdest. (5 Min.)

Erinnere dich an die Zeit deiner ersten intensiveren sexuellen Kontakte, in denen das Thema ‹Verhütung› eine Rolle spielte. Wie hast du dich gefühlt? Welche Einstellungen, Regeln, Meinungen hattest du zu verschiedenen Methoden? Wieviel wußtest du darüber? (5 Min.)

Erinnere dich daran, als du die ersten Male mit jemandem geschlafen hast. Welche Art der Verhütung habt ihr verwendet? Wie ging es dir damit? Achte auch auf deine Gefühle und Phantasien. (3 Min.)

Geh jetzt weiter. Erinnere dich an Zeiten, in denen sich deine Einstellung verändert hat. Wie und wodurch kam das? (3 Min.)

Welche Methode(n) verwendest du heute und warum?» (2 Min.)

### Auswertung:

In (möglichst gegengeschlechtlichen) Paaren.

Jede/r erzählt, was er/sie notiert hat. Dann schließen sich zwei Paare zu einer Vierergruppe zusammen. Gespräch zu folgenden Fragen (vervielfältigt verteilen oder Wandzeitung).

– Inwiefern ist/war meine Einstellung zu Verhütung bestimmt von der Zeit, in der ich aufwuchs (z. B. Aufkommen der Pille),
– von meinen Eltern und dem sozialen Umfeld, in dem ich lebte,
– von meinen Freunden/innen, der Clique etc.,
– von Medien (Fernsehen, «Bravo» etc.)?
– Wo und wie habe ich mir meine Informationen beschafft?
– Konnte ich mit meinen Eltern über dieses Thema sprechen? Wußte ich etwas über ihre Praxis?
– Wie gingen meine Eltern mit der Möglichkeit um, daß ich ein Kind zeugen oder schwanger werden könnte? Fallen mir Sprüche dazu ein?
– Wie stark haben meine Eltern mich kontrolliert, aufgepaßt, behütet? Welche Unterschiede gab es da zwischen Jungen und Mädchen?

### Material:

Papier und Stift.

### Identifikation mit dem eigenen Geschlechtsteil

#### Ziel:

Durch Konzentration auf das Körpergefühl, die Körperwahrnehmung der «Geschichte» des eigenen Geschlechtsteils (und der sexuellen Identität) nachgehen.

#### Durchführung:

Der/die Moderator/in erklärt kurz das Folgende und bittet die Teilnehmer/innen so intensiv wie möglich in die Phantasie hineinzugehen, bei sich zu bleiben und zu spüren, was geschieht. Die Teilnehmer/innen legen sich bequem hin. Lange Körperentspannung (s. S. 87). Der/die Moderator/in gibt folgende Anleitung:

«Geh jetzt in Gedanken entlang deiner Wirbelsäule deinen Körper hinunter bis zu deinem Geschlecht. Geh mit all deinen Gedanken und Gefühlen dorthin. (1 Min.)

Versuche jetzt, dein Geschlecht zu werden. Du bist ganz und gar dein Geschlecht. Welches Gefühl entsteht in deinem Körper? Wie fühlst du dich als dein Geschlecht? (30 Sek.)

Stell dir jetzt vor, du seist etwas ganz besonders Wertvolles, du seist ganz kostbar, vielleicht das Kostbarste auf der Welt. Wie fühlst du dich? (30 Sek.)

Geh jetzt an deinen Gefühlen entlang langsam zurück in deine Geschichte. Was liegt alles hinter dir? Laß Erinnerungen, Bilder, Gefühle auftauchen. Wie hast du dich als Geschlecht gefühlt? Was geschah? Welche Erfahrungen waren wohltuend, schmerzhaft, entspannend, aufregend? Spüre, was dir gut getan hat, gut tut. (2 Min.)

Geh noch tiefer in dein Gefühl – du bist ganz dein Geschlecht. Du bist da, spüre dich genau, und es geschieht etwas, irgend etwas, laß es geschehen, bleib bei deinem Gefühl. (1 Min.)

So, komm jetzt langsam zurück. Spüre zunächst die Körperteile in der Nähe deines Geschlechts, verabschiede dich und spüre langsam deinen ganzen Körper wieder. Wenn du magst, berühre dich, streichle dich, bleib bei dir. (1 Min.)

Du hast jetzt 10 Minuten Zeit für dich alleine zu sein. Tu, wonach dir zumute ist, sei es nachdenken, fühlen, phantasieren. Bleib bei dir und dem, was du erlebt hast.»

(Gesamtzeit: ca. 25 Min.)

*Auswertung:*

«Schreib für dich auf, welche Geschichte dein Geschlecht in deinem Leben hatte und was dir daran wichtig ist.»

Die Auswertung geschieht in einer Gruppe nur, wenn jemand seine/ihre Erlebnisse als belastend empfindet und individuell daran arbeiten möchte.

*Material:*

Ein genügend großer Raum und Decken oder Matten als Unterlage.

*Hinweis:*

Diese Übung ist nur für Gruppen, die schon lange intensiv zusammen arbeiten, in denen ein vertrauensvolles Klima besteht. Die Übung kann sehr intensiv sein. Blockierungen, (Ver-)Spannungen, Hemmungen und Schuldgefühle können massiv aktualisiert werden. Eine Möglichkeit zur Einzelarbeit an solchen Problemen muß vorhanden sein.

*Unter dieser Kategorie sind auch folgende Übungen verwendbar:*

Liebesfähigkeit, S. 248
Ich mag mich – ich mag mich nicht, S. 275
Berührungen, S. 274

> Ein Mann, der Herrn K. lange nicht gesehen hatte, begrüßte ihn mit den Worten: «Sie haben sich gar nicht verändert.» – «Oh!» sagte Herr K. und erbleichte.
> B. Brecht: Kalendergeschichten, Reinbek 1953, S. 143

# 10. Lebensgeschichte im Überblick

## Lebenslinie

### Ziel:

Bewußtmachen von Ereignissen, Erfahrungen und Lebensabschnitten, die die individuelle Lebensentwicklung entscheidend beeinflußt und geprägt haben. – Sich-Kennenlernen in einer Gruppe.

### Durchführung:

Jede/r zeichnet für sich auf einem querliegenden Blatt (DIN-A4) eine waagerechte Linie, die seinen/ihren Lebenslauf symbolisiert. Die Lebensjahre werden markiert. Am linken Rand wird senkrecht eine Linie gezeichnet und von unten beginnend mit $-3, -2, -1, 0$ (Schnittpunkt mit der Waagerechten) $+1, +2, +3$ versehen.

Jede/r trägt nun für sie/ihn wichtige Ereignisse in diese Zeitlinie ein und gibt durch ein Kreuz an, wie er/sie sich damals gefühlt hat ($-3$ = miserabel, $+3$ = sehr gut und zufrieden).

Wichtig sind vor allem die Stationen, die «Wendepunkte», prägende Erlebnisse und für die heutige Lebenssituation entscheidende Einflüsse bedeuteten. Die Kreuze können zu einer (Zick-Zack-)Linie verbunden werden.

Die Lebenslinien werden mit dem Namen versehen und an die Wand gehängt. Teilnehmer/innen gehen von einer zur anderen und können die betreffende Person befragen und ihre Eindrücke mitteilen.

Die Gruppe schließt ein Gespräch über Ähnlichkeiten und Unterschiede in den Lebensläufen der Teilnehmer/innen an.

(Zeit: je nach Gruppengröße bis 60 Min.)

*Variante 1*
Die Teilnehmer/innen markieren durch Benutzung von Farben (Filzstifte), wie das jeweilige Ereignis auf sie wirkte (pechschwarz, grau in grau oder strahlend gelb usw.). Es lassen sich auch Symbole dazu eintragen (Blitz, Smily, Regen, Sonne etc.).

*Variante 2*
Auf einem angelegten zweiten Blatt kann die Lebenslinie in die Zukunft hinein verlängert werden, so wie sich der/die Teilnehmer/in sein/ihr weiteres Leben vorstellt.

*Variante 3*
Die Lebenslinie wird als Beziehungslinie angelegt, die die Entwicklung a) zur Mutter, b) zum Vater, c) zu den Geschwistern wiedergibt. Eventuell mit verschiedenen Farben nacheinander arbeiten oder auf Pergamentpapier schreiben und als Folie darauf legen.

*Variante 4*
Weitere Themen: Freundschaften, schulische Laufbahn usw.

*Material:*
Papier und Schreibzeug, Klebeband.

*Hinweise:*
Diese Übung ist vielfältig für ganz verschiedene Fragestellungen und Problembereiche verwendbar. Sie ist eine Art «Standardübung» in der biographischen Selbstreflexion.

## Fotos aus der eigenen Geschichte

### Ziel:

Einstieg in die intensivere biographische Arbeit mit Hilfe von Fotos aus der Kindheit.

### Durchführung:

Die Gruppe teilt sich in Kleingruppen von 4 bis 8 Personen. Eine/r beginnt, indem er/sie eigene Kindheitsfotos in der Mitte ausbreitet.

Die anderen nehmen sich zunächst Zeit, alle Bilder gründlich anzusehen und auf sich wirken zu lassen. Dann berichten sie, was sie wahrnehmen.

- Welches Gefühl kommt mir aus dem Bild entgegen?
- Was denke ich über dieses Kind? War es glücklich, traurig, einsam, ängstlich? Wie schaut es? Wie steht es da?
- Wie ist seine Position zu den anderen abgebildeten Personen?
- Wie ist es gekleidet?
- Wie ist die häusliche Umgebung: Tapeten, Möbel, Gardinen usf.?
   Der/die Betreffende hört zunächst nur zu. Im Anschluß erzählt er/sie etwas zu den Bildern (Begebenheiten, Szenen, Erlebnisse) und äußert sich zu dem Gehörten. Die anderen können Fragen stellen etc. (Pro Person 30 Min.)

### Variante:

Es kann vorher ein inhaltlicher Schwerpunkt festgelegt werden, zum Beispiel: Geschlechtsrolle, Umgang mit dem eigenen Körper, Beziehung Eltern-Kind, «Zeitgeist» der sechziger Jahre.

### Auswertung:

Ein anschließendes Plenumsgespräch kann sich an folgenden Fragen orientieren:

- Was war wichtig für mich?
- Gab es Erfahrungen, die bei allen gleich oder ähnlich waren?
- Hat sich mein Gefühl zu den anderen verändert?
- Welches «Bild» meiner Kindheit habe ich gewonnen?
- Gibt es Dinge auf den Bildern, die ich ungerne zeige, die mir peinlich sind? Was zeige ich gerne?
- Welche Tendenz gab es bei der Darstellung der eigenen Kindheit: zum Beispiel als «traurige» oder als «glückliche» Geschichte etc.?

Fotos der Teilnehmer/innen und ihrer Familie aus verschiedenen Phasen der Kindheit (eventuell auch Jugendzeit), pro Person maximal 10 Bilder.

Fotos, Bilder, Erinnerungen
in Gesichtern/Haltungen
zu lesen
— auf den zweiten Blick
bedrückend betreffend/betroffen
machend
andere verstehen – mich verstehen
Erlebtes/Ungedachtes
entdecken
      Sprache, Wörter, Geschichte
meine Geschichte mühsame Aneignung
schmerzhafter Erfahrung
die Wirklichkeit hinter dem Text
      Standbilder –
Familienverklammerungen und
-distanzen
Beziehungsmuster *fühlen*
      Phantasien zurück in
den Sumpf des Unverstandenseins
Abgelehntwerden
Alte Erfahrungen sind *heute*
Vater/den Schmerz fühlbar machen
      ich wehre mich
Gruppe – Nähe – Distanz – Nähe

## Eine «märchenhafte» Lebensgeschichte

*Ziel:*

Formulieren der eigenen Geschichte auf symbolischer Ebene. Kennenlernen.

*Durchführung:*

Die Teilnehmer/innen nehmen sich Papier und Stift und werden gebeten, ihre bisherige Lebensgeschichte in Form eines Märchens zu schreiben. Es können Figuren oder Motive aus bekannten Märchen verwendet, aber auch eigene Ideen entwickelt werden. Es wird eine Zeit vereinbart (z. B. 30 Minuten), in der das Märchen fertiggestellt sein soll.

*Auswertung:*

Je nach Gruppengröße und Zeit in der ganzen Gruppe oder in Kleingruppen. Eine/r liest sein/ihr Märchen vor, die anderen beantworten – in Gedanken oder auf einem Zettel – folgende Fragen:
– Welche Stimmung kommt mir aus dem Märchen entgegen?
– Um welche Gefühle geht es in der Hauptsache?
– Gibt es eine/n Gegenspieler/in zu der Hauptperson?
– Welches ist das zentrale Problem?
– Wie geht das Märchen weiter?
– Woran bleibe ich hängen?

*Weiterführung:*

a) Ein zweites Märchen schreiben, das meine Wünsche spiegelt. Wie hätte ich mir erträumt, daß es sein soll?
b) Ein Märchen spielen, verschiedene Weiterführungen der Geschichte durchprobieren. Spüren, wie es sich in den jeweiligen Rollen «anfühlt».

*Material:*

Papier und Stift, eventuell eine Wandzeitung mit Fragen (s. o.).

*Hinweis:*

Ebenso kann ein Bühnenstück geschrieben werden.

## Lebensalter und persönliche Fähigkeiten

*Ziel:*

Besinnung auf die Geschichte und Entwicklung eigener Fähigkeiten. Entdecken, Akzeptieren und Verstärken von Lebenspotentialen, die das Gefühl der Zufriedenheit mit sich selbst vermitteln.

Die Gruppe teilt sich in Vierergruppen auf. Die Teilnehmer/innen beantworten schriftlich die folgenden Fragen (an einer Wandzeitung vorher notieren):

Welche Erfahrung, welches Ereignis in meinem bisherigen Leben gab mir das Gefühl, etwas zu können:
— als ich 7 bis 12 Jahre alt war,
— als ich 13 bis 17 Jahre alt war,
— als ich 18 bis 25 Jahre alt war,
— von 26 bis 33 (oder älter),
— jetzt in der Gegenwart?

Für jede Erfahrung oder jedes Erlebnis wird ebenfalls notiert, welche Konsequenz es konkret hatte (zum Beispiel Schulabschluß – gab mir das Gefühl, daß ich leistungsfähig bin. Oder: Der erste erotische Kontakt zu einem/r Partner/in gab mir das Gefühl, liebenswert zu sein u. a. m.).

Hilfreich ist es, die Augen zu schließen und sich in die jeweilige Periode zurückzuversetzen, um erst danach Notizen zu machen.

*Auswertung:*

Die Ergebnisse werden anschließend in der Vierergruppe ausgetauscht.
— Welche Fähigkeiten habe ich (wieder-)entdeckt?
— Welche will ich ausbauen und verstärken?
— Was empfinde ich angesichts meiner Potentiale?

*Material:*

Papier und Schreibzeug. Wandzeitung mit Fragen.

# Wendepunkte

*Ziel:*

Erkennen der Bedeutung entscheidender Wendepunkte der persönlichen Lebensgeschichte. Kennenlernen in der Gruppe.

*Durchführung:*

Jede/r Teilnehmer/in vergegenwärtigt sich seinen/ihren bisherigen Lebensverlauf und wählt vier bis fünf Ereignisse, Begegnungen, Begebenheiten etc. aus, die für sie/ihn als Wendepunkte, Weichenstellungen usw. entscheidende Bedeutung hatten. Zu jedem Ereignis wird auf einem in vier bis fünf Abschnitte unterteilten Blatt mit farbigen Filzstiften etwas Typisches gezeichnet, wobei Farben insbesondere die Stimmung ausdrücken sollen. Symbole, Strichmännchen und Stichwörter sollen dieses Ereignis veranschaulichen.

(Zeit: 10 Min.)

### Auswertung:

Mit einem Partner/einer Partnerin (oder in kleinen Untergruppen) wird im Gespräch ausgetauscht und erklärt, inwiefern die Szenen für das eigene Leben wichtig sind, was sie an Veränderung bewirkten.
— Welche Personen waren wichtig?
— Habe ich Wenden in meinem Leben aktiv herbeigeführt?
— Ereignete sich etwas ohne mein Zutun?

### Material:

Schreibzeug, farbige Filzstifte und Papier.

> Der Mensch wundert sich ... über sich selbst, das Vergessen nicht lernen zu können und immerfort am Vergangnen zu hängen: mag er noch so weit, so schnell laufen, die Kette läuft mit. F. Nietzsche: Unzeitgemäße Betrachtungen, in: Gesammelte Werke, Klassikerausgabe, Bd. 2, Leipzig o. J., S. 131 f.

## Lernbiographie

### Ziel:

Sich die eigene Lebensgeschichte im Längsschnitt unter dem Blickwinkel des «Lernens» vergegenwärtigen.

### Durchführung:

Diese Übung erfordert eine längerfristige Vorbereitung. Die Teilnehmer/innen werden gebeten, einen Text zu schreiben zu folgender Themenstellung: «Was habe ich wann wie wo wodurch gelernt?»

Der/die Moderator/in weist darauf hin, daß jede/r schreiben kann, was ihm/ihr bei diesem Thema einfällt oder wichtig ist. Es gibt nichts Richtiges und nichts Falsches. Äußerungen wie: «Ich kann das nicht» oder beginnenden Diskussionen in der Gruppe über mögliche Inhalte wird mit dem obigen Hinweis begegnet. Wichtig ist es, darauf hinzuweisen, daß allein schon das Nachdenken über das eigene Lernen vieles klarer werden lassen kann.

Es wird ein Termin vereinbart, zu dem der Text verbindlich fertiggestellt sein soll. Des weiteren wird ein bestimmter maximaler Umfang festgelegt (zum Beispiel 5 Seiten Maschinenschrift).

Am besten ist es, wenn die Texte vervielfältigt und rechtzeitig vorher verteilt/verschickt werden, so daß jede/r vor dem Besprechungstermin die Möglichkeit hat, sie gründlich durchzulesen.

*Auswertung:*

Die Bearbeitung erfordert pro Person 30 bis 45 Minuten und mehr. Je nach Zeit und Gruppengröße in Kleingruppen.

Eine/r beginnt. Die Gruppenmitglieder lesen jede/r für sich nochmals in Ruhe den Text der/desjenigen durch unter der Fragestellung:
– Wo bleibe ich hängen?
– Was fällt mir auf?
– Wie empfinde ich den Text?

Jede/r äußert sich zu diesen Fragen, wobei es wichtig ist, das Gesagte als subjektiv darzustellen: «Ich empfinde dies …», «Ich habe dies noch nicht verstanden …», «Ich habe die Phantasie, daß …» etc. Der/die Schreiber/in hört zunächst nur zu, nimmt keine Stellung, verteidigt sich nicht, entschuldigt sich nicht etc. Erst danach antwortet er/sie auf Verständnis- oder Nachfragen, erzählt, führt aus etc.

*Fragen:*
– Was wird nicht erzählt?
– Wo sind Brüche/Sprünge im Text?
– Was fällt mir an der Sprache auf?
– Kann ich den Text mit meinem Bild von dem/der Schreiber/in in Zusammenhang bringen?
– Wo bin ich neidisch, betroffen, traurig usw.?
– Wo und wie zeigen sich im Text Schichtunterschiede?
– Habe ich Lernen gelernt?

*Material:*
Die Lernbiographien der Teilnehmer/innen als Texte.

## Tagebuch

### Ziel:

Nachdenken über die Bedeutung von Schreiben/Tagebuch – früher und heute – eventuell durch Vorlesen Zugang zu bestimmten Problemkreisen (zum Beispiel Pubertät) finden.

### Durchführung:

Gruppengespräch zu folgenden Fragen:
- Wann habe ich angefangen zu schreiben?
- Welche Bedeutung hatte mein Tagebuch damals für mich?
- *Was* habe ich notiert?
- In welchen Situationen habe ich geschrieben?
- Mußte ich mein Tagebuch verstecken?
- Wie hat sich mein Schreiben bis heute verändert?
- Gab es Zeiten, in denen ich nicht geschrieben habe?
- Was bedeutet mein Tagebuch für mich heute?
- Wenn ich mir vorstelle, ich würde nicht schreiben, was würde mir fehlen, was würde ich stattdessen tun?
- Wie ist es heute, kann ich andere mein Tagebuch lesen lassen?
- Kann ich mich erinnern, warum ich *nicht* angefangen habe zu schreiben?
- Wenn ich höre, was die anderen über die Bedeutung ihres Tagebuches sagen (zum Beispiel Auseinandersetzung mit sich selbst), tue ich vielleicht andere Dinge, zum Beispiel Gespräche führen?
- Hat es Situationen gegeben, in denen ich mir gewünscht habe, schreiben zu können? Was habe ich stattdessen getan?
  (Zeit: 30 Min.)

In einer zweiten Runde können die Teilnehmer/innen, die Tagebücher aus der Pubertät besitzen und zum Vorlesen bereit sind, dies tun. Dies kann ein gefühlsmäßiger Einstieg in das Thema «Pubertät» oder «Auseinandersetzung mit den Eltern» oder «erste Liebesbeziehungen» sein.

Der/die Schreiber/in liest am Stück nacheinander bis zu 30 Minuten vor. Er/sie kann auch bestimmte Passagen zum vorher vereinbarten Thema zusammenstellen. Die anderen hören zu und bleiben bei ihren Gefühlen und Erinnerungen, die in ihnen wachwerden. Im anschließenden Gruppengespräch werden Eindrücke zum Gehörten dem/der Schreiber/in mitgeteilt.
(Zeit: 120 Min. und mehr.)

Siehe oben.

*Material:*

Eventuell alte Tagebücher.

## Früher – Heute – Morgen

*Ziel:*

Hinführung zur Reflexion des eigenen Lebensverlaufes. Kennenlernen anderer Gruppenmitglieder.

*Durchführung:*

Jede/r Teilnehmer/in erhält einen Zettel mit folgenden Fragen, die er/sie für sich beantwortet:

a) Als ich 16 war:
   Ein Hauptinteresse …
   Ein Problem, eine Schwierigkeit …
   Eine Hoffnung, ein Wunsche …
b) Jetzt in meinem Leben:
   Ein Hauptinteresse …
   Ein Problem, eine Schwierigkeit …
   Eine Hoffnung, ein Wunsch …
c) In 10 Jahren:
   Ein Hauptinteresse …
   Ein Problem, eine Schwierigkeit …
   Eine Hoffnung, ein Wunsch …

*Auswertung:*

Die Gruppe bildet Untergruppen zu je vier Teilnehmern/innen. Jede/r berichtet über seine/ihre Antworten, die anderen können nachfragen, um Erklärungen bitten usw.

*Fragen:*

– Wie offen konnten die Teilnehmer/innen sein, auf welchen Ebenen bewegten sich die Informationen?

– In welcher Richtung prägt sich die Zukunftsperspektive aus?
– Welche Gefühle begleiten sie?
– Wie ist die «Grundstimmung» des Lebens?
– Wie hängen für jede/n die Vergangenheit, die Gegenwart und die Zukunft zusammen?

*Material:*

Zettel mit abgezogenen Fragen, Schreibzeug.

> Veränderungen, Beobachten, Hinsehen + Zurückgehen
> ich will es behalten
> mich nicht dabei übersehen
> ich spüre Lust am Leben
> Liebe in mir

## *Leben auf der Bühne*

### *Ziel:*

Mit Hilfe einer Phantasie über einige lebensgeschichtliche Szenen der eigenen Grundstimmung auf die Spur kommen.

### *Durchführung:*

Die Teilnehmer/innen setzen oder legen sich bequem hin. Nach einer Phase der Entspannung (s. S. 87) moderiert der/die Leiter/in die Übung nach folgendem Text:

1. «Stell dir vor, du bist in einem Theater. Setz dich hin, wo du magst. Nimm kurz wahr, was um dich herum ist oder geschieht. Konzentriere dich jetzt auf die Bühne, die Vorhänge sind noch geschlossen.
   Der Vorhang öffnet sich. Auf der Bühne siehst du deine Mutter und deinen Vater, bevor du geboren wurdest. Sie sprechen über dich. Höre, was sie sagen. Sieh dir genau an, wie es auf der Bühne aussieht. (3 Min.)
   Der Vorhang schließt sich.
2. Der Vorhang öffnet sich wieder. Auf der Bühne bist du selbst im Alter zwischen drei und fünf Jahren. Betrachte dich. Wie siehst du aus? Was tust du gerade? Sind noch andere Personen auf der Bühne? Wie

321

sieht es dort aus? Welche Stimmung oder welches Gefühl kommt dir von der Bühne entgegen? (2 Min.)

    Der Vorhang fällt.

3. Er öffnet sich wieder. Die Szene ist ein Teil aus deinem jetzigen Leben. Betrachte dich und was du tust. (2 Min.)

    Der Vorhang fällt wieder.

4. Es ist Pause. Das Licht geht an. Wie reagiert das Publikum? Geh mit ihnen zusammen hinaus ins Foyer. Höre, was die Leute über das Stück sagen. (2 Min.)

    Komm jetzt wieder in den Raum zurück, öffne die Augen und sei wieder da.»

### Auswertung:

Partnergespräch oder Gruppengespräch. Eine andere Möglichkeit besteht darin, daß jede/r Teilnehmer/in *eine* der drei Szenen malt, dann das Bild vorstellt und die Geschichte dazu erzählt.

### Weiterführung:
Einstieg ins Rollenspiel: eine der Szenen spielen.

### Hinweis:

Die Übung findet sich ähnlich bei O. Babcock, T. Keepers: Miteinander wachsen, München 1980, S. 149.

## Mein Leben in Räumen

### Ziel:
Durch die Symbolik einer Aneinanderreihung von Zimmern das eigene Leben nochmals insgesamt überblicken.

### Durchführung:
Die Teilnehmer/innen nehmen eine bequeme Haltung ein. Nach einer kurzen Entspannung (s. S. 88) kann der/die Moderator/in folgenden Text verwenden:

«Stell dir vor, du siehst vor dir eine Tür. An ihr ist ein Schild befestigt auf dem steht ‹Meine Kindheit›. Betrachte zunächst die Tür und das Schild genau.

    Jetzt öffne langsam die Tür und betritt den dahinterliegenden Raum.

Er stellt auf irgendeine Weise deine Kindheit dar. Sieh dich um. Achte darauf, wie du dich dort fühlst, welche Stimmung in dir entsteht. Geh durch den Raum und sieh dir alles genau an. Hebe einen Gegenstand auf und nimm ihn mit, denk nicht darüber nach. (2 Min.)

An irgendeiner Stelle entdeckst du eine weitere Tür mit dem Schild ‹Meine Pubertätszeit, meine Jugend›. Verabschiede dich von dem Raum, öffne langsam die Tür und betritt den nächsten. Achte genau darauf, wie sich dein Gefühl verändert. Laß den Raum auf dich wirken, geh wieder umher, sieh alles genau an und nimm einen Gegenstand mit. (2 Min.)

Die nächste Tür trägt die Überschrift ‹Mein Erwachsensein›. Betritt langsam den Raum, sieh dich um und spüre genau in dich hinein. (2 Min.)

Die letzte Tür heißt ‹Meine Zukunft›. Öffne sie, aber bleib auf der Schwelle stehen. Sieh dich eine Weile um, schließe sie dann wieder und setz dich in deinem ‹Erwachsenenzimmer› hin. (1 Min.)

Bleib einen Moment dort sitzen und denke darüber nach, was hinter dir liegt, wo du heute stehst und wo du hingehen wirst. Laß dir Zeit, auch die beiden Gegenstände zu betrachten, die du mitgenommen hast. (2 Min.)

Komm jetzt hierher in den Raum zurück, räkele dich, öffne die Augen und sei wieder da. Bleib bei dir und deinem Gefühl. Sprich mit niemandem, nimm dir jetzt Papier und Stift und male ein Bild, das deine Stimmung und dein Gefühl in einem der Räume wiedergibt. Das Bild braucht nicht gegenständlich zu sein; versuch einfach, mit Farben und Formen dein Gefühl auszudrücken. Du hast jetzt 20 Minuten Zeit dafür.»

*Auswertung:*

Gespräch in der Großgruppe oder in Kleingruppen. Ein/e Teilnehmer/in beginnt und hängt sein/ihr Bild auf. Die anderen betrachten es in Ruhe und gehen folgenden Fragen nach:
— Welche Stimmung kommt mir aus deinem Bild entgegen?
— Welche Gefühle löst es in mir aus?
— Was fällt mir auf?
Anschließend erläutert der/die Maler/in sein/ihr Bild.

*Material:*

Wachsmalkreiden (o. ä.) und große Bogen Papier (Tapetenrolle), Klebeband.

## Aufschichtung von Erfahrungen

### Ziel:

Durch Betrachtung eines bestimmten Themas im Lebensüberblick nachvollziehen, wie die verschiedenen Erfahrungen aufeinander aufbauen und sich zu einer einheitlichen (Gefühls-)Einstellung verdichten.

### Durchführung:

Die Teilnehmer/innen tragen am linken Rand eines DIN-A4-Blattes senkrecht eine Zeitleiste mit ihren Lebensjahren ein und teilen dann das Blatt senkrecht durch Striche in drei Spalten.

1. Der/die Moderator/in bittet die Teilnehmer/innen zu dem vorgeschlagenen oder vereinbarten Thema (s. u.) in der ersten Spalte spontan lebensgeschichtlich wichtige Ereignisse zu markieren und eventuell das genaue Alter anzugeben. (5 Min.)

2. In der zweiten Spalte wird jetzt mit einem Stichwort aufgeschrieben, was an dem jeweiligen Ereignis das Besondere, das Hervorstechende war. (5 Min.)

3. In der letzten Spalte wird für jedes Ereignis die Frage beantwortet: «Was habe ich daraus gelernt (positiv und negativ)? Welche äußeren und/oder inneren Konsequenzen habe ich daraus gezogen?» (10 Min.)

4. Die Teilnehmer/innen betrachten das Geschriebene und denken über folgende Frage nach: «Wenn ich an mich heute denke, an meine Gefühle, Einstellungen, Schwierigkeiten, Ängste mit dem Thema, wo sehe ich Verbindungen zu dem, was ich erlebt habe? Wann hatte ich das erste Mal diese Gefühle, diese Ängste usf.; wie wurde damit umgegangen?» (15 Min.)

### Auswertung:

In Kleingruppen. Die Teilnehmer/innen stellen einzeln das Geschriebene vor und erläutern es. Die anderen achten auf ihre Gefühle, Wahrnehmungen und fragen nach etc.

- Gibt es Gemeinsamkeiten in allen (oder den meisten) angegebenen Ereignissen?
- Wo war ich aktiv, wo «geschahen» Dinge?
- Welche Erfahrung müßte ich machen (oder habe ich gemacht), damit ich «die Geschichte hinter mir lassen» könnte?
- Habe ich auch andere – entgegengesetzte – Erfahrungen gemacht? Eventuell anschließend Gruppengespräch:
- Gibt es Erfahrungen, die bei allen ähnlich sind?

- Gibt es ein «Grundgefühl» oder einen bestimmten Konflikt, den wir alle haben?
- Gibt es einen Zusammenhang mit der Zeit, in der wir leben?

*Mögliche Themen:*
Trennung – Verantwortung – abgelehnt werden – gemocht werden/liebenswert sein – Körpergefühl – fähig sein/etwas können/schöpferisch sein – selbständig sein – Anpassung – Angst – Wut – traurig sein/enttäuscht sein. (Weitere Themen selbst ausdenken.)

*Material:*
Papier und Stift.

## Totenbett

### Ziel:

Das eigene Leben nochmal aus einer anderen Perspektive überschauen. Ansatzpunkte für Veränderungen gewinnen.

### Durchführung:

Die Teilnehmer/innen setzen oder legen sich bequem hin und schließen die Augen. Entspannung (s. S. 87). Der/die Moderator/in kann folgenden Text verwenden:

«Stell dir vor, du liegst auf dem Totenbett; du weißt, du wirst bald sterben. Laß wie auf einer Leinwand dein ganzes Leben, vom Anfang bis jetzt, an dir vorüberziehen. Laß dir Zeit, laß Erinnerungen, Bilder, Personen entstehen, sieh und fühle genau hin. Du hast 10 Minuten Zeit.

Komm jetzt langsam in den Raum zurück. Räkele dich, öffne die Augen und sei wieder da.»

Der/die Moderator/in verteilt vervielfältigte Zettel und bittet die Teilnehmer/innen, sich Zeit zu nehmen, über folgende Fragen nachzudenken. Wer mag, kann sich Notizen machen:
- Welche Erinnerungen sind für mich am schmerzlichsten? Welche am schönsten?
- Welche Erlebnisse, Handlungen, Orientierungen, Interessen haben meinem Leben Sinn gegeben?
- Welche Menschen waren in diesem Zusammenhang wichtig?

- Bereue ich etwas? Was hätte ich anders machen können? Was würde ich heute tun?
- Hat es Wahlmöglichkeiten gegeben, die ich nicht gesehen habe, vor denen ich Angst hatte?
- Bin ich mit meinem jetzigen Leben zufrieden oder gibt es Dinge, mit denen ich unzufrieden bin?
- Gibt es etwas, was ich ändern möchte? Was steht dem im Wege, wer kann mir dabei helfen?
- Stell dir vor, du hättest nur noch eine Stunde zu leben. Mit wem, wo und wie möchtest du diese Stunde verbringen?
  (Zeit: 20 Min.)

### Auswertung:

Austausch in Kleingruppen.

### Material:

Eventuell Decken, ein genügend großer Raum. Papier und Stift, vervielfältigter Fragenkatalog.

### Hinweise:

Die Anregung zu dieser Übung stammt aus: M. James, O. Jongeward: Spontan leben, Reinbek 1983, S. 285.

Der/die Moderator/in sollte fünf Minuten vor Ende der Phantasie den Hinweis geben: «Ihr habt jetzt noch 5 Minuten Zeit.»

Meinen Weg zu mir finden
Gefühle kennenzulernen
Ängste zu akzeptieren
Problemen nicht auszuweichen
und durch das Bewußtwerden
der Vergangenheit die
Gegenwart leben zu lernen

# 11. Allgemein verwendbare Übungen

## Verteilungskuchen

### Ziel:

Abklären von Zeit- und Energieverteilung in verschiedenen Lebensbereichen.

### Durchführung:

Diese Übung ist ein methodisches Element, das sich auf vielfältige Weise verwenden läßt. Es ist gut geeignet zum Kennenlernen oder zum Einstieg in einen Themenbereich.

Den Ausgangspunkt bildet ein gemalter Kreis, in den jede/r zu einer Fragestellung/einem Thema wie «Tortenstücke» einträgt, wieviel Raum dies oder jenes einnimmt, wobei der Kreis das Gesamt, also 100 %, darstellt.

### Mögliche Fragestellungen:

– Wie verteile ich meine Energie?
– Wofür gebe ich mein Geld aus?
– Wofür gaben/geben meine Eltern ihr Geld aus?
– Wie verteile ich meine Zeit? Wie war das früher bei meiner Mutter/ bei meinem Vater?
– Wie verteile ich meine Liebe? Wie taten dies Mutter/Vater?
– Wie verteile ich meinen Haß? Wie taten es Mutter/Vater?
– Welche Dinge waren mir wichtig als Fünfjährige/r, als Zehnjährige/r, als Fünfzehnjährige/r, als Zwanzigjährige/r?

– Wovor habe ich Angst?
– Wovor hatte ich als Kind/Jugendliche/r Angst?

*Auswertung:*

In Kleingruppen.
– Was fällt mir an deinem Bild auf?
– Wie stehen die Segmente zueinander?
– Was fehlt?
– Was möchte ich verändern?

*Material:*

Papier und Stift.

*Hinweise:*

Dieses Element findet sich bei: L. Schwäbisch, M. Siems: Anleitung zum sozialen Lernen für Paare, Gruppen und Erzieher, Reinbek 1975.

## Geschichten schreiben

*Ziel:*

Sich ein bestimmtes Ereignis («Mein erster Kuß») oder im lebensgeschichtlichen Überblick ein bestimmtes Thema («Umgang mit Geld») verdeutlichen, indem darüber eine Geschichte geschrieben wird.

Diese Methode eignet sich gut als Einstieg und zur Vertiefung eines Themas.

*Durchführung:*

Die Teilnehmer/innen legen Stift und Papier bereit. Im Gespräch einigt sich die Gruppe auf die genaue Formulierung des Themas. Es wird eine Zeit vereinbart (mindestens 30, maximal 60 Minuten), in der eine Geschichte zu diesem Thema geschrieben wird. Der/die Moderator/in weist darauf hin, daß jede/r so schreiben kann, wie er/sie möchte. Einzige Orientierung ist sein/ihr Versuch, das Selbsterlebte so authentisch wie möglich wiederzugeben.

*Auswertung:*

Je nach Gruppengröße in der Großgruppe oder in Kleingruppen. Die

Teilnehmer/innen lesen ihre Geschichten vor, während die anderen bei sich bleiben und zuhören.
- Was löst das Gehörte in mir aus?
- Was fällt mir auf, wo bleibe ich hängen?
- Was fehlt, was wird nicht erzählt?

Je nach Thema wird entweder vertieft über individuelle Erfahrungen gesprochen oder der Akzent stärker auf das Nebeneinanderstellen der Geschichten und die Suche nach Gemeinsamkeiten gelegt.

*Material:*

Papier und Stift.

*Hinweis:*

Siehe auch die anspruchsvollere Variante dieser Übung: «Kollektive Erinnerungsarbeit», S. 335.

## Anleitung zum Rollenspiel

*Ziel:*

Eine Situation durch ein darstellendes Spiel bearbeiten und klären.

*Durchführung:*

*1. Schritt:*
Situationsdefiniton
- Welche Situation soll gespielt werden?
- Welches räumliche Arrangement (Sitzordnung, Hilfsmittel) ist notwendig?

*2. Schritt:* Verteilung von Rollen und Funktionen
- Wer oder welche Gruppe spielt welche Rollen?
- Welche Beobachtungsaufgaben haben die Zuschauer?

*3. Schritt:* Einweisung in die Rollen, Beschreibung der Personen
- Welche Eigenarten, welches Verhalten haben die Personen?
- Wie agieren und reagieren sie?
- Wie ist der grobe Verlauf der Szene?

*4. Schritt:* Rollenspiel

*5. Schritt:* Ergebnis
- Die Rollenspieler nehmen Stellung.
- Die Gruppe äußert Beobachtungen und Eindrücke.

*6. Schritt:* Alternatives Spielen
— Andere Verläufe und Reaktionen konkret, eventuell mit getauschten Rollen oder anderen Personen spielen.

## Schreiben und Ringsum-Kommentar

### Ziel:

Eine aufgeschriebene lebensgeschichtliche Erinnerung/Szene durch Kommentierung anderer zum Gesprächsanlaß werden lassen und sich gründlicher mit dem Geschriebenen auseinandersetzen.

### Durchführung:

Die Teilnehmer/innen schreiben zu einem thematisch vereinbarten Stichwort (zum Beispiel Streit mit einem Partner; Erlebnis aus der Schulzeit; mein erster Kuß; als ich als Kind traurig war; typische Szene am Arbeitsplatz etc.) eine konkrete Begebenheit/Szene/Erinnerung auf, möglichst plastisch, konkret, detailliert, aber nicht mehr als eine Seite. (15 Min.)

Anschließend gibt jede/r ihr/sein Blatt an den/die rechte/n Nachbarn/in weiter. Diese/r liest den Text und notiert auf der Rückseite oder einem angehängten zweiten Blatt ihre/seine Eindrücke, persönliche Reaktionen, Fragen, Bemerkungen — alles was ihr/ihm einfällt. Dieser Kommentar wird mit dem eigenen Namen versehen. Anschließend wieder nach rechts weitergeben usw. — Die Teilnehmer/innen müssen darauf achten, daß die Weitergabe in etwa bei allen gleichzeitig verläuft, sonst kommt es zu «Staus».

In dieser schriftlichen Kommunikation ist jede/r Autor/in, Leser/in und Kommentator/in zugleich.

(Zeit: pro Person bis zu 10 Min.)

### Auswertung:

Eine offene Runde schließt sich an, in der jede/r Autor/in die Kommentare liest, dazu Fragen stellen, Erklärungen abgeben, Ergänzungen anfügen, Fragen beantworten kann.

### Material:

Stift und Papier.

## Wandlungen meines Selbstverständnisses

### Ziel:

Einstieg in biographische Selbstreflexion. Den eigenen Entwicklungsprozeß in einem Bereich (Stichwörter s. u.) nachvollziehen und mit dem anderer vergleichen.

### Vorbemerkung:

Diese Übung kann in Seminaren, Tagungen, Kursen für Eltern, Lehrern/innen, Dozenten/innen, Pädagogen/innen usw. als Hilfe zur didaktisch-methodischen Strukturierung des Arbeitsprozesses verwendet werden. Die eigene biographische Erfahrung bildet dabei eine Alternative zum Einstieg über ein einführendes Referat o. ä. (welches sich natürlich *anschließen* kann).

Geeignet auch für Großgruppen mit über 15 Teilnehmern/innen, wenn sich die Eckengruppen (s. u.) zusätzlich in Kleingruppen aufteilen.

*Stichwörter* zum Wandel des Selbstverständnisses können zum Beispiel sein:
- Autorität,
- Erziehungsstil,
- Umgang mit Konflikten,
- meine Normen und Werte,
- Erziehungsziele,

die je nach Tagungsthema entsprechend formuliert werden müssen, ebenso wie die daraus folgenden Thesen (s. u.).

Wir stellen diese Übung exemplarisch zum Stichwort «Autorität» vor.

### Durchführung:

1. Der/die Moderator/in hat auf einem Tageslichtschreiber, einer Tafel oder Wandzeitung drei Thesen formuliert:

   Erfahrungen mit Autorität in der *eigenen Schulzeit:*

   1. Ich habe Autoritäten überwiegend als bedrohlich erlebt.
   2. Ich habe Autoritäten überwiegend als unterstützend erlebt.
   3. Ich habe Autorität so hingenommen, wie sie war, und nicht weiter darüber nachgedacht.

Die Teilnehmer/innen ordnen sich einer These zu und setzen sich zum Gespräch in einer entsprechenden Ecke des Raumes zusammen. Dabei können zusätzlich auch Untergruppen (zum Beispiel zu 5 Teil-

331

nehmern/innen) gebildet werden, falls die Eckengruppen zu groß werden. (Zeit: ca. 30 Min. und mehr.)

Anschließend werden die Gruppenergebnisse in das Plenum eingebracht. Nicht alle Details, sondern nur Trends sollen – ohne Wertung (!) – berichtet werden. (Zeit: 20 Min.)

2. Es folgen drei weitere Thesen:
Meine *Ausbildungs-/Studienzeit:*
1. Für mich war diese Zeit ein Bruch. Ich habe Autorität abgelehnt, weil sie im Widerspruch zu meiner Vorstellung von partnerschaftlichem Umgang stand.
2. Für mich standen Autorität und Partnerschaft nicht im Widerspruch.
3. Für mich waren Autoritäten kein Thema. Ich habe mich an Inhalten orientiert.

Neue Eckengruppen werden durch *neue* Zuordnung zu einer These gebildet; es folgt ein Plenumsaustausch (s. o.).

3. Drei weitere Thesen schließen sich für eine neue Runde an.
Zur Zeit meiner *ersten Berufserfahrungen:*
1. Ich habe einen totalen Schock erlebt. Nichts ging so, wie ich es mir vorgenommen hatte.
2. Ich habe meine Ideale ganz schnell beiseite getan und erstmal die Autorität gespielt, die von mir verlangt wurde.
3. Ich hatte zu diesem Zeitpunkt wenig Schwierigkeiten, weil meine Vorstellungen von Autorität weitgehend so umzusetzen waren, wie ich mir das vorgestellt hatt.

Zuordnung zu einer These, Eckgruppen-Gespräch, Plenum wie oben.

4. Den Abschluß bilden drei Thesen zum heutigen Selbstverständnis:
*Heute:*
1. Für mich ist der Begriff Autorität keine passende Bezeichnung für mein Selbstverständnis als Lehrer/Elternteil o. a. Ich würde ihn lieber ersetzen durch ...
2. Für mich ist Autorität ein positiver Begriff (geworden), der sich mit einem partnerschaftlichen Verhältnis zu meinen Schülern/ Kindern verträgt.
3. Für mich ist Autorität ein notwendiger Begriff, ein partnerschaftliches Verhältnis zu den Schülern/innen hat sich in der Praxis nicht als hilfreich erwiesen.

Zuordnung, Eckengruppen-Gespräch, Plenum wie oben.

Ein Gesamtaustausch zum Wandel des Selbstverständnisses, auslösenden Faktoren, Bedingungen, zentralen Weichenstellungen/Erfahrungen schließt sich an.

(Gesamtzeit: 3 bis 5 Stunden.)

*Material:*

Ein genügend großer Raum, vorbereitete Thesen auf Folien für Tageslichtschreiber oder auf Wandzeitung.

*Hinweise:*

Die Übung ist besonders geeignet, um viele Teilnehmer/innen in wechselnder Zusammensetzung miteinander ins Gespräch zu bringen. Wichtig ist allerdings, daß die Gespräche möglichst ohne Wertungen oder gar Verurteilungen für bestimmte Positionen geführt werden.

Die Thesenformulierung muß vom/von der Moderator/in vorher sorgfältig durchdacht und auf die Thematik des Kurses zugeschnitten werden.

Die Anregung zu dieser Übung – neben einem ausführlichen Erfahrungsbericht – findet sich bei: J. Bastian: «Enttraditionalisierung» der Schule und «Autorität» des Lehrers, in: Loccumer Protokolle 57/ 1985, Rehburg-Loccum 1986.

## Dialog auf zwei Stühlen

*Ziel:*

Abklären von Persönlichkeitskonflikten. Persönlichkeitsseiten in einen Dialog treten lassen. Erleben und Differenzieren eigener Einstellungen zu sich widersprechenden Verhaltenswünschen. Interventionstechnik für den/die Moderator/in zur situativen Bearbeitung von Einzelproblematiken der Teilnehmer/innen.

*Durchführung:*

Wenn sich im Laufe des Gruppengesprächs ergibt, daß sich ein/e Teilnehmer/in mit zwei einander widersprechenden Verhaltenstendenzen oder Konfliktseiten Mühe hat und die genauere Bewußtmachung dieser Teile sinnvoll ist, kann diese Übung von dem/der Moderator/in angeboten werden. Es handelt sich im Grunde um eine rein formale Technik, die inhaltlich nicht näher bestimmt werden kann und soll.

Es werden zwei Stühle einander gegenübergestellt. Jedem Stuhl wird eine Seite des Konfliktes zugeteilt, zum Beispiel bei folgendem Konflikt: Einerseits möchte der/die Teilnehmer/in in der Familie offener und selbständiger eigene Interessen durchsetzen, andererseits will er/sie nicht, weil er/sie die entsprechenden Auseinandersetzungen scheut und Angst vor völliger Ablehnung durch die Familie hat. Die beiden Seiten, die von dem/der Teilnehmer/in auf die Stühle verteilt werden, sind also im Grunde zwei Teile der Person: der Teil, der eigene Interessen durchsetzen möchte, steht dem Teil, der Angst vor den Folgen hat, gegenüber.

Der/die Teilnehmer/in setzt sich jetzt auf einen Stuhl und spricht laut als der von diesem Stuhl repräsentierte Teil zum anderen Teil auf dem zweiten Stuhl. Er/sie beginnt zunächst mit einer kleinen Vorstellung: «Ich bin der Teil, der ... und du bist der Teil, der ...».

Dann setzt sich der/die Teilnehmer/in auf den anderen Stuhl und sagt: «Und ich bin der Teil, der ... und du bist ...»

Im folgenden Dialog werden nun mehrfach die Plätze gewechselt, der/die Teilnehmer/in spricht jedesmal in der Ich-Form. Die Seiten treten so in einen Dialog, teilen sich mit, wie sie sich gegenseitig empfinden, was sie sich vorwerfen, in welcher Beziehung sie zueinander stehen.

Immer wenn eine Seite nach ihrem Eindruck genug gesprochen hat, wird gewechselt, und die andere Seite antwortet. Der/die Teilnehmer/in soll sich viel Zeit nehmen, auf die entstehenden Gefühle achten (auf beiden Stühlen!) und in den Dialog einbringen.

Der Dialog sollte nicht zu früh abgebrochen werden, in der Regel braucht es einige Zeit, bis die Seiten sich auf einer weniger oberflächlichen Ebene abklären. Der/die Teilnehmer/in sollte selbst entscheiden, wann er/sie den Dialog beenden möchte.

Als Hilfestellung kann in späterer Gesprächsphasen auch das eine oder andere Gruppenmitglied hinter einen Stuhl treten und als «Alter-Ego» aussprechen, was der/die Teilnehmer/in an Hintergrundgefühlen hat, aber (noch) nicht äußert. Dies sollte aber mit Einfühlung geschehen und nicht in Spekulation ausarten.

(Zeit: 5 bis 20 Min. und länger)

*Auswertung:*

– Was ist mir über meine Einstellung gegenüber den beiden Seiten deutlich geworden?
– Welche will ich verstärken?
– Welche konkreten Schritte bieten sich dazu an?
– Wie hat die Gruppe mich auf den beiden verschiedenen Stühlen erlebt?

*Material:*
Zwei Stühle.

*Hinweis:*
Die Übung ist auch allein zu Hause durchführbar.

## Kollektive Erinnerungsarbeit

*Ziel:*
Ausgangspunkt für diese Methode ist die Ansicht, daß die einzelnen nicht nur Opfer der sie prägenden Umwelt (der Gesellschaft) sind, sondern sich aktiv in die vorgefundenen Ordnungen einfügen und so zu deren Erhaltung beitragen. Viele Vorgänge und Verhaltensweisen erscheinen ihnen ganz selbstverständlich und fallen nicht mehr auf (Warum hält ein Mann einer Frau die Tür auf?). Durch das Schreiben von Geschichten sollen solche «Selbstverständlichkeiten» – bei denen wir in unsere eigene Unterdrückung «einwilligen» – aufgespürt und fraglich werden.

*Durchführung:*
Die Teilnehmer/innen versorgen sich mit Stift und Papier. Es sollen Geschichten zu einem festen Thema (zum Beispiel Schule, Geld) oder einer Episode aus dem eigenen Leben (zum Beispiel Mein erster Kuß, Weihnachten) geschrieben werden. Die Wahl des genannten Themas erfolgt durch die Diskussion in der Gruppe, damit die Fragestellung für möglichst viele Teilnehmer/innen bedeutungsvoll ist.

Die Teilnehmer/innen werden jetzt gebeten, eine Geschichte zum vereinbarten Thema zu schreiben. Sie können sich entscheiden, ob sie in der Ich-Form oder etwas distanzierter in der Sie/Er-Form («Sie ging die Straße entlang ...») schreiben möchten. Manche Geschichten lassen sich besser mit ein wenig Abstand schreiben.

Es ist wichtig, darauf zu achten, daß alle Einzelheiten *genau* beschrieben werden – nur durch eine detaillierte Schilderung kann das scheinbar Selbstverständliche in den Blick genommen werden. Gerade das im ersten Moment unwesentlich Erscheinende sollte festgehalten werden – denn im Unwichtigen (auch in der Entscheidung, was wichtig und was bedeutungsvoll ist) steckt das Alltägliche, das Gewohnte, das worüber nicht mehr nachgedacht zu werden braucht.

Die Situationen werden aus der damaligen Sichtweise beschrieben; Erklärungen oder Bewertungen aus der heutigen Sicht sollten vermieden werden.

(Für das Schreiben *während* der Gruppenarbeit sollte eine feste Zeit vereinbart werden: 30 bis maximal 60 Min.)

*Auswertung:*

(Hier: Bearbeitung der Geschichten) in der Gruppe:

1. Ein/e Teilnehmer/in beginnt und liest seine/ihre Geschichte vor (am besten ist es, wenn der Text den anderen vervielfältigt vorliegt). Die anderen vergegenwärtigen sich die Situation und stellen folgende Fragen an den Text (eventuell Wandzeitung):
   - Wo gibt es Unklarheiten?
   - Wo gibt es Erfahrungen, die mit denen in meiner Geschichte übereinstimmen, die ähnlich sind? (Was läßt sich verallgemeinern?)
   - Wo gibt es Unterschiede in den Erfahrungen?
   - Weshalb sind deine Erfahrungen anders verlaufen als meine?
   - Welche Erklärungen gibt es für dein Handeln? (Die unterschiedlichen Erklärungen/Deutungen, die die Teilnehmer/innen für das Handeln der/des einzelnen gefunden ahben, werden miteinander verglichen.)
   - Wo gibt es in der Sprache des Textes Klischees und Allgemeingültigkeiten, die ein scheinbares Einverständnis herstellen, das das Nachdenken darüber verhindert? (Was ist scheinbar «ganz klar»? Wo wissen wir alle, was gemeint ist, aber eben nur ganz allgemein?)

2. Die Diskussion in der Gruppe, das Fragen nach Brüchen, Widersprüchen, Ungereimtheiten und Leerstellen soll den/die Schreiber/in motivieren, sich genauer zu erinnern und die Geschichte nochmals zu schreiben. Diese Geschichten werden wiederum in der Gruppe diskutiert.

3. Der nächste Schritt besteht darin, daß die in den Geschichten beschriebenen Verhaltensweisen aus den vertrauten Zusammenhängen herausgelöst werden und in andere Zusammenhänge gestellt werden (Wie wirkt sich zum Beispiel die abwartende Zurückhaltung, die eine Frau in einer Liebesbeziehung übte, im Studium, in der Arbeitswelt aus? Wie würde es sein, wenn sie sich anders verhielte?). Umgekehrtes/Entgegengesetztes soll ausprobiert, ausgedacht, aufgeschrieben und diskutiert werden.

*Material:*

Stift und Papier.

Ein gewisses Vertrauensverhältnis ist für eine größere Offenheit beim Geschichtenschreiben von Vorteil. Da aber kollektive Erinnerungsarbeit ein längerer Prozeß ist, besteht die Möglichkeit, dieses Verhältnis erst aufzubauen.

Hinter dieser – sehr zusammengefaßt dargestellten – Methode steckt ein umfangreiches theoretisches Konzept. Vgl. F. Haug (Hg.): Frauenformen 2. Sexualisierung der Körper, Argument-Sonderband 90, Berlin 1983.

*Unter dieser Kategorie sind auch folgende Übungen verwendbar:*

Was fange ich mit einem Traum an? S. 238
Dialoge schreiben, S. 101

mich zurückziehen.
von der fülle lassen.
mich konzentrieren auf das
wesentliche.
die augen klar werden lassen.

den punkt finden,
von dem ich ausgehe,
an den ich immer wieder
zurückkehren werde.

mit wenigen gehen,
und mit diesen
weit.

wache worte
an die wände werfen
und vor den scherben
nicht erschrecken.

die stille aufnehmen.
mit den ängsten freundschaft halten.
der geduld tür und tor öffnen.
und den kampf
verstehen.

nicht länger
heimatlos sein.

B. Heidebrecht: Das weite suchen, Bonn 1983, S. 94.

# III. Teil
# Organisatorische Hilfen

# 1. Sequenzvorschläge

## 1. Sequenz:

Erste Hinführung zur biographischen Selbstreflexion (Schwerpunktthema: Familiengeschichte/zeitgeschichtlicher Kontext/politische Sozialisation). (Wochenend-)Seminar mit 12–14 Arbeitsstunden (5–6 Sitzungen)

### *Kurz-Charakterisierung:*

- Hinführung zur Beschäftigung mit der eigenen Person
- Arbeit mit symbolischer Ebene
- Deutliche Verbindung persönlicher Erfahrungen mit gesellschaftlich-politischem Kontext
- Anbahnung intensiverer Auseinandersetzungen mit den Eltern

*1. Sitzung:*

*Erste Übung:* «Mein Name»
*Zweite Übung:* «Geschwister suchen»

2. Sitzung:

*Übung:* «Kindheitserfahrungen im Interviewspiel»
*Gruppengespräch* zum Thema: «Welche Ereignisse und Erfahrungen waren in meiner bisherigen Lebensgeschichte für mich zentral, am meisten prägend?»

3. Sitzung:

*Übung:* «Eine ‹märchenhafte› Lebensgeschichte»
(Nach Erklärung der Übung in der Gesamtgruppe wird sie in Untergruppen durchgeführt und ausgewertet.)

4. Sitzung:

*Übung:* «Familienstammbaum»
(Eventuell auch Übung mit mehr Aktion, zum Beispiel Rollenspiele)

5. Sitzung:

*Übung:* «Zeitgeschehen»
(*1. Alternative:* Übung: «Politische Sozialisation»
*2. Alternative:* Akzent auf *Schulerfahrungen* setzen mit den Übungen: «Schul-‹Karriere›» und «Schule – Widerstand und Anpassung»
*3. Alternative:* Akzent auf *Berufserfahrungen* mit der Übung: «Berufs-‹Karriere›».)

*6. Sitzung:*
*Übung:* «Konflikterfahrungen mit den Eltern»
*Abschlußrunde:* zur Frage: «Was war für mich in diesem Seminar wichtig, welchen Fragen will ich weiter nachgehen?»

# 2. Sequenz:

Einführung in biographische Selbstreflexion (Schwerpunktthema: Bedeutung der Herkunftsfamilie. (Wochenend-)Seminar mit 12–14 Arbeitsstunden (5–6 Sitzungen).

## Kurz-Charakterisierung:

- Förderung der Selbstexploration (Lebensgeschichte und gegenwärtige Probleme)
- Gefühls- und phantasieorientierte Zugänge
- Motivierung zur weiteren Arbeit im Hinblick auf Persönlichkeitsentwicklung

*1. Sitzung:*
*Erste Übung:* Eine Runde zur Frage: «Was erwarte ich von diesem Seminar; wovor habe ich Angst? Wie geht es mir jetzt gerade?» – Jede/r nimmt kurz Stellung. – Der/die Gruppenleiter/in erklärt anschließend mit wenigen Sätzen Konzept und Arbeitsweise, wobei auf die Äußerungen der Teilnehmer/innen Bezug genommen werden kann.
*Zweite Übung:* «Darf ich Ihnen meine Tochter/meinen Sohn vorstellen?» – (Je nach Gruppengröße achtet der/die Leiter/in darauf, daß eine entsprechende Zeit pro Person nicht überschritten wird.) – Die Teilnehmer/innen lernen sich – sofern sie sich unbekannt sind – bei dieser Übung (auch mit Namen) gut kennen.
*2. Sitzung:*
*Übung:* «Mein Leben in Räumen»
*3. Sitzung:*
*Fortsetzung* der Übung, Auswertung der Bilder in Kleingruppen
*4. Sitzung:*
*Übung:* «Faß das nicht an!»
Anschließend, je nach zur Verfügung stehender Zeit *Rollenspiel(e)* zu Konfliktsituationen in der Herkunftsfamilie
*5. Sitzung:*
*Übung:* «Slow motion to parents»

Anschließend: Möglichkeit zur Einzelarbeit
*6. Sitzung:*

*Übung:* «Du wirst schon sehen, was du davon hast!»
*Abschlußrunde* zur Frage: «Was habe ich über meine Geschichte entdeckt, was sehe ich jetzt anders, woran will ich weiterarbeiten?»


# 3. Sequenz:

Weiterführende Arbeit in der biographischen Selbstreflexion (Schwerpunktthema: Persönliche Handlungsnormen/Werte, Familienhintergrund, Veränderungsperspektiven) (Wochenend-)Seminar mit 12–14 Arbeitsstunden (5–6 Sitzungen)


## *Kurz-Charakterisierung:*

– Akzentuierung der lebensgeschichtlichen Dimension des Selbstwert-Gefühls
– Variationsreiche methodische Zugänge
– Alltags/berufs/bezogene Zuspitzung, Betonung konkreter Veränderungen
– Voraussetzung: Erste Erfahrungen mit biographischem Arbeiten


*1. Sitzung:*

*Übung:* «Du wirst schon sehen, was du davon hast!»
*2. Sitzung:*

*Übung:* «Ich mag mich, ich mag mich nicht»
*3. Sitzung:*

*Übung:* «Antreiber»
(Alternative : «Regieanweisungen in meinem Leben»)
*4. Sitzung:*

*Übung:* «Rollen-Zirkel»
Anschließend Rollenspiel(e) zum Thema:
«Antreibern nicht mehr gehorchen – was passiert?»
*5. Sitzung:*

*Vorübung:* (je nach Zeit auswählen):
«Spruch an der Wand»
«Eltern auf dem Bildschirm»
«Als gutes Kind muß ich …»
*Hauptübung:* «Ich-Zustände und Selbsteinschätzung»

*6. Sitzung:*

*1. Möglichkeit:* Thematische Zusammenfassung am Beispiel «Umgang mit Geld». Übung: «Geld ausgeben»
*2. Möglichkeit:* Zuspitzung auf das Verhalten gegenüber Autoritäten (zum Beispiel in Ausbildung und Beruf).
Übung: «Autoritäten»
*3. Möglichkeit:* Betonung von Veränderungswünschen.
Übung: «Nachruf» oder «Lebensentwürfe und Utopien» oder «Wohin will ich?»
*Abschlußrunde* zu der Frage: «Was will ich an meinem Verhalten und an meiner Lebensgestaltung ändern?»

# 4. Sequenz:

Vertiefende Selbstreflexion zum Thema «Lebensgeschichte und Sexualität». Voraussetzung: eine Gruppe, die miteinander vertraut ist. (Wochenend-)Seminar mit 12–14 Arbeitsstunden (5–6 Sitzungen)

*Kurz-Charakterisierung:*

– Thematisierung von Sprachproblemen
– Betonung der Körperdimensionen beim Thema Sexualität
– Deutliche Verknüpfung biographischer Erfahrungen mit gegenwärtigem Verhalten

*1. Sitzung:*
*Übung:* «Sprach-Barrieren»
*2. Sitzung:*
*Übung:* «Berührungen»
(Als Alternative ist die Übung: «Sexuelle Entwicklungsbiographie» möglich.)
*3. Sitzung:*
*Übung:* «Aufklärung»
(Als Alternative ist die Übung: «Meine Sexualität – ein Schilderwald» möglich.)
*4. Sitzung:*
*Übung:* «Mein Traummann, meine Traumfrau»
(Als Alternative sind die Übungen möglich:
«Partner/innen in meinem Leben» oder «Ein Muskelprotz!?» – «Brust raus!»)

*5. Sitzung:*

*Übung:* «Alle Männer wollen nur das eine …»
*6. Sitzung:*

*Übung:* «Liebesfähigkeit»
(Alternative: «Identifikation mit dem eigenen Geschlechtsteil»)
*Abschlußrunde* zum Thema: «Meine lebensgeschichtlichen sexuellen Prägungen und meine Veränderungsmöglichkeiten heute»

# 5. Sequenz:

Biographische Selbstreflexion auf der Grundlage von Materialien (Schwerpunkt: Soziokultureller Hintergrund, Familie, räumlich-dingliche Umgebung) (Wochenend-)Seminar mit 12–14 Arbeitsstunden (5–6 Sitzungen)

## Kurz-Charakterisierung:

– Mitgebrachte Fotos und andere Materialien sind Voraussetzung der Arbeit
– Variationsbreite in den Akzentuierungen
– Betonung äußerer Einflußfaktoren

*1. Sitzung:*

*Übung:* «Foto-‹Quartett›»
*Übung:* «Persönlichkeits-Collage»
(Als Alternative ist möglich: «Meine Schwester, mein Bruder».)
*2. Sitzung:*

*Übung:* «Fotos aus der eigenen Geschichte»
*3. Sitzung:*

Auswertung mitgebrachter Materialien, je nach Eigenart durch eine *Kombination folgender Übungen:* «Poesiealbum», Schulhefte», «Zeugnisköpfe», «Musik, was sie bedeutete»
*4. Sitzung:*

*Übung:* «Unsere Wohnung», – je nach zur Verfügung stehender Zeit ergänzt durch Übung: «Badezimmerkultur», «Kleider machen Leute», «Belesene Leute oder: Lesen bildet», «Eß-Kultur»
(Als Alternative ist die Akzentuierung außerfamiliärer Erfahrungen möglich: Übungen: «Unser ‹Revier› als Kinder», «Meine Clique», «Mein bester Freund, meine beste Freundin», «Spielen in der Kindheit»)

**5. Sitzung:**

Fortsetzung der 4. Sitzung. – Anschließend
*Übung:* «Konsum-Kinder»

**6. Sitzung:**

*Übung:* «Familie als Standbild»
(Alternative: «Familiensoziogramm»)
*Abschlußrunde* zur persönlichen Bilanz der Seminararbeit.
(Möglich ist als Abschluß auch die Übung: «Wandzeitung zum Ab-
schied»)

# 6. Sequenz:

Weiterführende biographische Selbstreflexion zum Thema: Lebensgeschichte und Körper(-gedächtnis). Voraussetzung: gründliche Erfahrung mit lebensgeschichtlicher Arbeit (Kompakt-Tages-)Seminar mit 6
Arbeitsstunden (3 Sitzungen)

## *Kurz-Charakterisierung:*

- Wechsel von Entspannung und Bewegung
- Unterschiedliche Intensität und Alternativen möglich
- Voraussetzung: genügend großer Raum

**1. Sitzung:**

*Übung:* «Entspannung und Körperwahrnehmung» (lange Form)
*Übung:* «Wie bewege ich mich durch mein Leben?»
*Übung:* «Haltung spiegeln»
(Alternative zur anspruchsvolleren Gestaltung der 1. Sitzung:
*Übung:* «Körperwahrnehmung»
*Übung:* «Ich bin in deinen Händen»
*Übung:* «Körperbotschaften»)

**2. Sitzung:**

*Übung:* «Frühere Gefühle leben in meinem Körper»

**3. Sitzung:**

*Übung:* «Hals und Nacken»
*Übung:* «Nacht-Angst»
(Alternative: «Alleingelassen-werden»)
*Übung:* «Wiegen»
*Abschlußrunde* zu der Frage: «Wie habe ich meinen Körper erlebt und
wie will ich mit ihm umgehen?»

(Als Alternative zur 3. Sitzung ist – wenn eine Intensivierung der Arbeit nicht möglich ist – folgende Übung möglich: «Berührungen». Wenn eine Intensivierung angestrebt wird: *Übung*: «Komm her – Geh weg» oder «Abschied»; Abschlußrunde zur gleichen Frage s. o.)

# 7. Sequenz:

«Meine Lebensgeschichte ent-decken. Ein Kurs zur biographischen Selbstreflexion in 10–12 Sitzungen

## Kurz-Charakterisierung:

– breites inhaltliches Spektrum
– vielfältige methodische Zugänge
– hoher Grad strukturierter Arbeit

| Sitzung | Thema | Arbeitsweise | Übung | Alternative |
|---|---|---|---|---|
| 1. | *Kennenlernen.– Meine Lebensgeschichte im Überblick* | Runde Papier + Stift | «Mein Name» «Lebenslinie» | «Eine ‹märchenhafte› Lebensgeschichte» (Symbolebene, Schreiben) |
| 2. | *Selbstbild* | Papier + | «Wer bin ich?» | «Gegenstände, die mein Selbst repräsentieren» |
| 3. | *Erfahrungen mit der Familie* | Gestaltung/Darstelllung | «Familie als Standbild» | leichtere Möglichkeit: «Familiensoziogramm», «Spruch an der Wand» (Papier + Stift) (Phantasie) |
| 4. | *Eltern* | Phantasie + Malen | «Konflikterfahrungen mit den Eltern» | «Eltern auf dem Bildschirm» (Phantasie) |

| Sitzung | Thema | Arbeits-weise | Übung | Alternative |
|---|---|---|---|---|
| 5. | *Schul-erfahrungen* | Phantasie Papier + Stift | «Ein Lehrer hat mal …» «Schul-‹Karriere›» | «Schul-Szenen» (Rollenspiel) |
| 6. | *Politische Sozialisation* | Schreiben | «Politische Sozialisation» | «Zeitgeschehen» (Papier und Stift, Wandzeitung) |
| 7. | *Existentiell wichtige Kind-heitserlebnisse* | Phantasie | «Ich habe mich verlaufen» oder «Peinliche Situationen» | Alternativthema: Spielen «Spielen in der Kindheit» (Papier und Stift) oder «Unser ‹Revier› als Kinder» (Papier und Stift) oder «Kinder-vorstellungen oder: Was ist ein Dingsbums?» (Simuliertes Kindergespräch) |
| 8. | *Existentiell wichtige Kind-heits-/Jugend-erlebnisse* | Schreiben | «Geschichten schreiben» | «Schreiben und Ringsum-Kommentar» (Papier und Stift) (zeitaufwendig!) |
| 9. | *Persönliche zentrale Lebensthemen* | Papier + Stift | «Aufschichtung von Erfah-rungen» | «Tagträume» (Phantasie) |
| 10. | *Lebensentwurf und Zukunft —* *Abschied* | Papier + Stift Schreiben | «Nachruf» «Abschied — ein Gedicht» | «Lebensentwürfe und Utopie» (Papier und Stift) |

Mögliche Ergänzung:

| 11. | Ausbildung und Beruf | Inter-viewspiel | «Berufsaus-bildung und Lebens-geschichte» | «Berufs-‹Karriere›» (Papier und Stift) |
|---|---|---|---|---|
| 12. | Frausein–Mannsein | Phantasie | «Ein Muskel-protz!?» «Brust raus!» | «Mein Traum-mann, meine Traumfrau (Papier und Stift) |

# 2. Übersichtstabelle zur praktischen Anwendung

## 1. Einführung, Kennenlernen, Anwärmen, Entspannung, Abschied

| Titel der Übung | Art | Zeit in Min. a) Übung b) Auswertung | einführend | weiterführend | vertiefend | alleine durchführbar |
|---|---|---|---|---|---|---|
| Mein Name | Gespräch | pro Pers. max. 5 | × | | | |
| Persönlichkeits-Collage | Basteln | a) 15–20 | × | | | |
| Lebenserfahrung in der Tüte | Basteln | b) 30 | × | | | |
| Was war gelogen? | Papier und Stift | a) 35 b) 15 | × | | | |
| Kindheitserfahrungen im Interviewspiel | Gespräch | 60 und mehr | × | | | |
| Geschwister suchen | Papier und Stift | a) 15 b) 30 | × | | | |
| Familienmitglieder wählen | Handelnde Darstellung mitgebr. Materialien | 30 | × | | | |
| Foto-Quartett | | 60 | × | | | |
| Fotoalbum-vorgestellt | Phantasie | a) 10 b) p.P. 10 | × | | | × |

| Titel der Übung | Art | Zeit in Min. a) Übung b) Auswertung | einführend | weiterführend | vertiefend | alleine durchführbar |
|---|---|---|---|---|---|---|
| Entspannung und Körperwahrnehmung (lange Form) | Körper | ca. 10 | × | | | |
| Entspannung und Körperwahrnehmung (kurze Form) | Körper | ca. 5 | × | | | |
| Abschnitt – ein Gedicht | Papier und Stift | a) 15 b) 15 | | | × | |
| Wandzeitung zum Abschied | Wandzeitung | 30 | | × | | |

## 2. Familie

### 2.1 Allgemeine Beziehungsstrukturen

| Titel der Übung | Art | Zeit in Min. a) Übung b) Auswertung | einführend | weiterführend | vertiefend | alleine durchführbar |
|---|---|---|---|---|---|---|
| Meine Familie als Baum | Papier und Stift | a) 15 b) p.P. 10 | × | | | × |
| Familiensoziogramm | Papier und Stift | a) 5 b) p.P. 10 | × | | | × |
| Beziehungsfeld in Phasen der Kindheit | Papier und Stift | a) 10 b) p.P. 10 | × | | | × |
| Familie in Tieren | Papier und Stift | a) max. 10 b) p.P. 10 | | × | | |
| Familie als Standbild | Darstellung | p.P. 30 | | | × | |

## 2.2 Erziehungsstil und Interaktionsmuster

| Titel der Übung | Art | Zeit in Min. a) Übung b) Auswertung | einführend | weiterführend | vertiefend | alleine durchführbar |
|---|---|---|---|---|---|---|
| Rollen-Zirkel | Gestaltung | a) 30 b) 20 | × | | | |
| «Ich will aber noch nicht in's Bett!» | Rollenspiel | a) p.P. 15 b) p.P. 30 | × | | | |
| Dialog schreiben | Papier und Stift | a) 20 b) p.P. 20 | × | | | × |
| Zu-neigung | Papier und Stift | a) 20 b) 20 | × | | | × |
| Anerkennungsschreiben/ Beschwerdebrief an die Eltern | Papier und Stift | a) 20 b) 30 | × | × | | × |
| Kritik und Zurechtweisung | Phantasie | a) 10 b) 20 | | × | | × |
| Konflikterfahrungen mit den Eltern | Phantasie und Malen | a) 20 b) p.P. 15 | | × | | × |
| «Strafe muß sein!» | Phantasie | a) 35 b) p.P. 20 | | × | | × |
| «Du wirst schon sehen, was du davon hast…» | Gestaltung | offen | | | × | |

## 2.3 Meine Beziehungen zu einzelnen Personen

| Titel der Übung | Art | Zeit in Min. a) Übung b) Auswertung | einführend | weiterführend | vertiefend | alleine durchführbar |
|---|---|---|---|---|---|---|
| Geschwisterreihe | Gestaltung | a) 20 b) 15 | X | | | |
| Vaterbild/Mutterbild | Symbolisierung | a) 20 + p.P. 10 b) 20 | X | | | |
| Eltern-Re-aktionen | Papier und Stift | a) 25 b) p.P. 15 | X | | | X |
| «Darf ich Ihnen meine Tochter/meinen Sohn vorstellen?» | Gestaltung | p.P. 15 | X | X | | |
| Meine Oma, Mein Opa, Tante Luise und Onkel Hans | Papier und Stift | a) 45 b) p.P. 15 | | X | | X |
| Meine Schwester, mein Bruder | mitgebr. Material | ca. 120 | | X | | |
| Eltern auf dem Bildschirm | Phantasie | a) 30 b) p.P. 15 | | X | | X |
| Die erste Person meines Lebens | Phantasie | a) 35 b) p.P. 10 | | X | | X |

| Titel der Übung | Art | Zeit in Min. a) Übung b) Auswertung | einführend | weiterführend | vertiefend | alleine durchführbar |
|---|---|---|---|---|---|---|
| Trennung und Abschied | Phantasie | a) max. 15 b) p.P. 30 | | | × | × |
| Dialog mit den Eltern | Phantasie | a) 15 b) p.P. 15 | | | × | × |
| «Slow motion to parents» | Gestaltung | a) p.P. 5 b) p.P. 15 u. mehr | | | × | × |

## 2.4 Normen, Werte, «Aufträge»

| Titel der Übung | Art | Zeit in Min. a) Übung b) Auswertung | einführend | weiterführend | vertiefend | alleine durchführbar |
|---|---|---|---|---|---|---|
| «Regieanweisungen» in meinem Leben | Papier und Stift | a) 40 b) p.P. 15 | × | | | × |
| «Eltern-Geplauder» | Gestaltung | a) 10 b) 10 | × | | | |
| Geld ausgeben | Papier und Stift | a) 20 b) p.P. 10 | × | | | × |
| Poesiealbum | mitgebr. Materialien | 30 | × | | | × |
| «Als gutes Kind muß ich ich ...» | Gestaltung | a) p.P. 10 b) p.P. 10 | × | × | | × |

| Titel der Übung | Art | Zeit in Min. a) Übung b) Auswertung | einführend | weiterführend | vertiefend | alleine durchführbar |
|---|---|---|---|---|---|---|
| Spruch an der Wand | Phantasie | a) 15 b) p.P. 10 | × | × | | × |
| Antreiber | Phantasie/ Papier und Stift | a) 25 b) p.P. 5 | | × | | × |

## 2.5 Familien-Kultur und Familiengeschichte

| Titel der Übung | Art | Zeit in Min. a) Übung b) Auswertung | einführend | weiterführend | vertiefend | alleine durchführbar |
|---|---|---|---|---|---|---|
| Familienstammbaum | Papier und Stift | a) 20 b) p.P. 20 | × | | | × |
| «Arm, aber sauber ...» | Wandzeitung | a) 30 b) 60 | × | | | × |
| Umgang mit Zeit | Wandzeitung | a) 15 b) 30 | × | | | × |
| Belesene Leute oder: Lesen bildet | Papier und Stift | a) 10 b) p.P. 15 | × | | | × |
| «Kleider machen Leute» | Papier und Stift | 75 | × | | | × |
| Ferien | Papier und Stift | a) 20 b) p.P. 10 | × | | | × |

| Titel der Übung | Art | Zeit in Min.<br>a) Übung<br>b) Auswertung | einführend | weiterführend | vertiefend | alleine durchführbar |
|---|---|---|---|---|---|---|
| Eßkultur | Gespräch | a) 40<br>b) p.P. 10 | × | | | |
| Musik, was sie bedeutet | vorber. Material | ein Abend | × | × | | × |
| Feste | Papier und Stift | a) 30<br>b) p.P. 15 +30 | × | × | | |
| «Spinat ist gesund» | Phantasie | a) max. 15<br>b) p.P. 10 | | × | | × |
| Badezimmerkultur | Phantasie | a) 5<br>b) p.P. 10 | | × | | × |

## 3. Kindsein

### 3.1 *Spielen*

| Titel der Übung | Art | Zeit in Min. | einführend | weiterführend | vertiefend | alleine durchführbar |
|---|---|---|---|---|---|---|
| Spielen in der Kindheit | Papier und Stift | a) 25<br>b) p.P. 10 | × | | | × |
| Kindervorstellungen oder «Was ist ein Dingsbums?» | Kindergespräch | a) 35<br>b) p.P. 10 | | × | | |
| Sandkasten-Spiele | Gestaltung | a) 25<br>b) p.P. 5 | | × | | |

| Titel der Übung | Art | Zeit in Min. a) Übung b) Auswertung | einführend | weiterführend | vertiefend | alleine durchführbar |
|---|---|---|---|---|---|---|
| Krabbeln | Gestaltung | a) ca. 10 b) 30 | | X | | |
| «Faß das nicht an!» | Gestaltung | a) 10 b) p.P. 10 | | X | | |

### 3.2 Beziehungen außerhalb der Familie

| Titel der Übung | Art | Zeit in Min. a) Übung b) Auswertung | einführend | weiterführend | vertiefend | alleine durchführbar |
|---|---|---|---|---|---|---|
| Meine Clique | Papier und Stift | a) 35 b) p.P. 35 | X | | | X |
| Mein bester Freund/ meine beste Freundin | Phantasie | a) 15 b) p.P. 15 | X | | | X |
| Spielerinnerungen: Ich und die anderen | Phantasie + Gestaltung | a) 10 b) p.P. 15 | X | X | | |
| Zu Besuch bei anderen Leuten | Phantasie | a) 30 b) p.P. 20 | | X | | |

### 3.2 Ängste, Träume, existentielle Erfahrung

| Titel der Übung | Art | Zeit in Min. a) Übung b) Auswertung | einführend | weiterführend | vertiefend | alleine durchführbar |
|---|---|---|---|---|---|---|
| Krankheit und Lebensgeschichte | Papier und Stift | a) 40 b) p.P. 15 | X | | | X |
| Kinderträume | Phantasie | a) 35 b) p.P. 15 | X | | | |
| «Ich bin wütend» | Phantasie | a) 15 | | X | | X |

| Titel der Übung | Art | Zeit in Min.<br>a) Übung<br>b) Auswertung | einführend | weiterführend | vertiefend | alleine durchführbar |
|---|---|---|---|---|---|---|
| Peinliche Situationen | Phantasie | a) 35<br>b) p.P. 15 | | x | | x |
| Abschied | Phantasie + Gestaltung | 90 | | x | | |
| «Meine Eltern streiten sich» | Phantasie | a) 10<br>b) 10 +<br>p.P. 15 | | x | | |
| Ich habe mich verlaufen | Phantasie | a) 30<br>b) p.P. 20<br>+ 30 | | x | | x |
| Alleingelassen-werden | Phantasie | a) 30<br>b) p.P. 10 | | | x | |
| Nacht-Angst | Phantasie | a) 10<br>b) p.P. 15 | | | x | |
| Wiegen | Körper | a) p.P. 5<br>b) 30 | | | x | |

## 4. Schule

| Titel der Übung | Art | Zeit in Min.<br>a) Übung<br>b) Auswertung | einführend | weiterführend | vertiefend | alleine durchführbar |
|---|---|---|---|---|---|---|
| Schul-«Karriere» | Papier und Stift | a) 30<br>b) p.P. 10 | x | | | x |
| Schulfächer | Papier und Stift | a) 20<br>b) 60 | x | | | x |

| Titel der Übung | Art | Zeit in Min. a) Übung b) Auswertung | einführend | weiterführend | vertiefend | alleine durchführbar |
|---|---|---|---|---|---|---|
| Schulhefte | mitgebr. Material | p.P. 15 | × | | | × |
| Zeugnisköpfe | mitgebr. Material | a) 80 b) p.P. 10 | × | | | |
| Elternsprechtag | Phantasie | a) 10 b) p.P. 10 | × | | | × |
| Ich und die Mitschüler/innen | Papier und Stift | a) 25 b) p.P. 15 | × | | | × |
| Schulreform und Schullaufbahn | Wandzeitung | 45 | × | | | |
| Schul-Szenen | Phantasie + Gestaltung | a) 10 b) 45 und mehr | × | × | | |
| «Lehrer/innen, die wir hatten» | Papier und Stift | 100 + p.P. 5 | | × | | |
| «Ein Lehrer hat mal …» | Phantasie | a) 5 b) p.P. 10 | | × | | × |
| Schule – Widerstand und Anpassung | Papier und Stift | a) 15 b) 30 und mehr | | × | | × |

## 5. Ausbildung/Beruf

| Titel der Übung | Art | Zeit in Min. a) Übung b) Auswertung | einführend | weiterführend | vertiefend | alleine durchführbar |
|---|---|---|---|---|---|---|
| Ausbildungs/Berufsentscheidung | Papier und Stift | a) 25' b) p.P. 10 | X | | | X |
| Berufs-«Karriere» | Papier und Stift | a) 25 b) p.P. 15 | X | | | X |
| Berufsausbildung und Lebensgeschichte | Interviewspiel | 90 und mehr | X | | | X |
| Erwerbslosigkeit | Papier und Stift | a) 20 b) 60 und mehr | X | | | X |
| Wie verbringe ich meine Zeit? | Papier und Stift | a) 35 b) p.P. 10 | X | | | X |
| Arbeits-Beziehungen | Papier und Stift | a) 30 b) p.P. 10 | | X | | X |
| Prüfungssituationen | Phantasie | a) max. 10 b) 30 und mehr | | X | | X |
| Konflikte am Arbeitsplatz | Rollenspiel | p.P. 30 | | X | | |
| Autorität | Phantasie + Gestaltung | a) 35 b) p.P. 15 | | X | | |

# 6. Zeitgeschichtlicher Kontext

## 6.1 Räumlich-dingliche Umgebung

| Titel der Übung | Art | Zeit in Min. a) Übung b) Auswertung | einführend | weiterführend | vertiefend | alleine durchführbar |
|---|---|---|---|---|---|---|
| Unsere Wohnung | Phantasie | a) 10 b) 30 | × | | | × |
| Unser «Revier» als Kinder | Papier und Stift | a) 25 b) p.P. 15 | × | | | × |
| Konsum–«Kinder» | Gespräch | a) 30 b) bis 45 | × | | | × |

## 6.2 Religion und politische Ideologien

| Titel der Übung | Art | Zeit in Min. a) Übung b) Auswertung | einführend | weiterführend | vertiefend | alleine durchführbar |
|---|---|---|---|---|---|---|
| Weltanschauung in der Familie | Papier und Stift | a) 30 b) 60 | × | | | × |
| «Türken sind . . .» | Papier und Stift | a) 50 b) p.P. 15 | × | | | × |
| Religion und Kirche | Phantasie + Schreiben | a) 10 b) p.P. 15 | | × | | × |
| Gottes-Bild | Papier und Stift | a) 15 b) 90 | | × | | × |

## 6.3 Politisch-historische Ereignisse

| Titel der Übung | Art | Zeit in Min. a) Übung b) Auswertung | einführend | weiterführend | vertiefend | alleine durchführbar |
|---|---|---|---|---|---|---|
| Politische Sozialisation | Papier und Stift | a) 30 b) p.P. 15 | × | | | × |
| Zeitgeschehen | Papier und Stift | a) 25 b) 45 | × | | | × |
| «Jungwähler/innen» | Phantasie | a) 15 b) p.P. 15 | × | | | × |
| Krieg | Papier und Stift | a) 15 b) p.P. 10 +60 | | × | | × |
| Faschismus in Deutschland | Papier und Stift | a) 10 b) 120 | | × | | × |

## 7.0 Selbstbild

### 7.1 Als Kind

| Titel der Übung | Art | Zeit in Min. a) Übung b) Auswertung | einführend | weiterführend | vertiefend | alleine durchführbar |
|---|---|---|---|---|---|---|
| Als Kind – ein Tier | Phantasie | a) 10 b) p.P. 10 | × | | | × |
| Mein liebstes Märchen | Papier und Stift | a) 30 b) p.P. 15 | × | | | × |
| Idole und Vorbilder | Papier und Stift | a) 15 b) 30 | × | | | × |
| Das widerspenstige Kind | Papier und Stift | a) 10 b) 60 u. mehr | × | | | × |
| Ein kleines Mädchen/ ein kleiner Junge | Phantasie | a) 10 b) p.P. 10 | × | × | | |
| Dem Teddy das Herz ausschütten | Phantasie | a) 10 b) p.P. 15 | | | × | |

| Titel der Übung | Art | Zeit in Min. a) Übung b) Auswertung | einführend | weiterführend | vertiefend | alleine durchführbar |
|---|---|---|---|---|---|---|
| **7.2  Als Erwachsene/r** | | | | | | |
| *7.2.1 Wie ich mich heute sehe* | | | | | | |
| Wer bin ich? | Papier und Stift | a) 50 b) p.P. 15 | × | | | × |
| Gegenstände, die mein Selbst repräsentieren | Gegenstand suchen | a) 20 b) p.P. 20 | × | | | |
| Beziehungsfeld in Münzen | Papier und Material | a) 10 b) p.P. 20 | × | | | |
| Kreativität | Papier und Stift | a) 10 b) p.P. 15 | × | | | × |

| Titel der Übung | Art | Zeit in Min. a) Übung b) Auswertung | einführend | weiterführend | vertiefend | alleine durchführbar |
|---|---|---|---|---|---|---|
| Arbeitsstörungen | Papier und Stift Einzelarbeit | a) 25 b) p.P. 15 bis 30 | X | | | X |
| Was fange ich mit einem Traum an? | Papier und Stift | a) 20 b) p.P. 20 | X | X | | X |
| Ich-Zustände und Selbsteinschätzung | Papier und Stift | a) 25 b) p.P. 10 | | | | X |
| Selbstwert und Fremdwert | Papier und Stift | a) 20 b) p.P. 15 | | X | | X |
| Ersatzgefühle | Papier und Stift | a) 20 b) p.P. 15 | | X | | X |
| Konkurrenz | Phantasie | a) 10 b) p.P. 15 | | X | | |
| «Bin ich erwünscht?» | Phantasie | a) 45 b) p.P. 15 | | | X | |
| Liebesfähigkeit | Phantasie | | | | X | |

## 7.2.2 Lebensentwürfe

| | | | | | | |
|---|---|---|---|---|---|---|
| Wohin will ich? | Papier und Stift | 40 | X | | | X |

| Titel der Übung | Art | Zeit in Min. a) Übung b) Auswertung | einführend | weiterführend | vertiefend | alleine durchführbar |
|---|---|---|---|---|---|---|
| Lebensplanung | Papier und Stift | a) 35 b) p.P. 10 | × | | | × |
| Lebensentwürfe und Utopien | Papier und Stift | a) 30 b) p.P. 15 | × | | | × |
| Tagträume | Phantasie | a) 40 b) 60 | | × | | × |
| Meine Wunsch-Partnerschaft | Papier und Stift | a) 15 b) 45 | | × | | |
| Älterwerden | Papier und Stift | a) 15 b) p.P. 20 | | × | | × |
| Nachruf | Papier und Stift | a) 30 b) p.P. 20 | | × | | |
| Wie werde ich sterben? | Phantasie | a) 25 b) p.P. 15 | | | × | |

## 8. Körper

| Titel der Übung | Art | Zeit in Min. a) Übung b) Auswertung | einführend | weiterführend | vertiefend | alleine durchführbar |
|---|---|---|---|---|---|---|
| Körperwahrnehmung | Körper | 25 | X | | | X |
| Wie bewege ich mich durch mein Leben? | Körper | a) 15 b) 60 | X | | | |
| Haltung spiegeln | Körper | a) 10 b) 20 | X | | | X |
| Ich lasse meinen Rücken sprechen | Phantasie | a) 5 b) p.P. 10 | X | | | |
| Hinter meinem Rücken | Phantasie/Körper | a) max. 10 b) p.P. 10 | X | | | X |
| Erinnerungsspuren in unseren Gesichtern | Körper mitgebr. Material | a) 20 b) p.P. 20 | X | | | |
| Das «zweite» Gesicht | Betrachten | 20 | X | | | X |
| Hals und Nacken | Körper | a) 10 b) p.P. 10 | | X | | X |
| Körperbotschaft | Körper | a) 20 b) p.P. 15 | X | X | | |
| Berührungen | Malen | a) 20 b) p.P. 15 | | X | | X |
| Ich mag mich – ich mag mich nicht | Malen | a) 45 b) p.P. 20 | | X | | X |

| Titel der Übung | Art | Zeit in Min. a) Übung b) Auswertung | einführend | weiterführend | vertiefend | alleine durchführbar |
|---|---|---|---|---|---|---|
| «Ich bin in deinen Händen» | Körper | a) 10 b) 40 | | × | | |
| Frühere Gefühle leben in meinem Körper | Körper | a) 60 b) 60 u. mehr | | | × | |
| Ausgestreckte Arme der Sehnsucht | Körper | a) max. 15 b) 60 u. mehr | | | × | × |
| Komm her – Geh weg | Körper | a) 30 u. mehr b) p.P. 20 | | | × | × |

# 9. Frausein – Mannsein

## 9.1 Meine Geschlechtsrolle

| | | | | | | |
|---|---|---|---|---|---|---|
| Männer- und Frauenbild | Papier und Stift | a) 20 b) p.P. 15 | × | | | × |
| Partner/innen in meinem Leben | Papier und Stift | a) 35 b) p.P. 20 | × | | | × |
| Mein Traummann – meine Traumfrau | Papier und Stift | a) 10 b) 60 u. mehr | × | | | × |

| Titel der Übung | Art | Zeit in Min. a) Übung b) Auswertung | einführend | weiterführend | vertiefend | alleine durchführbar |
|---|---|---|---|---|---|---|
| Kostümfest (oder: «Ein toller Typ») | Material/ Gestaltung | 120 u. mehr | × | | | |
| Männliche und weibliche Anteile in uns | Körper | a) 10 b) 30 | × | | | × |
| Kinderwunsch-Wunschkind I | Phantasie | a) 15 b) 45 | × | | | |
| Kinderwunsch-Wunschkind II | Phantasie | a) 30 b) p.P. 20 | | × | | × |
| Eifersucht | Phantasie | a) 30 b) p.P. 20 | | × | | × |
| Menstruation | Phantasie/ Papier und Stift | a) 15 b) p.P. 15 +30 | | × | | × |
| Geschlechtsumwandlung | Phantasie | a) 25 b) p.P. 10 | | × | | × |
| Abschied von einem ungeborenen Kind | Phantasie Gestaltung | a) 30 b) 60 u. mehr | | | × | × |

## 9.2 Sexualität

| Titel der Übung | Art | Zeit in Min. a) Übung b) Auswertung | einführend | weiterführend | vertiefend | alleine durchführbar |
|---|---|---|---|---|---|---|
| Sprachbarrieren | Papier und Stift | 120 | × | | | |
| Meine Sexualität – ein Schilderwald | Herstellen | a) 100 b) 30 | × | | | |
| Sexuelle Entwicklungsbiographie | Papier und Stift | a) 15 b) p.P. 20 | × | × | | × |
| Aufklärung | Papier und Stift | a) 30 b) p.P. 10 + 60 | × | × | | |
| «Alle Männer wollen nur das eine ...» | Gespräch | 40 | | × | | × |
| «Ein Muskelprotz!?» (Übung für Männer) | Phantasie | a) 10 b) p.P. 10 | | × | | × |
| «Brust raus!» (Übung für Frauen) | Phantasie | a) 20 b) p.P. 20 | | × | | × |
| Verhütung | Papier und Stift | a) 25 b) p.P. 15 + 45 | | × | | × |
| Identifikation mit dem eigenen Geschlechtsteil | Phantasie | 25 | | | × | |

## 10. Lebensgeschichte im Überblick

| Titel der Übung | Art | Zeit in Min. a) Übung b) Auswertung | einführend | weiterführend | vertiefend | alleine durchführbar |
|---|---|---|---|---|---|---|
| Lebenslinie | Papier und Stift | a) 20 b) 30 | × | | | × |
| Fotos aus der eigenen Geschichte | mitgebr. Material | a) p.P. 30 b) 60 u. mehr | × | | | × |
| Eine «märchenhafte» Lebensgeschichte | Papier und Stift | a) 30 b) p.P. 30 | × | | | × |
| Lebensalter und persönliche Fähigkeiten | Papier und Stift | a) 10 b) p.P. 10 | × | | | × |
| Wendepunkte | Papier und Farben | a) 10 b) p.P. 20 | × | | | × |
| Lernbiographie | vorber. Text | p.P. 45 | × | | | × |
| Tagebuch | mitgebr. Material | 120 u. mehr | × | | | × |
| Früher – Heute – Morgen | Papier und Stift | a) 10 b) p.P. 5 | × | | | × |
| Leben auf der Bühne | Phantasie | a) 15 b) p.P. 10 | | × | | × |
| Mein Leben in Räumen | Phantasie | a) 35 b) p.P. 20 | | × | | × |

| Titel der Übung | Art | Zeit in Min. a) Übung b) Auswertung | einführend | weiterführend | vertiefend | alleine durchführbar |
|---|---|---|---|---|---|---|
| Aufschichtung von Erfahrungen | Papier und Stift | a) 35 b) p.P. 30 | | × | | × |
| Totenbett | Phantasie | a) 45 b) p.P. 30 | | × | | × |

## 11. Allgemeine verwendbare Übungen

| Titel der Übung | Art | Zeit in Min. a) Übung b) Auswertung | einführend | weiterführend | vertiefend | alleine durchführbar |
|---|---|---|---|---|---|---|
| Verteilungskuchen | Papier und Stift | a) 5 b) p.P. 10 | × | | | × |
| Geschichten schreiben | Papier und Stift | a) 30 b) p.P. 20 | × | | | × |
| Anleitung zum Rollenspiel | Rollenspiel | p.P. 30 | × | | | |
| Schreiben und Ringsumkommentar | Papier und Stift | bis 180 | × | | | |
| Wandlungen meines Selbstverständnisses | Gespräch | 180–300 | × | | | |
| Dialog auf zwei Stühlen | Darstellung | 5–10 | × | × | | |
| Kollektive Erinnerungsarbeit | Papier und Stift | offen | | | | × |

# Alphabetisches Verzeichnis der Übungen

# Literatur

Arbeitsgruppe Bielefelder Soziologen (Hg.): Alltagswissen, Interaktion und gesellschaftliche Wirklichkeit, Reinbek 1973

Baacke, D., Schultze, T. (Hg.): Aus Geschichten lernen, München 1979

Baacke, D.: Zum Problem «Lebensweltverstehen», in: Heinze, T. (Hg.): Hermeneutisch lebensgeschichtliche Forschung, Bd. 1, Hagen 1984 (Fernuniversität)

Baacke, D.: Biographie: Soziale Handlung, Textstruktur und Geschichten über Identität, in: Baacke, D., Schulze, T. (Hg.): Pädagogische Biographieforschung, Weinheim und Basel 1985

Bauriedl, T.: Beziehungsanalyse. Das dialektisch-emanzipatorische Prinzip der Psychoanalyse und seine Konsequenzen für die psychoanalytische Familientherapie, Frankfurt/M. 1980

Beck, D.: Krankheit als Selbstheilung, Frankfurt/M. 1981

Behrendt, R., Grösch, D. (Hg.): Alltag, Lebensgeschichte, Geschichte Berlin o. O., o. J. (Wannseeheim für Jugendarbeit)

Berger, P., Luckmann, Th.: Die gesellschaftliche Konstruktion der Wirklichkeit, Frankfurt/M. [5]1977

Berne, E.: Was sagen Sie, nachdem Sie Guten Tag gesagt haben? München 1975

Bernfeld, S.: Sisyphos oder Die Grenzen der Erziehung, Frankfurt/M. 1970

Bettelheim, B.: Gespräche mit Müttern, München 1977

Bittner, G.: Tiefenpsychologie und Kleinkinderziehung, Paderborn 1979

Bittner, G.: Zur psychoanalytischen Dimension biographischer Erzählungen, in: Baacke, D., Schulze, T. (Hg.): Aus Geschichten lernen, München 1979

Brocher, T.: Stufen des Lebens, Stuttgart 1977

Bronfenbrenner, U.: Die Ökologie der menschlichen Entwicklung, Stuttgart 1981

Brück, H.: Die Angst des Lehrers vor seinem Schüler, Reinbek 1978

Cöllen, M.: Laß uns für die Liebe kämpfen, München 1984

Combe, A.: Alles Schöne kommt danach, Reinbek 1983

Devereux, G.: Angst und Methode in den Verhaltenswissenschaften, München 1967

Elias, N.: The Established and the outsiders, London 1965

Feldenkrais, M.: Bewußtheit durch Bewegung, Frankfurt/M. 1978

Filipp, S.-H. (Hg.): Kritische Lebensereignisse, München 1981

Freud, A.: Das Ich und die Abwehrmechanismen, München [8]1973

Freud, S.: Gesammelte Werke, Bd. 1–18, Frankfurt/M. 1960 ff.

Fröchling, J.: Ich spinne, also weiß ich. Erkenntnisgewinnung durch Phantasie beim Schreiben, in: Westermanns Pädagogische Beiträge 2/1986

Fuchs, W.: Biographische Forschung. Eine Einführung in Praxis und Methode, Wiesbaden 1983

Fuchs, W.: Zur Reflexivität der biographischen Methode, in: Heinze, T. (Hg.): Hermeneutisch-lebensgeschichtliche Forschung, Bd. 1, Hagen 1984 (Fernuniversität)

Gamm, H.-J.: Umgang mit sich selbst, Reinbek 1979

Gould, R. L.: Lebensstufen, Frankfurt/M. 1979

Grösch, D., Willigmann, S.: Biographisches Arbeiten mit Jugendlichen, Anregungen für die Schule aus der außerschulischen politischen Bildung, in: Westermanns Pädagogische Beiträge 12/1983

Gstettner, P.: Biographische Methoden in der Sozialisationsforschung, in: Hurrelmann, K., Ulich, D. (Hg.): Handbuch der Sozialisationsforschung, Weinheim 1980

Gudjons, H.: Erzogene über Erziehung. Neue Wege der Biographieforschung, in: Westermanns Pädagogische Beiträge 12/1983

Gudjons, H.: Spielbuch Interaktionserziehung, Bad Heilbrunn [2]1983

Gudjons, H.: Berufsbezogene Selbsterfahrung durch Fallbesprechungen in Lehrergruppen, in: Mutzek, W., Pallasch, W. (Hg.): Handbuch zum Lehrertraining, Weinheim 1983

Habermas, J.: Erkenntnis und Interesse, Frankfurt/M. 1968

Hardach-Pinke, J., Hardach, G. (Hg.): Kinderalltag, Reinbek 1981

Haug, F. (Hg.): Frauenformen 2. Sexualisierung der Körper, Argument-Sonderband 90, Berlin 1983

Heinze, T.: Rekonstruktion und Intervention, Hagen 1984 (Fernuniversität)

Heinze, T.: Hermeneutisch-lebensgeschichtliche Forschung, Bd. 1: Theoretische und methodische Konzepte, Hagen 1984

Heinze, T., Loser, F., Tiemann, F.: Praxisforschung, München 1981

Heinze, T., Räderscheidt, B., Rode, G.: Praxisforschung in der Hochschule, in: Bildung und Erziehung 2/1983, S. 189–201

Heinze, T., Tiemann, F.: Kommunikative Validierung und das Problem der Geltungsbegründung, in: Zeitschrift für Pädagogik 4/1982, S. 635–642

Henningsen, J.: Autobiographie und Erziehungswissenschaft, Essen 1981

Henningsen, J.: Vielleicht bin ich immer noch ein Nazi, in: Zeitschrift für Pädagogik 3/1982

Hentig, H. v.: Aufgeräumte Erfahrungen, München 1985

Hoffmann-Riem, Ch.: Die Sozialforschung einer interpretativen Soziologie. Der Datengewinn, in: Kölner Zeitschrift für Soziologie und Sozialpsychologie, 32. Jg., Opladen 1980

Holzkamp-Ch.: Theaterworkshop «Weibliche Biographie», in: Beiträge 7 zur feministischen Theorie und Praxis. Weibliche Biographien, München 1982

Holzkamp-Osterkamp, U.: Motivationsforschung 2. Die Besonderheit menschlicher Bedürfnisse. Problematik und Erkenntnisgehalt der Psychoanalyse, Frankfurt/M. [2]1978

Homfeld, H. G., Schulz, W., Barkholz, U.: Student sein – Lehrer werden? München 1983

Hurrelmann, K. (Hg.): Sozialisation und Lebenslauf, Reinbek 1976

Hurrelmann, K., Ulich, D. (Hg.): Handbuch der Sozialisationsforschung, Weinheim 1980

Jansen, D.: Lebensgeschichte und gesellschaftliche Realität – ein Modellseminar mit Familien, in: Gruppe und Spiel 1/1984, S. 8 ff.

Jung, C.-G.: Psychologie und Erziehung, Zürich 1946

Keleman, St.: Dein Körper formt dein Selbst, München 1980

Kinter, J., Kock, M., Thiele, D.: Spuren suchen. Leitfaden zur Erkundung der eigenen Geschichte, Hamburg 1985

Klafki, W.: Zwischen Führerglauben und Distanzierung, in: Westermanns Pädagogische Beiträge 12/1983

Klafki, W.: Neue Studien zur Bildungstheorie und Didaktik, Weinheim 1985

Kohli, M. (Hg.): Soziologie des Lebenslaufes, Darmstadt und Neuwied 1978

Kohli, M.: Lebenslauftheoretische Ansätze in der Sozialisationsforschung, in: Hurrelmann, K., Ulich, D. (Hg.): Handbuch der Sozialisationsforschung, Weinheim 1980

Kohli, M.: Wie es zur biographischen Methode kam und was daraus geworden ist, in: Zeitschrift für Soziologie 3/1981

Kunar, S., Hentschel, R. (Hg.): Viele Wege, München 1985

Kurtz, R., Prestera, H.: Botschaften des Körpers, München ²1981

Laplanche, J., Pontalis, J.-B.: Das Vokabular der Psychoanalyse, Bd. I u. II. Frankfurt/M. ⁵1982

Leffers, C.-J.: Erwachsenenbildung – Förderung des individuellen Wachstums und/oder des sozialen Wandels? Münster 1980

Lempert, W.: Bildungsforschung und Emanzipation, in: Uhlig, D. (Hg.): Theorie und Methode der Erziehungswissenschaft, Weinheim 1972

Levinson, D. J.: Das Leben des Mannes, Köln 1979

Levy, R.: Der Lebenslauf als Statusbiographie, Stuttgart 1977

Loch, W.: Lebenslauf und Erziehung, Essen 1979

Löwe, H.: Einführung in die Lernpsychologie des Erwachsenenalters, Berlin 1970

Lorenzer, A.: Die Wahrheit der psychoanalytischen Erkenntnis, Frankfurt/M. 1974

Lorenzer, A.: Sprachspiel und Interaktionsformen, Frankfurt/M. 1977

Lorenzer, A.: Die Analyse der subjektiven Struktur von Lebensläufen und das gesellschaftlich Objektive, in: Baacke, D., Schulze, T. (Hg.): Aus Geschichten lernen, München 1979

Lorenzer, A.: Sprache, Lebenspraxis und szenisches Verstehen in der psychoanalytischen Therapie, in: Psyche 2/1983

Lorenzer, A., Görlich, B.: Lebensgeschichte und Persönlichkeitsentwicklung im Spannungsfeld von Sinnlichkeit und Bewußtsein, in: Maurer, F. (Hg.): Lebensgeschichte und Identität, Frankfurt/M. 1981

Lowen, A.: Bio-Energetik, Reinbek 1983

Luca, R.: Zur Lehrerin erzogen, Hamburg 1985 (Selbstverlag)

Mannheim, K.: Das Problem der Generationen, in: Friedeburg, L. v. (Hg.): Jugend in der modernen Gesellschaft, Köln ⁴1967

Maurer, F. (Hg.): Lebensgeschichte und Identität, Frankfurt/M. 1981

Mitchell, J.: Psychoanalyse und Feminismus, Frankfurt/M. 1985

Mitscherlich, A.: Die Unfähigkeit, erwachsen zu werden, in: Herzka, H.S., u. a. (Hg.): Konflikte im Alltag, Basel/Stuttgart 1983

Moebius, M.: Wir sind die Autoren unserer eigenen Geschichte, in: psychologie heute 2/1986, S. 28–33

Mollenhauer, K.: Erziehung und Emanzipation, München 1968

Mollenhauer, K.: Vergessene Zusammenhänge, Über Kultur und Erziehung, München 1983

Müller, A.M.K.: Die präparierte Zeit, Stuttgart [2]1973

Petzold, H.: Die neuen Körpertherapien, Paderborn 1977

Polster, E. u. M.: Gestalttherapie, München 1975

Preuss-Lausitz, U., u. a.: Kriegskinder, Konsumkinder, Krisenkinder, Weinheim 1983

Rautenberg, W., Rogoll, R.: Werde, der du werden kannst, Freiburg 1980

Revenstorf, O.: Gestalttherapie, in: Kraiker, C., Peter, B. (Hg.): Psychotherapieführer, München 1983

Rolf, I.: Structural Integration: The Re-Creation of the Balanced Human Body, New York 1977

Rosenmayr, L. (Hg.): Die menschlichen Lebensalter, München 1978

Schachtner, H.-U.: Transaktionsanalyse, in: Kraiker, C., Peter, B. (Hg.): Psychotherapieführer, München 1983

Schiek, G.: Die Rückeroberung der Subjektivität: der selbstreflexive Ansatz in der Ausbildung von Sozialwissenschaftlern, Frankfurt/M. 1982

Schraml, W. J.: Die Psychoanalyse und der menschliche Lebenslauf, in: Psyche 19/1965

Schütz, A.: Das Problem der Relevanz, Frankfurt/M. 1971

Schütz, A., Luckmann, Th.: Strukturen der Lebenswelt, Bd. 1, Frankfurt/M. 1979

Schütze, F.: Die Technik des narrativen Interviews, Bielefeld 1977 (Universitätsverlag)

Schütze, F.: Prozeßstrukturen des Lebenslaufes, in: Matthes, J. (Hg.): Biographie in handlungswissenschaftlicher Perspektive, Nürnberg 1981

Schulze, T.: Autobiographie und Lebensgeschichte, in: Baacke, D., Schulze, T. (Hg.): Aus Geschichten lernen, München 1979

Schulze, T.: Lebenslauf und Lebensgeschichte. Zwei unterschiedliche Sichtweisen und Gestaltungsprinzipien biographischer Prozesse, in: Baacke, D., Schulze, T. (Hg.): Pädagogische Biographieforschung, Weinheim 1985

Schwäbisch, L., Siems, M.: Anleitung zum sozialen Lernen für Paare, Gruppen und Erzieher, Reinbek 1974

Schwäbisch, L., Siems, M.: Selbstentfaltung durch Meditation, Reinbek 1976

Siebert, H.: Lernen im Lebenslauf, Frankfurt/M. 1985

Szcepanski, J.: Die biographische Methode, in: König, R. (Hg.): Handbuch der empirischen Sozialforschung, Bd. 4, Stuttgart [2]1962

Thomae, H., Lehr, U.: Konflikt, seelische Belastung und Lebensalter, Opladen 1965

Uexküll, Th. v.: Lebensgeschichte und Krankheit, in: Maurer, F. (Hg.): Lebensgeschichte und Identität, Frankfurt/M. 1981

Völker, U. (Hg.): Humanistische Psychologie, Weinheim 1980

Vopel, K.: Handbuch für Gruppenleiter, Hamburg 1976

Weiß, P.: Abschied von den Eltern, Frankfurt/M. 1961

Ziehe, Th.: Lebensgeschichte und politisches Bewußtsein, in: Maurer, F. (Hg.): Lebensgeschichte und Identität, Frankfurt/M. 1981

Ziehe, Th.: Pubertät und Narzißmus, Frankfurt/M. 1975

# Lernprogramme

Maren Engelbrecht-Greve
**Streßverhalten ändern lernen**
Programm zum Abbau psychosomatischer
Krankheitsrisiken (7193)

Wayne W. Dyer
**Der wunde Punkt**
Die Kunst, nicht unglücklich zu sein.
Zwölf Schritte zur Überwindung der
seelischen Problemzonen (7384)

Thomas Gordon
**Managerkonferenz**
Effektives Führungstraining (7671)

G. Hennenhofer/K. D. Heil
**Angst überwinden**
Selbstbefreiung durch Verhaltenstraining
(6939)

Rainer E. Kirsten/Joachim Müller-Schwarz
**Gruppentraining**
Ein Übungsbuch mit 59 Psycho-Spielen,
Trainingsaufgaben und Tests (6943)

Walter F. Kugemann
**Lerntechniken für Erwachsene**
(7123)

Rupert Lay
**Meditationstechniken für Manager**
Methoden zur Persönlichkeitsentfaltung
(7242)

Eine
Auswahl

Ernst Ott
**Optimales Lesen** (6783)
**Optimales Denken** (6836)
**Das Konzentrationsprogramm**
Konzentrationsschwäche überwinden
– Denkvermögen steigern (7099)
**Intelligenz macht Schule**
Denk-Beispiele zur Intelligenzförderung
für 8- bis 14jährige (7155)

sachbuch
rororo

C 2177/1

# Peter Lauster

ro ro ro
sachbuch

C 2128/2